고용노동부 30년 근무 경험을
바탕으로 쓴 **실무용** 참고서

제5판

핵심
노동법 사례
문답집

김 호 병

근로감독관의 질문에 답변하는 형식으로 노동법 사례 478건 해결방안 제시
공인노무사, 노무관리 담당자, 경영자, 근로자, 고용노동부 직원, 학생 필독서

중앙경제

핵심 노동법 사례 문답집

초판발행 2019년 1월 7일
개정5판발행 2025년 4월 22일

지은이 김호병
펴낸이 김남진
펴낸곳 중앙경제

디자인 이지훈, 최가영
마케팅 신석재, 김성울, 이소영, 윤지희, 김선혜
경영지원 이상훈, 박세라, 조용환

출판등록 80.6.21 제2-66호
주소 서울시 중구 다산로11길 19(신당동 355-8) 백석빌딩 신관 4층
전화 02)2231-7293
팩스 02)2235-5344
홈페이지 www.elabor.co.kr

ISBN 978-89-7017-572-0 (13320)
정가 38,000원

핵심
노동법 사례
문답집

김 호 병

중앙경제

서문(제5판)

애독자 여러분의 성원에 힘입어 제5판을 발간하게 되었습니다.

상당 부분에 걸쳐 미흡한 부분을 보완하거나 이해하기 쉽게 정리하였고, 법령 개정과 판례 및 행정해석 변경 사항을 반영하여 수정하였습니다.

사례 15건을 새로 발굴하여 추가로 수록하였습니다(총 478건 수록).

본서가 애독자 여러분의 업무수행에 조금이라도 도움이 되기를 여전히 기대합니다.

이번에도 본서 발간에 도움을 주신 중앙경제 김태윤 상무님, 이지훈 과장님, 최가영 대리님께 감사의 마음을 전합니다.

2025년 4월

저자 **김 호 병**

서문(초판)

본서는 근로감독관의 질문에 답변하는 형식으로 개별적 근로관계법 사례 해결 방안을 제시한 책입니다.

저는 1990년 근로감독관으로 공채된 이후 고용노동부에서 28년째 근무하고 있습니다. 그간 근로감독관으로서 직접 사건을 처리한 바 있으며, 근로개선지도과장으로서 근로감독관들을 지도해왔으며, 최근 10여년간 전국 고용노동부 직원들을 대상으로 노동법 관련 질문에 대해 답변을 해왔습니다(1,000건 이상 답변함). 또한 수십 차례 고용노동부 직원과 외부인을 상대로 노동법을 강의한 바 있습니다.

이와 같은 경험을 바탕으로 433건의 사례를 엄선하여 독자들이 이해하기 쉽게 설명하였습니다.

본서는 고용노동부 직원, 경영자, 노무관리 담당자, 근로자, 공인노무사 등 노동법 사건과 관련되는 분들에게 두루 도움이 될 수 있을 것입니다. 또한 노동법을 공부하는 학생들에게 참고 교재로 활용될 수 있을 것입니다.

본서의 출간에 도움을 주신 단국대학교 법학과 하갑래 교수님과 ㈜중앙경제 김태윤 상무님께 감사드립니다.

2018년 10월

저자 **김 호 병**

목 차

제1장 근로자, 사용자

제2장 상시 근로자수

제3장 폭 행

제4장 근로계약

제5장 임금 등 금품 일반

제6장
통상임금

제7장
평균임금

제8장 최저임금

제9장

퇴직급여

제10장 대지급금

제11장 도급관계에서 임금지급 연대책임

제12장 근로시간

제13장
근로시간 적용제외

제14장
연차휴가

제15장 취업규칙

제16장 징 계

제17장
해 고

제18장 사업양도 시 근로관계

제19장 기간제 및 단시간 근로자

제20장 근로자 파견

제21장 남녀고용평등과 일·가정 양립지원

제1장

근로자, 사용자

1 차량 소유자의 근로자 여부

배송기사로 일한 A가 K회사를 상대로 진정을 제기하였습니다. A는 회사가 지정하는 거래처에 물품을 배송하였습니다. A는 자기 소유 차량으로 배송 업무를 수행하였습니다. 배송 대가로 배송물량과 관계없이 매월 고정으로 350만원을 받았습니다. 유류대, 엔진오일 교체비, 하이패스 요금은 회사가 부담하였고, 차량 수리비는 A가 부담하였습니다. 회사에 정규직 배송기사(회사차량 이용하여 업무수행)가 있었는데 A와 업무 내용이 동일하고 다만, 퇴근시간이 상이합니다(출근시간은 동일함). 정규직은 거래처 배송 완료 후 회사에 복귀하여 퇴근하였으나, A는 거래처에서 바로 귀가하였습니다.

회사는 A가 차량을 소유하고 업무를 수행했으므로 근로자가 아니라고 주장합니다. 또한 회사는 A에게 대체기사 투입의무가 있었다고 주장합니다. 이에 반해 A는 차량만 소유할 뿐 정규직과 동일한 업무를 수행했으므로 근로자라고 주장합니다. A는 자신에게 대체기사 투입의무가 있으나 실제로 실행된 경우는 없었다고 주장합니다.

이 경우에 어떻게 처리해야 하나요?

답 변

근로기준법 제2조 제1항 제1호는 「근로자란 직업의 종류와 관계없이 임금을 목적으로 사업이나 사업장에 근로를 제공하는 사람을 말한다」고 규정하고 있습니다. 근로자는 임금을 목적으로 사업장에서 종속노동을 제공하는 사람입니다.

사례의 사실관계를 종합하면 A는 시간, 장소, 업무 내용의 제약하에 사용자의 지휘·감독에 따라 근로를 제공하는 것으로 볼 수 있습니다. A가 물품을 배송하는 거래처는 회사가 지정하는 곳으로 한정되고 A가 독자적으로 거래처를 확보하여 운송대가를 받지는 않았습니다.

근로자성에 의심의 여지가 없는 정규직 기사와 업무 내용 및 장소에 차이가 없습니다. 차이라면 차량을 소유하고 있으며 사업장에 복귀하지 않고 바로 퇴근하는 정도입니다. 퇴근의 차이점은 차량이 본인 소유이므로 회사에 주차할 필요가 없다는 이유에서 비롯된 것이라 짐작합니다. 이것도 근본적으로 차량 소유에서 비롯된 특성이므로 결국 차량 소유가 본질적인 차이라고 볼 수 있습니다.

그러나 차량 소유가 근로자성을 부인하는 결정적 이유가 될 수 없습니다. 차량은 업무수행의 수단에 불과하고 근로자성 여부는 업무수행의 내용에 의해 결정되어야 합니다. 정도의 차이일 뿐 일반근로자의 경우 출장 업무수행 시 자신의 차량을 이용하는 경우가 많으며, 외근직 근로자의 경우에도 자신의 차량을 이용하는 경우가 많습니다. 차량 소유자가 차량을 이용하여 독자적인 사업을 하는 정도가 되어야 근로자성이 부인된다고 말할 수 있습니다. 사례와 유사하게 트럭 소유자가 동 트럭으로 한 회사 소속으로 화물운송 업무를 수행한 경우 근로자성을 인정한 대법원 판결(2012도5385, 2013.4.26.)이 있습니다(아래 참고, 동 판결은 대법원 홈페이지에 미등재 상태임. www.elabor.co.kr에서 검색 가능함).

기타 논란이 될 수 있는 부분으로 배송비의 성격과 대체기사 투입 의무 부분입니다. 배송비(월 350만원)에는 차량 소유를 감안한 금액이 포함되어 있을 것으로 짐작합니다. 동일 경력의 정규직 기사의 임금과 비교하여 차이 금액이 차량 소유를 감안하여 책정한 금액일 것입니다.

근로자는 자신이 직접 근로를 제공해야 하고 타인으로 대체할 수 없다는 특성이 있습니다. 따라서 타인으로 대체할 수 있다면 근로자성이 부인되는 요소로 작용할 수 있습니다. 사례에서 회사가 대체기사 투입을 문제삼는 것은 이 점 때문입니다. 근로자성 부인 요소인 대체는 노무제공자가 스스로 제3자를 고용하여 업무를 대행케 하는 등 노무제공자가 자신의 권한으로 자유롭게 대체할 수 있는 경우를 의미합니다. 그러나 사례의 경우에는 A에게 이런 권한이 없고 오히려 대체의무가 있을 뿐입니다. 이런 경우에는 대체라는 용어를 사용한 것일 뿐 근로자성 부인 요소인 대체와 동일한 의미가 아닙니다. 따라서 설사 A에게 대체의무가 있고 실제로 대체의무가 실현되었다고 하더라도 근로자성 부인 요소인 대체가 아닙니다.

이상을 종합하면 A는 종속노동을 제공하는 사람으로서 근로자에 해당한다고 볼 수 있습니다.

판례 — **대법원 2012도5385, 2013.4.26.**

근로를 제공하는 자가 기계, 기구 등을 소유하고 있다고 하여, 곧바로 독립하여 자신의 계산으로 사업을 영위하고 노무제공을 통한 이윤의 창출과 손실의 초래 등 위험을 안는 사업자라고 단정할 것은 아니다.

회사에 대하여 종속적인 관계에서 자신들의 소유인 차량을 이용하여 근로를 제공하고 이에 대하여 회사로부터 실비변상적인 성격의 금원을 포함한 포괄적인 형태의 임금을 받아온 경우 근로기준법상의 근로자에 해당한다.

보충설명

본 사례에서는 노무제공자가 고가의 작업도구(차량)를 소유하고 있다는 점이 특이합니다. 고가의 작업도구를 소유할 경우 사업자로 인정되는 경우가 있을 수 있고, 이 경우에는 근로자성이 부정될 수 있습니다. 따라서 근로자성 여부를 판단할 경우 사업자성 요소를 고려해야 합니다.

1994년 판결(대법원 94다22859, 1994.12.9.)에서는 「노무제공자가 스스로 제3자를 고용하여 업무를 대행케 하는 등 업무의 대체성 유무, 비품, 원자재나 작업도구 등의 소유관계」가 인정되면 사업자성이 인정되어 근로자성이 부정된다고 보았습니다. 이에 대해서는 노무제공자의 사업자성에 대한 판단을 소홀히 한다는 비판이 있었습니다.

이에 반해 2006년 판결(대법원 2004다29736, 2006.12.7.)에서는 「노무제공자가 스스로 비품·원자재나 작업도구 등을 소유하거나 제3자를 고용하여 업무를 대행하게 하는 등 독립하여 자신의 계산으로 사업을 영위할 수 있는지, 노무제공을 통한 이윤의 창출과 손실의 초래 등 위험을 스스로 안고 있는지」를 검토하여 사업자성 여부를 판단해야 한다고 판시하였습니다. 이 판결에서는 1994년 판결에 대한 비판을 수용하여 「독립하여 자신의 계산으로 사업을 영위할 수 있는지, 노무제공을 통한 이윤의 창출과 손실의 초래 등 위험을 스스로 안고 있는지」라는 부분을 추가하였습니다. 이 판결에 의하면 단순히 작업도구를 소유하고 있다는 이유로 바로 사업자성이 인정되어 근로자성이 부정될 수 없으며, 더 나아가 작업도구를 소유하여 「독립하여 자신의 계산으로 사업을 영위할 수 있고, 노무제공을 통한 이윤의 창출과 손실의 초래 등 위험을 스스로 안고 있을 정도」는 되어야 사업자성이 인정되어 근로자성이 부정될 수 있다는 것입니다.

위 2013년 판결(대법원 2012도5385, 2013.4.26.)도 2006년 판결과 동일한 취지임을 알 수 있습니다.

2 법인 이사의 근로자 여부

A는 K법인의 등기부상 이사로 등록되어 있습니다. 대표이사는 별도로 존재합니다. A는 동 법인으로부터 월급을 받고 있고, 타 근로자들과 동일하게 출퇴근을 하고 있습니다. 이 경우 A를 근로자로 볼 수 있나요?

답 변

근로자와 이사는 노무를 제공한다는 점에서 차이가 없습니다. 다만, 그 노무의 성질이 다릅니다. 근로자는 근로관계(고용관계)에서 종속적인 노무를 제공합니다. 반면에 이사는 재량적인 노무를 제공합니다. 이를 구체적으로 설명하면, 이사는 대외적으로 법인을 대표하고 대내적으로 법인의 업무를 집행하는 기관입니다(민법 제58조, 제59조). 법인과 이사의 관계는 위임관계라고 보고 있습니다(상법 제382조 제2항 참조). 즉, 법인은 위임인이고 이사는 수임인인 관계가 성립합니다.

A가 실제로 이사로서 위와 같이 법인을 대표하고 업무를 집행하고 있다면 근로자로 인정할 수 없습니다. 그러나 A가 명의상 이사에 불과할 뿐 위와 같은 이사로서의 직무를 수행하지 않고 대표이사 등으로부터 지휘·감독을 받는 관계라면 이사라는 이유만으로 근로자성을 부인할 수 없습니다.

질문 내용 중에 A가 월급을 받고 출퇴근하고 있다는 표현이 있는데 이것들이 근로자성 판단에 영향을 미치지는 않습니다. 임금은 명칭에 구애받지 않으므로(근로기준법 제2조 제1항 제5호) 만약 A가 근로자로 인정되면 월급은 임금을 의미하게 되고, 근로자로 인정되지 않으면 월급은 일반적으로 보수라 불리는 것에 해당합니다. 출퇴근은 근로자나 이사가 각각 노무제공을 위해 행하는 것이므로 특별한 의미는 없습니다.

결국 A를 근로자로 볼 것인지 여부는 실체관계에 따라 결정할 문제입니다.

보충설명

등기이사가 근로자에 해당하는 경우(예시)

① 부장으로 근무하는 A를 이사로 등기하였으나 등기 이후에도 여전히 근무내용에 변동이 없이 부장으로서 업무를 수행하는 경우

② 등기이사가 회사로부터 위임받은 사무를 처리하는 이외에 대표이사 등의 지휘·감독 아래 일정한 노무를 담당하고 그 대가로 일정한 보수를 지급받는 경우

판례 대법원 2002다64681, 2003.9.26.

근로기준법의 적용을 받는 근로자에 해당하는지 여부는 계약의 형식에 관계없이 그 실질에 있어서 임금을 목적으로 종속적 관계에서 사용자에게 근로를 제공하였는지 여부에 따라 판단하여야 할 것이므로, 회사의 이사 또는 감사 등 임원이라고 하더라도 그 지위 또는 명칭이 형식적·명목적인 것이고 실제로는 매일 출근하여 업무집행권을 갖는 대표이사나 사용자의 지휘·감독 아래 일정한 근로를 제공하면서 그 대가로 보수를 받는 관계에 있다거나 또는 회사로부터 위임받은 사무를 처리하는 외에 대표이사 등의 지휘·감독 아래 일정한 노무를 담당하고 그 대가로 일정한 보수를 지급받아 왔다면 그러한 임원은 근로기준법상의 근로자에 해당한다.

3 도급제 근로자

A는 K회사의 공장에서 단가 2,000원으로 계약하고 월 생산수량에 따라 보수를 받고 있습니다.

A는 주로 조장이나 반장으로부터 작업지시를 받고 있습니다. A의 근무장소는 지정되어 있으며, 출퇴근시간이 정해져 있으며 회사의 허가 없이 임의로 출퇴근을 할 수 없습니다. A가 임금 지급 요구 진정을 제기하였습니다. 회사는 A는 도급제이므로 근로자가 아니라고 주장합니다.

이 경우 회사의 주장대로 도급제라면 순수한 근로자로 보기는 어려울 것 같은데 어떻게 처리해야 할까요?

••답 변••

사례의 경우 A는 사용자의 지휘·감독하에서 종속적인 노동을 제공하고 있으며, 임금은 생산량을 기준으로 책정되어 있습니다. 이 경우에 A는 근로자이며, 임금이 도급제 형태라는 특성이 있을 뿐입니다.

도급제 형태의 임금을 받는 근로자를 도급제 근로자라고 합니다. 도급제 근로자도 근로자의 일종입니다. 근로기준법은 그 자체로 도급제 근로자라는 용어를 규정하고 있습니다(제47조 참조).

도급제 근로자의 근로자성에 의문이 제기되는 경우가 있으나, 이는 임금형태의 특수성과 민법상 도급과의 혼동에 기인한다고 볼 수 있습니다.

임금은 월급제처럼 시간을 기준으로 책정하는 방식과 생산량 등 성과(실적)를 기준으로 책정하는 방식이 있습니다. 전자를 시간제 임금형태라고 칭한다면 후자는 도급제 임금형태라고 칭할 수 있습니다. 근로기준법은 전자를 위주로 규정하고 있으며, 사업장의 실태도 전자가 보편적입니다. 이와 같이 후자가 보편적인 방식이 아니다보니 근로자성에 대하여 의문이 제기되는 것입니다.

민법상 도급은 일을 완성하는 대가로 보수를 받는 관계입니다(제664조). 이 경우 수급인은 근로자가 아니고 사업자입니다. 수급인은 도급인에 대하여 독립적으로 사업을 하는 자입니다. 사업자인지 근로자인지는 독립적이냐 종속적이냐에 의해 결정됩니다. 사례의 경우 A는 사용자에 대하여 독립적이지 않습니다. 독립적이라고 하려면 독자적으로 사업을 경영한다고 볼 수 있어야 합니다. 독자적으로 사업을 경영한다고 볼 수 있으려면 스스로 자본을 투자하고, 기업시설을 갖추고, 종업원을 고용할 정도는 되어야 합니다.

참고로 아래 판례(대법원 2011다1880, 2016.3.24.)는 근로자성이 부인되는 경우인데 근무조건을 비교하면 본 사례 이해에 도움이 될 수 있을 것입니다.

판례 대법원 2011다1880, 2016.3.24.

피고가 원고들과 같은 도급제 사원에 대하여는 납품기한 준수 독촉과 품질검사 이외에 업무수행에 관한 구체적인 지시를 하거나 개별적인 감독을 한 적이 없는 점, 원고들은 일정한 시급을 받기로 하고 공장 이전에 따른 시설라인 이전 등의 다른 작업도 한 적이 있으나, 이는 작업물량이 적을 경우 원고들 자신의 수익을 높이고자 피고와 합의하여 한 것이지, 원고들이 피고의 강제 또는 지시로 해당 작업을 수행한 것이라고 볼 수 없는 점, 도급제 사원이 월급제 사원과 함께 피고가 정한 작업공간 및 작업라인에서 업무를 수행한 것은 작업공정의 효율성 차원에서 불가피한 측면이 있었고, 그 경우에도 도급제 사원과 월급제 사원이 공동으로 동일한 제품에 대하여 작업을 하였던 것은 아닌 점, 도급제 사원은 작업의 편의를 위하여 일정한 근무시간을 자율적으로 유지한 것으로 보일 뿐, 그 출퇴근시간이나 근무일수는 월급제 사원과 달리 유동적이었으며, 피고도 그와 관련하여 어떠한 제재를 가하지 않았던 점, 피고가 도급제 사원에게도 점심을 제공하는 한편 작업도구와 소모품 등을 무상으로 지원하기는 하였지만, 이는 우수한 기술자를 확보하기 위한 계약조건 또는 복지혜택으로 볼 수 있는 점, 도급제 사원은 다른 사람에게 위탁하거나 종업원을 고용하여 자신의 작업물량을 처리하는 것이 허용되었고, 피고가 그에 관하여 특별한 통제를 가하지는 않았던 점, 도급제 사원의 보수는 근무시간이 아닌 실제 작업한 물량에 따라 산정되었으며, 도급제 사원은 월급제 사원과 달리 각종 수당이나 상여금, 휴가비 등을 지급받지 아니한 점, 피고는 도급제 사원이 작업한 부분에 하자가 있을 경우 그 손해액 상당을 보수에서 공제하기도 한 점 등을 종합하여 보면, 원고들을 근로기준법상 피고의 근로자로 보기는 어렵다.

4 사업주 자녀의 근로자 여부

A는 식당을 경영하고 있습니다. A와 동거하고 있는 대학생 딸 B는 매일 5시간씩 홀서빙을 하면서 A로부터 매월 일정액을 보수로 받고 있습니다. 이 경우 B를 근로자로 인정할 수 있나요?

답 변

근로기준법 제2조 제1항 제1호는 「근로자란 직업의 종류와 관계없이 임금을 목적으로 사업이나 사업장에 근로를 제공하는 사람을 말한다」고 규정하고 있습니다.

임금을 목적으로 한다는 것은 무료 봉사활동이 아니라는 의미입니다. 사례의 경우 B가 매월 일정액을 보수로 받기 때문에 이 점은 문제없을 것으로 보입니다.

근로를 제공한다 함은 종속적인 노동을 제공한다는 의미입니다. 이것은 사용자의 지휘·감독하에 근로를 제공한다는 의미입니다. 즉, 출퇴근의 제약을 받고 외출 시 허락을 받는 등 통제를 받으며, 근무장소가 제한적이고 사업장의 복무규율을 준수해야 하고 이를 어길 경우 징계를 받을 수 있다는 의미입니다.

만약 B가 위에 기술한 정도의 제약하에 일한다면 근로자성이 인정될 수 있습니다. 그러나 그 정도가 아니라면 근로자성이 인정될 수 없고 부친을 조력하는 자에 불과합니다.

구체적으로 조사해서 판단해야 할 문제입니다.

5 현저히 많은 보수를 받는 사업주 아들의 근로자 여부

K업체(개인기업) 대표의 아들 A는 경력 및 업무 내용이 동일한 다른 근로자들에 비해 월급여가 거의 2배입니다. 이 경우 A를 근로자로 볼 수 있나요?

답 변

근로기준법 제2조 제1항 제1호는 「근로자란 직업의 종류와 관계없이 임금을 목적으로 사업이나 사업장에 근로를 제공하는 사람을 말한다」고 규정하고 있습니다.

A가 사업주의 지휘·감독하에 노무를 제공하는 점에서 여타 근로자들과 다르지 않고, 단지 급여가 현저하게 많다는 점에서 차이가 있다고 한다면 A를

근로자로 보아도 무방할 것입니다.

다만, A의 급여 중 경력 및 업무 내용이 동일한 다른 근로자의 임금보다 많은 부분은 임금으로 볼 수 없을 것입니다. 임금은 근로의 질과 양에 의해 결정됩니다. A가 근로를 제공한 대가는 경력 및 업무 내용이 동일한 타 근로자의 임금과 동등한 수준이어야 정상입니다. 그럼에도 불구하고 타 근로자에 비해 그 보수가 현저하게 많다면 이는 가족관계라는 특수한 사정이 반영된 결과라고 볼 수 있습니다.

6 재택 근무자의 근로자 여부

A는 자택에서 웹 디자인 업무를 수행하고 있습니다. 근로시간은 지정되어 있지 않고 급여는 매월 일정액을 받고 있습니다. 고용보험 등 사회보험에 가입되어 있으며, 근로소득자로 신고되어 있습니다. A명의로 사업자등록이 되어 있지는 않습니다. 전화나 메일 등을 통해서 업무지시를 받고 있습니다. 회사에 취업규칙은 없습니다.

이 경우 A를 근로자로 볼 수 있는지 궁금합니다.

••답 변••

A의 특성을 먼저 살펴보겠습니다. A가 보수를 받는 점, 사용자로부터 지시를 받는 점, 사회보험에 가입되어 있는 점, 근로소득자로 신고되어 있는 점은 일반근로자와 차이가 없습니다. 또한 해당 사업장에 취업규칙이 없다는 점도 특별한 의미는 없습니다. 소규모 사업장에는 취업규칙이 제대로 구비되어 있지 않은 경우가 많기 때문입니다. 반면에 A가 재택근무를 한다는 점이 일반근로자와 차이가 있는 점입니다. 출퇴근을 하지 않는 점이나 근로시간이 정해지지 않았다는 점은 A가 재택근무를 한다는 점에서 비롯되기 때문에 특별한 의미가 없습니다.

결국 A가 일반근로자와 다른 점은 재택근무를 한다는 점 외에는 없습니다.

따라서 이 차이점으로 인해 A를 근로자로 인정하지 않는 것이 타당한지가 관건입니다.

일반적인 근로자의 경우 사용자의 지배영역인 사업장에 출근해서 지휘·감독을 받습니다. 그런데 A는 사용자의 지배영역을 벗어난 상태에서 일을 합니다. 이런 상태에서 하는 일을 종속적인 노동이라고 볼 수 있는지 의문이 제기될 수 있습니다.

A는 사업자등록을 하여 사업을 운영하고 있지는 않습니다. A는 사용자가 정해 준 업무를 수행하고 그 보수를 받아 생계수단으로 하고 있습니다. 이와 같은 당사자 간의 관계는 사용자의 의사에 의해 단절될 수도 있습니다. 즉, A는 사용자에 비해 열세에 있다고 볼 수 있습니다.

지금까지 살펴본 바를 종합하면 A는 일반적인 근로자에 비해 사용자로부터 지휘·감독을 받는 정도가 약하기는 하지만 독립적인 상태는 아니라고 볼 수 있습니다. 즉, 종속적인 노동을 제공하는 상태라고 볼 수 있습니다.

시대 흐름에 따라 종속성의 개념도 변화해야 한다고 봅니다. 즉, 자택에서 처리가 가능한 새로운 직종이 등장함에 따라 사업장에 출근하지 않아도 종속성이 인정되는 경우가 있을 수 있습니다. 또한 일반근로자도 출장 등으로 사업장 밖 근로를 하는 경우도 있으므로 사업장 내 근로가 근로자성 여부 판단에 절대적인 요소라고 볼 수 없습니다.

따라서 A는 재택근무를 한다는 점을 제외하면 일반적인 근로자와 차이점이 없고, 재택근무를 한다는 점도 종속성을 부인할 만한 사유가 되지 못하므로 전체적으로 볼 때 근로자성을 인정하는 것이 타당합니다.

7 근로제공과 무관하게 매월 일정액을 지급받은 경우

A는 항로표지자격증 소지자로서 K업체에 등부표 점검요원으로 선임되었습니다. A는 전라도와 충청도 일대의 해상 등부표를 점검하였습니다. 보통 1개월에 2~3회 등부표 점검을 했으나 점검하지 않은 달도 있었습니다. A는 등부표 점검 여부와

관계없이 매월 50만원을 지급받았습니다. 고용보험상으로는 월 보수 150만원으로 신고되었습니다.

근무조건에 대하여 특별하게 약정한 것은 없고 출퇴근시간에 대해서도 정한 바 없었습니다. 등부표 이상으로 사고 발생 시 책임을 진다는 조건은 있습니다.

A는 K업체 대표를 상대로 퇴직금 지급 요구 진정을 제기하였습니다. A는 고용보험 신고 금액을 기준으로 퇴직금을 산정해야 한다고 주장하고 있습니다.

이 경우 퇴직금 산정을 어떻게 해야 하는지 알려 주십시오.

••답 변••

근로기준법 제2조 제1항 제1호는 「근로자란 직업의 종류와 관계없이 임금을 목적으로 사업이나 사업장에 근로를 제공하는 사람을 말한다」고 규정하고 있습니다.

근로자는 종속적인 노동을 제공하고 그 대가로 임금을 받는 사람을 말합니다. 사례의 경우에 A는 근로제공이 없는 경우에도 매월 50만원을 수령했다고 합니다. 간헐적으로 등부표 점검을 하지만 출퇴근시간에 대해서 약정이 없는 점에 비추어 종속적인 노동을 제공한 것으로 볼 수 없습니다. 따라서 동 금품은 근로제공의 대가로 볼 수 없습니다. 동 금품은 자격증 소지의 대가 및 간헐적인 등부표 점검에 대한 대가로 볼 수 있습니다.

따라서 A를 근로자로 볼 수 없으므로 퇴직금 산정은 문제 되지 않습니다.

8 근로자 여부(협회 소속으로 주로 출장근무하는 경우)

A는 K협회 소속으로 아래와 같이 업무를 수행하고 있습니다.

- 업무내용 : 회원 집을 방문하여 협회의 현안을 설명함
- 보수 : 출근일에 대하여 일당 15만원을 지급함(기본급 없음)
- 출퇴근시간 : 09:00~20:00
- 휴게시간, 휴일 : 별도로 정한 바 없음

- 업무지시 : 입사 초기에 업무 요령에 대한 설명을 들었으나 이후 별도로 지시받은 바 없음
- 인사 · 복무규정 : 미제정
- 고용보험 등 사회보험 : 미가입

이 경우 A를 근로자로 인정할 수 있는지 알려 주시기 바랍니다.

••답 변••

근로자는 종속노동을 제공하고 그 대가를 받는 사람입니다. 종속노동은 장소적, 시간적 제약하에 업무상 지휘 · 감독을 받으면서 노무를 제공하는 것을 말합니다.

사례의 경우 A는 협회에 출퇴근하며 주로 출장 업무를 수행합니다. 출퇴근 시간이 정해져 있습니다. 이 사실에 의하면 A는 장소적, 시간적 제약하에 있다고 볼 수 있습니다. A가 수행하는 업무는 정해져 있으며 일정 방식에 따라야 합니다.

근로자성 여부 판단요소로서의 업무상 지휘 · 감독은 업무 수행 시마다 구체적으로 행해질 것을 요하지 않습니다. 대법원도 2006년 판결부터 「상당한 지휘 · 감독」을 근로자성 판단 요소로 보고 있습니다(대법원 2004다29736, 2006.12.17. 참조). 이전에는 「구체적인 지휘 · 감독」을 요한다고 판시했습니다(대법원 94다22859, 1994.12.9. 참조). 상당한 지휘 · 감독의 예로서 전산시스템에 업무처리과정을 등록하게 하는 것, 업무 매뉴얼을 정하여 준수하게 하는 것 등을 들 수 있습니다. 따라서 사례의 경우에도 A는 업무상 지휘 · 감독을 받는다고 볼 수 있습니다.

휴게시간, 휴일이 정해지지 않은 점 및 인사 · 복무규정이 적용되지 않는 점은 근로자성 판단에 장애요소가 아니라고 보아야 합니다. A가 근로자이면 휴게시간 등 및 각종 규정을 정하는 것은 사용자의 책임인바, 사용자가 이 책임을 이행하지 않음으로써 근로자성이 부인된다면 부당하기 때문입니다.

사회보험 미가입 사실 역시 근로자성 판단에 장애요소가 아니라고 보아야 합니다. A가 근로자이면 사용자가 사회보험 신고를 했어야 하기 때문입니다.

종속노동을 제공하는 대가라 함은 무료로 봉사활동을 하는 것이 아니라는 의미입니다. 사례의 경우 일당을 받기로 정해져 있기 때문에 무료 봉사활동이 아니라는 점은 명백합니다.

위의 사실을 종합하면 A는 종속노동을 제공하고 그 대가를 받는 사람이므로 근로자성을 인정하는 것이 타당합니다.

9 근로자 여부(법인 사무국장)

K법인에서 사무국장으로 근무한 A가 법인을 상대로 진정을 제기하였습니다. A가 근로자인지 여부에 대하여 다툼이 있습니다.

입사 시 서면으로 근로계약을 체결하지는 않았고, 업무내용과 업무수행의 대가에 대하여 구두로 약정한 바 있습니다. 업무내용은 사업계획서 기획 등 구체적으로 정해져 있었습니다. 법인에 인사규정이나 복무규정은 없었으며, 사회보험에 가입된 사실도 없습니다. 근무하는 사무실이 정해져 있었습니다.

출퇴근시간은 09:00~18:00입니다. 휴게시간이 별도로 정해진 바 없으나 12:00~13:00에 점심시간이 있었습니다. 근무시간 중에 별도의 지시를 받지는 않았습니다.

법인측은 입사 시 임금 약정을 한 것이 아니고 보수를 약정했다고 주장합니다. 또한 재정악화로 특정 시점부터 A에 대하여 무급으로 근무하게 한다는 결의가 있었고 A도 동의했다고 주장합니다. 그러나 A는 형편이 나아지면 밀린 임금을 지급하겠다고 구두 약속했다고 주장합니다.

이 경우에 A를 근로자로 볼 수 있나요?

답 변

근로자는 임금을 목적으로 종속노동을 제공하는 사람입니다. 임금을 목적으로 한다는 것은 사업장에서의 활동이 소득을 얻기 위한 목적이지 단순히 무료로 봉사활동을 하는 것은 아니라는 의미입니다. 질문 내용에 의하면 입사 시 업무수행의 대가를 구두로 정했다고 합니다. 근로계약을 서면으로 체결할 필요는 없으므로 이는 임금에 관한 계약을 체결한 것으로 해석할 수 있습니다. 사용자 측은 임금이 아니고 보수라고 주장하나 명칭은 중요하지 않습니다.

종속노동은 업무내용, 장소, 근무시간이 제약된 상태에서 근로를 제공하는 것을 의미합니다. 질문 내용에 의하면 업무내용이 명백히 정해져 있습니다. 근무시간 중에 별도의 지시를 받지 않는다고 하나 일반적으로 업무 내용에 변경이 없는 한 매일 업무지시를 받을 필요는 없습니다. 장소와 근무시간도 정해져 있습니다. 휴게시간을 정하지 않았다고 하나 점심시간을 휴게시간으로 볼 수 있습니다. 설사 휴게시간을 정하지 않았다고 하더라도 근로자성 판단에 장애요소가 아닙니다. 근로자이면 휴게시간을 정하는 것은 사용자의 의무이기 때문에 사용자가 이를 정하지 않았다는 이유로 근로자성을 부인할 수 없기 때문입니다.

이상을 종합하면 근로자성을 인정하는 것이 타당합니다. 다만, 특정 시점부터 무급이라는 부분에 대해서는 주장이 대립하므로 조사해서 밝혀야 합니다. 만약 무급이라면 이때부터 근로자성이 부인될 수 있습니다. 그러나 A가 이전까지는 임금을 목적으로 근로제공한 사실이 있고, 통상 사업장에서의 활동은 소득을 목적으로 하므로 A의 주장(밀린 임금을 나중에 받기로 했다는)이 더 신빙성이 있습니다.

10 근로자 여부(구내식당 근무자)

K회사 구내식당에서 일한 A가 회사를 상대로 퇴직금, 해고예고수당 지급 요구 진정을 제기하였습니다. A는 K회사 사옥 신축 당시 공사현장 근로자들을 상대로 임시식당(속칭 한바)을 운영하였고, 이를 계기로 이 회사 고위직의 주선으로 직원들 점심식사를 위해 구내식당에서 일하게 되었습니다.

회사는 직원들로부터 매월 10만원의 식비를 받아 A에게 300만원을 지급하고 식자재비용을 별도로 지급하였습니다.

출퇴근시간에 대하여 정하여진 바 없었고, 출퇴근에 대하여 별도 지시한 바도 없었으나 통상 09:00에 출근하여 14:00~15:00경 퇴근하였습니다.

A는 초기에 3년 정도 보조 직원 한 명을 데리고 일을 하였으며, 본인이 매월 지급받은 금액에서 보조 직원의 보수를 지급하였다고 합니다.

회사는 구내식당 이용자 급감에 따라 식당운영을 폐지하기로 결정하고 A에게 통지하였습니다. 회사는 A를 근로자로 인정할 수 없다고 주장합니다.

이 경우 어떻게 처리해야 하나요?

답 변

근로자는 종속관계 하에서 노무를 제공하는 사람입니다.

사례의 경우 A는 업무수행 과정에서 회사로부터 지휘·감독을 받지 않은 것으로 보입니다. A는 식당을 경영한 적이 있는 전문가로서 회사로부터 지휘·감독을 받을 필요가 없었다고 보는 것이 타당합니다.

A는 출퇴근시간의 제약이 없는 상태에서 업무를 수행하였습니다. 점심 준비에 지장이 없는 선에서 출퇴근시간을 A 스스로 조절했다고 볼 수 있습니다. 보수는 근무시간과 연계하여 책정된 것이 아니라고 볼 수 있습니다.

A는 자신의 책임하에 근로자를 고용하여 업무를 수행한 적이 있습니다.

위의 사실을 종합하면 A는 회사측이 제공한 제반 시설, 비용 등을 이용하여 위탁받은 업무(점심식사 제공)를 재량에 따라 수행했다고 볼 수 있습니다. 즉, 종속관계 하에서 노무를 제공했다고 볼 수 없습니다. 따라서 A는 근로자가 아니라고 보는 것이 타당합니다.

11 입주자대표회의의 사업주 여부

근로자 A는 주상복합건물에서 경비원으로 근무하였습니다. 동 건물에는 100세대가 입주하고 있으며 입주민이 입주자대표회의를 구성하여 동 건물을 자치관리하고 있습니다. A는 입주자대표회의로부터 매월 고정 금액을 보수로 받았습니다.

A가 입주자대표회의 회장 B를 상대로 임금 미지급 관련 진정을 제기하였습니다. B는 입주자대표회의는 입주민이 자체적으로 건물관리를 위해 A를 채용한 것이

고 어떤 수익 사업을 하는 것은 아니므로 근로기준법이 적용되지 않는다고 주장합니다. 또한 사업이라고 하더라도 A는 가사사용인에 해당하여 역시 근로기준법이 적용되지 않는다고 주장합니다. B의 주장이 타당한지 궁금합니다.

답 변

근로기준법상 사업이라 함은 유기적으로 계속되는 업을 말합니다. 이 사업은 영리적인 경우에 한정되지 않고 비영리적인 경우도 포함됩니다. 근로기준법상 사업주라 함은 법인의 경우 법인 그 자체, 개인기업의 경우 기업의 대표인 사장을 말합니다.

사례의 경우 입주자대표회의가 비영리적인 건물관리 사업을 한다고 볼 수 있습니다. 입주자대표회의는 입주민을 구성원으로 하는 단체로서 입주민의 변경과 관계없이 독립적으로 존재합니다. 법인은 아닙니다. 따라서 법인격 없는 사단으로 볼 수 있습니다. 비록 법인격은 없지만 법인에 준해서 처리해야 합니다. 따라서 입주자대표회의는 사업주에 해당합니다.

가사사용인이라 함은 가정부, 간병인 등과 같이 개인의 집안일에 사용되는 사람을 말합니다. 사례의 A는 이와 같은 성격의 일을 하지 않으므로 가사사용인에 해당하지 않습니다.

따라서 입주자대표회의는 사업주로서 임금 지급 책임이 있고, B는 사업경영 담당자인 사용자로서 임금 지급 책임이 있습니다.

12 관공서 구내식당의 사업장 여부

관공서에서 직원들이 자체적으로 운영위원회를 구성하여 구내식당을 운영하고 있습니다. 직원 수는 평균 200명입니다. 식당 운영경비는 직원들이 갹출하여 충당하였습니다. 이 식당에서 근무했던 조리원이 관공서 대표를 상대로 근로기준법 제17조 제2항 위반(주요근로조건을 기재한 서면을 교부하지 않음)으로 진정을 제기하였습니다.

이 경우에 식당을 사업장으로 볼 수 있는지, 누구를 근로기준법상 사용자로 보아야 하는지 궁금합니다.

답 변

사례의 경우 식당운영은 비영리적이라고 볼 수 있는데 사업 여부를 판단하는데 비영리성은 문제가 되지 않으므로 구내식당을 사업장으로 볼 수 있습니다.

사례의 경우 운영위원회가 주체가 되어 식당을 운영하고 있다고 볼 수 있습니다. 운영위원회는 동 기관에 근무하는 사람들을 구성원으로 하는 단체로서 인사이동 등으로 인한 구성원의 변경과 관계없이 그 동일성을 유지합니다. 또한 이 단체는 관리자나 운영규칙이 있을 것입니다. 이런 사실을 종합하면 이 단체는 법인격 없는 사단으로 볼 수 있습니다. 이와 같은 경우 법인격 없는 사단이 사업주이고, 그 사단의 총괄 관리자인 운영위원회 대표가 사업경영 담당자인 사용자가 됩니다.

한편 운영위원회는 관공서와는 별개의 독립된 조직입니다. 따라서 국가나 지방자치단체가 사업주는 아니며, 관공서 대표가 운영위원회 대표를 겸하지 않는 한 사용자가 아닙니다.

주요근로조건을 기재한 서면을 교부하지 않은 사건(근로기준법 제17조 제2항)과 관련해서는 A를 채용할 당시 운영위원회 대표가 사용자로서 책임을 져야 합니다.

13 위임관계에서 사용자

근로자 A가 K면장을 상대로 주요근로조건을 명시한 서면을 교부하지 않았다는 이유(근로기준법 제17조 제2항 위반)로 진정을 제기하였습니다. A는 2주간 지방선거 보조업무(벽보 부착 등)에 종사하였습니다. K면장은 L군선거관리위원회로부터 선거사무를 위임받았고, 이를 수행하기 위해 A를 채용하여 임금을 정하고 지시한 사실은 확인이 됩니다.

K면장은 위임받은 업무를 수행한 것에 불과하고 면사무소는 자치단체도 아니므로 자신은 사용자가 될 수 없다고 주장합니다. 이 경우에 어떻게 처리해야 하나요?

•답 변•

벽보 부착 등 선거관련 업무는 K면장에게 위임되었으며 K면장은 이 업무를 수행하기 위해 자신의 책임하에 A를 채용하여 지휘・감독하였습니다. 따라서 A와 근로계약을 체결한 사용자는 K면장이라고 보는 것이 타당합니다. 위임관계에서 위임된 업무를 수행하는 주체는 수임인이므로 수임인이 사용자입니다. 따라서 사례의 경우 위임인인 L군선거관리위원회는 위임된 업무(벽보 부착 등)에 관해서는 사용자가 될 수 없습니다.

한편 근로기준법 제12조는 「이 법과 이 법에 따른 대통령령은 국가, 특별시・광역시・도, 시・군・구, 읍・면・동, 그 밖에 이에 준하는 것에 대하여도 적용된다」고 규정하고 있습니다. 따라서 자치단체 자격 여부와 관계없이 근로기준법이 적용됩니다.

보충설명

사례에서 사업주가 누구인지 의문이 제기될 수 있습니다. 개인 사업체에서는 사장 개인이 사업주이고 법인 사업체에서는 법인 자체가 사업주입니다. 면장은 개인 사업으로 선거사무를 수행한 것이 아니고 지방자치단체 소속 공무원으로서 수행한 것이므로 면장이 사업주가 될 수는 없습니다.

지방자치단체는 공법인이므로 사업주가 될 수 있습니다. 면은 자치단체가 아니고 자치단체인 군에 부속된 지방행정구역입니다. 따라서 사례의 경우 사업주는 군이라고 보아야 합니다. 한편 면장은 사업주를 위하여 행위하는 자로서 사용자에 해당합니다.

제2장

상시근로자수

1 상시근로자수 산정 시 특정일에 근로하지 않는 자의 연인원 포함 여부

K회사는 업종의 특성상 쉬는 날 없이 사업장을 가동하고 있습니다. 주휴일에 생산직은 교대로 근무하고, 사무직은 근무하지 않습니다.

상시근로자수 산정 시 주휴일에 대하여 사무직을 연인원에 포함시킬 수 있는지 논란이 있습니다.

••답 변••

근로기준법 시행령 제7조의2 제1항은 「사유발생일 전 1개월 동안 사용한 근로자의 연인원을 같은 기간 중의 가동일수로 나누어 상시근로자수를 산정한다」고 규정하고 있습니다. 여기에서 「연인원」과 「가동일수」를 어떻게 해석할 것인지가 관건입니다.

「가동일」은 영업을 하지 않는 날(휴업일, 정기휴일 등)을 제외한 날을 의미합니다. 사업장이 문을 닫은 날을 제외한 날입니다. 따라서 일부 근로자가 휴무한 경우에도 당해 사업장이 문을 닫지 않았다면 가동일에 포함됩니다.

「연인원」을 가동일에 근로제공한 인원으로 한정할 것이냐는 의문이 제기될 수 있습니다. 고용노동부는 「연인원」은 「일정 사업기간 내의 고용근로자 연인원수」라고 해석하고 있으며(노정근 1455-3398, 1965.8.30.), 구체적으로는 「고용관계가 유지되고 있는 인원수」라는 취지로 해석하고 있으며(근로기준과-1967, 2009.6.12.). 더 나아가 이후 행정해석에서는 주휴일에 쉬는 사람도 상시근로자수에 포함된다고 직접적으로 표현하고 있습니다(근로기준정책과-4370, 2021.12.21.).

따라서 실제 근로제공자가 아니어도 고용관계가 유지되면 연인원에 포함될 수 있습니다.

상시근로자수 산정 시 가동일을 먼저 확정하고 이를 기초로 연인원을 산정해야 합니다. 즉, 가동일이 아닌 날에는 연인원이 있을 수 없습니다.

위의 이론에 의하면 사례의 경우 사무직이 주휴일에 근로하지 않는다 하더라도 고용관계는 유지되므로 사무직도 상시근로자수 산정 시 연인원에 포함된다고 보는 것이 타당합니다.

이상과 같이 상용직은 근로를 제공하지 않아도 연인원에 포함되는 경우가 있지만 일용직은 고용관계가 당일로 성립하고 종료하므로 근로를 제공하지 않는 날은 고용관계가 성립하지 않아 연인원에 포함되지 않습니다.

행정해석 노정근 1455-3398, 1965.8.30.

> 상시고용근로자수는 일정 사업기간 내의 고용근로자 연인원수를 일정 사업기간 내의 사업장 가동일수로 나눈 수이다.

행정해석 근로기준과-1967, 2009.6.12.

> 노동조합의 쟁의에 참가한 근로자도 고용관계가 유지되고 있으므로 상시근로자수 산정범위에 포함된다고 볼 수 있을 것이다.

행정해석 근로기준정책과-4370, 2021.12.21.

> 근로기준법 시행령 제7조의2는 「상시 사용하는 근로자수는 해당 사업 또는 사업장에서 법 적용 사유 발생일 전 1개월 동안 사용한 근로자의 연인원을 같은 기간 중의 가동일수로 나누어 산정한다.」라고 규정하고 있고, 여기에서 「사용한 근로자의 연인원」은 해당 가동일에 출근의무가 있는 자만이 아닌 근로관계를 유지하고 있는 근로자(통상근로자, 기간제근로자, 단시간근로자 등 고용형태 불문)를 모두 포함하는 것이 원칙인바, 휴직·휴가·공로연수·주휴일 사용 근로자, 통상의 근로자에 해당하는 교대제근로자는 사회통념상 상시 근무하는 것으로 보는 것이 합리적이므로 상시근로자수 산정 시 매 가동일의 연인원에 모두 포함해야 할 것으로 사료된다.

2 교대제 근무 시 상시근로자수 산정방법

사장 A는 K식당을 주야 24시간 운영하고 있습니다. 이 식당에서 주야 12시간씩 교대제로 7명씩 근무하고 있습니다. A에 대하여 취업규칙 미신고 사건 진정이 제기되었습니다. 상시근로자수 10명 이상 여부를 판단해야 합니다. 이에 대해서 다음과 같이 두 가지 견해가 있습니다.

[제1설] 하루 근무 인원을 14명으로 보고 상시근로자수를 판단해야 함

[제2설] 하루 근무 인원을 7명으로 보고 상시근로자수를 판단해야 함

어느 설이 타당합니까?

답 변

상시근로자수는 사유 발생일 전 1개월 동안 사용한 근로자 연인원을 같은 기간 중의 가동일수로 나누어 산정합니다(근로기준법 시행령 제7조의2 제1항).

「연인원」은 「일정 사업기간 내에 고용관계가 유지되는 인원수」를 의미합니다(노정근 1455-3398, 1965.8.30. ; 근로기준과-1967, 2009.6.12 ; 근로기준정책과-4370, 2021.12.21.).

한편 위 조항의 연인원에는 통상근로자, 기간제근로자, 단시간근로자 등 고용형태를 불문합니다(동조 제4항 제1호). 이 규정에 의하면 통상근로자와 단시간근로자는 소정근로시간이 상이함에도 불구하고 상시근로자수 산정 시 차이를 두지 않습니다.

이를 종합하면 상시근로자수 산정 시 각 근로자의 1일의 근로시간수(양)와 관계없이 1일(24시간) 중 근로한 사람은 전부 연인원에 포함된다고 보아야 합니다. 따라서 [제1설]이 타당합니다.

3 상시근로자수 산정 시 격일제 근로자를 연인원에 포함시키는 방법

근로자 A가 K회사를 상대로 진정을 제기하였습니다. 상시근로자수 5명 이상 여부를 판단해야 합니다.

이 회사에 세 직종의 근로자들이 근무합니다. **청소직 2명**(주 5일 근무, 토요일 1인씩 격주근무), **경비직 2명**(07:00~07:00 격일근무), **시설관리직 2명**(07:00~07:00 격일근무)입니

다. 연중무휴입니다. 격일제 근무자들을 어떻게 연인원에 포함시킬 것인지가 관건입니다.

이 경우 어떻게 처리해야 하나요?

답 변

근로기준법 시행령 제7조의2 제1항은 「상시근로자수는 법 적용 사유 발생일 전 1개월 동안 사용한 근로자의 연인원을 같은 기간 중의 가동일수로 나누어 산정한다」고 규정하고 있습니다.

사례에서 격일제인 경비직의 경우 1일에 1명씩 근로를 합니다. 시설관리직의 경우도 마찬가지입니다. 이 경우 비번일에 근로하지 않는 인원을 연인원에 포함시킬 수 있는지가 관건입니다. 「연인원」은 「일정 사업기간 내에 고용관계가 유지되는 인원수」를 의미합니다(노정근 1455-3398, 1965.8.30. ; 근로기준과-1967, 2009.6.12. ; 근로기준정책과-4370, 2021.12.21.). 따라서 격일제 근로자에 대해 비번일에도 연인원에 포함시킬 수 있습니다.

위의 이론에 의하면 해당 사업장의 경우 상시근로자수는 6명입니다.

4 동거친족이 상시근로자수에 포함되기 위한 요건

사업장에 동거친족 아닌 근로자가 1명이라도 있으면 동거친족을 포함하여 상시근로자수를 산정하는 것으로 알고 있습니다. K업체(개인기업)에서 동거친족 4명과 일반근로자 1명이 일할 경우 동거친족이 근로자인지 여부와 관계없이 상시근로자수 5명으로 볼 수 있는지, 동거친족이 근로자일 경우만 상시근로자수에 포함시켜야 하는지 궁금합니다.

답 변

근로기준법 제11조 제1항은 「이 법은 상시 5명 이상의 근로자를 사용하는 모든 사업 또는 사업장에 적용한다. 다만, 동거하는 친족만을 사용하는 사업 또는 사업장과 가사(家事) 사용인에 대하여는 적용하지 아니한다」고 규정하고 있습니다. 위의 단서규정은 본문의 예외에 해당하는바, 본문에서는 근로자수에 관해 규정하고 있습니다. 따라서 단서도 근로자수와 관련되기 때문에 근로자가 아닌 사람은 거론할 필요도 없습니다.

동거친족은 근로자인 경우도 있고 근로자가 아닌 경우도 있습니다. 동거친족의 근로자성 여부는 개별 사안에 따라 판단해야 하는바, 그 판단 방법은 일반적인 근로자성 판단 방법과 동일합니다.

동거친족 4명과 일반근로자 1명이 일할 경우 동거친족 4명이 전부 근로자가 아니면 상시근로자수는 1명이 됩니다. 반면에 동거친족 4명이 전부 근로자이면 상시근로자수는 5명이 됩니다. 동거친족 중 일부만 근로자인 경우에는 해당 근로자와 일반근로자의 수를 합산하여 상시근로자수를 산정합니다.

5 야간근로가산수당 관련 상시근로자수 산정기준

근로자 A는 K업체(개인기업)에 2024년 1월 1일 입사하여 4월 30일까지 근무하였습니다. A는 2024년 4월에 야간근로를 하였습니다. 야간근로가산 규정(근로기준법 제56조 제3항)은 상시근로자수 4명 이하인 경우에는 적용되지 않는데(동법 시행령 [별표 1]), 이 업체는 근로자수가 5명 이상인 날도 있고 그 미만인 날도 있습니다.

야간근로가산수당 관련하여 상시근로자수 산정이 문제 되는데 아래와 같이 의견이 다양합니다.

[제1안] 야간근로 개시일인 2024년 4월 1일 이전 1개월간 근로자수로 산정

[제2안] 퇴직일인 2024년 5월 1일 이전 1개월간 근로자수로 산정

[제3안] 임금 정기 지급일인 2024년 4월 30일 이전 1개월간 근로자수 산정

상시근로자수를 어떻게 산정해야 하나요?

답 변

근로기준법 시행령 제7조의2에 의하면 상시근로자수 산정은 법 적용 사유

발생일 전 1개월을 기준으로 합니다. 사례에서 법 적용 사유는 야간근로입니다.

야간근로가산수당은 야간근로를 제공하는 날 발생합니다. 월급일에는 각각의 근로제공에 따라 발생한 야간근로가산수당을 합산하여 지급하는 것입니다. 따라서 각각의 야간근로제공일이 상시근로자수 산정사유 발생일이 된다고 보아야 하므로 각각의 야간근로제공일 전 1개월을 기준으로 상시근로자수를 각각 산정하는 것이 타당합니다.

6 상시근로자수 산정 시 두 사업장의 관련성

근로자 A는 K주차장에서 주차관리요원으로 근무했습니다. 인근에 L식당이 있습니다. K주차장에서 근무하는 근로자수는 상시 2명이었고, L식당에서 근무하는 근로자수는 상시 5명이었습니다. K주차장과 L식당은 동일한 사업주 B가 운영하고 있습니다.

A는 L식당 소속이라고 주장하고 있습니다. 채용 당시 구인광고에 L식당으로 되어 있었고, 주차장 간판에 L식당 전용 주차장이라고 표시되어 있다는 점을 주장 근거로 합니다.

B는 K주차장과 L식당은 별개의 사업장이므로 A는 K주차장 소속이라고 주장하고 있습니다. 구인광고와 간판 내용은 사실이지만 사업자등록증상 별도 사업장으로 등록되어 있고, K주차장 이용자는 L식당 고객으로 한정되는 것이 아니고 일반인에 대하여 요금을 받고 주차장을 이용하도록 하고 있다고 주장합니다. 조사 결과 사업자등록증상 양 사업장이 별도이고 K주차장 이용자가 L식당 고객으로 한정되는 것은 아닌 것으로 확인되었습니다.

이 경우 어느 쪽 주장이 타당성이 있는지요?

답 변

A는 식당 소속으로 근무했다고 주장합니다. 그런데 A가 실제로 근무한 장

소는 주차장입니다. 식당에서 근무한 사실은 전혀 없습니다. 이와 같이 근무 장소가 상이함에도 이렇게 주장하는 것은 양 사업장을 하나의 사업으로 포괄해야 한다는 취지로 해석할 수 있습니다.

양 사업장을 하나의 사업으로 포괄할 수 있는지 여부는 양 사업장의 독립성 여부에 의해 결정됩니다. 사업의 독립성 여부는 사업장소, 회계·인사·노무관리 등이 독립되어 별도로 운영되는지 여부에 의해 결정합니다.

사례의 경우 사업의 장소와 업종이 다릅니다. 이 점은 양 사업장의 독립성을 인정할 수 있는 요소입니다.

그러나 사업주가 동일하다는 점, 구인광고 시 식당 상호가 명시되었다는 점, 주차장 간판에 식당 전용이라는 문구가 사용된 점 등은 독립성을 저해할 만한 요소들입니다. 이런 요소들은 양 사업장이 연관성이 있다는 징표가 될 수 있습니다. 문제는 이 연관성이 독립성을 파괴할 만한 정도냐는 것입니다.

사업주가 동일하다는 점은 독립성을 파괴할 정도는 아니라고 보아야 합니다. 동일 사업주가 독립된 다수 사업장을 경영하는 경우가 실제로도 많기 때문입니다.

구인광고 시 식당 상호가 명시된 점도 독립성을 파괴할 정도는 아니라고 봅니다. 비록 구인광고 시에는 그렇게 했지만 채용 시점에서는 해당 근로자의 근무장소가 주차장으로 확정되었으므로 그 시점 이후에는 혼동이 있을 수 없기 때문입니다.

주차장 간판에 식당 전용이라는 문구가 사용된 점도 마찬가지로 독립성을 파괴할 정도는 아니라고 봅니다. 주차장의 간판 문구와 다르게 실제로는 식당 고객 차량 주차 전용이 아니고 기타 차량 주차도 겸하므로 식당에 부속된 사업장으로 볼 수 없기 때문입니다.

회계·인사·노무관리 등이 독립되어 별도로 운영되는지 여부는 불명확합니다. 이 부분까지 확인하여 독립성 여부를 판단해야 할 것입니다.

행정해석 근기 1455-15721, 1975.10.30.

> 동일 사용자가 2개 이상의 사업 또는 사업장을 경영하는 경우 장소적으로 분리되어 있을지라도 지점, 영업소 또는 분공장 등이 동일한 조직과 경영체계하에 사업의 독립성이 없을 경우에는 하나의 사업 또는 사업장으로 취급하여 이에 근무하는 총 근로자수를 적용대상으로 보아야 할 것이며 근로형태가 각기 다르고 사업장소, 회계 · 인사 등이 독립되어 별도로 운영되고 있을 경우에는 이를 각각 독립된 별개의 사업 또는 사업장 단위로 취급하여야 할 것이다.

7 상시근로자수 산정(외국 법인의 한국지부에 근무하는 경우)

근로자 A는 K협회 한국지부에서 근무하고 있습니다. K협회 본부의 소재지는 미국입니다. K협회는 미국법에 의해 설립된 법인입니다.

K협회 한국지부에 근무하는 근로자에 대한 인사권은 K협회 본부가 행사하고, K협회 한국지부에 대한 예산 지원도 K협회 본부가 행하는 등 K협회 한국지부는 독립성이 없습니다.

A가 제기한 진정사건과 관련하여 상시근로자수 5명 여부가 문제 되고 있습니다. K협회 본부에 근무하는 근로자수는 100명이며 한국지부에 근무하는 근로자수는 3명입니다.

이 경우 상시근로자수를 어떻게 산정해야 합니까?

답 변

속지주의 원칙에 의해 K협회 한국지부에 대해 우리 근로기준법이 적용됩니다. 문제는 K협회 본부에 대해서도 우리 근로기준법이 적용되는지 여부입니다.

행정해석(근로개선정책과-438, 2014.1.28.)에 의하면 K협회 본부에 대해서 우리 근로기준법이 적용되지 않는 것이 원칙이나, A가 국내에서 일상적으로 노무를 제공하고 있으므로 국제사법 제28조 규정에 따라 국내법의 강행규정에 의해 근로자에게 부여되는 보호를 박탈할 수는 없습니다. 상시근로자수 5명 여부는 근로기준법상 강행규정이므로 K협회 본부에 대해서 우리 근로기준법이 적용된다고 보아야 합니다.

한편 다른 행정해석(근기 1455-15721. 1975.10.30. 제2장 6번 사례 참조)은 「지점 등이 장소적으로 분리되어 있더라도 독립성이 없으면 하나의 사업으로 취급하여 총근로자수를 적용대상으로 한다」는 취지로 설명합니다.

위의 행정해석을 종합하면 K협회 본부 및 한국지부의 근로자수를 합산하여 상시근로자수를 산정해야 합니다. 따라서 사례의 경우 상시근로자수 5명 이상으로 보는 것이 타당합니다.

행정해석 근로개선정책과-438, 2014.1.28.

근로기준법 제11조에서는 상시 5명 이상의 근로자를 사용하는 모든 사업 또는 사업장에 적용하도록 규정하고 있고, 상시근로자수에 대해서는 근로기준법 시행령 제7조의2에 그 산정방법을 명시하고 있다. 외국에 본사가 있는 법인이 국내에 사업 또는 사업장으로 볼 수 있는 형태의 지점(영업소) 등을 운영하는 경우라면 달리 볼 사정이 없는 한 근로기준법이 적용되며 상시근로자수 판단도 근로기준법 시행령 제7조의2에 따르면 될 것이다.

한편 외국 회사에서 직접 근로계약을 체결하고 국내 현지 법인체에 근로자를 파견해, 근로자의 인사 및 노무관리 등을 외국회사에서 직접 관장하는 경우에는 근로기준법이 적용되지 않을 것이다. 다만, 이 경우에도 근로자가 일상적으로 국내에서 노무를 제공하고 있다면 국제사법 제28조 규정에 따라 국내법의 강행규정에 의해 근로자에게 부여되는 보호를 박탈할 수는 없을 것이다.

제3장

폭 행

1 감사의 고압적인 행위로 인한 폭행죄 성립 여부

K회사에서 퇴직한 근로자 A가 감사 B로부터 수개월간 폭행을 당했다며 B와 회사 대표이사 C를 상대로 고소를 제기하였습니다. A는 재직 중 횡령혐의로 수차례 B의 방에서 B로부터 조사를 받았다고 합니다. 녹음파일을 들어보면 B가 수차례 「횡령했으니 형사고발하겠다. 사표 제출해」라고 고성을 지른 사실이 확인됩니다.

이 경우 B와 C를 폭행죄로 처벌 가능한지 궁금합니다.

답 변

근로기준법 제8조는 「사용자는 사고의 발생이나 그 밖의 어떠한 이유로도 근로자에게 폭행을 하지 못한다」고 규정하고 있습니다. 이 죄의 주체는 사용자입니다. 사용자가 아니면 이 죄에 대해 처벌할 수 없으므로 B와 C가 사용자인지 우선 확인해야 합니다. C가 대표이사로서 사용자인 점은 명백하므로 B에 대해서 사용자 여부를 검토할 필요가 있습니다.

(1) 감사(監事)의 사용자성

사례 설명에 의하면 B의 행위는 근로자에 대한 감사(監査)와 관련됩니다. 감사(監査)는 근로자의 직무상 잘못을 적발하기 위한 목적으로 행해집니다. 이와 같은 행위는 회사(사업주)의 관리·감독의 일환으로 볼 수 있습니다. B는 회사로부터 직원 비위행위 등을 감사(監査)하는 권한을 위임받은 자입니다. 따라서 B의 행위는 회사(사업주)를 위하여 한 것이라고 보아야 합니다. 그러므로 B는 사용자의 지위에서 행위한 것으로 볼 수 있습니다.

(2) 근로기준법 제8조의 폭행 개념

형법에도 폭행죄가 있으므로 우선 형법상 폭행의 개념을 살펴보겠습니다. 형법 이론상 폭행을 다음과 같이 4가지로 분류합니다.

① 사람에 대한 것이든 물건에 대한 것이든, 모든 종류의 유형력(有形力)의 행사를 말함. 소요죄(제115조)와 다중불해산죄(제116조)에 규정된 폭행이 이에 해당함(최광의)

② 사람에 대한 직·간접적인 유형력의 행사를 말함. 공무집행방해죄(제

136조)에 규정된 폭행이 이에 해당함(광의)

③ 사람의 신체에 대한 직접적 유형력의 행사를 말함. 직무상 폭행죄(제125조)와 폭행죄(제260조)에 규정된 폭행이 이에 해당함(협의)

④ 상대방의 반항을 억압할 만한 유형력의 행사를 말함. 강간죄(제297조)와 강도죄(제333조)에 규정된 폭행이 이에 해당함(최협의)

근로기준법 제8조에서 규정하는 「폭행」은 사람에 대한 직·간접적인 유형력의 행사, 위압적인 관계를 가져오는 모든 유형력의 행사(광의)를 의미합니다(고용노동부, 개별노동관계법령 수사요령, 20페이지 참조). 근로기준법 제8조의 폭행이 형법 제260조의 폭행보다 그 범위가 넓습니다. 대법원 판례(4289형상297, 1956.12.21.)에 의하면 「폭행은 그 성질상 반드시 신체상 가해의 결과를 야기함에 족한 완력행사임을 요하지 아니하고 육체상 고통을 수반하는 것도 아니므로 폭언을 수차 반복하는 것도 폭행이다」라고 합니다(위 책자 동일면 참조).

사례 설명에 의하면 감사의 행위가 고압적이고 고성이었으며, 그 행위 장소가 밀폐된 공간이었으며, 행위가 수차례 있었다고 합니다. 위의 고용노동부 해석과 대법원 판례를 종합할 때 사례의 경우는 근로기준법 제8조의 폭행에 해당한다고 볼 수 있습니다.

따라서 B에 대해서 근로기준법 제8조의 폭행죄로 처벌 가능합니다.

(3) 대표이사(C)에 대한 처벌 가능성

범죄에 대한 처벌은 행위자를 대상으로 합니다. 사례에서 행위자는 B입니다. C는 행위자가 아닙니다. 따라서 C에 대해서 처벌 불가능합니다. C가 사업장 총괄 관리자라는 이유만으로 처벌할 수 없습니다.

2 동료가 폭행한 경우 근로기준법상 폭행죄 성립 여부

아파트공사현장에서 근로자 A가 동료 근로자 B를 폭행하였습니다. 폭행 이유는 B가 물건을 적재하기 위해 엘리베이터를 장시간 사용했다는 것입니다.

B는 A를 근로기준법상 폭행죄로 고소하였습니다. A를 처벌할 수 있나요?

답 변

근로기준법 제8조는「사용자는 사고의 발생이나 그 밖의 어떠한 이유로도 근로자에게 폭행을 하지 못한다」고 규정하고 있습니다. 이 죄의 주체는 사용자입니다. 사용자가 아니면 이 죄로 처벌할 수 없습니다. 사용자라 함은 지휘·감독 권한 등을 행사할 수 있는 우월적 지위에 있는 자이어야 합니다. 그런데 가해자인 A는 피해자 B에 대해 우월적 지위에 있지 않고 동료에 불과합니다. 따라서 사용자가 될 수 없습니다. 그러므로 이 범죄로 처벌할 수 없습니다.

다만, 형법상 폭행죄(제260조)의 경우에는 주체에 대한 제한이 없으므로 처벌 가능합니다.

3 상사의 욕설이 폭행죄에 해당하는지

K회사에서 부장 A는 대리 B가 자신의 지시에 따르지 않는다는 이유로 자신의 방으로 불러「대학을 졸업했다는 사람이 그 정도밖에 못하냐? 초등학교 나온 사람도 그 정도는 하겠다」고 모욕적인 말을 하였습니다.

이 경우 A의 행위가 근로기준법 제8조(폭행의 금지) 위반에 해당하는지 궁금합니다.

답 변

근로기준법 제8조에서 규정한「폭행」이라 함은 사람에 대한 유형력의 행사를 말합니다. 쉽게 말하면 물리적인 힘이 가해졌다는 의미입니다.

사례와 같은 욕설은 유형력의 행사로 보기 어렵습니다. 욕설은 그 의미가 상대방에게 불쾌감을 줄 뿐입니다. 대법원 판례(4289형상297, 1956.12.21.)에 의하면「폭언을 수차례 반복하는 것도 폭행에 해당한다」고 합니다. 그러나 사례의 경우 여기에 해당한다고 볼 수 없으므로 동법 제8조 위반으로 볼 수 없습니다.

참고로 불특정 혹은 다수인이 인식할 수 있는 상황에서 욕설을 했으면 형법 제311조 모욕죄가 성립될 수 있으나, 단 둘이 있거나 특정인만 있는 경우라면 모욕죄가 성립되기 어렵습니다. 다만, 민사상 손해배상을 청구할 수 있는 가능성은 있습니다.

4 폭행죄의 경우 양벌규정의 해석

K회사에서 업무지시에 따르지 않는다는 이유로 팀장이 팀원을 폭행하여 근로기준법 위반으로 고소가 제기된 상태입니다. 폭행의 경우 근로기준법 제107조 및 제8조 위반죄에 해당하며, 제115조에 의하면 행위자뿐만 아니라 사업주에 대해서도 처벌이 가능하다고 규정하고 있습니다. 동조에 의해 대표이사도 처벌이 가능합니까?

••답 변••

근로기준법 제115조는 「사업주의 대리인, 사용인, 그 밖의 종업원이 해당 사업의 근로자에 관한 사항에 대하여 제107조, 제109조부터 제111조까지, 제113조 또는 제114조의 위반행위를 하면 그 행위자를 벌하는 외에 그 사업주에게도 해당 조문의 벌금형을 과(科)한다. 다만, 사업주가 그 위반행위를 방지하기 위하여 해당 업무에 관하여 상당한 주의와 감독을 게을리하지 아니한 경우에는 그러하지 아니하다」고 규정하고 있습니다.

위 규정에서 사업주는 개인기업인 경우 사장이고, 법인기업인 경우 법인 자체입니다. 법인기업에서 그 대표는 사업주가 아닙니다. 법인의 대표는 법인으로부터 사업경영을 위임받은 수임인으로서 사업경영 담당자인 사용자입니다. 따라서 법인의 대표를 위 규정에 의해 처벌할 수 없습니다.

K회사는 법인이므로 K회사를 위 규정에 의해 처벌할 수 있습니다.

참고로 대표이사가 공범(공동정범, 교사범, 종범)이라면 처벌이 가능하지만 이것은 양벌규정과는 무관합니다.

5 법인격 없는 사단에서 폭행이 발생한 경우

입주자대표회의에서 자치관리하는 아파트의 관리소장이 영선반 직원을 업무 지시에 따르지 않는다는 이유로 폭행하였습니다. 피해자가 관리소장과 입주자대표회의 회장을 상대로 근로기준법 위반으로 고소를 제기하였습니다.

관리소장은 가해자이므로 특별히 문제 될 것이 없으나 입주자대표회의 회장을 근로기준법 제115조(양벌규정)에 의해 처벌할 수 있는지 궁금합니다.

••답 변••

근로기준법 제115조는 「사업주의 대리인, 사용인, 그 밖의 종업원이 해당 사업의 근로자에 관한 사항에 대하여 제107조, 제109조부터 제111조까지, 제113조 또는 제114조의 위반행위를 하면 그 행위자를 벌하는 외에 그 사업주에게도 해당 조문의 벌금형을 과(科)한다. 다만, 사업주가 그 위반행위를 방지하기 위하여 해당 업무에 관하여 상당한 주의와 감독을 게을리하지 아니한 경우에는 그러하지 아니하다」고 규정하고 있습니다.

위 규정에서 사업주는 개인기업인 경우 사장이고, 법인(회사)인 경우 법인(회사) 자체를 의미합니다.

사례의 경우 입주자대표회의는 입주자로 구성된 단체로서 법인격 없는 사단인바, 법인에 준해서 처리해야 합니다. 입주자대표회의가 사업주입니다. 따라서 입주자대표회의를 위 규정에 의해 처벌할 수 있습니다. 회장은 사업주가 아니고 사업경영 담당자인 사용자이기 때문에 위 규정에 의해 처벌할 수 없습니다.

제4장

근로계약

1 착오 또는 사기에 의한 근로계약 체결

A가 해고예고수당 지급을 요구하는 진정을 제기하였습니다. 회사측은 계약기간 만료에 불과할 뿐 해고가 아니라고 주장하고 있습니다. 회사측이 증거로 제출한 근로계약서에 의하면 근로계약기간이 1년으로 명시되어 있습니다.

당사자 진술에 의하면 입사 시에 구두로 근로계약을 체결하면서 계약기간을 정하지 않았으나, A가 9개월 정도 근무할 무렵 회사측이 제시한 근로계약서에 A가 서명했습니다. 서명 시 A가 특별히 이의를 제기한 바 없는 것으로 확인되었습니다. A는 그냥 서명하라고 해서 서명했을 뿐 기간제인지 몰랐다고 주장하고 있습니다. 회사측은 계약기간에 대하여 설명했다고 주장하나 증거서류는 없습니다. A는 해당 설명을 들은 바 없다고 주장합니다.

이와 같은 경우 해고에 해당한다고 볼 수 있나요?

••답 변••

사례는 근로계약의 효력에 관한 다툼입니다. 구체적으로는 계약기간이 유효하냐는 문제입니다.

계약은 표시된 대로 효력을 발생하는 것이 원칙입니다(표시주의). 이 원칙에 따를 경우 근로계약서에 명시된 계약기간 만료일로 근로관계는 종료하므로 해고가 아닙니다. 그러나 A는 기간제인지 몰랐다고 주장하고 있습니다. A의 주장은 근로계약서에 계약기간 만료일이 기재된 사실을 인식하지 못했다는 취지입니다. 이와 같이 사실을 인식하지 못하고 의사표시를 한 경우를 착오에 의한 의사표시라고 합니다.

민법 제109조 제1항은「의사표시는 법률행위의 내용의 중요부분에 착오가 있는 때에는 취소할 수 있다. 그러나 그 착오가 표의자의 중대한 과실로 인한 때에는 취소하지 못한다」고 규정하고 있습니다.

A에게 착오가 있었는지 여부, 그 착오가 법률행위의 내용의 중요부분인지 여부, 중대한 과실인지 여부를 검토해야 합니다.

A가 계약서에 계약기간이 기재되어 있다고 인식했다면 이의를 제기했을

것입니다. 취업 시 체결한 구두계약에 의하면 계약기간이 정해지지 않았으므로 이것에 비해 서면계약이 A에게 불리하기 때문입니다. 그러나 사례 설명에 의하면 A가 이의를 제기하지 않았다고 합니다. A는 순순히 계약서에 서명한 것으로 보입니다. 이런 사실에 비추어 A가 계약서 내용을 제대로 살피지 않고 서명했다는 주장이 설득력이 있습니다. 따라서 A가 착오에 빠져 근로계약을 체결했다는 주장을 인정하는 것이 타당합니다.

A가 착오에 빠진 이유를 추리해 볼 수 있습니다. 서면계약을 체결하자고 제안한 쪽은 회사측입니다. 취업 시 구두계약을 체결한 상태에서 별도로 서면계약 체결을 제안한 것은 회사측에 어떤 이익이 있기 때문일 것입니다. 그것은 무기계약을 유기계약으로 변경하여 근로관계를 쉽게 종료시키고자 하는 목적일 것으로 짐작할 수 있습니다. 이런 목적하에서 회사측은 서면계약 체결을 제안하면서 근로자가 응할 만한 이유를 말했을 것입니다. 취업 시 구두계약한 것을 이제라도 문서화할 필요가 있기 때문이라고 말했을 가능성이 있습니다. 또한 서면계약 내용은 구두계약 내용과 차이가 없다고 말했을 것입니다. 회사측이 이런 정도로 말했다면 A가 계약서 내용에 대해서 관심을 갖지 않고 서명했을 가능성이 큽니다.

다음으로 중요한 착오인지 검토해야 합니다. 중요한 착오라 함은 표의자뿐만 아니라 일반인들도 그 착오가 없었다면 의사표시를 하지 않았을 정도여야 합니다. A의 착오는 근로기간에 관한 부분입니다. 근로기간을 무기에서 유기로 변경하는 것은 근로자 본인에게 중요하고, 일반인들도 근로자 입장이라면 중요하므로, 이에 관한 착오는 중요한 착오라고 볼 수 있습니다.

다음으로 중대한 과실 여부를 검토해야 합니다. 중대한 과실이라 함은 약간만 주의를 기울였어도 근로계약서의 내용이 구두계약 내용과 다르다는 점을 인식할 수 있는 경우를 말합니다. 근로자가 근로계약서의 내용을 제대로 살펴보지 않은 잘못이 있기는 하지만, 근로계약서를 회사가 작성했고 그 내용이 구두계약 내용과 일치할 것으로 신뢰할 만하므로 중대한 과실이 있다고 볼 수 없습니다. 오히려 회사측이 제대로 설명을 해 주지 않은 잘못이 있습니다. 구두계약에 비해 불리한 내용이라는 점을 신의칙상 알려 줄 책임이 있습니다.

이를 종합하면 A는 착오로 인해 근로계약서에 서명한 것이므로 A는 계약을 취소할 수 있습니다. 이에 따라 A가 계약을 취소하면 그 계약은 소급하여 무효가 됩니다(민법 제141조). 그 상태에서 무효인 서면계약을 근거로 근로관계를 종료시키는 것은 해고에 해당합니다.

이상은 착오를 바탕으로 이론을 전개한 것입니다. 그런데 만약 회사측이 A에게 근로계약서의 내용이 구두계약 내용과 동일하다고 속여서 서명하게 했다면 사기에 의한 의사표시에도 해당할 수 있습니다. 사기에 의한 의사표시의 경우에도 착오와 마찬가지로 취소할 수 있고(민법 제110조 제1항), 그 효력은 착오에 의한 의사표시의 취소와 동일합니다(민법 제141조).

보충설명

위 답변은 「입사 시에 구두로 근로계약을 체결하면서 계약기간을 정하지 않았다는 사실」이 사용자의 자백이나 증거에 의해 증명된 것을 전제로 합니다.

그런데 지방고용노동관서의 실무에서는 근로계약서의 내용을 중요한 증거로 채택하는 것이 일반적입니다. 사용자가 위와 같은 구두계약 체결을 부인하는 경우가 대부분입니다. 이와 같이 부인할 경우 근로계약서의 내용에 의해 사건이 처리되는 경우가 더 많습니다.

근로자가 위와 같은 사실을 증명하는 것은 결코 쉬운 일이 아닙니다. 따라서 불이익을 당하지 않으려면 근로계약서를 작성할 때는 내용을 제대로 읽어보는 것이 중요합니다.

분쟁을 방지하기 위해서 사례처럼 채용 이후 중도에 근로계약서를 작성할 것이 아니고 채용 시에 바로 근로계약서를 작성하는 것이 바람직합니다.

2 근로계약 변경이 유효하기 위한 요건

K회사는 2024년 1월 1일 자로 근로자 30명과 근로계약서를 작성하였습니다. 당시 감시적 근로자 적용제외 승인 신청을 계획하고 있어서 여기에 맞춰 임금을 책정하고 근로계약서를 작성하는 것이 회사의 방침이었습니다. 그러나 회사는 이런 방침을 근로자측에 밝힌 바는 없었습니다. 이후 감시적 근로자 적용제외 승인 신청

을 하였으나 승인이 되지 않게 되자 회사는 임금액수를 조정(당초와 임금총액은 동일하나 기본급이 저하된 수준)하는 방향으로 근로계약서를 재작성할 방침을 정하였습니다. 20명은 재작성하였으나 10명은 거부하였습니다. 회사는 변경 내용을 공고하고 거부자 자택으로 변경 내용을 명시한 문서를 발송하였습니다.

거부자 10명은 근무는 계속하였습니다. 회사는 변경된 근로계약이 유효하다고 하면서 저하된 기본급에 맞춰 각종 수당을 지급하였습니다. 이에 근로자들이 임금 차액 지급 요구 진정을 제기하였습니다.

이 경우 근로계약 변경이 유효하다고 보아야 하는지 궁금합니다.

••답 변••

(1) 근로계약 내용 변경이 유효하려면 ①「당사자 간에 변경에 관한 합의」가 있거나 ②「당사자에게 변경권이 발생한 상태에서 이를 행사」해야 합니다.

(2) 사례의 경우 변경에 관한 사용자 일방의 의사표시(공고, 등기 발송)만 있고 이에 대한 근로자의 동의가 없으므로 ①의 합의가 있었다고 볼 수 없습니다. 따라서 ②의 변경권 여부를 검토해야 합니다.

(3) 근로계약 내용 변경권은 약정에 의해 당사자의 쌍방 또는 일방에게 변경권을 부여하거나 사정변경에 의해 발생할 수 있습니다.

사례의 경우 변경권에 관한 약정은 없었습니다.

사정변경에 의해 변경권이 발생하는 경우는 계약의 전제(바탕)가 된 사정이 현저하게 변경되었고, 사정변경에 관한 예측이 불가능하였고, 사정변경에 관해 변경권을 주장하는 쪽의 책임이 없으며, 이와 같은 사정변경 상태에서는 당초 계약을 이행하도록 하는 것이 심히 불공정한 경우로 볼 수 있어야 합니다. 당초 당사자 간에 감시적 근로자 적용제외 승인을 받는다는 전제하에 근로계약을 체결했으나 승인을 받지 못하게 되었다면 사정변경에 의한 계약 내용 변경을 검토해 볼 여지가 있습니다. 그러나 실제로는 그런 사정이 있었다고 볼 수 없습니다. 따라서 근로계약 내용 변경권이 발생하지 않습니다.

(4) 위의 사실을 종합하면 근로계약 내용 변경에 관한 당사자 간 합의가 있는 경우도 아니고, 근로계약 내용 변경권이 발생한 경우도 아닙니다. 따라서 당

초 근로계약 내용은 변경되지 않고 계속 유효하다고 볼 수 있으므로 이에 따라 각종 수당을 산정하여 그 차액을 지급해야 합니다.

3 서면 근로계약과 실제가 불일치할 경우 근로계약의 유효성

A는 K회사에서 10개월간 근무하고 퇴직하였습니다. A는 회사를 상대로 임금체불 관련 진정을 제기하였습니다. A와 회사 간에 작성한 근로계약서에 의하면 「근로시간은 1일 8시간(주 40시간)이고, 임금은 월급제로 매월 300만원 지급」으로 기재되어 있습니다. 그런데 실제 근로시간은 매일 10시간이었습니다. A는 1일 2시간 연장근로에 대한 추가 임금 지급을 요구하고 있습니다.

회사측은 근로계약서의 내용은 법정근로시간에 맞춰 기재했을 뿐 처음부터 1일 10시간 근무하는 것으로 구두로 합의했다고 주장하고 있습니다. A는 구두 합의를 부인합니다. 또한 회사측은 설사 근로계약서 내용이 사실이라 하더라도 실제 근로시간에 부합하게 계약 내용이 묵시적 합의에 의해 변경되었다고 주장합니다. 재직 중 A가 한 번도 이의를 제기하지 않았다는 사실을 근거로 하고 있습니다(조사 결과 이의를 제기하지 않은 것은 사실로 확인됨).

이 경우 어느 쪽 주장이 맞는지 알려 주시기 바랍니다.

답 변

근로계약은 문서나 구두에 의해 체결할 수 있습니다(계약체결방식 자유의 원칙). 근로계약 체결 방식의 차이에 따라 효력에 차이가 있는 것은 아닙니다. 근로계약은 법률행위로서 의사표시를 필수적인 요소로 하므로 그 효력은 의사표시의 해석에 의해 판단해야 합니다.

사례의 근로계약서 기재 내용에 의하면 월급 300만원에 대응하는 근로시간은 법정근로시간인 8시간입니다.

그런데 취업초기부터 실제근로시간이 8시간을 초과한 상태에서 월급 300만원을 계속 지급했으며 근로자는 이의를 제기하지 않았습니다. 이 사실에 비추어 처음부터 1일 10시간 근로하는 것으로 구두로 합의했다는 사용자의 주장이 신빙성이 있습니다. 따라서 근로계약서 작성 당시부터 월급 300만원에 대응하는 시간은 1일 10시간으로 보는 것이 타당합니다. 이 경우 근로계약서에 기재된 시간은 형식적인 것에 불과하여 효력이 없다고 보아야 합니다. 이와 같은 사실을 바탕으로 하면 월급 300만원은 1일 10시간 근로를 전제로 책정되었다고 볼 수 있으므로 이 금액 외에 추가로 지급할 임금은 없다고 보는 것이 타당합니다.

한편 사용자는 위와 같은 내용으로 근로계약을 체결했다는 것을 주장하면서 예비적으로 「설사 근로계약서 내용이 사실이라 하더라도 실제 근로시간에 부합하게 계약 내용이 묵시적 합의에 의해 변경되었다」고 주장합니다. 당초 근로계약서 기재 내용대로 계약이 유효했으나 추후 근로시간이 늘어났음에도 근로자가 추가 임금을 청구하지 않음으로써 묵시적으로 근로계약 내용 변경에 동의한 것으로 봐야 한다는 취지입니다. 그러나 그럴 가능성은 없다고 보아야 합니다. 당초 약정보다 더 많은 시간 근로하였다면 바로 추가 임금을 요구하는 것이 상식인데 A는 퇴직할 때까지 10개월간 이의를 제기하지 않았습니다. 따라서 계약 내용이 변경된 것이라고 볼 수는 없고 당초 계약 내용이 계속 유지된 것으로 보는 것이 타당합니다.

보충설명

위 답변에서는 사용자에게 유리한 쪽으로 결과가 도출되었습니다. 「처음부터 1일 10시간 근로하는 것으로 구두로 합의했다는 사용자의 주장」이 신빙성이 있는 것으로 보았습니다. 그런데 그 주장이 명백히 증명된 것은 아닙니다. 제반 정황을 종합한 결과 그와 같은 신빙성이 있다고 본 것입니다.

그러나 위와 같이 사용자의 주장이 명백히 증명되지 않은 상황에서 지방고용노동관서의 실무에서 사용자에게 유리한 결과가 쉽게 도출된다는 보장은 없습니다. 일반적으로 근로감독관은 근로계약서를 중요한 증거로 채택하므로 사용자의 주장을 배척할 가능성도 있습니다.

따라서 사용자는 처음부터 근로계약서를 실제와 부합하게 작성해야 불이익을 당하지 않게 됩니다.

한편 근로자는 어떤 권리가 발생하면 바로 행사해야 불이익을 당할 위험을 줄일 수 있습니다. 본 사례의 경우 근로자는 연장근로수당을 요구하고 있는바,

만약 실제로 연장근로수당이 발생했다고 할 경우에도 장기간 그 권리를 행사하지 않았다면 조사자 입장에서는 그 권리가 발생하지 않은 것으로 판단할 수도 있기 때문입니다.

4 사택제공만을 조건으로 근로하기로 계약 변경한 경우

A는 B가 경영하는 개인기업에서 매월 200만원과 사택제공을 조건으로 근로하였습니다(사택을 제공받지 않는 근로자들에 대해서는 매월 일정액의 주택수당이 지급됨). 2024년 2월 1일 B는 경영난을 이유로 더 이상 A를 고용할 수 없다고 하자 A는 월급은 필요없고 사택만 제공된다면 계속 일하겠다고 하여 종전과 같은 일을 계속했습니다.

B는 사택제공 외에 부수적으로 담뱃값 정도를 주었습니다. A는 B가 상황이 좋아지면 땅도 사주고 결혼도 시켜주겠다고 약속했다고 주장하고 있습니다.

이 경우 2024년 2월 1일 이후 A와 B 사이의 계약은 임금이 아닌 사택제공을 조건으로 근로를 제공한 것이므로 근로계약이 아닌 민사상의 계약으로 볼 수 있을까요? 그리고 위와 같이 임금을 목적으로 근로를 제공한 것이 아니므로 근로자성을 부인할 수 있을까요?

답 변

변경된 계약을 근로계약으로 볼 수 있는지 검토해야 합니다. 근로기준법 제2조 제1항 제4호는 「근로계약이란 근로자가 사용자에게 근로를 제공하고 사용자는 이에 대하여 임금을 지급하는 것을 목적으로 체결된 계약을 말한다」고 규정하고 있습니다. 여기에서 임금을 지급하는 것을 목적으로 한다는 것은 근로자 입장에서 무료 봉사활동을 목적으로 하지 않고 어떤 대가를 목적으로 한다는 의미로 해석할 수 있습니다.

변경된 계약 내용에 의하면 월 200만원 지급 부분은 제외되었지만 여전히 사택제공 조건은 유지됩니다. 변경된 계약에 의하면 A는 무료 봉사활동이 아닌 사택제공이라는 대가를 목적으로 노무를 제공한다고 볼 수 있습니다. 따라서 변경된 계약은 근로계약의 성립요건을 충족했다고 볼 수 있습니다. 성립요건이란 계약으로서 인정받기 위한 최소한의 외형적 요건을 의미합니다.

위와 같이 변경된 계약이 성립요건을 충족했다고 해서 바로 유효하다고 볼 수는 없습니다. 효력요건을 충족해야 유효합니다. 효력요건이란 성립요건을 갖춘 계약이 그 내용대로의 법률효과를 발생하는 데 필요한 요건을 의미합니다.

계약이 유효하려면 무효나 취소 사유에 해당하지 않아야 합니다. 만약 무효나 취소사유에 해당하여 변경 계약이 효력이 없으면 종전 계약 조건이 그대로 유지될 수 있습니다. 민법에 의하면 제103조(반사회질서의 법률행위), 제104조(불공정한 법률행위), 제107조(진의 아닌 의사표시), 제108조(통정한 허위의 의사표시)에 해당하면 법률행위 시부터 무효입니다. 또한 제109조(착오로 인한 의사표시), 제110조(사기, 강박에 의한 의사표시)에 해당하면 취소할 수 있고 취소하면 법률행위 당시로 소급하여 무효입니다. 사례의 경우 무효나 취소 사유에 해당하는 증거는 없습니다. 따라서 변경된 계약은 민사상으로는 유효하므로 종전 계약 조건이 계속 유지된다고 볼 수 없습니다(즉, 월 200만원 지급 조건은 유지될 수 없음).

그러나 근로계약 분야는 사적자치의 원칙(계약자유의 원칙)이 제한되는 분야입니다. 따라서 위와 같이 변경 계약이 민사상으로 유효하더라도 노동관계법에 위반할 경우에는 무효인 경우에 해당할 수 있습니다. 변경된 계약 내용에 의하면 근로제공의 대가가 사택제공뿐이고 금전은 전무합니다. 그런데 사택은 통화가 아니므로 최저임금에 포함되지 않고(최저임금법 제6조 제4항 제3호 가목) 최저임금에 포함되는 임금이 전무하므로 변경된 계약은 최저임금법 위반으로서 무효입니다. 무효 부분은 최저임금법에서 정한 최저임금액과 동일한 임금을 지급하기로 한 것으로 봅니다(제6조 제3항). 무효 부분을 제외한 부분은 유효합니다. 그러므로 사택제공과 별도로 최저임금액수에 해당하는 금전을 지급해야 합니다.

보충설명

본 사례에서 질문자는 사택제공을 임금지급으로 인정할 수 없다고 주장하고 있습니다.

그러나 사택을 제공받지 않는 다른 근로자에게 일정액만큼 균형을 맞춘 급여로 주택수당이 지급된다면 주택수당은 임금에 해당하고, 그에 상당하는 「사택의 제공 그 자체」도 평가액의 한도 안에서 임금에 해당한다는 것이 통설입니다(근로기준법 주해 I, 제2판, 박영사, 251페이지 참조).

고용노동부 행정해석(아래 참조)도 동일한 취지입니다.

행정해석 노정근1455-4728, 1979.10.18.

회사로부터 공여받은 사택이 사용자의 임의 또는 추첨 등에 의하여 이용되는 복리후생적 시설이 아니고 사택에 입주하지 아니한 전 근로자의 균형상 주택수당 등을 일률적으로 지급하는 경우에 한하여는 그 지급하는 부분의 한도 내에서 회사 사택에 입주한 근로자에게도 임금이 지급된 것으로 보아야 한다.

5 근로조건을 법정기준에 맞춰 하향 변경시킬 수 있는지

K회사는 정액제로 연장근로수당과 야간근로수당을 지급하고 있는데, 연장근로수당은 법정기준에 미달하나 야간근로수당은 법정기준을 상회합니다.

근로자측은 연장근로수당을 법정기준 수준으로 상향시켜야 한다고 주장하고 있습니다. 이에 대하여 회사측은 연장근로수당 기준을 상향시키려면 야간근로수당도 법정기준으로 하향 조정해야 한다고 주장하고 있습니다.

이 경우에 회사측이 근로자의 동의 없이 야간근로수당 기준을 하향시킬 수 있나요?

답 변

사용자의 주장 요지는 근로기준법의 기준에 미달하는 부분(연장근로수당)과 상회하는 부분(야간근로수당)이 있을 경우 근로기준법에 맞춰 차별 없이 변경할 수 있어야 한다는 것입니다.

민사관계에서는 계약자유의 원칙이 적용됩니다. 그러나 근로관계에서는 이 원칙이 제한됩니다. 근로기준법에서 정하는 기준에 미치지 못하는 근로조건을 정한 근로계약은 그 부분에 한하여 무효로 하며, 이에 따라 무효로 된 부분은 동법에서 정한 기준에 따릅니다(근로기준법 제15조). 이 규정에 의하면 근로기준법의 기준에 미달하는 부분은 별도의 조치(당사자 간 합의) 없이 자동적으로 무효가 되어 근로기준법의 기준으로 대체됩니다. 따라서 사례의 경우 연장근로수당 부분은 무효가 되고 근로기준법의 기준에 따르게 되는 것입니다.

반면에 근로기준법은 최저 기준을 규정한 것이므로 동법의 기준을 상회하는 계약은 유효합니다. 이 경우에는 근로자의 동의 없이 사용자가 일방적으로 하향조정할 수 없습니다. 다른 부분(근로기준법 기준에 미달하는 부분)의 변경이 이 권리의 내용 변경의 근거가 될 수 없습니다. 따라서 사례의 경우 야간근로수당 부분을 사용자가 일방적으로 근로기준법 기준으로 하향 변경할 수 없고 그렇게 하려면 근로자의 동의를 얻어야 합니다.

6 재계약 시 소정근로시간 변경

[질문 1]

근로자 A의 근로계약기간은 1년이며, 1일 소정근로시간은 8시간입니다. 회사측은 계약기간 만료 시 1일 소정근로시간을 6시간으로 단축하는 조건으로 1년간 재계약할 방침입니다. A와 동종 업무에 종사하는 여타 근로자들의 1일 소정근로시간은 8시간입니다. 이와 같이 재계약해도 문제없는지 궁금합니다.

[질문 2]

재계약이 유효하다고 가정하고 재계약 3개월 후에 A가 무기계약직으로 자동전환될 경우 종전의 1일 소정근로시간 6시간 부분은 계속 유지되나요?

[질문 3]

무기계약직으로 자동전환된 이후 A가 소정근로시간을 8시간으로 변경해달라고 요구할 경우 회사측이 이를 수용해야 하나요?

[질문 4]

만약 무기계약직으로 자동전환되지 않고 노사 간 합의에 의해 전환되었을 경우에 A가 소정근로시간을 8시간으로 변경해달라고 요구할 경우에는 어떻게 되나요?

[질문 5]

회사가 경영난을 이유로 소정근로시간을 단축할 수 있나요?

••답 변••

(1) [질문 1]에 대하여

계약기간이 만료하면 근로관계가 종료하고, 사용자가 재계약할 의무는 없습니다. 또한 재계약하더라도 종전 근로계약에서 정한 근로조건과 동일한 조건으로 해야 할 의무도 없습니다. 종전 계약과 새로 체결할 계약은 별개이기 때문입니다. A가 재계약을 거부할 수도 있습니다. 재계약은 노사의 합의에 의해 성립하는 것입니다. 따라서 사례처럼 소정근로시간을 종전과 다르게 재계약하더라도 유효합니다. 재계약 내용에 따르면 해당 근로자는 기간제인 단시간근로자입니다(근로기준법 제2조 제1항 제8호 참조).

(2) [질문 2]에 대하여

우선 자동전환의 의미가 무엇인지 규명할 필요가 있습니다. 위에서 살핀 바와 같이 근로기간은 계약에 의해 1년으로 정해질 계획입니다. 근로기간은 근로조건의 하나인바, 계약(합의)에 의해 정해진 근로조건은 당사자 일방에 의해 변경될 수 없고, 계약(합의)에 의해 변경 가능한 것이 원칙입니다. 그런데 사례에서는 근로기간이 자동전환된다고 하므로 사용자 일방에 의해 변경된다는 의미로 해석할 수 있습니다. 이것은 원칙에서 벗어나지만 변경 내용이 장기간 고용을 보장한다는 측면에서 근로자에게 유리하기 때문에 유효하다고 보아야 합니다. 다만, 근로자는 자동전환을 거부할 수 있습니다.

자동전환에 의해 변경되는 근로조건은 근로기간에 한하며 여타 근로조건은 변경되지 않습니다. 따라서 소정근로시간도 종전 계약에서 정한 내용이 계속 효력을 유지한다고 보아야 합니다.

(3) [질문 3]에 대하여

전항에서 살핀 바와 같이 근로기간이 자동전환된 이후에도 소정근로시간은 계속 유효하므로 사용자가 이를 변경해야 할 의무는 없습니다. 따라서 근로자의 변경요구를 거절할 수 있습니다.

이와 같이 거절하는 것이 단시간근로자에 대한 차별 문제를 야기하는 것이 아닌가라는 의문이 제기될 수 있습니다. 그러나 단시간근로자 자체로서 차별이라고 볼 수는 없습니다. 근로기준법은 단시간근로자 자체에 대해서는 불법적인 것으로 보지 않으며, 다만, 단시간근로자의 근로조건은 통상근로자의 근로시간을 기준으로 산정한 비율에 따라 결정되도록 규정하고 있습니다(근로기준법 제18조 제1항).

(4) [질문 4]에 대하여

무기계약직으로 전환된 방식상 차이에 불과하므로 자동전환의 경우와 차이가 없습니다.

(5) [질문 5]에 대하여

일단 정해진 소정근로시간은 근로조건의 하나로서 이를 근로자에게 불리하게 변경하려면 근로자의 동의를 얻어야 합니다. 경영난을 이유로 사용자가 일방적으로 소정근로시간을 변경할 수 없습니다. 사용자가 일방적으로 소정근로시간을 단축함으로써 당초의 소정근로시간에 맞게 근로제공을 못한 경우에는 휴업수당을 지급해야 합니다. 휴업수당은 사용자의 귀책사유로 휴업한 경우에 문제 되는바(근로기준법 제46조), 경영난은 사용자의 귀책사유로 볼 수 있고, 근로제공을 못한 것은 휴업이라고 볼 수 있기 때문입니다.

7 성과급 관련 근로계약의 해석

근로자 A와 K회사 인사부서장 B 간에 연봉계약이 체결되었습니다. 연봉계약 체결 전 협상 과정에서 A는 연봉 6,000만원을 요구했으나 이는 수용되지 않았습니다. 최종 협상 결과 연봉 5,400만원과 성과급 600만원을 지급하기로 하였습니다.

이에 따라 작성한 연봉계약서에 의하면 「연봉 5,400만원, 연봉 외에 성과급 600만원」이라고 명시하고 있습니다. 근로계약서 작성 하루 전 B가 A에게 보낸 메일 내용에 의하면 「성과급은 프로젝트별 수익률에 따라 지급함」이라는 표현이 있습니다.

A는 10개월간 근무 후 퇴직하였는데, 동 기간에 대한 성과급으로 500만원을 요구하는 진정을 제기하였습니다. 회사측은 수익률에 따라 산정하면 성과급이 500만원에 미달한다고 주장합니다.

어떻게 처리해야 합니까?

••답 변••

사례는 근로계약 해석에 관한 문제입니다. 근로계약서상 성과급의 의미를 구체적으로 알 수는 없지만 연봉과 구분되는 점은 명백합니다. 성과급의 의미는 B가 보낸 메일 내용에 의해 판단할 수 있습니다. 동 메일의 내용에 의하면 성과급은 실적에 의해 산정합니다. 반면에 A는 근무기간을 기준으로 성과급을 산정(600만원÷12개월×10개월=500만원)해야 한다고 주장하고 있는 셈입니다.

연봉은 A의 주장처럼 근무기간에 의해 산정할 수 있으나, 성과급은 연봉과 구분되고 메일 내용에 의해서 근무기간에 의해 산정하지 않는다는 점이 명백합니다.

따라서 A의 주장은 타당하지 않습니다. 회사측 주장에 따라 수익률에 의해 성과급을 지급하도록 조치하는 것이 타당합니다.

8 포괄임금제 근로계약의 유효성

근로자 A와 K회사 간에 작성된 근로계약서에 의하면 「임금형태는 월급제로서 매월 400만원을 지급하되, 월급에 퇴직금, 연차수당, 주휴수당이 포함되어 있다」고 합니다. A가 퇴직 후 퇴직금 등을 월급에 포함시킨 것은 위법이므로 별도로 지급하라는 진정을 제기하였습니다.

답 변

(1) 사례의 경우 퇴직금 등을 월급에 포함하는 계약을 체결하였습니다. 이와 같이 월급에 일정 항목을 포함시켜서 해당 항목에 대하여 별도로 산정하지 않는 방식을 포괄임금제라고 하는데 이것은 원칙적으로 유효합니다(제5장 6번 사례 참조). 그런데 포괄임금에 포함시키기로 한 약정 중 무효 부분이 있을 수 있으므로 각 항목별로 유효 여부를 검토할 필요가 있습니다. 포괄임금에 유효하게 포함된 항목은 별도 청구가 불가능하고, 무효인 항목은 별도 청구가 가능합니다.

(2) 퇴직금은 성질상 퇴직할 때 발생 여부가 결정됩니다. 임금 약정 당시에는 퇴직금 발생 여부를 알 수 없습니다. 임금 약정 당시에 발생 가능성이 있는 항목을 포괄임금에 포함시켜야 유효합니다. 또한 퇴직 전에 중간정산하려면 법령에서 규정한 사유에 해당하여야 합니다. 따라서 퇴직금을 포괄임금에 포함시키는 약정은 무효입니다.

따라서 퇴직금에 대하여 별도 청구가 가능합니다.

(3) 진정에서 말하는 연차수당은 연차휴가 미사용수당을 의미하는 것으로 보입니다. 연차휴가 미사용수당을 포괄임금 대상으로 명시했다 하더라도 연차휴가 사용을 제한하지 않아야 유효합니다. 연차휴가 사용 제한은 사전 매수이기 때문에 위법입니다. 만약 유효 요건을 충족했다면 별도 청구가 불가능합니다.

(4) 주휴수당은 1주를 개근한 경우 1일의 휴일을 유급으로 부여하는 것을 말하는데, 월급제는 1개월을 정상 근무할 경우에 별도 주휴수당을 지급하는 것이 아니라 주중에 개근하지 않아 주휴수당이 발생하지 않을 경우 주휴수당을 공제하는 방식입니다. 따라서 사례의 경우 주휴수당은 월급에 포함되어 있다고 보아야 하므로 별도 청구가 불가능합니다.

9 은혜적으로 인상한 기본급을 다시 원래대로 인하할 수 있는지

근로자 A는 기본급으로 매월 200만원을 받았습니다. 회사가 5월부터 기본급을 20만원 인상하여 220만원을 지급하겠다고 통지한 후 실제로 지급하였습니다. 그런데 회사는 6월에 기본급을 착오로 과다 책정했다고 하면서, 당초 인상한 금액 20만원을 보전수당이라는 명칭으로 지급하기 시작하였습니다. 기본급은 상여금이나 각종 수당의 지급기준이 되기 때문에 기본급을 인하하면 A에게 불리합니다.

이에 A는 회사를 상대로 기본급을 인상된 수준으로 환원하라는 진정을 제기하였습니다. 회사측은 당초 기본급을 인상할 의무가 없었으나 은혜적으로 인상한 것이므로 인상 전으로 다시 조정한 것은 위법이 아니라고 주장하고 있습니다.

이 경우 어느 쪽 주장이 타당합니까?

••답 변••

원칙적으로 이미 정해진 근로조건을 사용자가 일방적으로 변경할 수 없습니다. 그러나 근로자에 유리하게 변경하는 것은 가능합니다. 따라서 사례와 같이 사용자가 일방적으로 기본급을 인상한 것은 유효합니다.

그런데 이렇게 변경된 근로조건을 다시 변경하는 것은 근로자에게 불리하므로 근로자의 동의를 받아야 합니다. 비록 사용자가 은혜적으로 근로자에게 유리하게 변경했다고 하더라도 변경된 상태에서는 근로자의 기득권이 되었기 때문에 이를 일방적으로 박탈할 수 없습니다. 따라서 사례의 경우 기본급을 인상된 상태로 환원해야 합니다.

10 묵시적 근로계약

근로자 A와 K회사 간에 다음과 같은 근로계약서가 작성되었습니다.

- 근무내용 : L초등학교 등하교 스쿨버스 운행 및 M아파트와 전철역 사이 셔틀버스 운행

- 임금 : 월 180만원

A는 위 조건으로 근무를 하였으나, 방학기간에는 스쿨버스 운행이 필요 없으므로 셔틀버스만 운행하였습니다. 회사는 방학기간에는 근무시간이 적다는 이유로 월급의 40%만 지급하겠다고 했고, 이에 A가 항의하지 50%인 90만원을 지급하였습니다. A는 이에 대하여 이의를 제기하지 않았습니다.

개학하자 다시 정상적으로 근무를 하게 되었고, 겨울방학기간에는 여름방학기간과 동일한 방식으로 근무하게 되었고 임금도 여름방학과 동일하게 지급되었습니다.

퇴직한 A는 임금차액(방학기간 중 월 90만원) 지급을 요구하는 진정을 제기하였습니다.

이 경우 방학기간 중 근무시간이 평소보다 짧기 때문에 평소 수준으로 임금 지급을 요구하는 것은 무리인 것 같은데, 어떤 기준으로 지급하는 것이 타당한지 모르겠습니다. 처리 방법을 알려주시기 바랍니다.

•답 변•

당초 체결한 근로계약에서 방학기간에 대해서는 명시적으로 규정한 바 없었기 때문에 그 부분에 대한 계약은 부존재한 상태였다고 볼 수 있습니다. 당사자 간에 갈등 과정을 거쳐 최종적으로 방학기간에 대해 월급 90만원을 지급하는 것으로 계약이 성립했다고 볼 수 있습니다.

방학기간에 대한 계약 성립 과정을 검토해보겠습니다. 계약은 청약과 승낙이라는 두 개의 의사표시의 합치에 의해 성립합니다. 방학기간의 임금에 대해 회사측이 처음에 평소 월급의 40%를 지급하겠다고 제안한 것은 청약으로 볼 수 있습니다. 이에 대해 A가 항의함으로써 의사의 불합치로 계약이 불성립하였습니다. 회사측이 다시 평소 월급의 50%인 90만원을 지급한 것은 묵시적인 청약의 표시라고 볼 수 있습니다. A가 이에 대해 이의를 제기하지 않은 것은 묵시적 승낙으로 볼 수 있습니다. 결국 두 개의 묵시적 의사표시의 합치에 의해 계약이 성립하였다고 볼 수 있습니다.

모두에서 설명한 바와 같이 방학기간에 대한 임금에 대해서는 당초 근로계약 내용에 포함되지 않았기 때문에 이를 근거로 주장할 수 없습니다. A의 주장은 당초 근로계약을 근거로 주장하고 있으므로 부당합니다. 따라서 추가 임금을 지급할 필요가 없습니다.

11 착오로 인한 서약서 작성

근로자 A는 퇴직 시에 아래 문구가 기재된 서약서에 서명하였습니다.

「재직기간 중 급여 및 퇴직금을 정히 수령하였으며 어떠한 경우에도 민 · 형사상의 책임을 묻지 아니할 것을 서약합니다.」

퇴직 후에 A는 임금명세서를 검토하다가 마지막 달 임금계산에 오류가 있어서 20만원이 미지급된 사실을 알게 되었습니다. 이에 지급을 요구했으나 회사는 서약서를 근거로 지급을 거부하였습니다. A는 진정을 제기하였습니다.

이 경우 어떻게 처리해야 하나요?

••답 변••

서약서의 기재 내용이 유효하면 회사에 대하여 임금 및 퇴직금 미지급 책임을 물을 수 없습니다. 문제는 서약서 기재 내용이 유효한지 여부입니다.

원칙적으로 서약서 기재 내용은 유효하다고 보아야 하나, 그 기재 과정에서 의사표시의 하자(비진의표시, 통정허위표시, 착오, 사기, 강박)가 있었다면 무효이거나 또는 취소할 수 있습니다. 무효이면 당연히 서약서 작성 시부터 효력이 없고, 취소하면 소급하여 무효이므로 마찬가지로 효력이 없습니다(민법 제107조~제110조 참조). 이와 같이 무효나 취소에 해당하면 사용자에 대하여 임금 및 퇴직금 미지급 책임을 물을 수 있습니다.

A는 임금 등을 정상적으로 지급받은 것으로 알고 서약서에 서명하였을 것으로 추정합니다. 이는 착오로 인한 의사표시입니다. 이에 대하여 민법 제109조 제1항은 「의사표시는 법률행위의 내용의 중요부분에 착오가 있는 때에는 취소할 수 있다. 그러나 그 착오가 표의자의 중대한 과실로 인한 때에는 취소하지

못한다」고 규정하고 있습니다.

임금액수는 법률행위의 내용의 중요부분이라고 볼 수 있고, 계산 오류는 회사측 잘못에 기인하므로 A의 중대한 과실로 볼 수 없습니다.

따라서 A는 취소할 수 있으므로 회사는 미지급 임금을 지급해야 합니다.

12 퇴직 당일 퇴직금 등 포기 서약서를 제출한 경우

K식당에서 카운터를 담당하던 근로자 A는 고객이 식비로 지급한 현금 중 일부를 수회 훔친 사실이 적발되었습니다. A는 당일로 사직한다는 내용의 사직서를 제출함과 동시에 「퇴직금 및 급여를 포기하고 민·형사상 책임을 지겠습니다」라는 내용의 서약서를 제출하였습니다.

퇴직 후 몇 개월이 지나 A는 퇴직금, 연장근로수당, 연차휴가수당 지급 요구 진정을 제기하였습니다. 식당 사장 B는 위 서약서를 근거로 더 이상 지급할 것이 없다고 주장하고 있습니다.

이 경우 퇴직금 등 포기가 법적으로 유효한지, 연장근로수당과 연차휴가수당이 각서상 급여에 포함될 수 있는지 의문입니다.

답 변

퇴직금 등을 권리 발생 전에 포기하는 것은 무효입니다. 그러나 사례의 경우처럼 퇴직금 등이 발생한 이후에 서약서를 작성하였으므로 유효합니다(아래 판례 참조).

서약서에서 포기하기로 명시한 것 중 퇴직금은 의미가 명확하므로 논란의 여지가 없습니다. 급여는 월급만을 의미할 수도 있고, 일체의 근로의 대가를 의미할 수도 있습니다. 이에 대하여 당시에 당사자들이 어떻게 인식했는지는 알 수 없습니다. 처벌 감경을 목적으로 퇴직금 등을 포기하겠다고 서약한 것으로 추측할 수 있습니다. 이런 목적하에서 A가 급여를 월급에 한정하려는 의도로 서약서를 작성했다고 보는 것은 무리입니다. 불리한 처지에 있는 A가 여유를 부릴 상황은 아니었다는 것입니다. 서약서상 급여는 당시에 미지급된 일체의 근로의 대가를 의미하는 것으로 보는 것이 타당합니다. 따라서 연장근로수당과 연차휴가수당도 포기 대상에 포함되었다고 볼 수 있습니다.

위의 사실을 종합하면 A는 퇴직금, 연장근로수당, 연차휴가수당을 청구할 권리가 없다고 보는 것이 타당합니다.

판례 **대법원 2018다21821, 2018다25502, 2018.7.12.**

> 퇴직금은 사용자가 일정 기간을 계속근로하고 퇴직하는 근로자에게 계속근로에 대한 대가로서 지급하는 후불적 임금의 성질을 띤 금원으로서 구체적인 퇴직금청구권은 근로관계가 끝나는 퇴직이라는 사실을 요건으로 발생한다. 최종 퇴직 시 발생하는 퇴직금청구권을 미리 포기하는 것은 강행법규인 근로기준법, 근로자퇴직급여 보장법에 위반되어 무효이다. 그러나 근로자가 퇴직하여 더 이상 근로계약관계에 있지 않은 상황에서 퇴직 시 발생한 퇴직금청구권을 나중에 포기하는 것은 허용되고, 이러한 약정이 강행법규에 위반된다고 볼 수 없다.

13 소정 상여금을 관행적으로 지급하지 않은 경우

근로자 A가 회사와 작성한 근로계약서에 의하면 「기본급의 100%를 추석상여금으로 지급한다」는 내용이 있습니다. 취업규칙에도 근로계약서와 동일한 내용이 규정되어 있습니다. 그러나 회사는 A에게 입사 당해 연도 추석상여금을 지급하지 않았습니다.

이에 A는 추석상여금 지급 요구 진정을 제기하였습니다. 회사측은 관행적으로 입사 1년 미만자에게는 추석상여금을 지급하지 않았다고 주장합니다. 조사 결과 회사 창립 이래 입사 1년 미만자에게는 추석상여금을 지급한 사례가 없는 것으로 확인되었습니다.

이 경우 어떻게 처리해야 하나요?

답 변

사용자측이 관행을 이유로 추석상여금 지급 의무가 없다고 주장하는바, 단순히 장기간 추석상여금을 지급하지 않았다고 해서 바로 관행이 성립했다고 단정할 수는 없습니다. 관행이 인정되려면 합리적인 사유가 있어야 합니다.

사례의 경우 취업규칙이나 근로계약에 추석상여금 지급에 관한 규정이 있을 뿐 입사 당해 연도 추석상여금 지급 제한에 관한 단서는 없습니다. 따라서 입사 당해 연도 추석상여금을 장기간 지급하지 않은 사실은 취업규칙과 배치됩니다. 취업규칙이나 근로계약은 성문화(成文化)되어 있어서 그 존재가 명확하나 관행은 그렇지 않은 특징이 있습니다. 이와 같은 특징으로 인해 취업규칙이나 근로계약과 배치되는 관행을 인정할 때는 신중을 기해야 합니다. 사용자가 취업규칙이나 근로계약과 배치되는 조치를 취하려면 취업규칙이나 근로계약 변경 절차를 따르는 것이 정도(正道)입니다. 그런데 사용자측은 이런 절차를 취하지 않았습니다.

위의 사실을 종합하면 사용자측이 주장하는 관행을 인정할 수 없습니다. 사용자측은 단순히 취업규칙이나 근로계약을 준수하지 않은 것에 불과하다고 볼 수 있습니다. 따라서 취업규칙과 근로계약에 따라 추석상여금을 지급하여야 한다고 보는 것이 타당합니다.

14 계약기간까지 근로하지 않을 경우 임금을 삭감하기로 한 계약의 효력

K회사와 근로자 A 간에 아래와 같은 내용의 근로계약을 체결하였습니다.

「월급으로 매월 300만원을 지급한다. 계약기간을 1년으로 하되, 계약기간까지 근무하지 않을 경우 마지막 달 임금은 최저임금 기준으로 정산한다.」

A가 중간에 사직하였고 회사는 위 계약에 따라 마지막 달 임금을 최저임금 수준으로 지급하였습니다. 이에 A는 임금 차액 지급 요구 진정을 제기하였습니다.

이 경우 어떻게 처리해야 하나요?

••답 변••

사례의 경우 근로자가 당초 약정한 기간까지 근로하지 않을 경우 불이익을 주는 내용의 근로계약입니다. 이는 위약예정의 금지(근로기준법 제20조)에 위반된 계약입니다.

위약예정의 금지라 함은 「근로계약의 불이행에 대한 위약금을 정하거나 손해배상액을 예정하는 계약을 체결하는 것을 금지하는 것」을 말합니다. 사례의 경우 「계약기간까지 근무하지 않은 것」이 「근로계약의 불이행」에 해당하고, 「마지막 달 임금을 최저임금 수준으로 정산하는 것」이 「위약금을 정하거나 손해배상액을 예정하는 것」에 해당합니다.

동 규정의 목적은 근로자의 자유로운 직장 이동을 보장하기 위한 것입니다. 동 규정에 위반할 경우 그 계약은 효력이 없습니다. 따라서 A는 당초 정해진 임금을 기준으로 차액 지급을 요구할 수 있습니다.

15 사업자 간 계약을 근거로 근로자가 임금을 청구할 수 있는지

K회사(경비용역 수탁업체)와 L회사(경비용역 위탁업체)간에 작성한 경비용역계약서에 의하면 「인건비 세부 항목으로 상여금 1인당 월 120,000원, 식대 월 80,000원, 야간근무자 간식비 10,000원」으로 명시하고 있습니다. 그런데 K회사가 실제로 근로자들과 작성한 근로계약서에는 월급으로 일정액만 명시했을 뿐 위와 같이 세분하고 있지 않습니다. 우연히 위 경비용역계약서를 보게 된 근로자 A가 세부항목대로 임금을 지급해야 한다는 내용의 진정을 제기하였습니다.

이 경우 어떻게 처리해야 하나요?

••답 변••

계약의 효력은 당사자 간에만 미치는 것이 원칙입니다. 제3자에게 효력이 미치려면 별도의 조건을 붙여야 합니다(이와 같은 계약을 제3자를 위한 계약이라고 함. 민법 제539조 참조).

사례의 경우 경비용역계약의 당사자는 K회사와 L회사입니다. 동 계약 내용 중에 경비원에게 효력을 미치는 조건이 있다는 증거는 없습니다. 따라서 동 계약의 효력은 K회사와 L회사 간에 발생할 뿐입니다. 동 계약에서 상여금, 식대, 간식비 등으로 구분한 것은 용역비를 산정하기 위한 기준(수단)에 불과합니다.

따라서 K회사가 경비용역계약 내용대로 근로자에게 임금을 지급해야 할 이유가 없습니다. 근로계약 내용대로 지급하면 문제 될 것이 없습니다.

16 근로계약서에 명시되지 않은 사항은 취업규칙에 따른다고 기재한 경우

근로자 A가 K회사를 상대로 진정을 제기하였습니다. A는 수습기간의 임금을 삭감한 것은 부당하다고 주장합니다. 입사 시 근로계약서를 작성하였는데 해당하는 부분은 아래와 같습니다.

「월급을 300만원으로 한다. 수습기간을 3개월로 한다. 본 계약서에 명시되지 않은 사항은 취업규칙, 근로기준법 등에 따른다.」

A가 1개월분 임금을 받았는데 그 금액이 270만원이었습니다. 회사측에 문의하니 취업규칙에 따라 산정한 것이라고 하였습니다. 취업규칙을 찾아보니 다음과 같이 규정되어 있었습니다.

「수습기간에 대해서는 정상 월급의 90%를 지급한다.」

A는 입사 시 위 취업규칙 내용을 전혀 듣지 못했다고 주장합니다. 회사는 입사 시 설명하지 않았다는 사실은 인정하면서도 근로계약서 자체에서 취업규칙에 따른다고 명시했으므로 문제없다고 주장합니다.

이 경우에 어떻게 처리해야 하나요?

••답 변••

사용자는 근로계약 체결 시 임금을 명시해야 하고(근로기준법 제17조 제1항), 임금의 구성항목·계산방법·지급방법 등이 명시된 서면을 근로자에게 교부해야 합니다(동조 제2항).

사례의 경우 근로계약을 서면으로 체결하면서 동 서면에 임금을 명시했으나 취업규칙의 임금에 관한 특별규정은 언급이 없습니다.

근로기준법 제17조의 입법 목적은 근로계약 체결 시에 주요근로조건을 명백히 밝히도록 하여 향후 분쟁을 예방하기 위한 것입니다. 이 목적을 달성하려면 근로계약서의 내용만으로 주요근로조건에 대해 의문이 없을 정도로 명백해야 합니다. 근로계약서에 취업규칙을 인용하려면 취업규칙 해당 조항을 구체적으로 명시해야 합니다. 사례처럼 포괄적으로 표현하면 명시했다고 볼 수 없습니다. 따라서 해당 취업규칙 부분은 근로자에게 효력이 없고, 근로계약서에서 명백히 한 부분만 유효하다고 보아야 합니다. 근로계약서에서 수습기간에 대한 임금액수를 별도로 정하지 않았으므로 월급 300만원을 지급하는 것이 타당합니다.

17 모집 공고문의 임금액수와 약정 임금이 일치하지 않는 경우

근로자 A가 K회사를 상대로 임금 지급 요구 진정을 제기하였습니다. A는 관광버스운전기사로 근무하였습니다. A는 입사 시 배차담당 이사와 면접하였고 그 자리에서 기본급 250만원과 운임비의 10%를 받기로 구두로 약정하였다고 합니다. 운전기사 모집 공고를 보고 지원했는데 모집 공고문에는 월 300만원 이상으로 되어 있었고, 면접 시 배차담당 이사가 기본급과 운임비의 10%를 합하면 월 300만원은 될 것이라고 말했다고 합니다. 회사는 기본급에 대해서는 인정하나 운임비의 10% 부분은 부인하고 있습니다.

조사 결과 근로계약서는 작성하지 않았고, 모집 공고 내용은 A의 주장과 일치하는 것으로 확인되었습니다.

이 경우 어느 쪽 주장을 인정하는 것이 타당한지 궁금합니다.

답 변

모집 공고의 내용은 사용자가 대외적으로 밝힌 근로조건입니다. 사용자가 모집 공고 내용과 근로계약상 근로조건이 다르다고 주장하는 것은 금반언칙(자신의 과거 행위와 모순되는 행위를 해서는 안 된다는 원칙)에 어긋납니다. 만약 모집 공고의 내용과 실제 근로계약 내용이 다르다면 이를 증명할 책임은 사용자에게 있습니다. 사례의 경우에 사용자가 이를 증명하지 못했습니다. 따라서 A의 주장대로 임금을 약정한 것으로 보고 체불임금을 확정하면 될 것입니다.

보충설명

사례의 경우는 근로계약 내용 중 일부(운임비의 10%)에 대해 당사자 간의 주장이 대립합니다. 이는 서면에 의하지 않고 구두로 근로계약을 체결한 데서 비롯된 것이라고 볼 수 있습니다.

분쟁 사항(운임비의 10%)에 대한 직접적인 증거는 없습니다. 이 경우 정황증거에 의해 판단할 수 있습니다. 사례의 경우 모집 공고가 정황증거에 해당합니다. 위 답변은 정황증거에 의한 판단입니다.

만약 근로계약이 서면에 의해 체결되었다면 근로계약서가 가장 중요한 증거에 해당하므로 원칙적으로 이에 의해 판단해야 합니다.

18 대리인이 사업주의 의사에 반하여 월권으로 근로계약한 경우

개인기업 사장 A는 영업사원 B의 건의에 따라 B를 보조할 직원을 채용하도록 지시하였습니다. 이에 따라 B는 C를 면접하였고 그 과정에서 일정 액수의 일급과 주임수당을 지급하는 조건으로 채용할 의사가 있다고 말하였고, 이에 대하여 A에게 결재를 상신했습니다. 그러나 A는 신입사원에게 주임수당을 지급하는 것은 부당하다는 이유로 결재를 반려하였습니다.

B는 A로부터 결재가 반려된 사실을 알리지 않고 C를 채용하였습니다. 한 달 후 임금을 받은 C가 주임수당이 누락된 사실을 알고 이를 요구했으나 거절당하자 진정을 제기하였습니다.

이 경우 인사노무관리 책임자가 아닌 영업사원에 불과한 B가 결재도 받지 않고 근로자와 구두로 약속한 수당을 A가 지급해야 하나요?

답 변

A는 B에게 C와의 근로계약 체결권한을 부여했습니다. 즉, B에게 대리권한을 부여한 것입니다. 대리인(B)의 법률행위(이 사례에서는 근로계약 체결)의 효과는 본인(A)에게 발생합니다(민법 제114조 제1항).

그런데 사례에서는 대리인(B)이 본인(A)의 지시를 어기고 다른 내용으로 근로계약을 체결하였습니다. 이와 같은 경우를 권한을 넘은 표현대리라고 합니다. 이 경우에는 제3자(C)가 그 권한이 있다고 믿을 만한 정당한 이유가 있는 때에는 본인(A)은 그 행위에 대하여 책임이 있습니다(민법 제126조). 사례에서 C는 B와의 면접을 거쳐 채용되었으므로 B에게 임금에 대한 근로계약 체결 권한이 있다고 믿을 만한 정당한 이유가 있습니다.

B가 인사노무관리 책임자가 아닌 영업사원이라 하더라도 특정 사안에 대하여 대리권한을 부여하는 데 지장이 없으며, 근로계약은 구두로도 체결할 수 있습니다.

따라서 A는 C에 대해 주임수당을 지급해야 합니다.

참고로 B가 A의 지시를 어긴 점에 대해 A가 징계 등 제재를 가하는 것은 별개의 문제입니다.

19 근로계약서 미작성을 이유로 처벌을 요구하는 경우

A는 K업체에 입사하면서 시급액수를 구두로 약정하고 근무하였습니다. 입사 둘째 날 회사측은 근로계약서를 작성하자고 하면서 토요일에 격주로 근무해야 한다고 하였습니다. A는 입사 시 주 5일 근무로 알고 있었다고 하면서 토요일에 근무할 수 없으니 그만두겠다고 하였습니다.

A는 회사측을 근로계약서 미작성으로 처벌해달라고 고소를 제기하였습니다.

회사측은 근로계약서를 작성하려고 했으나 근로자가 거부하여 어쩔 수 없었다고 주장합니다.

이 경우 근로계약서 미작성으로 처벌할 수 있나요?

••답 변••

사례에서 근로계약서 미작성으로 인한 처벌에 관해 문의했으나 근로기준법상 근로계약서 작성 의무는 없습니다(구두로 근로계약을 체결할 수 있기 때문임). 정확하게는 근로기준법 제17조 제2항 위반 여부 문제로 보아야 합니다. 동 조항에 의하면 사용자는 근로계약 체결 시 임금의 구성항목 등 주요근로조건을 명시한 서면을 작성하여 근로자에게 교부해야 합니다. 사례 설명에 의하면 시급액수를 구두로 약정하였다고 하므로 구두로 근로계약을 체결하였다고 볼 수 있습니다. 근로계약은 근로자가 사용자에게 근로를 제공하고 사용자는 이에 대하여 임금을 지급하는 것을 목적으로 체결된 계약을 의미하기 때문입니다(근로기준법 제2조 제1항 제4호). 구두계약 시 주요근로조건 명시 서면을 근로자에게 교부하지 않은 것으로 보입니다.

사용자는 근로자가 거부하여 근로계약서 작성이 불가능하였다고 주장하나 이는 이유가 될 수 없습니다. 근로계약서 작성 주체는 노사 당사자이므로 근로자가 거부하면 작성이 불가능한 것은 사실이지만 주요근로조건 명시 서면은 사용자가 단독으로 작성하여 교부할 수 있기 때문입니다. 따라서 근로기준법 위반으로 처벌이 가능합니다.

참고로 주요근로조건을 근로계약서에 명시하고 근로자에게 이를 교부했다면 근로기준법 제17조 제2항을 이행한 것이 됩니다. 이 경우 근로계약서는 주요근로조건 명시 서면의 기능을 겸하고 있기 때문입니다.

20 이력서에 주요근로조건을 명시하여 교부한 경우

근로자 A가 근로계약서 미작성을 이유로 진정을 제기하였습니다. 조사 결과 A가 K업체(개인기업)에 입사할 때 사장 B가 이력서에 임금, 근로시간 등을 기재한 후 복사하여 원본은 자신이 갖고 복사본을 A에게 제공한 사실이 있으며, 이력서에 A의 서명은 있으나 B의 서명은 없고, 별도로 근로계약서는 작성하지 않은 것으로 확인되었습니다.

이 경우에 어떻게 처리해야 하나요?

답 변

근로계약서로 인정되려면 노사 양측의 서명 또는 날인이 있어야 합니다. 문서의 형식은 문제가 되지 않으므로 이력서에 근로조건을 기재할 수 있습니다. 따라서 이력서에 근로조건을 기재하고 노사 양측이 서명했다면 근로계약서로 인정될 수 있습니다. 사용자의 서명 또는 날인이 없는 것은 명백합니다. 근로자의 서명은 있으나 이것은 근로계약서 작성용으로 행한 것이 아니고 이력서 작성용으로 행한 것입니다. 따라서 노사 양측의 서명 또는 날인이 없다고 보아야 합니다. 그러므로 이력서는 근로계약서로 인정될 수 없습니다.

노동법상 근로계약서를 작성하지 않았다는 이유로 처벌하지는 않고(구두로 근로계약을 체결할 수 있기 때문임), 주요근로조건을 명시한 서면을 교부하지 않았을 경우에 처벌합니다(근로기준법 제17조 제2항). 이 경우에 문서의 형식은 문제 되지 않으므로 이력서에 법정 주요근로조건을 누락하지 않고 명시했다면 제17조 제2항을 이행한 것이므로 처벌할 수 없습니다.

21 전출로 사업주 변경 시 주요근로조건 명시 서면 교부 필요 여부

근로자 A는 K회사에서 근무 중 그룹 계열사인 L회사로 전출되면서 소속이 변경되었습니다. A와 L회사 간에 작성된 전출합의서에 의하면 「종전의 근무조건(임금, 근무시간, 업무내용)에 변경이 없고 근속기간을 인정한다」고 명시되어 있습니다.

A가 근로조건을 명시한 서면을 교부하지 않았다는 이유로 진정을 제기하였습니다. 조사 결과 K회사 입사 시 주요근로조건을 명시한 근로계약서를 교부한 사실이 확인되었습니다.

이 경우에 어떻게 처리해야 하나요?

답 변

A는 근로기준법 제17조 제2항 위반을 문제삼고 있습니다.

사업주가 K회사에서 L회사로 변경되었으나 기존 근로조건에 변동이 없고, 기존 근로조건을 명시한 서면에 해당하는 근로계약서를 이미 교부한 상태입니다. 동 법조는 근로조건을 명시하여 분쟁을 방지하는 것을 목적으로 합니다. 그런데 사례처럼 근로조건에 변동이 없는 경우에는 분쟁이 발생할 여지가 없습니다. 새삼스럽게 다시 작성하여 교부할 필요가 없습니다.

따라서 근로기준법 제17조 제2항 위반이 아니라고 보는 것이 타당합니다.

보충설명

사례는 기존 사업주(K회사)와의 근로관계를 종료시키고 다른 사업주(L회사)와 새로 근로관계를 성립시키는 경우입니다. 이를 일반적으로 전적(轉籍)이라고 표현합니다.

일반적으로 전출(轉出)은 기존 사업주와 근로관계를 유지하면서 다른 사업주에게 상당기간 근로를 제공하는 관계를 말합니다.

따라서 사례의 경우는 일반적인 용어로 표현하면 전적에 해당합니다.

22 수습기간 이후에 주요근로조건 명시 서면을 교부한 경우

근로자 A가 K회사를 상대로 진정을 제기하였습니다. A는 수습기간(2개월)이 경과한 후에 근로계약서를 작성했고, 입사 시에는 작성하지 않았으므로 근로기준법 제17조 제2항을 위반한 것이라고 주장합니다. 회사측은 미작성이 아니라 조금 늦게 작성한 것뿐이라고 주장합니다.

이 경우에 어떻게 처리해야 하나요?

••답 변••

A의 주장 취지는 주요근로조건을 명시한 서면을 입사 시에 교부하지 않았다는 것입니다. 근로기준법상 근로계약을 서면으로 체결하라는 규정은 없으므로 구두로 체결해도 무방합니다.

근로기준법 제17조 제2항에 의하면 근로계약 체결 시에 주요근로조건을 명시한 서면을 교부하라고 규정하고 있습니다.

「근로계약 체결 시」라 함은 구직자와 구인자 간에 근로제공을 조건으로 임금을 지급한다는 합의가 이루어진 때를 말합니다. 사례처럼 수습기간이 있는 경우에도 그 기간 이전에 구두로 근로계약이 체결된 것으로 볼 수 있습니다. 따라서 수습기간 이후에 주요근로조건을 명시한 서면(계약서에 주요근로조건을 명시했다면 이는 해당 서면으로 볼 수 있음)을 교부했다면 위법입니다.

23 영문(英文)으로 작성한 주요근로조건 명시 서면을 교부한 경우

근로자 A가 K회사를 상대로 진정을 제기하였습니다. A는 회사가 입사 시에 주요근로조건이 명시된 서면을 제공하지 않았다고 주장합니다. 회사는 영문(英文)으로 작성한 서면을 제공했다고 주장합니다. 이 회사는 외국계 의류판매업체입니다.

조사 결과 해당 서면의 내용으로 보아 주요근로조건이 누락되지는 않은 것으로 확인되었습니다. A는 국문으로 작성한 것이 아니므로 위법이라고 주장합니다.

이 경우에 어떻게 처리해야 하나요?

••답 변••

K회사는 외국계이므로 영어를 주로 사용한다는 특징이 있습니다. A도 영어를 잘 할 가능성이 있습니다. 주요근로조건을 영문으로 표시한 경우에 그 내용을 근로자가 충분히 이해할 수 있는 능력자라면 위법하지 않다고 보는 것이 타당합니다.

근로기준법 제17조 제2항은 주요근로조건을 문서에 표시함으로써 근로자를 보호하고 당사자 간 분쟁을 방지하기 위한 목적으로 제정되었다고 볼 수 있는바, 국문이 아니라 하더라도 근로자가 그 내용을 충분히 이해할 수 있다면 동 목적을 달성할 수 있기 때문입니다.

결국 위법 여부는 근로자의 영문 해독 능력 여부에 의해 판단하는 것이 타당합니다.

24 기간제근로자에 대한 주요근로조건 명시 서면 미교부 시 근로기준법 위반으로 형사처벌이 가능한지

주요근로조건을 명시한 서면을 교부하지 않을 경우 근로기준법 제17조 제2항 위반으로 벌금형 대상이 됩니다. 그런데 동일한 경우 기간제 및 단시간근로자 보호 등에 관한 법률 제17조 위반으로 과태료 부과 대상이 됩니다. 따라서 기간제근로자에 대하여 동 서면을 교부하지 않으면 과태료 부과로 그치고 벌금형 처벌은 불가능할 것 같은 생각이 듭니다. 제 생각이 맞는지 궁금합니다.

••답 변••

근로기준법 제17조 제2항은 기간제근로자를 포함한 근로자 일반에 대하여 적용됩니다. 따라서 기간제 및 단시간근로자 보호 등에 관한 법률 제17조를 위반할 경우 근로기준법 제17조 제2항을 위반한 것으로 될 수 있습니다. 따라서 형사처벌이 가능합니다.

다만, 기간제 및 단시간근로자 보호 등에 관한 법률 제17조 위반으로 과태료 처분 후에 근로기준법 제17조 제2항 위반으로 형사처벌이 가능한지 의문이 제기될 수 있습니다.

대법원 판례(88도1983, 1989.6.13. ; 87도2265, 1988.1.19. ; 96도158, 1996.4.12.)에 의하면 「행정법상의 질서벌인 과태료의 부과처분과 형사처벌은 그 성질이나 목적을 달리하는 별개의 것이므로 행정법상의 질서벌인 과태료를 납부한 후에 형사처벌을 한다고 하여 이를 일사부재리의 원칙에 반하는 것이라고 할 수는 없다」고 합니다. 위 판례의 취지에 따르면 기간제 및 단시간근로자 보호 등에 관한 법률 제17조 위반으로 과태료를 부과한 사건에 대하여 근로기준법 제17조 제2항 위반으로 형사처벌이 가능합니다.

25 전년도에 친권자동의서를 받았으나 금년도에 받지 않고 근로계약한 경우

A(18세 미만자)는 주유소에서 2024년 1월부터 6개월간 아르바이트를 하였습니다. A는 재직 당시 사용자가 친권자동의서를 비치하지 않았다고 신고하였습니다. A의 아버지가 직접 A를 위 사업장에 데리러 오기도 하는 등 일을 하는 것에 대하여 문제삼은 바는 없었습니다. 이와 같은 경우 과태료를 부과하는 것이 맞는지 아니면 실질적으로는 부모가 동의하였다고 판단하여 혐의 없는 것으로 처리하는 것이 맞는지 궁금합니다.

참고로 2023년에 친권자동의서 및 근로계약서를 받아 놓은 것이 있습니다. 다만, 2023년에는 전혀 일을 하지 않았습니다. 이와 같이 미리 받은 서류들이 유효한지도 궁금합니다. 2024년도 시급은 2023년도 근로계약서상 시급과 차이가 없습니다.

답 변

미성년자가 근로계약을 체결할 때는 법정대리인(친권자 또는 후견인)의 동의를 얻어야 하고, 동의를 얻지 않고 계약을 체결한 경우 이를 취소할 수 있습니다(민법 제5조). 사용자는 18세 미만자에 대하여는 법정대리인의 동의서를 사업장에 갖추어 두어야 합니다(근로기준법 제66조). 동법 제66조를 위반할 경우 과태료가 부과됩니다(동법 제116조).

미성년자와 근로계약 체결 시 법정대리인의 동의를 얻도록 한 이유는 미성년자는 사리판단 능력이 미숙하여 피해를 당할 수 있으므로 이를 방지하기 위한 것입니다.

사례의 경우 2023년에 미성년자와 문서로 근로계약을 체결하였고 이와 관련하여 친권자로부터 동의서를 받은 바 있습니다. 그러나 실제로 근로가 개시되지는 않았습니다. 2024년 1월에 구두로 근로계약을 체결하여 실제로 근로가 개시되었으나 이와 관련하여 친권자로부터 명시적으로 동의를 받지는 않았습니다. 이와 같은 근로사실을 친권자가 알고 있으면서 묵인하였습니다.

2024년 근로계약 조건은 2023년의 그것과 차이가 없다고 추정합니다. 양 계약이 이루어진 시점의 간격이 짧고, 시급 등의 변경이 없다는 사실 등에 비추어 그렇게 판단이 됩니다. 이와 같이 양 근로계약 조건에 차이가 없는 상황에서 전의 근로계약 체결 시 친권자가 동의했으므로 후의 근로계약 체결에 반대하지 않을 것으로 믿는 것이 상식입니다. 이런 상황에서 사용자 입장에서는 2024년 근로계약 체결 시 친권자로부터 별도로 동의를 받을 필요성을 느끼지 못하였을 것입니다. 또한 별도로 동의를 받지 않았다고 하더라도 미성년자에게 피해가 발생하였다고 볼 수도 없습니다.

과태료를 부과하는 목적은 잘못에 대한 제재와 재발방지라고 볼 수 있습니다. 그런데 사례의 경우 사용자는 이미 동일 내용의 근로계약과 관련하여 동의를 한 번 받았으므로 재차 받을 필요가 없다고 판단하였을 것이고, 이와 같은 특수 상황을 감안하면 사용자에게 잘못이 있다고 보기 어렵습니다. 또한 2024년 1월 이후 실제 근로가 이루어지고 있는 사실을 친권자가 알고 있으면서 묵인하였으므로 근로계약에 대해서 추인하였다고 볼 수 있는데, 이런 상황에서 사용자는 2023년에 받은 동의서를 2024년의 근로계약과 관련된 의미로 계속 보관하였을 것입니다. 이 사실에 비추어 사용자는 근로기준법 제66조를 인식하고 있으므로 향후 근로기준법을 위반할 우려도 없습니다.

위의 사실을 종합하면 사용자에 대하여 과태료를 부과하는 것은 타당하지 않습니다.

26 폐업한 회사(법인)에 대한 과태료 부과 가능 여부

K회사에 대한 근로감독 결과 계약서류 미보존 사실이 발견되어 과태료 부과를 검토 중입니다. 그런데 감독 이후 현재 시점에서 K회사는 폐업하여 사업을 하지 않는 상태입니다.

이 경우 누구를 상대로 과태료를 부과해야 하나요?

답 변

과태료 부과에 관한 기본법은 질서위반행위규제법입니다. 동법 제11조 제1항은 과태료 부과 대상에 대하여 다음과 같이 규정하고 있습니다.

「법인의 대표자, 법인 또는 개인의 대리인·사용인 및 그 밖의 종업원이 업무에 관하여 법인 또는 그 개인에게 부과된 법률상의 의무를 위반한 때에는 법인 또는 그 개인에게 과태료를 부과한다.」

K회사는 법인입니다. 법인에 해당하는 경우만을 분리하여 위 규정을 다음과 같이 정리할 수 있습니다.

「법인의 대표자·대리인·사용인 및 그 밖의 종업원이 업무에 관하여 법인에게 부과된 법률상의 의무를 위반한 때에는 법인에게 과태료를 부과한다.」

「대표자·대리인·사용인 및 그 밖의 종업원」이 자연인으로서 법인을 위하여 행위를 하는 관계이고, 이들이 업무 집행과 관련하여 법률상 의무를 위반한 경우 법인에게 과태료를 부과한다고 규정하고 있음을 알 수 있습니다. 대표자 등 자연인에게는 과태료를 부과하지 않습니다.

사례의 경우 K회사(법인)는 폐업으로 존재하지 않는 상태입니다. 위에서 설명한 바와 같이 과태료 부과 대상은 법인인데 해당 법인은 현재 존재하지 않으므로 과태료 부과가 불가능합니다.

27 재취업용이 아닌 자료를 사용증명서로 볼 수 있는지

현재 K회사에 재직 중인 근로자 A가 호봉승급자료, 퇴직금 산정자료 발급 요구 진정을 제기하였습니다. 조사 결과 재취업용은 아닌 것으로 확인되었습니다.

이 경우 A의 요구가 정당한지 궁금합니다.

••답 변••

사례는 사용증명서 발급에 관한 문제로 파악됩니다(근로기준법 제39조). 사용증명서와 관련된 고용노동부 행정해석과 학자의 견해를 소개합니다.

「근로기준법 제31조(현행 제39조)에 규정된 사용증명서 교부제도는 근로자가 당해 사업체에 근무하였다는 경력을 증명하여 줌으로써 퇴직근로자의 재취업에 도움을 주기 위한 취지로서 설정된 규정으로 사용자는 근로자에게 사용기간, 업무종류, 지위와 임금 기타 필요한 사항에 관하여 근로자가 요구한 사항을 기입한 사용증명서를 교부하도록 하고 있는바, 월별 근무상황, 급여명세서, 근로소득 원천징수영수증, 교통사고기록 사본, 시말서 사본, 월별 결근사항, 취업규칙 사본 등은 확인조회에 해당될 사항으로 사용증명서에 포함될 내용은 아니다(근기 01254-1870, 1992.11.17.)」

「사용증명서는 근로자의 재취업 자료로 필요한 것으로서 이러한 용도에 사용하지 않는 것이 객관적으로 명백하면 이를 거부하더라도 근기법 제39조 위반이 아니다. 따라서 법적 시비를 가리기 위한 상세한 근로실태의 내역 등 확인조회에 해당하는 것까지 사용증명서를 교부할 필요는 없다(하갑래, 근로기준법 제32판 1081페이지)」

위의 견해를 바탕으로 하면 사례의 호봉승급자료, 퇴직금 산정자료는 사용증명서에 해당하지 않는 것으로 보는 것이 타당합니다.

28 사직서 제출 후 사직 수리를 거부하는 경우 근로관계 종료 시점

K회사 소속 근로자 A는 무기계약직으로 근무하던 중 개인 사정으로 8월 15일에 사직서를 제출하면서 9월 15일까지 근무를 희망한다고 사직서에 기재하였습니다. 임금형태는 월급제이고, 월급계산기간은 매월 초일부터 매월 말일까지이며, 월급 정기지급일은 다음 달 10일입니다.

K회사는 후임자 선발이 늦어진다는 이유로 10월 15일까지 근무해 줄 것을 요구하면서 사직수리를 유보하고 있습니다.

취업규칙 등으로 사직수리에 관해 규정한 바는 없습니다.

이 경우 K회사가 사직수리를 유보할 경우 근로자 A가 9월 15일까지 근무하고 이후 출근하지 않을 경우 근로관계 종료 문제는 어떻게 처리해야 하나요?

답 변

사례의 경우와 같은 문제에 대해서 적용할 만한 규정이 근로기준법에는 없습니다. 근로기준법에 대한 일반법이라고 할 수 있는 민법(구체적으로는 고용계약 부분)에서 규정하고 있습니다.

계약기간을 정하지 않은 경우에는 언제든지 사직의 의사표시를 할 수 있습니다(민법 제660조 제1항). 이 경우 기간으로 보수를 정한 때에는 사용자가 사직서를 받은 당기(當期) 후의 일기(一期)를 경과함으로써 근로관계 해지의 효력이 발생합니다(민법 제660조 제3항).

사례의 경우 월급제이므로 기간으로 보수를 정한 때에 해당합니다. 여기에서 당기란 사직서를 제출한 날이 속하는 월급계산기간을 의미합니다. 사례에서 사용자가 사직서를 받은 당기는 8월 1일부터 8월 31일까지입니다. 따라서 당기 후의 일기는 9월 1일부터 9월 30일까지입니다. 그러므로 사용자가 사직수리를 계속 유보할 경우 당기 후의 일기를 경과하는 10월 1일에 근로관계가 종료합니다.

사례의 경우와 달리 취업규칙 등으로 사직수리에 관해 규정한 경우에는 위의 설명이 적용되지 않습니다. 취업규칙 등으로 근로자에게 유리하게 규정한 경우(민법 규정에 비해 조기에 근로관계가 종료된다고 규정한 경우)에는 해당 규정에 따르고, 근로자에게 불리하게 규정한 경우(민법 규정에 비해 늦게 근로관계가 종료된다고 규정한 경우)에는 해당 규정은 무효이므로 민법 규정에 따라야 합니다.

보충설명

근로자 A가 9월 15일까지 근무하고 이후 출근하지 않으면 K회사는 9월 16일부터 9월 30일까지 결근으로 처리할 수 있습니다. 이 경우 퇴직금을 구하기 위한 평균임금 산정 시 결근기간이 평균임금 산정기간에 포함되어 평균임금이 저하될 수 있습니다. 이와 같이 산정한 평균임금이 통상임금에 미달하면 통상임금을 평균임금으로 간주하여 퇴직금을 구합니다.

제5장

임금 등 금품 일반

1 사용자가 부담하는 근로소득세 및 사회보험료의 성격

K회사는 A와 근로계약을 체결하면서 월급으로 300만원을 지급하기로 하였습니다. 근로소득세 및 사회보험료는 회사가 부담하기로 하였습니다.

이 경우 근로소득세 및 사회보험료의 성격이 무엇인가요?

답 변

일반적으로 사용자는 임금에서 근로소득세 및 사회보험료를 공제(원천징수)하고 나머지를 지급합니다. 따라서 공제 전 금액이 임금이라고 볼 수 있습니다. 임금은 근로의 대가로서 명칭에 관계없이 사용자에게 지급 의무가 있는 금품입니다(근로기준법 제2조 제1항 제5호 참조).

회사는 A에게 매월 300만원과 근로소득세액 및 사회보험료액을 합한 금액을 지급할 의무가 있습니다. 이 전체 금액에서 근로소득세 및 사회보험료를 공제하는 것과 마찬가지입니다. 따라서 근로소득세 및 사회보험료는 임금에 해당한다고 볼 수 있습니다.

2 행사수당의 성격

K회사에서 내부품의에 의해 근로자들에게 행사수당을 지급하기로 규정하였습니다. 행사수당 금액은 외부행사 참여 시 1회당 5만원입니다.

이 경우 행사수당을 임금으로 볼 수 있는지 궁금합니다.

답 변

임금은 사용자에게 지급 책임이 있는 근로제공의 대가라고 정의할 수 있습니다.

사례에서 외부행사 참여는 근로제공으로 보아야 합니다. 행사수당은 그 대가입니다. 내부품의에 의해 그 지급기준이 정해졌습니다. 내부품의는 근로조건의 하나인 수당의 지급기준을 규정한 것으로서 다수 근로자에게 적용되는 규범이므로 취업규칙으로 볼 수 있습니다. 따라서 사용자에게 지급 책임이 있습니다.

위 사실을 종합하면 행사수당은 근로제공의 대가로서 사용자에게 그 지급 책임이 있습니다. 따라서 행사수당은 임금에 해당합니다.

3 위로금의 성격

근로자 A는 회사의 권고에 따라 사직하였고 회사가 위로금을 지급하기로 약속하였습니다. 그런데 회사가 이를 지급하지 않자 진정을 제기하였습니다.

이 경우 근로기준법 제36조 위반으로 처벌이 가능한지 궁금합니다. 위로금은 임금이 아니기 때문에 동조 적용이 곤란하다는 의견이 있어 문의하는 것입니다.

답 변

근로기준법 제36조 본문은 「사용자는 근로자가 사망 또는 퇴직한 경우에는 그 지급 사유가 발생한 때부터 14일 이내에 임금, 보상금, 그 밖의 모든 금품을 지급하여야 한다」고 규정하고 있습니다. 이 조문은 근로관계 종료에 즈음하여 근로관계와 관련된 금품을 일거에 청산하는 것을 목적으로 합니다.

근로관계라 함은 근로자와 사용자인 관계를 말합니다. 근로관계와 무관한 금품(예컨대 사적인 대차관계에서의 금품)은 동조가 적용되지 않습니다.

동조에서 열거한 임금, 보상금은 근로관계와 관련된 금품의 대표적인 것입니다. 사례의 위로금이 임금이나 보상금에 속할 수 없다는 점은 명백합니다. 위로금이 「그 밖의 모든 금품」에 속하는지를 검토할 필요가 있습니다.

사례의 위로금은 근로자가 사용자의 사직 권고를 수용하는 대가로 지급하는 금품이라고 볼 수 있습니다. 이는 근로자와 사용자 관계에서 발생한 금품입니다. 그러므로 이는 근로관계와 관련된 금품이라고 보아야 합니다.

따라서 위로금은 임금은 아니지만 동조의 「그 밖의 모든 금품」에 해당하므로 근로기준법 제36조를 적용하여 처리할 수 있습니다.

4 성과급의 성격

근로자 A가 K회사를 상대로 성과급 지급 요구 진정을 제기하였습니다. 매년 작성한 연봉계약서에 성과급 지급 기준이 정해져 있고 그 기준에 따라 성과급이 지급되었습니다. 다만, 그 액수가 고정되어 있지는 않고 평가 결과에 따라 변동될 수 있습니다. 성과평가 결과 성과가 저조하면 전혀 지급되지 않을 수도 있습니다.

이 경우에 성과급을 임금으로 볼 수 있나요?

답 변

성과급(실적급)의 경우 취업규칙 등에 지급조건·금액·시기가 정해져 있거나 관행상 전체 근로자에게 일정 금액을 지급한 경우에는 임금으로 인정되지만, 구체적인 지급기준을 정함이 없이 그 지급이 사용자의 재량에 맡겨져 있거나 경영의 성과에 따라 일시적·불확정적으로 지급되는 경우에는 임금으로 인정될 수 없습니다.

사례의 경우 성과급의 지급기준이 근로계약으로 정해져 있습니다. 평가 결과에 따라 지급되지 않는 경우도 있을 수 있으나 이는 기준에 따른 결과이고 사용자의 재량으로 볼 수 없습니다. 따라서 성과급은 임금에 해당한다고 보는 것이 타당합니다.

5 식사비와 유류비의 성격

K회사는 영업사원들에게 식사비와 유류비를 지급해왔습니다. 식사비와 유류비를 지급한다는 계약이나 취업규칙상 규정은 없었고, 관행적으로 지급해왔습니다.

최근 퇴직한 근로자 A가 식사비와 유류비 지급 요구 진정을 제기하였습니다. 회사는 식사비와 유류비가 임금이 아니므로 근로기준법으로 처리할 문제는 아니라고 주장하고 있습니다.

어떻게 처리해야 할까요?

답 변

사례의 식사비, 유류비는 근로자(영업사원)가 업무수행 과정에서 실제로 식사하거나 주유하고 발생한 비용을 사후에 정산하는 비용으로 파악됩니다. 이것은 실비변상적인 금품으로 볼 수 있습니다. 따라서 이는 근로의 대가는 아니므로 임금은 아닙니다. 그러나 업무수행과 관련하여 발생한 비용이므로 근로관계에서 발생한 채무로 볼 수 있습니다. 그러므로 사용자에게 지급의무가 있습니다. 이것은 근로기준법 제36조에서 규정한 「그 밖의 모든 금품」에 해당합니다. 이를 미지급하면 동조 위반으로 처리 가능합니다.

6 포괄임금 해당 여부

근로자 A는 「주간 2일 근무, 야간근무, 휴무 형태」로 근무하고 있습니다. 근무시간은 주간 08:00~18:00, 야간 18:00~08:00입니다. 임금은 월급제로 매월 일정한 액수로 계약하였습니다. 이와 같은 근로조건에 대하여 구두로 약정하였습니다.

A가 주휴수당, 연장근로수당, 야간근로수당을 지급하라며 진정을 제기하였습니다.

답 변

근로계약은 서면으로 체결할 필요는 없고 구두로 체결이 가능하므로(계약체결방식 자유의 원칙) 그 유효성 여부를 판단할 때 계약 방식은 문제가 되지 않습니다.

사례의 경우 월급책정 당시에 연장근로와 야간근로가 예정되어 있었으므로 이를 전제로 월급을 책정했다고 볼 수 있습니다. 또한 「주간 2일 근무, 야간근무, 휴무 형태」의 규칙적인 근로가 예정되어 있었으므로 휴무를 전제로 임금을 책정했다고 볼 수 있습니다. 월급금액은 이와 같은 연장 및 야간근로 임금과 주휴수당을 포함하고 있으므로 포괄임금제라고 볼 수 있습니다. 따라서 정해진 월급 외에 주휴수당, 연장근로수당, 야간근로수당을 지급할 필요가 없습니다.

다만, 위와 같은 계약이 적법하려면 월급액수가 최저임금에 미달하지 않음으로써 최저임금법 위반이 아닌 경우에 해당해야 합니다.

보충설명

(1) 포괄임금제의 특징

근로계약을 체결할 때 기본임금을 미리 정하고(그 결과 통상임금도 미리 확정) 이를 기초로 연장·야간 또는 휴일근로에 대한 가산임금을 지급하는 것이 원칙인바, 포괄임금제는 이에 대한 예외입니다.

(2) 포괄임금제의 유형

가. 포괄역산임금제 또는 협의의 포괄임금제

일정한 연장·야간 또는 휴일근로가 예정된 근무형태에서 기본임금을 미리 정하지 않은 채 연장근로수당 등을 합하여 일정한 금액을 월급 또는 일급 임금으로 정하는 경우

〈예시〉

1일 10시간 근로하는 조건으로 월급 300만원을 지급하기로 하는 경우

나. 정액수당제

기본임금을 미리 정하되 연장근로 등에 대한 가산임금으로 일정한 금액(정액수당)을 지급하기로 하는 경우

〈예시〉

1일 10시간 근로하는 조건으로 월급 250만원과 고정연장수당 50만원을 지급하기로 하는 경우

(3) 포괄임금제로 인정되지 않는 경우

근로형태가 업무의 성격상 연장·야간·휴일근로가 당연히 예상되더라도 기본급과 별도로 연장·야간·휴일근로수당 등을 세부항목으로 명백히 나누어 지급하도록 취업규칙 등으로 정한 경우

7 포괄임금제에서 임금체불에 대한 고의성 판단 기준

K회사와 근로자 A 간에 체결한 근로계약에 의하면 주 40시간 근무하는 대가로 매월 일정액을 지급하는 월급제를 원칙으로 하면서, 별도로 토요일 연장근로수당으

로 일정액을 지급하기로 하였습니다. 근무 당시에는 A가 임금에 대하여 이의를 제기하지 않았으나 퇴직 후 사이가 나빠져 연장근로수당을 적게 받았다고 주장하고 있습니다.

검사가 연장근로수당 미지급 부분에 대하여 고의성 여부를 조사하라는 지휘를 했는데 고의를 어떻게 판단해야 하는지요?

답 변

고의에 대해서 형법 제13조(범의)는 「죄의 성립요소인 사실을 인식하지 못한 행위는 벌하지 아니한다」고 규정하고 있습니다. 여기에서 「죄의 성립요소인 사실」이란 형법 각 본조에 규정되어 있는 구성요건적 사실을 의미합니다. 근로기준법은 특별형법이므로 위 형법 규정이 적용됩니다.

사례에서 구성요건적 사실은 「연장근로수당 미지급」입니다. 사례의 경우에는 연장근로시간에 대하여 일일이 계산하지 않고 정액으로 지급하는 방식인바, 이와 같은 경우를 「정액수당제」라고 하며, 이는 포괄임금제의 일종입니다(제5장 6번 사례 참조). 해당 포괄임금 계약이 유효하면 예정된 근무형태에 따라 근로한 이상 소정의 정액수당을 지급하면 별도로 연장근로수당을 지급할 필요가 없습니다. 그러나 근로시간 산정이 가능하고 실제근로시간을 기초로 산정한 연장근로수당액수가 지급한 액수보다 큰 경우에는 차액을 지급해야 합니다.

검사가 고의를 검토하라고 한 점에 비추어 구성요건적 사실은 존재한다고 볼 수 있습니다. 고의는 구성요건적 사실에 대한 인식이므로 구성요건적 사실이 존재하지 않으면 고의를 검토할 필요가 없기 때문입니다. 따라서 사례는 근로시간 산정이 가능하고 실제근로시간을 기초로 산정한 연장근로수당액수가 지급한 액수보다 큰 경우에 해당한다고 말할 수 있습니다.

한편 사용자가 장기간 계속하여 포괄임금제 계약에 따라 임금을 지급하였고 이에 대해 근로자가 이의를 제기하지 않았다면 사용자는 임금 미지급에 대한 고의가 없을 가능성이 큽니다. 사례의 경우 재직 중에는 A가 연장근로수당에 대해 이의를 제기하지 않았다고 하므로 사용자에게 연장근로수당 차액 미지급에 대한 고의가 없을 가능성이 큽니다. 사후적으로 차액에 대해 민사상 지급책임이 인정된다고 하여 곧바로 사용자에게 근로기준법 위반죄의 고의가 인정된다고 단정할 수는 없습니다(대법원 20102도1267, 2012.4.26.).

8 연장근로가 예정된 상태에서 월급을 책정한 경우(포괄임금제)

K회사에서 퇴직한 근로자 A는 아래와 같이 근무하였습니다.

「- 주간(월 09:00~18:00, 화~금 09:00~17:00, 토 09:00~13:00, 일 09:00 ~17:00)

- 야간1(월 18:00~09:00, 화~금 17:00~09:00, 토 13:00~09:00)
- 야간2(09:00~09:00)
- 근무편성 : 주간 → 야간1 → 비번 → 야간2 → 비번
- 임금 : 월급제, 위 편성시간대로 근무하면 매월 일정액 지급」

A가 회사를 상대로 연장근로수당 지급 요구 진정을 제기하였습니다. 조사 결과 A는 위 편성시간대로 근무하였으며 이를 초과하여 근무한 사실은 없습니다. A는 위 편성시간 자체에 1일 8시간을 초과하는 시간이 있으므로 이를 연장근로시간으로 계산하여 지급해야 한다고 주장하고 있습니다.

이 시간에 대하여 연장·야간근로시간 가산까지 해서 총 유급시간을 산정하고, 이 시간에 시간급 최저임금을 곱한 금액보다 월급액수가 많아 최저임금법을 위반하지는 않은 것으로 확인되었습니다.

이 경우 어떻게 처리해야 할지 그 방법을 알려 주시기 바랍니다.

••답 변••

사례를 정리하면, 편성시간에 따라 규칙적으로 근로하면 매월 일정한 금액을 지급하는 월급제 형태이고, 실제로 편성시간을 초과하여 근무하지는 않은 것으로 파악됩니다.

근무편성시간에 의하면 야간근로의 경우 1일 8시간을 초과하는 시간이 있으나 이 초과시간까지 포함하여 월급액수를 정한 것이므로 새삼스럽게 이를 거

론할 이유가 없습니다. 사례의 임금책정 방식은 포괄임금제라고 말할 수 있습니다(제5장 6번 사례 참조).

이와 같은 경우 A는 월급액수에 상응하는 시간을 근로했을 뿐 이를 초과하여 근로한 바 없으므로 추가로 임금을 청구할 수 없습니다. 최저임금법에 위반되지도 않는다고 하므로 추가로 지급할 임금은 없습니다.

9 포괄임금제(정액수당제)에서 관리 · 감독직에 대한 연장근로가산수당 지급 여부

K회사를 퇴직한 근로자 A가 회사를 상대로 진정을 제기하였습니다. A는 관리팀장으로 근무하였습니다. A의 임금형태는 연봉제이며 기본연봉과 고정연장수당으로 구성되어 있습니다. A는 실제연장근로시간에 맞춰 계산하면 고정연장수당보다 더 받아야 한다고 주장하고 있습니다. 회사는 관리팀장급은 관리 · 감독직에 해당하므로 연장근무를 인정하기 어렵다고 주장합니다.

이 경우에 어떻게 처리해야 하나요?

••답 변••

A는 실제연장근로시간에 의해 산정한 임금과 고정연장수당과의 차액의 지급을 요구하고 있습니다. 일반적으로 연장근로시간에 대한 임금은 기본임금(통상임금 100%)과 가산수당(통상임금 50%)으로 구성됩니다.

사례의 연봉계약은 포괄임금제로서 실제연장근로시간에 의해 임금을 산정하지 않고 일정 금액을 지급하는 방식입니다. 이런 방식을 「정액수당제」라고 하며 근로자에게 불리하지 않을 경우 유효합니다(제5장 6번 사례 참조). 그러나 연장근로시간 산정이 가능하고 실제연장근로시간에 의해 산정한 임금에 비해 소정금액이 적으면 차액을 지급해야 합니다.

한편 A가 근로기준법 제63조 제4호(시행령 제34조)에서 규정한 관리 · 감독직에 해당할 경우 동법 제56조가 적용제외되므로 연장근로에 대한 임금(기본임금 및 가산수당)을 지급할 필요가 없습니다(대법원 88다카2974, 1989.2.28. 참조). A가 관리·감독직에 해당하는지 여부는 사실관계를 조사해서 판단해야 합니다.

판례 **대법원 88다카2974, 1989.2.28.**

회사의 감독이나 관리의 지위에 있는 자로서 기업경영자와 일체를 이루는 입장에 있고 자기의 근무시간에 대한 자유재량권을 가지고 있어서 근로기준법에서 정한 근로시간, 휴게와 휴일에 관한 규정이 적용되지 아니하는 자라면 시간외 근무나 휴일근무에 대하여 통상임금 상당의 근무수당을 지급받을 수 없다.

해설 원심이 시간외 근로에 대하여 가산수당을 지급할 필요는 없지만 적어도 통상임금 상당의 임금(기본임금)은 지급하여야 한다고 판시했으나 대법원은 통상임금 상당의 임금(기본임금)도 지급할 필요가 없다고 보아 원심을 파기환송한 사건임

10 임금에서 차용금과 사회보험료를 공제할 수 있는지

근로자 A는 재직 중 사장 B로부터 50만원을 차용하였으나 상환하지 않은 상태에서 퇴직하였습니다. A는 임금 지급 요구 진정을 제기하였습니다. B는 가불금처럼 임금에서 차용금을 공제할 수 있고, 그간 원천징수하지 않은 사회보험료(1년분)도 공제할 수 있으므로, 공제금을 합하면 더 이상 임금을 지급할 것이 없고 오히려 A로부터 더 받아야 한다고 주장합니다.

이 경우 B의 주장이 타당합니까?

답 변

근로기준법 제43조 제1항에 의하면 임금전액지급이 원칙입니다. 따라서 임금을 차용금과 상계하면 동 조항 위반이 됩니다. 가불금의 경우에는 가불 직후 임금 지급일에 상계해도 무방합니다. 그러나 차용금은 가불금과 그 성격이 상이하므로 동일한 방식을 적용할 수 없습니다.

사회보험료나 세금 등을 매월 소정지급일에 임금에서 공제하는 것은 근로

기준법 제43조 제1항 단서에 의해 허용됩니다. 그러나 1년분을 일시에 공제하는 것은 근로자에게 경제적 부담이 크기 때문에 적법하다고 볼 수 없습니다.

11 수리비를 임금에서 공제할 수 있는지

K회사 소속 근로자 A는 작업 중 중대한 실수로 회사 기계를 파손하였습니다. 회사측은 수리비 100만원을 5회 분할하여 A의 임금에서 공제하기로 결정하였습니다. 이에 대하여 A는 회사를 상대로 진정을 제기하였습니다.

A는 수리비를 임금에서 공제하는 것에 대하여 동의하지 않았다고 주장하고 있습니다. 회사측은 근로자가 동의하였다고 주장하면서 근로계약서를 제시하였습니다. 근로계약서에 의하면 「근로자의 과실로 회사측에 손해를 끼쳤을 경우에는 전액 손해배상책임을 진다」라는 문구가 기재되어 있습니다.

이 경우 정당한 공제라고 볼 수 있나요?

답 변

임금전액지급이 원칙이므로 사용자가 일방적으로 임금에서 손해배상금을 공제할 수 없습니다(근로기준법 제43조 제1항 본문 참조). 사례의 근로계약서 내용은 단지 손해배상책임의 근거에 불과합니다. 이와 같은 계약이 없더라도 사용자는 민법 제750조(고의 또는 과실로 인한 위법행위로 타인에게 손해를 가한 자는 그 손해를 배상할 책임이 있다)에 의해 손해배상 청구가 가능하므로 특별한 의미는 없습니다.

한편 임금전액지급 원칙의 예외는 법률이나 단체협약에 규정된 경우에 한정됩니다(제43조 제1항 단서). 따라서 계약으로 사전에 공제할 수 있다고 약정하더라도 무효입니다. 다만, 손해가 발생한 후에 근로자와 합의(계약)하여 임금에서 공제할 수는 있습니다.

이를 종합하면 사용자가 임금에서 손해배상금을 공제하는 것은 위법입니다.

12 3개월 착오지급 임금을 일시에 공제한 경우

K회사에서 퇴직한 근로자 A가 회사를 상대로 진정을 제기하였습니다. A는 임금액수가 매월 300만원인데 마지막 달 임금으로 50만원이 덜 지급되었다고 주장합니다. 회사는 50만원은 최근 3개월에 걸쳐 착오로 지급한 임금(무단 결근일에 대하여 지급)을 공제한 것이므로 정당하다고 주장합니다. A는 무단 결근한 사실이 없다고 주장합니다.

이 경우에 어떻게 처리해야 하나요?

••답 변••

임금전액지급 원칙에 의해 사용자가 일방적으로 임금에서 공제하는 것은 원칙적으로 금지됩니다(근로기준법 제43조 제1항).

사례에서는 결근이 문제 되나 질문 내용만으로는 결근 여부가 불명확합니다. 결근 여부는 조사해서 밝혀야 하고, 결근에 대하여 증명할 책임은 사용자에게 있습니다. 사용자가 주장하는 결근이 사실이라고 가정하면, 전월 결근일에 대하여 착오로 임금을 지급한 경우 다음 달 임금에서 공제하는 것은 가능합니다. 그러나 사례처럼 3개월분을 일시에 공제할 경우 그 액수가 다액이어서 근로자의 생계에 지장을 초래하므로 부당하다고 볼 수 있습니다. 이 경우에는 근로자와 합의하여 공제하거나 일단 임금을 전액 지급하고 민사소송으로 착오지급금을 반환받아야 합니다.

13 손해배상금을 임금에서 공제하기로 합의한 경우

K회사를 퇴직한 근로자 A가 회사를 상대로 진정을 제기하였습니다. A는 재직 당시 중대한 과실로 회사 기물을 파손하여 100만원의 수리비가 발생하였고, A와 회사 간에 이 비용을 다음 달 월급에서 공제하기로 구두로 합의하였습니다. A는 그 다음 달 퇴직하게 되었습니다. 회사는 마지막 달 월급에서 100만원을 공제하였습니

다. 그런데 A는 구두로 합의할 당시에는 계속 근무할 생각이었는데 퇴직하게 되었으므로 공제는 부당하다고 주장합니다.

이 경우에 어떻게 처리해야 하나요?

답 변

근로기준법 제43조 제1항에서 규정한 임금전액지급 원칙에 의해 사용자는 근로자의 동의 없이 자신의 채권을 이유로 일방적으로 임금에서 공제할 수 없습니다. 근로자의 동의(합의)에 따라 공제하는 경우는 일방적인 공제에 해당하지 않으므로 임금전액지급 원칙에 위반된다고 볼 수 없습니다. 동의는 구두 방식도 가능합니다.

사례의 경우 A가 동의하였으므로 임금전액지급 원칙에 위반된다고 볼 수 없습니다.

한편 A는 계속 근무할 생각으로 동의했다고 하나 이를 조건으로 한 바 없으므로 이로 인해 동의가 무효로 되지 않습니다.

14 임금 일부 포기 합의의 효력

K회사가 폐업하면서 근로자 A도 퇴직하게 되었고 퇴직 당시 체불임금에 대해 아래와 같이 합의하였습니다.

「당시 A에게 미지급한 임금 총액이 1,000만원이지만 700만원만 지급하기로 하되, 향후 이와 관련하여 민・형사상 이의를 제기하지 아니한다.」

합의금이 지급되었지만 합의금이 최저임금에 미달한다며 A가 차액 지급을 요구하는 진정을 제기하였습니다. 참고로 당초 발생한 임금 자체는 최저임금에 미달하지 않았습니다.

이 경우 A의 요구는 정당합니까?

답 변

만약 장래 근로할 경우 발생할 임금액수를 최저임금에 미달하게 약정했다면 최저임금법 위반으로서 무효입니다(제6조 제3항). 이 경우에는 최저임금에 미달하는 금액을 추가로 지급해야 합니다.

그런데 사례의 경우 발생한 임금 자체는 최저임금에 미달하지 않으므로 이 점은 문제가 없고, 이미 발생한 임금에 대한 권리는 근로자의 권리이므로 포기할 수 있습니다. 사례의 경우는 임금에 대한 권리의 일부 포기로 볼 수 있습니다. 따라서 합의는 유효하므로 A의 주장은 타당성이 없습니다.

15 임금삭감에 대한 근로자의 동의 여부

K회사는 최근 경영난으로 향후 월급액수를 매월 50만원 삭감할 방침이라고 발표하였습니다. 이에 대하여 A를 제외한 근로자들은 구두로 동의했으나, A는 「계속 근무는 하되 퇴사 시 반드시 짚고 넘어가겠다」라는 말을 하였습니다. 이후 A는 퇴직할 때까지 10개월간 삭감된 임금을 계속 받았습니다.

A는 퇴직 시 삭감된 임금 지급을 요구했으나 회사측이 수용하지 않자 진정을 제기하였습니다. 회사측은 A가 장기간 삭감된 임금을 받았으므로 묵시적으로 동의했다고 주장합니다.

답 변

임금삭감은 장래 근로할 경우 발생할 임금 수준을 사전에 낮추는 것을 말합니다. 이와 같이 임금 수준을 낮추는 것은 근로계약 내용을 변경하는 것으로서 이것 자체도 근로계약이라고 볼 수 있습니다. 계약체결방식 자유의 원칙에 의해 변경근로계약을 구두로 체결할 수 있습니다. 구두로 동의한 근로자들의 경우 임금삭감에 대해 변경근로계약을 체결한 것으로 볼 수 있습니다.

계약은 청약과 승낙에 의해 성립합니다. 임금 수준을 낮추는 변경근로계약이 성립하려면 사용자측의 청약(임금삭감에 동의를 구하는 의사표시)과 근로자측의 승낙(임금삭감에 대한 동의)이 있어야 합니다. 청약대로 계약이 성립하려면 승낙자가 청약내용을 그대로 수용해야 합니다. 그런데 사례의 경우 A가 「계속 근무는 하되 퇴사 시 반드시 짚고 넘어가겠다」라는 말을 하였으므로 청약내용대로 승낙했다고 볼 수 없습니다. 따라서 변경근로계약이 성립했다고 볼 수 없습니다.

회사측은 묵시적으로 동의했다는 주장을 하고 있으나, 묵시적으로 동의를 했다고 하려면 사용자의 청약에 대해서 이의를 제기하지 않고 수개월간 삭감된 임금을 받았어야 합니다. 따라서 A가 묵시적으로 동의했다고 볼 수 없습니다.

따라서 사용자는 삭감 전 임금을 기준으로 산정한 금액과 지급한 금액과의 차액을 지급해야 합니다.

16 임금수령 권한 위임, 대리 등의 효력

외국인근로자 A가 임금 지급 요구 진정을 제기하였습니다. 사용자는 임금을 지급할 의사는 있으나 A는 통장계좌를 가지고 있지 아니하여 지급하지 못하고 있습니다. A는 외국인근로자보호단체 사무국장 B에게 임금 수령을 위임한 상태입니다.

이 경우 B의 통장계좌로 사용자가 임금을 지급하여도 문제없는지 궁금합니다.

답 변

사법(私法)의 일반원리에 의하면 채권자로부터 수령권한을 위임받은 자에게 채무를 변제할 경우 유효합니다. 이 원리에 따른다면 사례와 같이 근로자로부터 수령권한을 위임받은 자의 계좌에 임금을 입금하면 유효합니다.

그러나 근로기준법 제43조 제1항에서는 임금을 근로자에게 직접 지급해야 한다고 규정하고 있습니다(임금직접지급 원칙). 즉, 이 부분에 대해서는 사법의 일반원리가 제한됩니다. 따라서 사용자는 근로자를 대면하여 임금을 지급하거나 근로자의 계좌에 입금해야 합니다.

17 임금직접지급 원칙 위반

근로자 A는 인력소개업체(대표 B)를 통해 K회사에 입사하면서 임금 수령권한을 B에게 위임한다는 내용의 문서를 작성하였습니다. 회사측은 동 위임계약을 근거로 A의 임금을 B에게 지급하였습니다. 그런데 B는 A에게 임금을 전달하지 않고 잠적하였습니다.

A가 K회사 대표 C를 상대로 임금 지급 요구 진정을 제기하였습니다. C는 위임에 따라서 임금을 지급했으므로 더 이상 지급할 책임이 없다고 주장하고 있습니다.

답 변

근로기준법 제43조 제1항에 의하면, 사용자는 근로자에게 임금을 직접 지급해야 합니다(직접지급의 원칙). 사례의 위임계약은 강행법규인 동 조항을 위반한 것이므로 무효입니다. K회사가 B에게 임금명목으로 지급했어도 A에게 대항할 수 없습니다. 따라서 K회사는 A에게 임금을 지급해야 합니다.

A가 위임장에 서명한 잘못이 있으나 노무관리 책임자인 K회사의 잘못이 더 큽니다. 따라서 사용자로서의 책임이 면제되지 않습니다.

K회사가 이중 지급으로 입은 손해에 대해서는 B에게 반환청구하여 구제받아야 합니다.

18 임금 대신 주식을 지급한 경우

근로자 A는 K주식회사에서 퇴직하였습니다. 퇴직 당시 A는 임금 대신 주식을 받았습니다. 수개월 후 A는 임금 미지급 관련 진정을 제기하였습니다. 이 경우 사용자에 대하여 근로기준법 위반으로 처벌 가능하나요? 참고로 단체협약에 임금 대신 주식을 지급할 수 있다는 규정은 없습니다.

••답 변••

근로기준법 제43조 제1항은 「임금은 통화(通貨)로 직접 근로자에게 그 전액을 지급하여야 한다. 다만, 법령 또는 단체협약에 특별한 규정이 있는 경우에는 임금의 일부를 공제하거나 통화 이외의 것으로 지급할 수 있다」고 규정하고 있습니다(통화지급의 원칙). 주식은 통화가 아니고, 사례의 경우 단체협약에 특별한 규정이 없으므로 주식을 임금 대신 지급한 것은 위법입니다. 따라서 주식 지급을 이유로 임금 지급을 거절할 수 없습니다.

참고로 추후 임금을 지급한 경우 이미 지급한 주식에 대해서 부당이득 반환청구가 가능합니다.

보충설명

임금이 아닌 경우 법령이나 단체협약에 근거가 없어도 통화 이외의 물품으로 지급할 수 있습니다. 예컨대 경영실적에 따라 부정기적으로 발생하는 성과급에 대해 취업규칙에 정하여 주식으로 지급할 수 있습니다.

19 영업실적 저조를 이유로 상여금을 지급하지 않는 경우

K회사에서 퇴직한 근로자 A가 상여금 지급 요구 진정을 제기하였습니다. 회사 취업규칙에서 아래와 같이 규정하고 있습니다.

> 「회사는 상여금 지급일 현재 6개월 이상 재직 중인 사원을 대상으로 통상임금의 연 200%를 지급한다. 다만, 경영분석 결과 영업실적이 저조하거나 경영상의 어려움이 있을 경우 지급하지 않는다.」

A는 3년간 근무하는 동안 한 번도 상여금을 받은 사실이 없다고 주장하고 있습니다. 회사측은 그간 경영난으로 상여금을 지급할 수 없었다고 주장합니다.

이 경우 어떻게 처리해야 할까요?

••답 변••

사용자가 상여금 지급에 관해 완전한 재량권을 갖고 있다고 볼 수 있는지 여부가 쟁점이라고 봅니다. 만약 완전한 재량권을 갖고 있다고 한다면 그간 상여금을 지급하지 않은 것이 문제 되지 않을 것입니다. 그러나 취업규칙 내용에 의하면 완전한 재량권을 갖고 있다고 볼 수 없습니다. 취업규칙 단서에 의하면 「경영분석 결과 영업실적이 저조하거나 경영상의 어려움이 있는 경우」를 상여금 부지급 조건으로 하고 있습니다. 조건 자체가 불명확하기는 하나 이 조건으로 인해 사용자는 상여금 지급 여부에 관해 제약을 받는다고 보아야 합니다.

따라서 사용자는 막연히 영업실적이 저조하거나 경영상의 어려움이 있다는 이유로 상여금 지급을 거부할 수 없고 경영분석 결과에 따른 합리적인 이유를 제시해야 합니다. 근로감독관은 사용자가 제시한 이유를 분석하여 상여금 미지급의 정당성 여부를 판단하는 것이 타당합니다.

20 소정지급일 이전에 퇴직한 경우 상여금 지급의무(1)

K회사 보수규정에 의하면 1년에 2회(구정 기본급 100%, 추석 기본급 100%) 상여금을 지급한다고 규정하고 있습니다.

근로자 A는 구정상여금 지급일 약 1개월 전에 퇴직하였습니다. 보수규정에 상여금 지급일에 재직 중인 자에 한해 지급한다는 내용은 없습니다. 참고할 만한 관행도 없습니다. A가 상여금 지급 요구 진정을 제기하였습니다.

A는 실제 근무한 기간에 비례하여 상여금을 지급해야 한다고 주장하고 있습니다. 회사는 A가 구정상여금 지급일 당시 재직 중이 아니었으므로 지급할 의무가 없다고 주장합니다.

어느 쪽 주장이 타당합니까?

••답 변••

(1) 질문 내용에 의하면 상여금에 관해 취업규칙(보수규정)에서 정한 내용은 1년에 2회(구정과 추석) 지급하되 그 지급액은 각각 기본급의 100%라는 것입니다. 그런데 근로자가 구정 한 달 전에 퇴직한 경우 상여금 산정을 어떻게 할 것

인지가 문제 되고 있습니다. 사례의 경우 상여금에 관해 취업규칙에서 정한 내용 외에 판단 근거(관행 등)가 없으므로 취업규칙을 정확히 해석해서 문제를 해결하는 방법밖에 없습니다.

(2) 취업규칙의 해석과 관련하여 다음과 같이 두 가지 견해가 있을 수 있습니다.

① [제1설]

상여금 지급일이 도래하기 전에 퇴직한 경우 그때까지의 근로일수에 비례하여 상여금을 산정해서 지급해야 함

② [제2설]

상여금 지급일에 재직 중인 경우에만 상여금을 지급하고 그 전에 퇴직한 경우 전혀 지급할 필요가 없음

(3) 각설의 주장근거는 다음과 같은 것이라고 추측할 수 있습니다.

① [제1설]의 주장근거

상여금을 1년 단위로 총괄하여 산정해야 함. 즉, 1년의 상여금총액이 기본급의 200%인데 이것을 2회로 분할하여 지급하는 것임

② [제2설]의 주장근거

상여금을 1년 단위로 총괄하는 것이 아니고 구정이나 추석이라는 특정 명절에 지급할 뿐임

(4) [제1설]은 근로기간에 비례하여 상여금을 지급해야 한다는 주장을 하고 있는데, 이 주장을 관철하려면 구정이나 추석에 지급하는 상여금액수 자체가 근로일수에 비례해야 합니다. 그러나 구정 다음 날부터 추석까지의 일수와 추석 다음 날부터 구정까지의 일수가 동일하지 아니함에도 불구하고 실제로는 동일한 금액(기본급의 100%)을 지급하고 있습니다. 이는 논리적으로 모순입니다. 따라서 [제1설]은 타당하지 않습니다.

이에 반해 [제2설]은 근로기간에 비례하여 상여금을 지급해야 한다는 주장을 하지 않으며 단지 명절을 맞이하여 상여금 명목으로 지급하는 것이라고 보고 있습니다. 이는 논리적으로 문제가 없습니다.

(5) 위에서 언급한 바와 같이 취업규칙에서 정한 내용 외에 달리 판단근거

가 없는 상황에서는 논리적으로 모순이 없는 [제2설]이 타당하다고 볼 수 있습니다. [제2설]에 따르면 근로기간이 며칠이건 관계없이 구정이나 추석에 재직 중이면 상여금을 각각 기본급의 100%를 지급해야 하며, 소정지급일 도래 전에 퇴직했으면 상여금을 전혀 지급하지 않아도 문제 되지 않는다고 보는 것이 타당합니다.

21 소정지급일 이전에 퇴직한 경우 상여금 지급의무(2)

K회사를 퇴직한 근로자 A가 회사를 상대로 진정을 제기하였습니다. 회사는 매년 상여금을 3회(설, 하계휴가, 추석) 지급하였습니다. 설, 하계휴가, 추석 연휴 전날에 지급하였습니다. 지급액은 설과 추석에 대해서는 기본급의 100%, 하계휴가에 대해서는 기본급의 50%였습니다.

A는 9월 5일까지 근무하고 퇴직하였는데 회사는 9월 말일까지 임금을 계산하여 지급하였습니다. 그해 추석은 9월 15일이었습니다. A는 이와 같이 9월분 임금을 전액 지급하였으므로 9월 말일까지 근무한 것으로 보아야 하고, 따라서 추석 당시에도 근무한 것으로 보아 상여금을 받아야 한다고 주장하고 있습니다. 회사는 9월 임금을 전액 지급한 것은 위로 차원이고 상여금과는 무관하다고 하면서 추석 연휴 전날 재직자에 한하여 상여금을 지급하는 것이 타당하다고 주장합니다. 사례와 같은 경우에 대하여 관행이나 규정도 없습니다.

이 경우에 어떻게 처리해야 하나요?

답 변

사례의 경우 상여금 지급이 설, 하계휴가, 추석 등 특별한 날(기간)에 맞춰져 있는 것으로 보아 당시 재직자에 한해 지급하는 것은 부당하지 않습니다. 또 9월분 임금을 전액 지급하였으나 이것은 임금 산정방식이 그러할 뿐 실제로 9월 말까지 근로한 것은 아니기 때문에 이것이 상여금 지급 사유가 될 수는 없습니다. 따라서 A의 주장을 인정할 수 없습니다.

22 상여금 지급시기를 정하지 않은 경우 지급시기 확정 방법

근로자 A가 K업체(개인기업) 대표 B를 상대로 상여금 지급 요구 진정을 제기하였습니다. A는 2023년 1월 1일부터 2024년 6월 30일까지 근무하였습니다. 입사 시에 임금에 관해 아래와 같이 구두로 약정하였습니다.

「연봉을 5,000만원으로 한다. 상여금으로 연봉의 10%를 지급한다.」

2024년도분 임금에 대해서는 별도로 약정을 하지 않았습니다. 근무기간 중 상여금을 전혀 지급받지 못하였습니다.

이 경우에 상여금 지급 시기를 언제로 보아야 하나요?

답 변

상여금 지급 시기를 정하지 않은 경우 민법 제656조 제2항을 적용할 수 있습니다. 동 조항은 「보수는 약정한 시기에 지급하여야 하며 시기의 약정이 없으면 관습에 의하고 관습이 없으면 약정한 노무를 종료한 후 지체 없이 지급하여야 한다」고 규정하고 있습니다.

사례의 경우 관습이 없다고 볼 수 있으므로 상여금은 약정한 노무를 종료한 후 지체 없이 지급해야 합니다. 여기서 약정한 노무를 종료한 날을 언제로 볼 것인지가 문제입니다. 구두계약 내용에 의하면 1년간의 상여금액수를 정하였습니다. 즉, 1년 단위로 상여금액수를 정하였습니다. 이 사실에 비추어 상여금과 관련하여 약정한 노무를 종료한 날은 매 1년이 종료하는 날로 보는 것이 타당합니다. 「약정한 노무를 종료한 후 지체 없이」는 1년이 종료하는 날의 다음 날로 보는 것이 타당합니다.

따라서 2023년도분 상여금에 대해서는 2024년 1월 1일이 지급시기가 된다고 볼 수 있습니다. 2024년도분 상여금의 경우 노무제공기간 1년이 도래하기 전에 근로관계가 중단되었으므로 실제로 마지막으로 노무를 종료한 날의 다음 날인 2024년 7월 1일이 지급시기가 된다고 볼 수 있습니다(2024년도분 상여금은 근무기간에 비례하여 산정해야 함).

23 노사협의회 의결에 의한 수당 지급 중단

K회사는 5년 전부터 노사협의회 의결에 의해 개별 근로자들에게 세차비 명목으로 매월 2만원을 지급해오고 있었습니다. 그런데 어느 날 노사협의회에서 세차비를 경조사비 및 조합원복지비로 변경하여 노동조합측에 지급하기로 의결하였고, 이에 따라 근로자들에게 세차비를 지급하지 않고 있습니다.

근로자들은 세차비 지급을 요구하는 진정을 제기하였습니다. 회사측은 세차비는 노사협의회 의결에 의해 지급된 것이기 때문에 근로자의 동의 없이 노사협의회 의결에 의해 지급을 중단할 수 있다고 주장합니다.

어느 쪽 주장이 타당합니까?

답 변

세차비 청구권은 노사협의회 의결에 의해 개별 근로자의 권리가 되었습니다. 비록 타인에 의해 권리가 부여되었다 하더라도 일단 발생한 권리에 대한 처분권은 개별 근로자가 보유합니다. 타인이 박탈할 수 없습니다. 당초 해당 권리 발생을 의결한 노사협의회조차도 동 권리를 박탈할 수 없습니다.

세차비를 개별 근로자에게 지급하지 않고 이를 경조사비 및 조합원복지비로 변경하여 노동조합에 일괄하여 지급하는 것은 개별 근로자의 권리를 박탈하는 것입니다. 노사협의회는 이와 같이 결정할 권한이 없습니다. 노사협의회의 의결은 무효입니다. 따라서 개별 근로자는 종전대로 세차비를 청구할 수 있습니다.

24 임금 지급에 관한 증명책임

근로자 A와 사용자 B 간에 임금 지급 여부에 대하여 다툼이 있습니다. 임금 발생 사실에 대해서는 양자 간에 이견이 없습니다.

B는 자기 장부에 현금으로 주었다고 자기가 직접 기재해두었다고 주장하고 있으나, A는 못 받았다고 주장하고 있습니다. 근로기준법에는 이런 경우에 어떻게 해

야 한다는 규정이 없습니다.

어떻게 처리해야 하나요?

•답 변•

사례는 증명책임에 관한 문제입니다. 증명책임이란 민사소송법상의 증거의무로서 의무자가 법원을 설득할 수 있는 증거를 제출하지 않는 경우에 입게 되는 소송상의 불이익을 말하며, 일반적으로 권리관계의 발생·변경·소멸 등의 법률효과를 주장하는 사람은 이것을 직접 규정하는 법조의 요건사실의 증명책임을 집니다. 이것에 관해서는 민사소송법 제288조에서 규정하고 있는바, 동조는 「법원에서 당사자가 자백한 사실과 현저한 사실은 증명을 필요로 하지 아니한다」고 규정하고 있습니다. 이 규정을 반대로 해석하면 「당사자가 자백한 사실과 현저한 사실이 아니면 증명해야 한다」고 볼 수 있습니다.

사례는 진정사건에서 문제 되는 경우이므로 엄밀하게는 증명책임이라는 용어를 사용할 수 없지만, 민사소송의 증명책임의 원리에 따라서 사건을 해결하는 것이 타당합니다. 진정사건 단계에서 문제가 해결되지 않으면 추후 민사소송 절차에서 증명책임이 적용될 것이기 때문입니다.

사례에서 문제 되는 권리관계의 발생·변경·소멸은 임금 청구권에 관한 것입니다. 근로자는 사용자에 대하여 임금을 지급하라고 주장하고 있는바, 이것은 임금 청구권이 발생했다는 주장과 같습니다. 위에서 설명한 바와 같이 권리관계의 발생 효과를 주장하는 자가 증명책임을 부담하므로, 임금 청구권 발생 효과를 주장하는 근로자가 그 사실을 증명해야 합니다. 사례에서는 사용자가 임금 청구권 발생 사실을 인정하고 있으므로 문제 될 것이 없습니다.

사용자는 임금을 지급했다고 주장하고 있습니다. 이것은 임금 청구권이 소멸했다는 것과 같습니다. 위에서 설명한 바와 같이 권리관계의 소멸 효과를 주장하는 자가 증명책임을 부담하므로, 임금 청구권 소멸 효과를 주장하는 사용자가 그 사실을 증명해야 합니다.

임금 청구권은 금전채권인바, 금전채권의 대표적인 소멸 원인은 변제(지급)입니다. 따라서 사용자는 변제 사실을 증명해야 합니다. 증명방법은 증거를 제시하거나 증인을 세워야 합니다. 영수증이나 무통장 입금증 등이 증거가 될 수 있습니다. 사례에서 사용자가 수첩에 임금을 지급했다고 자필로 기재했다고 하나 이것은 증거가 될 수 없습니다. 근로자가 기재했어야 증거가 될 수 있습니다.

25 기상악화로 대기한 경우

근로자 A는 K회사 소속 건설일용직입니다. A는 매일 8시간 근무하기로 약정된 상태에서 근무를 해왔습니다. 어느 날 평소처럼 출근하였는데 강풍이 불어 근무하지 못하고 2시간 대기하다 현장소장의 지시에 따라 퇴근하였습니다. A는 당일 오전을 허비했으므로 4시간분의 임금을 받아야 한다고 주장했으나 회사측이 수용하지 않자 진정을 제기하였습니다. 회사측은 당일 근무하지 못했으므로 지급할 임금이 전혀 없다고 주장하고 있습니다.

이 경우 어느 쪽 주장이 타당합니까?

답 변

임금은 근로제공의 대가이므로 A의 주장이 정당하려면 당일 근로제공이 있었어야 합니다. 실제로 작업에 투입되지 않았다 하더라도 사용자의 지휘·감독하에 있는 대기시간은 근로시간으로 봅니다(근로기준법 제50조 제3항). 따라서 2시간에 대해서는 근로시간으로 보아 임금을 지급해야 합니다. 그 금액은 2시간분의 통상임금으로 보는 것이 타당합니다.

한편 퇴근 이후에는 근로제공이 없었다는 점은 명백합니다. 이 경우에는 휴업수당 청구권 발생 여부가 문제 될 수 있습니다. 사용자의 귀책사유로 근로제공을 하지 못한 경우에는 휴업수당을 지급해야 합니다(근로기준법 제46조). 다만, 천재·지변은 사용자의 귀책사유가 아니라는 것이 일반적 견해입니다(근기 68207-106, 1999.9.21. 참조). 사례의 경우 강풍은 자연현상이므로 경우에 따라 천재에 해당할 수 있습니다. 그런데 바람의 강도가 어느 정도여야 천재라고 볼 것인지 논란이 있을 수 있습니다. 따라서 분쟁이 해결되지 않으면 사용자가 노동위원회로부터 근로기준법 제46조 제2항에 의한 부득이한 사유라는 승인을 받아야 합니다.

행정해석 • 법무 811-17451, 1978.8.5.

> 우천으로 인한 작업의 불능이 근로기준법 제46조 제2항의 규정에 의한 부득이한 사유에 해당되는지의 여부에 관하여는 관할 노동위원회의 승인을 받아 구체적·개별적인 판단을 받아야 할 것이다.

26 퇴직 예정자에 대한 임금인상 시 차별 대우

K회사의 취업규칙은 「임금조정시기는 매년 5월 1일로 한다. 사무직 종업원의 기본급은 회사에서 능력 및 업적, 담당 업무, 물가변동 등을 고려하여 개별적으로 정한 금액으로 한다」고 규정하고 있습니다.

근로자 A는 2024년 4월 20일 사직서를 제출하여 2024년 4월 30일에 수리되어 2024년 5월 31일까지 근무하고 퇴직하였습니다. 2024년도분 임금인상이 2024년 5월 10일 최종 확정되어 5월분 급여에 반영되어 2024년 5월 20일 지급되었습니다. 그런데 A에 대해서는 전혀 임금이 인상되지 않았습니다.

이에 A는 회사를 상대로 진정을 제기하였습니다. 회사측은 퇴직 예정자에 대해서는 임금을 인상하지 않는 것이 회사의 방침이라고 주장합니다. 조사 결과 A와 거의 같은 시기에 퇴직한 다른 근로자에 대해서도 임금이 인상되지 않은 사실이 확인되었습니다.

이와 같이 퇴직 예정을 이유로 임금인상에서 배제하는 것이 타당한지요?

••답 변••

사례의 경우 임금인상에 관해서는 취업규칙에서 규정하고 있으며 임금인상 시 고려 요소는 「능력 및 업적, 담당 업무, 물가변동 등」입니다. 퇴직예정자라는 점은 임금인상 시 고려 요소에 속하지 않습니다. 사례에서 A에 대하여 이와 같은 고려 요소에 의해 임금을 인상하지 않고 오직 퇴직예정자라는 이유로 임금인상 혜택을 부여하지 않았다면 이는 취업규칙 위반이라고 볼 수 있습니다. 또한 사용자가 퇴직예정자라는 사유 외에 특별한 사유를 제시했다는 증거는 없습니다.

따라서 사용자는 A에 대해서도 일반근로자와 마찬가지로 인상된 임금을 기준으로 임금을 산정하고 그 차액을 지급하는 것이 타당합니다.

27 연말정산환급금 지급 의무 여부

근로자 A와 개인업체 사장 B 간에 체결된 근로계약에 의하면 B가 세금 등 공과금을 모두 부담하고 매월 200만원을 지급하기로 하였습니다.

A는 연말정산환급금을 지급하라고 요구하고 있습니다. B에게 연말정산환급금 지급 의무가 있는지 궁금합니다.

답 변

세법상 근로소득세 납부 의무자는 근로자이나 사례의 경우 사업주가 이를 부담하기로 계약하였습니다. 이 계약에 따라 사업주가 세금을 납부한바, 연말정산 결과 세금이 환급된 상태입니다. 사업주가 동 환급금을 근로자에게 지급해야 할 의무가 있냐는 질문입니다.

환급금은 이미 납부한 세금을 기초로 발생한 것입니다. 즉, 이미 납부한 세금이 확정금액을 초과하므로 돌려주는 것에 불과하고 납부한 세금과 무관하게 새로 발생한 것이 아닙니다. 따라서 환급금은 당초 세금을 납부한 사업주에게 귀속하는 것이 타당합니다. 그러므로 사업주가 보유하고 있는 환급금을 근로자에게 지급해야 할 의무는 없습니다.

28 퇴직 당시 미확정인 소득세환급금 지급 사유 발생시기

K회사에서 퇴직한 근로자 A가 소득세환급금 지급 요구 진정을 제기하였습니다. 동 환급금은 A가 퇴직한 다음 해 5월 종합소득세 신고를 통해 확정된 금액이라고 합니다.

실무상으로 퇴직 당시에 이미 환급이 확정된 경우에는 근로기준법 제36조를 적용하여 처리할 수 있으므로 문제가 없으나, 사례처럼 퇴직 당시에 미확정인 경우에는 어떻게 처리해야 하나요?

••답 변••

사례는 근로기준법 제36조(금품청산) 해석에 관한 문제입니다. 동조 본문의 내용은 다음과 같습니다.

「사용자는 근로자가 사망 또는 퇴직한 경우에는 그 지급 사유가 발생한 때부터 14일 이내에 임금, 보상금, 그 밖의 모든 금품을 지급하여야 한다」

위 규정의 「근로자가 사망 또는 퇴직한 경우」는 근로관계가 종료된 경우를 의미합니다. 사망 또는 퇴직은 근로관계 종료 사유를 예시한 것이라고 보아야 합니다. 「그 지급 사유가 발생한 때」는 각 금품을 지급할 사유가 발생한 때를 의미합니다.

일반적으로는 근로관계 종료 시점에 금품 지급 사유가 발생합니다. 따라서 「근로관계 종료 시=지급 사유 발생 시」라는 관계가 성립합니다. 그러나 이 관계가 항상 성립한다고 볼 수는 없습니다. 즉, 근로관계 종료 시에 지급 사유가 발생하지 않는 경우가 있을 수 있습니다.

사례의 경우 근로관계 종료 시에는 소득세환급금 지급 사유가 발생하지 않았습니다. 사용자가 세무당국으로부터 소득세환급금을 받은 때가 그 지급 사유 발생 시라고 보아야 합니다. 따라서 사용자가 세무당국으로부터 소득세환급금을 받은 때부터 14일이 경과할 때까지 동 환급금을 근로자에게 지급하지 아니하면 범죄가 성립한다고 보는 것이 타당합니다.

29 일 · 숙직수당의 의미

일 · 숙직근로자에 대한 노무관리 지도지침(임금근로시간정책팀-3230, 2007.10.25.)에서 다음과 같이 설명하고 있습니다.

「일 · 숙직근로에 대하여 일정액의 수당을 지급하는 경우에는 그것이 실비변상이라고 할 만한 특별한 사정이 없는 한 이는 일 · 숙직근로의 대가인 임금으로 본다. 다만, 노동의 강도가 본래의 업무와 유사하거나 상당히 높을 경우에는 본래의 업무에 상당한 임금이 지급되어야 할 것이다.」

이 경우 「실비변상이라고 할 만한 특별한 사정」과 「본래의 업무에 상당한 임금」이 무슨 의미인지 알려 주시기 바랍니다.

답 변

(1) 「실비변상이라고 할 만한 특별한 사정」의 의미

실비변상이라 함은 업무수행을 위해 실제로 소요되는 경비를 사용자가 보상해주는 금품을 말합니다. 통상임금 수준에는 미치지 못하지만 식비나 목욕비 등을 공제하고 어느 정도 남을 정도의 금액이라고 봅니다.

(2) 「본래의 업무에 상당한 임금」의 의미

「노동의 강도가 본래의 업무와 유사하거나 상당히 높을 경우에는 본래의 업무에 상당한 임금이 지급되어야 할 것」에서 「노동의 강도가 본래의 업무와 유사하거나 상당히 높을 경우」는 전형적인 일 · 숙직(경미한 내용의 근로를 단속적으로 수행하는 것)이 아닌 경우를 의미합니다. 따라서 「노동의 강도가 본래의 업무와 유사하거나 상당히 높을 경우」에 대해서는 본래의 업무에 비해 불리한 대우를 하지 않아야 합니다. 상당한 임금이라 함은 평소근로에 대한 통상임금 수준이라고 보는 것이 타당합니다.

30 사용자가 연장근로시간의 노무수령을 거부한 경우

K회사와 근로자 A가 작성한 근로계약서에 「1일 소정근로시간은 8시간으로 한다. 시업시각은 09:00, 종업시각은 18:00로 한다」고 기재되어 있습니다. A는 근로계약서의 내용과 달리 입사 이래 매일 19:00까지 근무하였습니다. 그런데 최근에 A가 회사 방침에 따르지 않는다는 이유로 다른 근로자들과는 다르게 퇴근시간을 18:00로 제한하였습니다.

이에 A는 진정을 제기하였습니다. A는 회사가 부당하게 1시간의 근로를 제한함으로써 소득이 줄어들었다고 주장합니다. 회사는 근로계약대로 시행한 것이므로 정당하다고 주장합니다.

이 사건을 어떻게 처리해야 하나요?

답 변

해당 사업장에서 종래 1일 실근로시간은 9시간입니다. 어떤 경위로 이와 같이 실근로시간이 정해졌는지는 알 수 없지만 구두나 묵시적인 계약에 의해 정해졌을 것이라 추정할 수 있습니다.

실근로시간 9시간을 법적으로 분석하면, 8시간의 소정근로시간과 1시간의 연장근로시간으로 구성되어 있다고 해석할 수 있습니다. 소정근로시간이라 함은 법정근로시간의 범위에서 노사 간에 정한 근로시간을 의미하므로(근로기준법 제2조 제1항 제7호) 소정근로시간은 법정근로시간인 8시간을 초과할 수 없습니다. 따라서 사례의 9시간 중 8시간은 소정근로시간이 되고, 1시간은 연장근로시간이 되는 것입니다.

이와 같이 소정근로시간과 연장근로시간을 함께 약정하는 계약도 유효합니다. 따라서 근로자는 연장근로를 제공할 의무가 있으며, 사용자는 연장근로제공을 수령할 의무가 있습니다.

그런데 사용자는 정당한 이유 없이 연장근로제공의 수령을 거부하였습니다. 이는 민법상으로는 채권자지체(수령지체)에 해당하여(민법 제400조) 통상임금 100%를 지급해야 하고, 사용자의 귀책사유로 휴업한 것이므로 근로기준법상 휴업수당 청구권 발생 사유에 해당합니다(근로기준법 제46조).

31 주휴수당 · 근로자의 날 수당 지급 기준 임금

주휴수당(근로기준법 제55조)에 대한 지급기준이 법에 규정되어 있지 않습니다. 통상임금이나 평균임금 중 어느 것을 기준으로 해야 하나요? 근로자의 날에 대한 유급수당의 경우에도 마찬가지인지 의문입니다.

••답 변••

근로기준법에서는 근로조건의 최저기준을 규정하였으므로 특별한 규정이 없으면 사용자는 최저기준을 준수하면 됩니다. 통상임금과 평균임금의 관계는 일반적으로 「평균임금≧통상임금」이므로 통상임금이 최저기준이라고 볼 수 있습니다.

따라서 주휴수당 및 근로자의 날 수당을 통상임금을 기준으로 지급해도 문제 되지 않습니다.

보충설명

통상임금과 평균임금의 관계는 일반적으로 「평균임금≧통상임금」이지만 「평균임금〈통상임금」인 경우가 있습니다. 평균임금 산정기간 중에 결근이 있거나 연장근로가 없는 경우에 이런 현상이 발생합니다. 이 경우에는 통상임금을 평균임금으로 간주합니다(근로기준법 제2조 제2항).

32 부당해고기간에 대한 임금상당액 미지급 시 처벌 가능 여부

K회사 소속 근로자 A는 해고를 당하자 부당해고구제 신청을 하였고, 노동위원회의 부당해고 판정에 따라 복직하였습니다. 노동위원회에서 임금상당액 지급 명령도 하였으나 회사는 아직까지 이를 이행하지 않고 있습니다.

이 경우에 근로기준법을 적용하여 처리할 수 있는지 궁금합니다.

••답 변••

일반적으로 노동위원회는 부당해고 판정 시 임금상당액을 포함하여 구제명령을 합니다. 근로기준법 제111조는 「제31조 제3항에 따라 확정되거나 행정소송을 제기하여 확정된 구제명령 또는 구제명령을 내용으로 하는 재심판정을 이행하지 아니한 자는 1년 이하의 징역 또는 1천만원 이하의 벌금에 처한다」고 규정하고 있습니다. 따라서 사용자가 확정된 임금상당액 지급 명령을 이행하지 않으면 처벌이 가능합니다.

이 죄에 대해서는 노동위원회의 고발이 있어야 공소를 제기할 수 있습니다(제112조 제1항).

33 노무제공을 묵인한 경우 임금 발생 여부

근로자 A가 K업체(개인기업) 대표 B를 상대로 진정을 제기하였습니다. A는 2024년 5월 8일부터 4일분의 임금 지급을 요구합니다. B는 이 기간에 A에게 출근하지 말라고 하였으나 출근하였으며 어차피 일을 해도 임금을 지급할 생각이 없었기 때문에 그냥 내버려 두었다고 합니다.

이 경우에 어떻게 처리해야 하나요?

••답 변••

B는 노무수령 거부 의사표시를 했으나 결과적으로 A의 노무제공을 묵인했습니다. 노무제공 묵인은 노무수령으로 볼 수 있습니다. 따라서 임금을 지급해야 합니다. B는 노무제공 묵인 시 내심으로 임금 지급 의사가 없었다고 주장합니다. 그러나 이와 같은 내심의 의사는 법적으로 효력이 없습니다. 객관적으로 행위(노무수령)가 존재하는 한 내심의 의사와 관계없이 법률효과(임금 청구권)는 발생하기 때문입니다.

34 약정수당의 기준임금과 법정임금의 관계

K회사 소속 근로자 A는 각종 수당의 차액 지급을 요구하고 있습니다. 회사 보수규정에 의하면 각종 수당(체력단련비, 휴가비 등)을 본봉 기준으로 지급한다고 규정하고 있습니다(예, 체력단련비는 격월로 본봉의 10%를 지급함). 그런데 본봉이 최저임금에 미달합니다. A는 본봉을 최저임금 이상으로 지급해야 함은 물론이고, 본봉 변경에 따라 각종 수당도 변경하여 지급해야 한다고 주장합니다.

이 경우에 어떻게 처리해야 하나요?

답 변

사례의 경우 최저임금에 포함되는 임금은 본봉뿐인데 본봉이 최저임금에 미달합니다. 따라서 최저임금 미달분을 추가로 지급해야 합니다. 전체 임금은 「본봉+최저임금 미달분+각종 수당」으로 구성된다고 볼 수 있습니다. 이 경우 「본봉+최저임금 미달분=최저임금」이므로 「본봉≠최저임금」이 됩니다. 즉, 본봉이 자동적으로 최저임금 수준으로 변경되지는 않습니다.

임의수당(각종 수당)은 법정임금이 아니므로 어떤 수준으로 할 것인지는 정하기 나름입니다. 임의수당을 최저임금을 기준으로 해야 할 필요는 없습니다. 따라서 임의수당을 추가로 지급하지 않아도 위법이 아닙니다.

반면에 법정수당(연장근로 · 야간근로 · 휴일근로에 대한 임금 및 가산수당, 주휴수당, 연차휴가수당 등)은 통상임금을 기준으로 지급해야 합니다. 최저임금 미달분이 통상임금에 포함되는지 여부는 사실관계를 조사해서 판단해야 합니다(제8장 10번 사례 참조).

35 정직기간에 대한 금품의 성격

K회사에 재직하고 있는 근로자 A가 회사를 상대로 진정을 제기하였습니다. A는 정직의 징계를 당했는데 회사 취업규칙에서 「정직기간 중에는 출근이 정지되며,

그 기간에 대하여 기본급의 50%를 지급한다」고 규정하고 있습니다.

이 경우 정직기간에 대하여 지급하기로 되어 있는 기본급의 50%를 임금으로 볼 수 있는지, 미지급 시 어떤 법조를 적용해야 하는지 궁금합니다.

••답 변••

사례는 정직기간에 대한 금품의 성격과 관련된 문제입니다. 동 금품을 임금으로 볼 수 있으면 문제 될 것이 없습니다. 임금으로 볼 수 없는 경우에 퇴직 이후라면 근로기준법 제36조의 「그 밖의 모든 금품」으로 보아 적용하면 문제가 없습니다. 그러나 사례처럼 재직 중인 경우에는 제36조를 적용할 수 없으므로 제43조 제1항 적용 여부를 검토해야 합니다.

근로기준법 제2조 제1항 제5호에 의하면 「임금은 근로의 대가」입니다. 그런데 사례의 경우 정직기간에는 출근이 정지되므로 그 기간에는 근로제공이 필요 없으므로 그 기간에 대해 지급하는 금품은 근로의 대가로 볼 수 없습니다. 따라서 임금으로 볼 수 없습니다. 근로기준법 제43조 제1항에서 「임금」이라고 규정하고 있으므로 엄격히 해석하면 정직기간에 대한 금품 미지급에 대하여 동 조항을 적용할 수 없습니다. 다른 마땅한 조항도 없습니다. 이렇게 되면 근로자 보호에 공백이 발생합니다.

따라서 제43조 제1항을 유연하게 해석하여 문제를 해결할 필요가 있습니다. 제43조 제1항의 「임금」을 「근로관계에서 사용자에게 지급 의무가 있는 금품」으로 넓게 해석하여 동 조항을 적용하는 것이 타당하다고 봅니다.

이와 같은 문제는 입법 미비에 기인하므로 궁극적으로는 입법으로 보완해야 할 것입니다.

36 학자금을 미지급한 경우

근로자 A가 K회사와 작성한 연봉계약서에 학자금에 대하여 아래와 같이 명시하였습니다.

「학자금으로 자녀 2명에 한해 고교생은 분기별 50만원, 대학생은 반기별 100만원을 지급한다.」

A가 학자금 미지급을 이유로 진정을 제기하였습니다. 회사측은 A가 퇴직하는 바람에 지급하지 않았다고 주장합니다.

이 경우 학자금을 임금으로 보아 처벌이 가능한지 궁금합니다.

••답 변••

사례의 학자금은 근로자에게 학생이 있는지 여부에 의해 지급 여부가 좌우됩니다. 따라서 학자금은 근로의 대가는 아니므로 임금에 해당하지 않습니다. 그러나 학자금은 근로관계에서 사용자가 지급하기로 약정한 것이므로 사용자에게 지급의무가 있습니다. 이것은 근로기준법 제36조의 「그 밖의 모든 금품」에 해당합니다.

이미 발생한 권리는 소멸시효가 완성하지 않는 한 소멸하지 않습니다. 학자금을 지급받을 권리도 퇴직 이후에 소멸시효가 완성하지 않은 상태에서는 청구할 수 있습니다. 따라서 동법 제36조 위반으로 처리할 수 있습니다.

37 신종플루 관련 휴업수당

(1) 산업안전보건법 제138조 및 동법 시행규칙 제220조에 의하면 전염병에 걸린 근로자에 대해서는 근로를 금지시켜야 하는바, 이에 따라 신종플루 감염자에 대하여 집에서 쉬라고 한 경우에 임금 지급 책임이 있나요?

(2) K회사 소속 근로자의 신종플루 감염으로 인해 구내식당이 휴업하였습니다. 구내식당은 외주업체(L회사)가 운영 중입니다. 이 경우 L회사가 구내식당 소속 근로자들에 대하여 휴업수당을 지급해야 하나요?

(3) 공항 등 신종플루에 걸릴 위험이 있는 지역에서 근무하는 임신 중인 근로자가 휴직 신청을 할 경우 사용자가 이를 부여해야 할 의무가 있나요?

••답 변••

(1) 사용자의 귀책사유로 근로를 제공하지 못한 경우에는 휴업수당을 지급해야 합니다(근로기준법 제46조). 통설인 세력범위설 또는 지배영역설에 따르면 사용자의 귀책사유라 함은 원칙적으로 사용자의 세력범위 안에서 발생한 경영장애를 말합니다.

사용자가 법에 따라 근로를 금지한 것은 정당하지만 그렇다고 하여 항상 휴업수당 지급 책임이 없다고 할 수 없습니다. 사용자가 신종플루에 감염된 다른 근로자에 대하여 출근을 제한하는 등 적절한 조치를 취하지 않아 해당 근로자가 신종플루에 감염된 경우라면 사용자에게 귀책사유가 있다고 볼 수 있습니다. 그러나 해당 근로자가 사업장 밖에서 신종플루에 감염된 경우라면 사용자에게 귀책사유가 있다고 볼 수 없습니다.

(2) 사용자가 휴업한 것은 근로자들에 대한 감염예방 조치로서 정당합니다. 전염병 발생은 사용자의 세력범위 밖이므로 사용자의 귀책사유로 볼 수 없을 것입니다. 따라서 원칙적으로 사용자에게 휴업수당 지급 책임이 없다고 봅니다. 다만, 사용자의 귀책사유 여부에 대해 논란이 있을 경우에는 근로기준법 제46조 제2항에 의해 노동위원회의 승인을 받아야 합니다.

(3) 근로기준법 시행령 제40조 관련 [별표 4]에서 제3호에서 임신 중인 여성을 「사이토메갈로바이러스(Cytomegalovirus) · B형 간염 바이러스 등 병원체로 인하여 오염될 우려가 큰 업무」에 사용하는 것을 금지하고 있으며, 「의사 · 간호사 · 방사선기사 등의 면허증을 가진 사람 또는 해당 자격 취득을 위한 양성과정 중에 있는 사람」은 예외로 하고 있습니다. 신종플루도 바이러스에 의해 전염되므로 사용금지 직종이 될 수 있습니다. 사용자는 신종플루가 유행하는 지역에서 입국하는 사람들을 자주 접하는 장소에서 근무하는 임신 중인 여성에 대해서는 적용제외자가 아닌 한 근로를 금지해야 합니다. 같은 맥락에서 사용 금지대상 근로자가 휴직을 청구하면 휴직을 부여해야 합니다.

38 코로나로 인한 자가격리 기간에 대한 임금 지급 의무 여부

근로자 A는 식당에서 친구들과 식사하는 과정에서 코로나에 감염되어 정부 방침에 의해 10일간 자가격리되었습니다. 이후 A는 보건당국으로부터 코로나가 완치되어 일상생활에 지장이 없다는 확인을 받고 회사측에 이 사실을 밝히고 출근하겠다고 연락했습니다. 회사는 그래도 안심할 수 없으므로 7일간 추가로 쉬고 출근하라고 지시하였습니다. 이에 따라 A는 추가로 쉬고 출근하였습니다.

회사는 결근한 기간에 대해 연차휴가로 처리하겠다고 A에게 통보한 상태입니다. A는 해당 기간에 대해 임금을 받아야 한다는 입장입니다.

이 경우 어떻게 처리해야 하나요?

답 변

코로나로 인해 자가격리한 기간에 대해서는 사용자에게 임금 지급 의무가 없습니다. 코로나 감염이 사용자의 귀책사유는 아니기 때문입니다.

그러나 코로나 완치로 출근이 가능한 이후에 출근하지 못한 것은 사용자의 귀책사유로 볼 수 있습니다. 따라서 이 기간에 대해서 근로자는 휴업수당(평균임금의 70% 이상)을 청구할 수 있습니다.

한편 자가격리기간 중 사용자의 귀책사유가 없는 기간에 대해서는 연차휴가로 처리할 수 있습니다. 다만, 사용자가 일방적으로 연차휴가로 처리할 수는 없고 근로자와 합의해야 유효합니다. 연차휴가로 처리하면 해당 기간에 대해 임금이 지급되고 연차휴가일수에서 공제되므로 근로자 입장에서 이익을 보거나 손해를 보지 않습니다.

그러나 코로나 완치 이후 기간에 대해서는 휴업수당 지급 의무가 있으므로 연차휴가로 처리하는 것은 불법입니다.

39 소정근로기간에 포함되지 않는 기간에 대한 휴업수당 발생 여부

근로자 A는 K대학교에서 셔틀버스 운전기사로 근무하였습니다. A와 K대학교 간에 작성한 근로계약서에 의하면 「월급을 250만원으로 하되, 근무하지 않는 방학기간에 대해서는 월 100만원을 지급한다」고 되어 있습니다.

A가 K대학교를 상대로 휴업수당 지급 요구 진정을 제기하였습니다. A는 방학기간에는 휴업한 것이므로 평균임금의 70%인 175만원을 받았어야 하므로 차액 75만원을 추가로 지급받아야 한다고 주장합니다. K대학교측은 휴업이 아니라고 주장합니다.

어느 쪽 주장이 타당한지 궁금합니다.

••답 변••

휴업수당은 당초 근로하기로 정해진 기간에 대하여 사용자의 귀책사유로 근로를 제공하지 못한 경우에 발생합니다. 사례의 경우 방학기간은 당초에 근로하기로 정한 기간이 아니므로 휴업에 해당하지 않습니다. 방학기간에 대해서 어떻게 처리할 것인지는 당사자 간에 약정할 수 있습니다. 해당 근로계약서에서 방학기간에 월 100만원을 지급하기로 한 것은 유효합니다. 따라서 A의 주장은 타당하지 않습니다.

40 무급 휴무일에 대하여 휴업수당을 지급해야 하는지

근로자 A가 K회사를 상대로 휴업수당 지급 요구 진정을 제기하였습니다. A는 2024년 10월 14일(월)부터 10월 23일(수)까지 10일간 회사의 사정으로 쉬었습니다. A의 소정근로일은 월요일부터 금요일까지 5일간이고 토요일은 무급 휴무일, 일요일은 주휴일입니다.

이 경우 휴업수당으로 며칠분을 지급해야 하나요?

답 변

사례에서 토요일은 무급 휴무일이므로 정상적으로 근로하는 경우(월요일부터 금요일까지 근로하는 경우)에도 임금이 발생하지 않습니다. 따라서 토요일은 휴업수당일수에 포함할 수 없습니다.

그러나 일요일의 경우는 주중에 정상적으로 근로하는 경우에는 유급이므로 토요일과 동일하게 처리할 수 없습니다. 사용자의 귀책사유로 주중에 휴업한 경우이므로 일요일을 무급으로 할 이유가 없습니다. 따라서 일요일도 휴업수당일수에 포함하여 처리하는 것이 타당합니다.

따라서 9일분의 휴업수당을 지급해야 합니다.

41 사용자가 부당하게 출근정지시킨 경우 휴업수당 발생 여부

K회사에서 퇴직한 근로자 A가 임금 지급 요구 진정을 제기하였습니다. A는 회사로부터 부당해고를 당하여 노동위원회로부터 부당해고 판정을 받고 복직하였습니다. 복직한 날 회사가 근로계약서를 재작성하자고 요구하였으나 거절하였습니다. 아직 계약기간이 남아 있는 상태에서 임금을 삭감하는 내용이었습니다. 거절하였다는 이유로 회사가 출근을 정지시켜 10일간 근로하지 못했다고 주장합니다. A는 이 10일에 대하여 통상임금 100%의 지급을 요구하고 있습니다.

이 경우에 어떻게 처리해야 하나요?

답 변

근로계약 변경 요구를 거절한 것을 이유로 사용자가 근로제공 수령을 거부한 것은 사용자의 귀책이므로 근로기준법 제46조에 의해 휴업수당을 청구할 수 있습니다. 또한 민법 제538조(채권자귀책사유로 인한 이행불능) 제1항에 의해 민사절차로 사용자에게 임금상당액을 청구할 수 있습니다.

휴업수당과 민사상 임금상당액의 관계는 전자를 받은 경우 후자 청구 시 전자의 금액을 공제해야 합니다.

42 사용자 귀책사유로 휴업한 경우 계속근로기간 산정

근로자 A가 K회사에 입사할 때 작성한 근로계약서에 의하면 근로개시일은 2023년 3월 1일입니다. 그러나 회사가 사업 준비 미진으로 이날부터 출근하지 못하고 실제로는 4월 5일부터 출근하였습니다. A는 2024년 3월 31일까지 근무하고 퇴직하였습니다.

이 경우에 출근하지 못한 기간에 대하여 임금을 어떻게 처리해야 하는지, 퇴직금 산정 시 계속근로기간을 어떻게 보아야 하는지 궁금합니다.

••답 변••

근로계약서상 근로계약기간의 기산점이 2023년 3월 1일로 명시되어 있으므로 이날부터 근로관계가 성립한다고 볼 수 있습니다. 따라서 이날부터 사용자가 노무를 수령하였어야 합니다. 그러나 사용자의 귀책사유로 그러하지 못하였으므로 휴업수당을 지급하는 것이 타당합니다.

퇴직금 산정 시 계속근로기간은 근로관계 성립일로부터 기산해야 합니다. 따라서 2023년 3월 1일부터 계속근로기간에 산입하는 것이 타당합니다.

43 공탁으로 임금 지급하였다고 볼 수 있는지

신고사건 조사 결과 임금을 미지급한 사실이 있어 근로감독관이 지급지시를 하였으나 사용자가 근로자에 대한 직접 지급을 거부하고(진정인과 연락이 되지 않는다는 이유) 법원에 공탁하겠다고 하는 상황입니다.

변제공탁을 한 경우 지급지시를 이행하였다고 볼 수 있는지 궁금합니다.

••답 변••

근로자는 임금채권자이고 사용자는 채무자입니다.

채무자가 채무를 이행하는 방법으로 변제공탁이라는 제도가 있습니다. 변제공탁은 세 가지 경우에 가능합니다. 즉, 채권자가 변제를 받지 아니하는 경우, 채권자가 변제를 받을 수 없는 경우, 채무자가 과실 없이 채권자를 알 수 없는 경우입니다. 이와 같이 변제공탁이 이루어진 경우 변제가 이루어진 것과 같으므로 채무자는 채무를 면합니다(민법 제487조).

일반적으로 진정이 제기된 경우에는 이 세 가지에 해당할 수 없습니다. 사용자는 근로자와 연락이 되지 않는다고 주장하고 있으나 근로감독관에게 물어보면 연락처를 충분히 알 수 있는 상황입니다. 따라서 사용자의 주장은 타당성이 없습니다. 이 세 가지에 해당하지 않음에도 불구하고 변제공탁을 한 경우 무효입니다. 따라서 사용자(채무자)는 채무를 변제한 것이 아니므로 채무를 면할 수 없습니다. 변제공탁이 무효이지만 근로자(채권자)가 이를 승낙하고 공탁금을 수령하면 변제가 이루어진 것으로 볼 수 있으나 채권자에게 공탁금을 수령하라고 강요할 수는 없습니다.

근로감독관의 지급지시는 임금을 지급(변제)하라는 것인데 이와 같이 변제공탁이 무효여서 변제가 이루어진 상태가 아니므로 지급지시에 따르지 않은 것으로 보아야 합니다.

44 해고예고수당 및 휴업수당 청구권의 소멸시효기간

해고예고수당 및 휴업수당은 근로제공 없이 지급되는 보상 성격의 금품이므로 임금이 아니라고 알고 있습니다. 따라서 해고예고수당 및 휴업수당 청구권에 대해서는 임금채권 소멸시효기간(3년)이 적용되지 않고 일반채권 소멸시효기간(10년)이 적용되어야 하나요?

•답 변•

해고예고수당 및 휴업수당은 근로기준법상 임금은 아닙니다. 그러나 해고예고수당 및 휴업수당은 근로관계에서 발생한 채권이라는 점에서 임금채권과 차이가 없습니다. 따라서 소멸시효기간에서 임금채권과 차별하여 장기로 해야 할 필요성이 없습니다. 비록 근로기준법 제49조에서 「임금채권」이라고 규정하고 있지만 이것을 「근로관계에서 발생하는 금품에 대한 채권」의 의미로 넓게 해석하는 것이 타당합니다.

따라서 해고예고수당 및 휴업수당에 대한 채권의 소멸시효기간도 3년으로 보는 것이 타당합니다.

45 명예퇴직수당 서약서의 효력 범위

근로자 A가 단체협약 규정에 의해 명예퇴직 신청을 하였으나 회사가 이를 수용하지 않아 소송을 제기하였고, 거의 1년만에 승소함으로써 명예퇴직을 하게 되었습니다. A는 1억원가량의 명예퇴직수당을 지급받으면서 「명예퇴직수당 보상으로 회사는 일체의 민·형사상의 채무가 면제되며, 퇴직자는 향후 회사를 상대로 일체의 민·형사상의 소송을 할 수 없다」는 내용의 서약서를 작성하였습니다.

A가 연장·야간·휴일근로수당을 지급받지 못하였다며 진정을 제기하였습니다. 회사는 위 서약서에 의해 책임이 없다고 주장합니다.

이 경우 어느 쪽 주장이 타당합니까?

답 변

A가 서약서를 작성한 동기를 다음과 같이 추측할 수 있습니다. A가 승소함으로써 일단 A가 명예퇴직되었다는 사실은 확정되었습니다. 그러나 A가 명예퇴직수당에 대해서는 소를 제기하지 않은 것 같습니다. 퇴직일부터 거의 1년 후에 재판이 확정되었기 때문에 명예퇴직수당과 이 수당의 지급지연에 따른 손해배상 문제가 겹쳐 얼마를 지급해야 할 것인지에 대하여 노사 간에 분쟁이 있었다고 볼 수 있습니다. 이와 같은 상황에서 명예퇴직수당 및 지연손해금을 1억원가량으로 정하고, 이를 수령함으로써 회사측에 대하여 일체의 책임을 묻지 않기로 함으로써 이 분쟁을 종식시키기로 한 것입니다. 이는 민법상 화해계약이라고 볼 수 있습니다(동법 제731조 이하 참조). 즉, A의 서약서 작성행위는 화해계약 중의

일부분이라고 볼 수 있습니다.

사례의 경우 서약서에서 언급한 일체의 책임에 회사의 모든 책임을 포함할 것인지 아니면 일정 범위로 한정할 것인지가 문제입니다. 서약서 내용의 효력범위에 관한 문제인데 서약서 내용도 화해계약의 일부분이므로 결국 화해계약의 효력범위에 관한 문제로 귀결됩니다.

화해계약의 효력범위는 화해계약 당시 분쟁의 대상으로 되었던 부분으로 한정합니다. 사례에서 분쟁의 대상은 명예퇴직수당과 관련된 부분으로 한정되었음을 알 수 있습니다. 그러므로 분쟁의 대상이 아닌 연장・야간・휴일근로수당에 대해서는 A가 그 권리를 행사할 수 있습니다.

46 임금 미지급 사건의 범죄성립일

A는 2024년 7월 31일까지 근무하고 퇴직하였습니다. A가 사직서를 제출하였고 회사측이 즉시 수리하여 근로관계가 종료된 점에 대해서는 노사 간에 이견이 없는 상태입니다. 회사측이 A에게 임금을 미지급하여 근로기준법 제36조를 적용하여 처벌할 경우 범죄성립일이 어떻게 되는지 궁금합니다.

형사소송법 제66조 제1항에서 기간에 대하여 규정하고 있는데 이것을 본 사례에 적용할 수 있나요?

답 변

근로기준법 제36조의 기간 계산과 관련하여 근거법으로 형사소송법 제66조 제1항이 제시되었는데 그 타당성을 검토할 필요가 있습니다. 형사소송법은 범죄 수사절차와 재판절차에 관해 규율하는 법률입니다. 따라서 동 조항에서 규정한 기간 계산 방법은 범죄 수사절차와 형사재판절차에 적용되는 기준입니다.

근로기준법 제36조는 「사용자는 근로자가 사망 또는 퇴직한 경우에는 그 지급 사유가 발생한 때부터 14일 이내에 임금, 보상금, 그 밖의 모든 금품을 지급하여야 한다. 다만, 특별한 사정이 있을 경우에는 당사자 사이의 합의에 의하여 기일을 연장할 수 있다」고 규정하고 있습니다. 동 조문은 사용자가 근로자에게 임금 등을 지급해야 할 기한을 정한 것입니다. 즉, 지급 사유 발생일부터 14일 이내의 기간을 채무이행기한으로 하여 그 기간을 경과할 경우 채무불이행이 된다고 규정하고 있습니다. 이와 같이 채무불이행이 되면 범죄가 성립하므로 14일 이내의 기간은 범죄와 관계없고, 이 단계에서는 수사절차나 형사재판절차가 개시될 이유가 없으므로, 기간 계산과 관련하여 형사소송법이 적용될 수 없습니다. 따라서 이 경우에는 채권채무관계에 관해 규율하는 일반법인 민법을 적용해야 합니다. 민법 제157조는 기간의 기산점에 대하여 「기간을 일, 주, 월 또는 연으로 정한 때에는 기간의 초일은 산입하지 아니한다. 그러나 그 기간이 오전 영시로부터 시작하는 때에는 그러하지 아니하다」고 규정하고 있습니다.

사례의 경우 2024년 7월 31일까지는 근로관계를 유지하고 2024년 8월 1일부터 근로관계가 상실됩니다. 근로기준법 제36조에서 언급하고 있는 「그 지급 사유가 발생한 때」가 언제인지가 문제입니다. 그 지급 사유가 발생하는 이유는 근로관계가 상실되기 때문입니다. 따라서 「그 지급 사유가 발생한 때」는 근로관계가 상실되는 때라고 보아야 합니다. 근로관계가 상실되는 때는 정확히 2024년 8월 1일 0시입니다. 그러므로 「그 지급 사유가 발생한 때」는 2024년 8월 1일 0시입니다.

근로기준법 제36조는 기간을 「일(日)」로 정한 경우인데, 민법 제157조에서는 기간을 일로 정한 경우에는 기간의 기산점은 원칙적으로 초일을 산입하지 않으나, 초일의 0시에 기간이 시작하는 경우에는 초일부터 기간이 기산한다는 취지로 규정하고 있습니다. 사례의 경우 기간의 초일인 2024년 8월 1일의 0시부터 지급 사유가 발생하므로 2024년 8월 1일부터 기간이 기산된다고 보아야 합니다. 따라서 14일의 기간 만료일은 2024년 8월 14일입니다. 즉, 사용자는 2024년 8월 14일까지 임금 등을 지급하면 기한 내에 채무를 이행한 것이 되고, 이 기한을 경과하면 채무불이행으로 범죄가 성립합니다.

따라서 범죄성립일은 2024년 8월 15일입니다.

47 차별적으로 호봉 삭감하여 임금 지급한 경우 공소시효

K회사는 근로자 A에 대하여 동일 경력의 타 근로자들에 비해 합리적인 이유 없이 호봉을 삭감하여 임금을 지급해오고 있습니다. 호봉을 삭감하여 최초 임금을 지급한 때부터 5년이 경과하였습니다.

이 경우는 근로기준법 제6조(균등한 처우) 위반에 해당하는 것으로 보이는바, 이 죄에 대해서는 공소시효가 5년이므로 처벌이 불가능하다는 의견이 있어서 문의합니다.

답 변

근로기준법 제6조는 「사용자는 근로자에 대하여 남녀의 성을 이유로 차별적 대우를 하지 못하고, 국적 · 신앙 또는 사회적 신분을 이유로 근로조건에 대한 차별적 처우를 하지 못한다」고 규정하고 있습니다. 동조 위반으로 처벌하려면 남녀의 성 등 열거한 사유에 해당해야 합니다. 질문 내용처럼 단순히 불합리하다는 이유로 처벌하는 것은 곤란합니다(죄형법정주의).

질문 내용에 의하면 사용자가 합리적인 이유 없이 임금을 삭감하였다고 합니다. 이것은 근로자의 동의 없이 일방적으로 임금을 삭감한 것으로 추정할 수 있습니다. 이와 같은 임금 삭감은 무효로 볼 수 있습니다. 따라서 삭감 전 금액에 해당하는 금액과 실제 지급한 금액의 차이는 미지급 임금으로 볼 수 있습니다.

공소시효는 범죄행위가 종료한 때부터 진행합니다(형사소송법 제252조 제1항). 임금 정기 지급일에 차액 미지급에 대한 근로기준법 제43조 위반죄가 성립하고 종료한다고 볼 수 있으므로 그때부터 공소시효가 진행한다고 볼 수 있습니다. 차별적인 임금 지급이 수회 있었는데, 각 임금 소정 지급일에 각각의 범죄행위가 있으므로, 공소시효도 각 임금 소정 지급일에 각각 새로 진행합니다.

따라서 수개의 범죄행위 중 일부는 공소시효가 완성된 것도 있지만, 아직 공소시효가 완성되지 않은 것이 있을 수 있습니다. 후자에 대해서는 처벌이 가능합니다.

48 사용자 변경 시 임금 미지급 책임

근로자 A는 2024년 6월 30일까지 근무하고 퇴직하였습니다. 2024년 7월 5일에 회사의 대표이사가 B에서 C로 변경되었습니다. 이 경우 누구를 사용자로서 처벌해야 하는지 궁금합니다.

- 체불내역 : 임금(1월분~6월분), 퇴직금
- 임금 정기지급일 : 매월 초일부터 말일까지의 임금을 익월 10일 지급

••답 변••

형사책임은 범죄에 대한 제재입니다. 범죄는 사람의 행위에 의해 이루어지는바, 근로기준법은 일정 시기에 임금을 지급하도록 명령하고 있는데 이 명령에 따르지 않고 그 일정 시기를 경과함으로써 범죄가 성립합니다(이를 부작위범이라고 함). 그러므로 임금 미지급 범죄는 범죄성립 당시의 부작위 행위자인 사용자가 책임을 져야 합니다. 따라서 퇴직 당시에는 사용자이었으나 이행 시기 경과 시에 사용자가 아닌 자는 범죄인이 될 수 없습니다.

사례에서는 세 종류의 범죄유형이 있습니다. 근로기준법 제36조, 제43조 및 근로자퇴직급여 보장법 제9조 위반 사실입니다.

근로기준법 제43조 위반과 관련해서는 5회에 걸쳐 범죄가 성립합니다. 각 범죄성립일은 2월 10일(1월분 임금 미지급 사실. 이하 같은 방식), 3월 10일, 4월 10일, 5월 10일, 6월 10일입니다. 이 중 2월 10일부터 6월 10일에 성립한 범죄에 대해서는 당시의 사용자인 B가 형사책임을 져야 합니다.

근로기준법 제36조 및 근로자퇴직급여 보장법 제9조 위반과 관련해서는 7월 15일에 범죄가 성립하는데 퇴직 당시에 청산되지 않은 근로관계 금품 전체 즉, 임금(1월분~6월분) 및 퇴직금 미지급 사실이 범죄가 되며 당시 사용자인 C가 형사책임을 져야 합니다. 지방고용노동관서의 일반적인 실무처리 방식입니다.

49 임금 미지급 사건의 소멸시효와 공소시효의 관계

A는 2020년 3월 10일 K회사를 퇴직하였습니다. 퇴직 당시 2018년 3월분 임금을 받지 못한 상태였습니다. 이 임금 소정지급일는 2018년 4월 10일이었습니다. A는 2024년 3월 20일 위 임금체불과 관련하여 진정을 제기하였습니다.

A는 사용자가 임금을 지급하면 처벌을 원치 않는다는 입장입니다.

이 경우에 사용자에 대하여 임금 지급지시를 할 수 있는지, 처벌이 가능한지 궁금합니다.

••답 변••

사례의 경우 퇴직 당시(2020년 3월 10일) 2018년 3월분 임금 청구권의 소멸시효가 완성되지 않은 상태였습니다. 임금채권 소멸시효기간이 3년인바(근로기준법 제49조), 당시 그 기간이 경과하지 않았기 때문입니다. 이 경우 사용자는 퇴직일부터 14일 이내에 체불임금을 지급해야 하고, 이를 이행하지 않을 경우 범죄가 성립합니다(근로기준법 제36조, 제109조). 이 범죄의 공소시효는 5년입니다(형사소송법 제249조 제1항 제5호). 사례의 경우 2020년 3월 25일에 범죄가 성립하여 이때부터 공소시효가 진행하므로, 진정제기 당시에는 공소시효가 완성되지 않은 상태였습니다. 그러나 진정제기 당시 소멸시효는 완성된 상태였습니다(소멸시효 완성일은 2021년 4월 10일).

위의 사실을 종합하면, 사례의 경우 진정제기 당시(2024년 3월 20일) 소멸시효는 완성되었으나 공소시효는 완성되지 않은 상태였다고 요약할 수 있습니다. 이 경우에는 민사상 임금 청구권은 소멸된 상태이므로, 사용자가 지급을 거절할 경우 이행을 강제할 수 없습니다. 다만, 소멸시효가 완성된 경우에도 사용자가 시효이익을 포기하고 채무를 이행할 수는 있습니다. 그러나 공소시효는 완성되지 않았으므로 사용자가 형사처벌을 면할 수는 없습니다.

사용자는 소멸시효 완성을 주장하여 임금 지급을 거절하고 형사처벌을 받는 쪽을 선택하거나, 소멸시효이익을 포기하고 임금을 지급함으로써 처벌을 면하는 쪽을 선택할 수 있을 것입니다. 근로감독관 입장에서는 사용자에게 선택의 기회를 주는 것이 합리적입니다. 따라서 임금을 지급하도록 지도하고 불이행 시 입건하는 것이 타당합니다.

50 근로기준법 제36조 · 제43조 적용 시 소멸시효 · 공소시효와의 연관성

K회사에서 2024년 3월 10일까지 근무하고 퇴직한 근로자 A가 특별상여금 지급 요구 진정을 제기하였습니다(진정 제기일 2024년 4월 1일). 이 회사는 급여규정에 의해 전직원에게 특별상여금을 연 1회 12월 10일에 지급해왔습니다. 그런데 경영부진으로 최근 5년간(2019년부터 2023년까지) 지급을 보류하고 있는 상태입니다.

임금 미지급 사건의 경우 근로기준법 제36조나 제43조 위반으로 처벌할 수 있는바, 이 사건에 대하여 제36조와 제43조를 어떻게 적용할 수 있는지 알려 주시기 바랍니다.

••답 변••

사례처럼 퇴직 이전에 임금체불이 발생한 경우 근로기준법 제36조나 제43조를 적용할 수 있습니다.

제36조를 적용할 경우에는 퇴직 당시 체불사실 전체를 일괄하여 하나의 범죄로 처리할 수 있습니다. 소정지급일에 임금을 미지급하면 그때부터 소멸시효가 진행하는데, 퇴직 당시까지 소멸시효가 완성되지 않았으면 퇴직일부터 14일 경과 시에 범죄가 성립합니다. 그러나 퇴직 당시에 이미 소멸시효가 완성되었으면 제36조를 적용할 수 없습니다(고용노동부, 임금 68207-315, 2001.5.3. 참조). 사례의 경우 2019년 12월 10일 및 2020년 12월 10일 미지급 부분은 퇴직 당시 이미 소멸시효가 완성되었으므로 제36조를 적용할 수 없고, 2021년 12월 10일, 2022년 12월 10일 및 2023년 12월 10일 미지급 부분은 퇴직 당시 소멸시효가 완성되지 않았으므로 제36조를 적용하여 입건이 가능합니다.

제43조를 적용할 경우에는 각 소정지급일에 범죄가 성립하므로 각 범죄의

공소시효가 완성되지 않았으면 입건이 가능합니다. 사례의 경우 전체의 각 미지급분에 대하여 제43조를 적용할 수 있습니다.

「근로기준법 제36조와 제43조 경합 시 처리방법」(법무부 공안기획과-1476, 2009. 10.26.)에 따르면 일선 검찰에서는 근로자가 퇴직한 경우 제36조 위반으로만 의율하고 있다고 합니다. 따라서 사례의 경우에도 제36조 위반으로 처리하는 것이 무난하다고 봅니다. 지방고용노동관서에서도 일반적으로 이렇게 처리하고 있습니다.

51 퇴직일부터 14일 이내에 이연 성과보수를 지급해야 하는지

K회사를 퇴직한 근로자 A가 회사를 상대로 진정을 제기하였습니다. A는 성과보수의 지급을 요구하고 있습니다. 회사는 금융회사의 지배구조에 관한 법률에 의해 성과보수를 3년 이상 이연하여 지급하여야 하므로 당장 지급할 수 없다고 합니다.

이 경우에 어떻게 처리해야 하나요?

••답 변••

회사는 이연 성과급제를 주장하고 있습니다. 금융회사의 지배구조에 관한 법률 제22조 제3항 및 동법 시행령 제17조 제3항 제2호에 의하면 금융기관에서 성과급이 일정 금액을 넘어가는 경우 즉시 지급하는 것이 아니라 기간을 두고 지급하도록 규정하고 있습니다. 이 규정에 의하면 퇴직 당시에 성과보수 지급일이 도래하지 않은 경우가 있을 수 있습니다. 이 경우에 획일적으로 근로기준법 제36조를 적용하여 퇴직일부터 14일 이내에 지급하라고 지시하는 것은 무리입니다. 이연 성과보수에 관한 규정이나 계약을 근거로 판단해야 합니다.

만약 급여규정 등에서 이연 성과보수의 기초가 되는 과거 성과에 대하여 재평가해서 미지급된 이연 성과보수의 지급을 중단하거나 기지급된 성과보수를 회수할 수 있다고 정했다면, 이연 성과보수를 지급하기로 정한 기간이 경과하기 전까지는 성과보수가 불확정적이라고 보아야 할 것입니다. 이 경우에는 퇴직 시점에서도 이연 성과보수는 불확정이므로 퇴직일부터 14일 이내에 일시에 청산하도록 하는 것은 무리입니다. 따라서 퇴직 이후 소정지급일에 지급해도 무방합니다. 이 경우에는 이연 성과보수 청구권의 소멸시효는 각 소정지급일에 기산하고 퇴직일에 기산하는 것이 아닙니다.

그러나 급여규정 등에서 재조정에 관해 특별히 정한 바 없다면 퇴직 당시 소정지급일이 도래하지 아니한 이연 성과보수를 근로기준법 제36조에 의해 14일 이내에 지급해야 합니다. 성과보수는 동조의 「그 밖의 모든 금품」에 해당합니다.

52 근로기준법 제36조 위반 추가 신고사건(포괄일죄) 처리

K회사를 퇴직한 근로자 A가 회사를 상대로 고소를 제기하였습니다. 6개월 전에 A가 이 회사를 상대로 진정을 제기한 바 있고, 그때 2024년 1월부터 3월까지 3개월분 임금 미지급 사실에 대하여 근로기준법 제36조 위반으로 입건하여 송치한 바 있습니다. 이번에 제기된 사건의 미지급 임금은 전회 진정사건에서 계산착오로 미지급 임금에서 누락된 2024년 1월분과 3월분 각 30만원씩 합계 60만원입니다.

해당 송치 사건에 대해서 공소가 제기되어 벌금형이 확정된 사실이 확인되었습니다.

이 경우에 금번 사건의 임금 미지급 부분으로 처벌이 가능한지 궁금합니다.

••답 변••

근로기준법 제36조 위반죄는 포괄일죄에 해당합니다. 포괄일죄는 수개의 행위가 포괄적으로 1개의 구성요건에 해당하여 일죄를 구성하는 경우를 말합니다. 사례의 금번 신고사건에서 주장된 금액까지 포함하여 퇴직 당시 미지급 사실 전체가 1개의 죄가 되는 것입니다.

포괄일죄의 일부에 대한 공소제기의 효력과 기판력은 포괄일죄를 구성하는 모든 범죄행위에 미칩니다. 따라서 포괄일죄의 일부(송치 사건)에 대하여 공소제기되어 확정판결이 있는 경우 포괄일죄를 구성하는 다른 범죄사실(사례 사건)에 대하여 별개의 공소가 제기된 때에는 면소판결을 해야 합니다(형사소송법 제326조). 따라서 사례 사건에 대해서는 「공소권 없음」의견으로 송치해야 합니다.

53 근로자 아닌 자가 임금체불 진정 제기 적격자인지

근로자 A에 대한 임금체불을 이유로 A에 대한 채권자 B가 진정을 제기하였습니다. A에게 임금을 받을 권리가 존재한다는 사실을 확인하여, 이를 근거로 B가 자신의 채권을 행사하기 위한 목적으로 진정을 제기한 것입니다.

이와 같이 근로자 아닌 자가 진정을 제기해도 문제가 없나요?

••답 변••

임금 등 미지급 범죄는 피해자의 명시적인 의사에 반하여 공소를 제기할 수 없으므로(근로기준법 제109조 제2항, 근로자퇴직급여 보장법 제44조 제1호), 피해자의 의사에 의해 사건처리가 좌우됩니다. 여기에서 피해자라 함은 근로자를 의미합니다. 따라서 근로자 아닌 자는 진정을 제기할 수 있는 자격이 없다고 보아야 합니다.

54 회생절차 개시결정 직전 퇴직자에 대한 임금체불 책임자

A는 K회사에서 2023년 6월 30일까지 근무하고 퇴직하였습니다. 2023년 7월 10일 회생절차 개시결정이 있었고, 기존 경영진에 속하지 않는 B가 관리인으로 선임되었습니다. 2024년 5월 10일 회생절차가 종료되었습니다. 2024년 7월 15일 A는 임금 및 퇴직금 지급 요구 진정을 제기하였습니다.

이 경우 임금 등을 미지급하여 진정이 해결되지 않을 경우 누구를 입건해야 하나요?

••답 변••

사용자는 근로자가 퇴직한 경우 퇴직일부터 14일 이내에 임금, 퇴직금 등을 지급해야 합니다(근로기준법 제36조, 근로자퇴직급여 보장법 제9조). 퇴직일부터 14일이 경과할 때까지 임금 등을 미지급하면 범죄가 성립합니다. 따라서 퇴직일부터 14일이 경과할 당시를 기준으로 임금 등 미지급 책임자인 사용자를 판단해야 합니다.

회생절차 개시 후의 채무자(회사)의 업무수행과 재산관리・처분권은 관리인에게 전속하고, 채무자(회사)의 이사는 관리인의 권한을 침해하거나 부당하게 그 행사에 관여할 수 없습니다(채무자 회생 및 파산에 관한 법률 제56조). 관리인은 법원에 의해 선임되어 법규정에 따라 포괄적인 업무수행권과 재산관리처분권을 가지며 대외적으로 사업을 대표하므로 사업경영 담당자로서 사용자에 해당한다고 볼 수 있습니다. 따라서 관리인은 임금 등 미지급에 대해 사용자로서 책임을 부담합니다.

사례의 경우 퇴직일부터 14일이 경과할 당시 관리인인 B를 사용자로 보아 입건할 수 있습니다.

보충설명

파산관재인의 사용자성 여부

사용자가 파산하더라도 당연히 근로관계가 해소되는 것은 아닙니다. 파산선고에 의하여 채무자가 파산선고 당시에 가진 모든 재산은 파산재단에 속하고(채무자 회생 및 파산에 관한 법률 제382조 제1항), 파산관재인은 파산재단을 관리하고 처분하는 권한을 갖게 됩니다(동법 384조). 따라서 파산관재인은 사업경영 담당자로서 사용자에 해당한다고 볼 수 있습니다.

한편 행정해석(근로기준과-4901, 2004.8.10.)에 의하면 「파산관재인은 법원의 감독을 받아 파산재단에 속하는 재산의 관리 및 환가, 채권조사, 배당 등 파산법상의 직무를 수행하는 자일뿐이므로 파산선고 이전의 원인으로 발생한 임금채무에 대하여 근로기준법상 사용자로서의 의무를 부담한다고 보기는 어렵다」고 합니다. 동 해석이 파산관재인의 사용자성을 부정하였다고 볼 수는 없고, 파산관재인 선임 전에 이미 범죄가 성립한 사건에 대해 파산관재인의 책임을 부정한 것으로 이해합니다.

55 임대차 및 인력공급이 혼합된 계약에서 임금 지급 책임자

K회사(건설업)와 L회사(장비대여업) 간에 아래와 같이 계약이 체결되었습니다.

「K회사에 대해 L회사는 건설기계(크레인) 1대를 임대하고, K회사는 L회사에 대해 임대료를 지급한다. 임대료는 기계 가동시간(1일 8시간, 월 200시간) 기준으로 2천만원으로 한다. 이 임대료에는 기사 사용료가 포함된 것으로 한다.」

L회사에 고용된 근로자 A가 위 계약에 따라 K회사의 건설공사 현장에서 일했는데, 임금을 받지 못했다는 이유로 K회사를 상대로 임금 지급 요구 진정을 제기하였습니다. A는 위 공사 현장에서 K회사의 직원으로부터 지휘・감독을 받았으므로 K회사가 사용자라는 주장을 하고 있습니다. K회사는 A를 고용하지 않았다고 주장합니다.

이 경우 A에 대한 임금 지급 책임은 누구에게 있나요?

답 변

사례는 L회사가 K회사로부터 수탁받은 업무를 수행하면 일정한 대가를 받는 계약관계라고 볼 수 있습니다. 양자 간에 체결한 계약내용에 의하면 장비임대관계로 표현하고 있지만 K회사가 장비를 빌려서 직접 일을 하지는 않습니다. 실제로는 L회사에 고용된 A가 일을 했습니다. 따라서 장비임대관계가 아니고 도급관계로 보는 것이 타당합니다. A는 K회사가 지휘・감독을 했으므로 이 회사가 사용자라고 주장하지만 그렇게 볼 것은 아닙니다. K회사는 사용자로서 지휘・감독을 한 것이 아니고 도급인으로서 지시한 것이라고 보아야 합니다.

이를 종합하면 A에게 임금을 지급해야 할 사용자는 L회사이고, K회사는 사용자가 아닙니다. 다만, K회사가 도급금을 제대로 지급하지 않은 경우에는 근로기준법 제44조에 의해 직상수급인의 책임을 질 수는 있습니다.

56 단체 내부기관의 근로자 채용과 대표의 임금 지급 책임관계

K아파트의 입주자대표회의의 대표로 선임된 자가 결격자로 밝혀져 사임함으로써 업무 공백이 발생하자, 전임 대표 A가 임시 대표권한대행으로 선임되었습니다. 한편 새 관리소장 채용 문제가 대두되었는데, K아파트관리규약에 의하면 입주자대표회의의 의결을 거쳐 대표가 임명하도록 규정하고 있습니다. 그러나 비상대책위원회에서 B를 관리소장으로 임명하였습니다. A는 B에 대하여 임금을 지급해야 할 책임은 비상대책위원회에 있다며 임금 지급을 거부하였습니다. A는 경비원이나 미화원 등에 대해서는 정상적으로 임금을 지급하였습니다. 이에 B가 임금 지급 요구 진정을 제기하였습니다.

이 경우 임금 지급 책임은 누구에게 있다고 보아야 합니까?

답 변

입주자대표회의는 법인격 없는 사단입니다. 입주자대표회의는 사업주이고, 대표는 사업경영 담당자인 사용자입니다. A가 대표권한대행이므로 대표와 동일하게 사용자입니다.

A가 B에게 임금 지급을 거부하는 이유는 B에 대한 채용 권한이 없는 비상대책위원회가 월권으로 채용하였으므로 이는 무효이고, 따라서 B의 근로자성을 인정할 수 없다는 취지인 것으로 짐작합니다. 그러나 B에 대한 채용 권한을 누가 갖는지는 입주자대표회의의 내부 문제에 불과합니다. 내부 문제라 함은 입주자대표회의라는 단체 내에서 기관 간의 권한 문제라는 의미입니다.

비상대책위원회는 입주자대표회의의 내부 기관으로서 입주자대표회의를 위하여 관리소장을 채용하는 행위를 했다고 보아야 합니다. 입주자대표회의를 위하여 채용행위를 했다는 것은 채용행위에 따른 법률효과(권리 · 의무의 발생)가 입주자대표회의에 귀속되는 행위를 했다는 의미입니다.

입주자대표회의와 B 간에 근로관계가 성립하는지 여부는 대외적인 문제입니다. 대외적인 문제라 함은 입주자대표회의라는 단체와 동 단체 외부인과의 법률문제라는 의미입니다. 설사 비상대책위원회가 월권으로 B를 채용하여 내부적으로는 무효라고 하더라도, 입주자대표회의와 B와의 대외적인 관계에서는 채용계약은 유효합니다. B는 동 단체의 외부인으로서 내부 기관 간의 권한에 대하여 알 수 없으므로 비상대책위원회가 채용 권한을 갖는 것으로 믿고 근로계약을 체결하였을 것입니다. 이와 같이 외관을 신뢰하고 법률행위(근로계약도 법률행위의 일종임)를 한 경우 그 법률행위는 유효합니다(외관주의).

위의 사실을 종합하면 입주자대표회의와 B 간에 근로관계가 성립합니다. 일단 사업주(입주자대표회의)와 B 간에 근로관계가 성립하면, 사용자인 A는 근로관계를 존중해야 합니다. 따라서 A는 사업경영 담당자인 사용자로서 임금 미지급에 대한 책임을 부담해야 합니다.

57 전무가 특정 공사현장을 전담하여 운영한 경우

K회사(건설업)의 S공사현장에서 일용직으로 근로한 A가 회사 대표이사 B를 상대로 임금 지급 요구 진정을 제기하였습니다. B는 전무이사 C가 동 공사를 맡아서 시공한 것이므로 자신은 책임이 없다고 주장하고 있습니다. 조사 결과 C가 자신의 책임하에 동 공사에 관한 자금을 투입하고 인력을 동원한 사실이 밝혀졌습니다.

이 경우 임금 미지급에 대한 책임을 누구에게 물을 수 있나요?

답 변

소규모 건설회사의 경우 대표이사가 전체 사업장을 총괄하지 않고 특정 이사가 하나의 공사 현장을 맡아서 총괄 관리하는 경우가 있습니다. 이와 같은 방식은 임원 간의 내부 약정에 따른 것입니다. 이 경우 해당 공사에 대해서는 해당 이사가 사업경영 담당자입니다. 해당 이사는 해당 공사에서 발생한 손익의 귀속 주체가 됩니다.

사례는 C가 해당 공사를 전담하여 경영한 관계로 볼 수 있습니다. 즉, C가 동 공사의 총괄 관리자입니다. 이런 관계에서는 C가 당해 공사에서 발생하는 이익과 손해를 전담합니다.

대표이사가 총괄 관리자인 것이 일반적이므로 사례의 경우는 이례적이라고 볼 수 있습니다. 따라서 당해 공사에서 발생한 임금체불에 대해서는 대표이사 B에게 사용자 책임을 물을 수 없고 C에게 그 책임을 물어야 합니다.

58 제3자가 임금을 지급한 경우 사용자의 책임(1)

K회사(건물관리용역업)는 P아파트를 관리하는 업체입니다. 이 아파트의 경비원 A가 K회사 대표이사 B를 상대로 임금 지급 요구 진정을 제기하였습니다. B는 지금까지 입주자대표회의에서 임금을 지급해왔으므로 K회사는 책임이 없다고 주장합니다. 설사 K회사에 책임이 있다고 하더라도, 지배인 C가 근로계약을 체결하였으므로 C가 책임을 져야 한다고 주장합니다. 조사 결과 A와 C 간에 근로계약을 체결한 것은 사실입니다.

이 경우 B에게 근로기준법상 책임을 물을 수 있나요?

법인의 지배인은 상법상 영업전반에 걸쳐 재판상, 재판외의 대리권을 갖고 있다고 하는데 근로기준법상 형사책임도 지는지요?

답 변

(1) 우선 A와 근로계약관계에 있는 주체가 입주자대표회의인지 K회사인지 판단해야 합니다. K회사는 입주자대표회의로부터 건물관리를 위탁받은 사업자이고 동 사업을 위해 근로자들을 고용한 사업주로 볼 수 있습니다. 실제로 A와 K회사의 지배인 C 간에 근로계약이 체결되었습니다. C는 회사를 대리하여 근로계약 체결(법률행위)을 한 것이므로 그 효과가 회사에 귀속합니다(민법 제114조 제1항 참조). 따라서 A와 K회사 간에 근로관계가 성립하였습니다.

근로기준법상 임금 지급 의무자는 사용자입니다. A와 K회사 간에 근로관계가 성립하였으므로 K회사가 임금 지급 의무자여야 합니다. 그런데 실제로는 입주자대표회의가 임금을 지급하였습니다. 사례는 근로기준법상 임금 지급 의무자와 실제 지급자가 상이하여 발생하는 문제입니다.

임금채무는 금전채무입니다. 금전채무는 대체이행이 가능합니다. 즉, 금전채무는 제3자가 채무자를 대신하여 이행(변제, 지급)할 수 있습니다. K회사와 입주자대표회의 간의 약정에 의해 입주자대표회의가 K회사를 대신하여 임금을 지급해도 문제는 없습니다. 이 경우 입주자대표회의는 임금액수를 제외한 금액을 위탁용역비로 K회사에 지급할 것입니다.

이 경우에 입주자대표회의가 약정을 위반하여 임금을 미지급한 경우 대내적(사업자 간)으로는 K회사가 입주자대표회의에 대하여 그 이행을 촉구할 수 있지만, 대외적(근로자에 대해서)으로는 K회사가 사용자로서 임금미지급 책임을 부담합니다.

(2) 근로계약 체결자와 임금 지급 책임자가 반드시 일치하는 것은 아닙니다. 근로계약 체결에 의해 근로관계가 성립하고, 근로관계에서 발생한 임금채무는 법인(회사)이 부담합니다. 법인의 임금채무는 최고 경영자인 대표이사가 집행해야 할 책임이 있습니다. 사례의 경우 B가 대표이사이므로 근로기준법상 사용자로서 처벌 대상이 됩니다. 지배인의 대리권은 상법상 문제이며 노동법상 사용자의 책임과는 관계가 없습니다.

59 제3자가 임금을 지급한 경우 사용자의 책임(2)

A는 K마트(주)의 채용공고를 보고 응모하여 K마트(주) 점장 B의 면접을 거쳐 채용되었습니다. 면접과정에서 B로부터 월급액수와 업무 내용을 안내받았습니다. A는 K마트(주) 내 여러 코너(그릇코너, 화장지코너, 과일코너 등)에서 물품 진열 및 판매를 담당하는 일을 약 5년간 하였습니다.

각 코너에 물품을 공급하는 업체(외주업체)에서 A의 임금의 일정 부분을 계좌로 입금하였습니다. 외주업체측은 각 코너의 매출액에 따라 B가 지급하라는 금액을 A에게 지급하였습니다. A가 담당하는 코너가 추가되면 해당 업체로부터 추가로 임금을 받았습니다. 외주업체측은 A가 해당 코너에서 일한다는 통지를 받는 정도이고 A에 대한 근태관리에 관여한 바 없고, A에 대한 근태관리는 B에 의해 이루어졌습니다. 일부 외주업체측이 A의 무능을 이유로 B에게 교체를 요구하였으나 수용되지 않은 적도 있습니다.

이와 같은 경우 A에 대한 사용자를 누구로 보고 퇴직금, 각종 수당 등 지급 책임을 물어야 하는지 궁금합니다.

답 변

A는 K마트(주)의 채용공고와 면접을 통해서 채용되었고, 채용 시 임금액수와 업무 내용이 정해졌습니다. 이후 A는 K마트(주)의 지휘・감독하에 업무를 수행했으며, K마트(주)가 A에 대한 해고권을 갖고 있습니다. 이를 종합하면 A와 K마트(주) 간에 근로계약이 체결되어 근로관계가 성립했다고 볼 수 있습니다. 따라서 K마트(주)를 사용자로 볼 수 있습니다. 그런데 실제로는 사용자인 K마트(주)가 직접 임금을 지급하지 않고 외주업체가 지급하였습니다.

K마트(주)와 외주업체의 관계는 위탁매매관계(상법 제101조 이하 참조)로 보입니다. 외주업체가 제공한 물품을 K마트(주)가 판매하고 일정 수수료를 받는 관계입니다. 외주업체는 K마트(주)의 요청에 의해 A에게 임금을 지급하였습니다. 임금채무는 금전채무이고, 금전채무는 대체이행이 가능합니다. 즉, 금전채무는 제3자가 채무자를 대신하여 이행(변제, 지급)할 수 있습니다. 외주업체는 K마트(주)에게 위탁수수료를 지급해야 하는데 위탁수수료 중에서 A에게 지급한 금액을 공제하고 나머지를 K마트(주)에 지급할 것입니다.

따라서 퇴직금 등 미지급 시 사용자인 K마트(주)가 책임을 져야 합니다.

60 임금채무의 면책적 인수

K시(市)는 1년 단위로 민간업체에 하수처리사업을 위탁해왔습니다. 최근에 수탁업체 L회사와의 계약이 종료되어 M회사와 새로이 위탁계약을 체결하였습니다. 그런데 아래와 같이 새로운 위탁계약 체결이 늦어진 관계로 사용자성에 대하여 논란이 있는 상황입니다.

K시와 M회사 간에 2024년 1월 6일 위탁계약을 체결하면서 적용기간을 2024년 1월 1일부터 12월 31까지로 하였습니다. M회사는 L회사 소속으로 근무한 근로자 대부분을 고용하면서 1월 15일에 근로계약서를 작성했는데 그 계약의 효력을 1월 1일로 소급하는 것으로 약정하였습니다.

K시와 M회사 간의 위탁계약 체결이 지연되는 동안에도 하수처리 업무를 중단할 수 없었기 때문에 1월 1일부터 1월 6일까지는 K시의 관리하에 근로가 행해졌고, 1월 7일 이후에는 M회사 관리하에 근로가 행해졌습니다.

근로자들이 1월 1일부터 1월 15까지의 근로에 대한 임금 지급 요구 진정을 제기하였습니다. 이 경우 임금 지급 책임이 누구에게 있나요?

답 변

2024년 1월 7일 이후에는 M회사 관리하에 근로가 행해졌으므로 M회사가 임금 지급 책임을 부담한다고 보아도 무리가 없습니다.

2024년 1월 1일부터 1월 6일까지는 K시가 종전 근로조건으로 근로자를 사용하여 하수처리사업을 하였다고 볼 수 있습니다. 따라서 이 기간 근로로 발생한 임금에 대하여 지급 책임을 져야 합니다.

그런데 2024년 1월 6일 K시와 M회사 간에 체결한 위탁계약의 효력을 2024년 1월 1일로 소급하기로 하였습니다. 이것은 2024년 1월 1일부터 M회사가 사업주로서의 권리・의무 주체가 되겠다고 약정한 것을 의미합니다. 임금채무는 사업주의 주요의무 중 하나이므로 M회사가 2024년 1월 1일부터 2024년 1월 6일까지의 임금채무도 책임지겠다는 약정을 하였다고 볼 수 있습니다. 즉, 이 위탁계약에서 2024년 1월 1일부터 2024년 1월 6일까지의 임금채무에 대하여 명시적으로 정한 바 없다고 하더라도 묵시적으로 M회사가 책임을 진다는 약정을 하였다고 볼 수 있습니다. 이 약정(계약)으로 인해 임금채무는 K시로부터 M회사로 인수되고, K시는 채무를 면하게 되는 것입니다. 이를 「면책적 채무인수」라고 합니다. 면책적 채무인수계약에 의해 당사자(K시와 M회사) 간에는 채무자(사용자)가 변경되지만, 면책적 채무인수가 채권자(근로자)에 대해서도 유효하려면 채권자의 승낙이 있어야 합니다(민법 제454조 제1항). 즉, 채권자가 승낙하지 않으면 당초(인수 전) 채무자가 지급을 책임져야 하는 것입니다.

사례의 경우 임금채권자인 근로자가 임금채무 인수계약에 대하여 승낙하였는지 여부를 검토해보아야 합니다. 2024년 1월 15일 M회사와 체결한 근로계약 내용에 의하면 묵시적으로 채무인수를 승낙하였다고 볼 수 있습니다. 동 근로계약은 2024년 1월 1일부터 소급하여 유효하므로 이때부터 사업주(M회사)가 임금 지급 책임을 부담한다는 것을 근로자가 인식하고 있기 때문입니다.

따라서 2024년 1월 1일부터 근로한 임금에 대한 지급 책임은 M회사가 부담한다고 보아야 합니다.

61 법인격 없는 단체 대표자의 임금체불에 대한 민사상 책임

비영리 단체인 K협회 소속으로 근무한 근로자들이 K협회의 대표 A를 상대로 임금체불 관련 진정을 제기했습니다. 동 단체는 회원이 20명이지만 법인은 아닙니다. 동 단체의 재산은 거의 없는 상태입니다. 근로자들이 A를 상대로 임금 지급 요구 민사소송을 제기하려고 합니다. A는 자신은 민사상 책임이 없다고 주장하고 있습니다.

어느 쪽 주장이 타당합니까?

답 변

K협회는 법인격 없는 사단으로 볼 수 있습니다. K협회와 A의 관계는 위임관계로 볼 수 있습니다. 즉, A는 K협회로부터 업무를 위임받아 처리하는 관계입니다. A는 사용자의 일종인 사업경영 담당자로서 업무를 수행하는데 임금 지급 업무도 A의 업무에 포함됩니다. 따라서 임금 미지급 사건이 발생한 경우 사용자로서 근로기준법상 책임을 지는 것입니다.

그런데 사업의 주체는 K협회이며 근로자는 K협회를 위해 근로한 것이고 사용자 개인(A)을 위해서 근로한 것으로 볼 수 없습니다. 따라서 임금채무자는 K협회입니다. K협회는 법인격 없는 사단이므로 엄밀하게 말하면 임금채무는 K

협회의 구성원인 사원이 준총유로 부담합니다(민법 제278조). 임금채무를 사원이 준총유로 부담한다는 것은 사원이 출자하여 이루어진 단체의 재산이 임금채무 지급의 재원이 된다는 의미입니다. 따라서 A의 개인 재산은 임금채무 지급의 재원이 될 수 없습니다.

한편 민사소송법 제52조는 「법인이 아닌 사단이나 재단은 대표자 또는 관리인이 있으면 그 사단이나 재단의 이름으로 당사자가 될 수 있다」고 규정하고 있으므로 절차적으로도 K협회를 피고로 하여 소송을 제기하는 데 지장이 없습니다.

따라서 이를 종합하면 A의 주장이 타당합니다.

62 구속된 사업장 총괄 관리자의 사용자 책임

회사의 실질적인 총괄 관리자 A가 4월 30일 구속되었고 회사는 5월 20일 폐업하였습니다. A가 구속된 이후 명의상 대표 B가 회사의 채무관계, 폐업신고 등 업무처리를 하였습니다. 5월 1일 근로자들이 전부 퇴직하였고, 임금체불 관련 진정을 제기하였습니다.

이 경우 임금 미지급 범죄성립일은 5월 15일로 보이는데 당시 A는 구속되어 있었기 때문에 B가 해당 범죄에 대하여 책임을 부담해야 하나요?

답 변

사례는 임금 미지급으로 인한 근로기준법 위반 책임(형사책임) 귀속에 관한 문제입니다. 동 책임은 사업장을 실질적으로 총괄 관리하는 자가 부담합니다. 총괄 관리자 지위에서는 사업장 업무에 대하여 포괄적으로 처리할 권한이 있고 그에 따른 책임도 포괄적이라고 보아야 합니다.

총괄 관리자가 사업장 업무를 포괄적으로 처리할 권한이 있다는 것은 사업장 내 전체 업무에 관해 처리할 권한이 있다는 것을 의미합니다. 다만, 총괄 관리자가 전체 업무를 직접 처리해야 한다는 것을 의미하지는 않으며 업무별로 담당자를 지정하여 조직적으로 처리할 수 있습니다. 임금 지급 업무도 담당자를 지정하여 처리하도록 할 수 있습니다.

총괄 관리자의 책임이 포괄적이라는 것은 자신의 권한에 속하는 업무와 관련하여 발생한 문제에 대해서는 자신이 최종적으로 책임을 부담한다는 의미입니다. 일부 업무를 담당자에게 위임했다 하더라도 수임자선에서 책임이 끝나는 것이 아니고 총괄 책임자가 최종 책임을 부담한다는 의미입니다.

총괄 관리자의 이러한 권한과 책임은 그 지위에서 비롯됩니다. 그 지위에 따라 이러한 권한과 책임은 관념적으로 발생합니다. 관념적이므로 항상 물리적인 현상과 직접적인 관련이 있는 것은 아닙니다. 따라서 총괄 관리자가 사업장에 실재(實在)하는지 여부와 직접적인 관련이 없습니다. 총괄 관리자가 사업장에 부재(不在)한다고 하여 이러한 권한과 책임이 상실된다고 말할 수 없습니다. 이러한 권한과 책임은 지위 자체를 타인에게 양도하는 등 별도의 조치가 있지 않는 한 상실되지 않습니다. 사례에서 A가 총괄 관리자의 지위를 B 등 타인에게 양도했다는 증거는 없습니다.

또한 이러한 권한과 책임은 포괄적이므로 총괄 관리자가 업무의 일부를 직원에게 담당하도록 위임했다고 하더라도 이러한 권한과 책임은 여전히 총괄 관리자에게 귀속합니다. 사례에서 B가 A로부터 일부 업무의 처리를 수임한 것으로 보이나 총괄 관리자 지위 자체를 양수하지는 않은 것으로 보입니다.

이상을 종합하면 사례에서 A는 구속 중에도 총괄 관리자의 지위를 유지하고 있으므로 당해 사업장의 업무에 관한 포괄적인 처리 권한과 책임을 유지하고 있다고 보아야 합니다. 따라서 임금 미지급에 대하여 책임을 부담한다고 보아야 합니다.

행정해석 **대법원 97도813, 1997.11.11.**

사업경영 담당자란 원칙적으로 사업경영 일반에 관하여 권한을 가지고 책임을 부담하는 자로서 관계 법규에 의하여 제도적으로 근로기준법의 각 조항을 이행할 권한과 책임이 부여되었다면 이에 해당한다고 할 것이고, 반드시 현실적으로 그러한 권한을 행사하여야만 하는 것은 아니다.

63 대표이사 직무집행정지 · 해임 시 사용자

주식회사 대표이사 직무집행정지 및 대행자선임가처분 소송, 대표이사 확인청구 소송 등이 진행 중일 경우 임금체불사건에 대한 사용자를 누구로 보아야 하나요?

또한 대표이사가 해임된 경우에 사용자가 누구인지 궁금합니다.

답 변

주식회사에서 근로기준법상 임금 지급 책임은 대표이사가 집니다. 대표이사가 재직기간 중 소정지급일에 임금을 지급하지 않으면 근로기준법 위반 범죄가 성립합니다. 그런데 대표이사의 직무집행을 정지하는 가처분 결정이 있을 경우, 직무집행 정지기간 중 대표이사는 직무집행을 할 수 없으므로, 직무집행 정지기간 중 소정지급일이 도래하더라도 대표이사는 임금 지급 책임이 없습니다. 대표이사 직무집행 정지기간 중에는 직무대행자가 임금 지급 책임을 집니다.

한편 대표이사가 해임된 경우, 해임되기 전 재직기간 중 임금 소정지급일에 임금을 지급하지 않아 근로기준법 위반 범죄가 성립한 때에는 해임 이후에도 근로기준법 위반 책임을 물을 수 있습니다.

64 개인기업 사업주 사망 시 상속인 상대 진정 제기 가능 여부

개인기업에서 퇴직한 A는 임금을 받지 못한 상태입니다. 그런데 사업주 B가 사망하였습니다.

이 경우 A는 B의 상속인들을 상대로 임금 지급 요구 진정을 제기할 수 있나요?

답 변

임금체불 시 근로기준법상 책임과 민사책임이 발생합니다. 근로기준법상 책임은 사용자로서 부담하는 것이고, 민사책임은 채무자로서 부담하는 것입니다.

개인이 경영하는 사업체에서는 사업주가 근로기준법상 책임과 민사책임을 집니다. 사업주가 사망한 경우 민사책임은 상속인에게 승계되므로 상속인을 상대로 민사소송을 제기할 수 있지만, 근로기준법상 책임은 승계되지 않으므로 상속인을 상대로 지방고용노동관서에 진정을 제기할 수 없습니다. 근로기준법상 책임이 상속인에게 승계되지 않는 이유는 이 책임을 질 경우 형사책임이 따르게 되는데 형사책임은 일신 전속적이고 승계될 수 없기 때문입니다.

보충설명

(1) 사업체가 회사 형태인 경우

회사 대표가 사업경영 담당자로서 근로기준법상 책임을 지지만 민사책임을 지지는 않습니다. 회사 형태에서는 법인인 회사가 민사책임을 지는 것이 원칙이고, 합명회사나 합자회사의 경우 사원(출자자를 말함. 직원의 의미가 아님. 합명회사의 사원, 합자회사의 무한책임사원)도 민사책임을 지는 경우는 있으나 경영 담당자라는 이유만으로는 민사책임을 지지는 않습니다. 따라서 회사 대표가 사망한 경우 상속인을 상대로 진정을 제기할 수 없는 것은 물론이고, 그 대표가 합명회사나 합자회사의 사원인 경우처럼 예외적으로 민사책임을 지는 경우가 아니면 상속인을 상대로 민사소송도 제기할 수 없습니다. 이 경우 회사 또는 회사와 사원(합자회사나 합명회사의 경우)을 상대로 민사소송을 제기할 수 있습니다.

(2) 근로기준법상 책임과 민사책임의 차이점

예를 들어 사업체가 주식회사인 경우 임금체불이 발생했을 때 회사 대표는 사업경영 담당자로서 사용자이므로 근로기준법상 책임을 지는데 이 책임은 대표가 법인의 자금으로써 임금을 집행할 의무를 다 하지 않은 책임을 지는 것을 말합니다. 대표 개인의 재산으로 임금을 지급할 의무는 없습니다. 따라서 대표의 재산에 대하여 강제집행을 할 수 없습니다. 이 회사에서 임금체불 시 회사가 민사책임을 지는데 이 책임은 회사 재산이 임금의 재원이 된다는 의미입니다. 따라서 궁극적으로는 회사 재산에 대하여 강제집행을 할 수 있습니다.

65 월급 일할 계산

근로자 A는 상시근로자수 5명 이상인 회사에서 아래와 같은 조건으로 근무하고 있습니다(2024년).

「- 월급 400만원

- 1일 근로시간 11시간(09:00~22:00, 휴게시간 2시간)

- 주 6일 근무, 매주 일요일 휴무」

이 경우 A가 특정월에 아래와 같이 근무한 경우 월급을 일할 계산하면 얼마인가요?

「2주간 근로(근로일 13일, 휴일근로 1일 포함)」

••답 변••

(1) 임금=시간급 통상임금×근로시간수

(2) 시간급 통상임금=월급÷월 통상임금 산정기준시간수

(3) 월 통상임금 산정기준시간수=(11×6+26×0.5+8)÷7×365÷12=378

해설 월 통상임금 산정기준시간수를 구하기 위해서는 1일 평균 유급시간수를 구하고, 이를 365에 곱하여 1년분의 시간수를 구한 후 12로 나누어야 함. 따라서 「월 통상임금 산정기준시간수=1일 평균 유급시간수×365÷12」임. 1일 평균 유급시간수에는 소정근로시간과 유급으로 처리되는 시간이 포함됨

11은 1일 실근로시간수, 11×6은 1주 실근로시간수, 26×0.5는 연장근로가산시간수, 26(=11×6−40)은 1주 기준 연장근로시간수로서 1일 기준 연장근로시간수인 18시간(=3×6)보다 많음. 8은 주휴시간수

(4) 시간급 통상임금=4,000,000÷378=10,582

(5) 근로시간수

① 실근로시간수=13일×11시간=143

② 연장근로가산시간수=(11×6−40)×2×0.5=26

해설 11×6−40은 1주 기준 연장근로시간수, (11×6−40)×2는 2주간

연장근로시간수

③ 휴일근로가산시간수=8×0.5+3×1=7

해설 8시간 이내는 통상임금 50% 가산, 8시간 초과 시 통상임금 100% 가산

④ 주휴시간수=8×2=16

⑤ 합계=143+26+7+16=192

(6) 임금=10,582×192=2,031,744(원)

66 시간당 임금에 주휴수당을 포함하여 임금을 책정할 경우

K회사에서 근로자 A와 근로계약을 체결했는데 시간당 18,000원에 주휴수당을 포함하여 임금을 책정했다고 합니다. 이 경우 시간급 통상임금과 주휴수당을 어떻게 구분해야 하는지 궁금합니다. 1주 소정근로시간은 40시간입니다.

답 변

사례의 경우 다음과 같은 공식이 성립합니다.

시간당 임금=시간급 통상임금(a)+주휴수당 분할금(b)

이 경우 시간당 임금을 지급하면 별도로 주휴수당을 지급할 필요가 없습니다.

1주간 시간당 임금 40단위가 지급되므로 주휴수당 분할금 역시 40단위가 지급됩니다. 따라서 「주휴수당=40b」이고, 「주휴수당=일급 통상임금=8a」이므로 다음과 같은 식이 성립합니다.

40b=8a

a=5b

시간당 임금이 18,000원이므로 다음과 같이 계산할 수 있습니다.

18,000=a+b=5b+b=6b

b=3,000

a=5b=5×3,000=15,000

또는 a+b=18,000이므로 a=18,000−b=18,000−3,000=15,000

따라서 시간급 통상임금은 15,000원, 주휴수당 분할금은 3,000원입니다. 참고로 주휴수당은 120,000원(=3,000×40)입니다.

[주의할 점]

위와 같은 임금책정 방식에서는 결근으로 주휴수당이 발생하지 않을 경우 시간당 임금에서 주휴수당을 공제하고 지급할 수 있습니다. 이로 인해 분쟁이 발생할 수 있습니다(근로자 입장에서는 부당하게 임금을 공제한 것으로 오해할 수 있음). 또한 일반인들은 위와 같은 산정방식을 제대로 이해하기 어렵습니다. 따라서 위와 같은 임금책정 방식을 가급적 채택하지 않는 것이 바람직합니다.

보충설명

간편하게 시간급 통상임금과 주휴수당 분할금을 구하는 방법

40b=8a

b=(8/40)×a=0.2a

18,000=a+b=a+0.2a=1.2a

a=18,000÷1.2=15,000

b=시간당 임금−a=18,000−15,000=3,000

따라서 아래 공식이 성립합니다. 이 공식을 적용하여 간편하게 시간급 통상임금과 주휴수당 분할금을 구할 수 있습니다.

「시간급 통상임금=시간당 임금÷1.2

주휴수당 분할금=시간당 임금−시간급 통상임금」

위의 공식은 주 40시간제가 아닌 경우에도 성립합니다.

예를 들어 주 2일간 1일 8시간 근무하고 주휴수당을 포함하여 시간당 임금 18,000원을 지급하기로 약정한 경우에 다음과 같이 시간급 통상임금과 주휴수당 분할금을 구할 수 있습니다.

시간급 통상임금=18,000÷1.2=15,000

주휴수당 분할금=18,000−15,000=3,000

주휴수당=15,000×3.2=48,000

해설 3.2는 1일 평균 유급시간수로서 (16/40)×8임

67 지급기일 연장 합의의 효력

K회사는 자체적으로 정한 양식으로 사직서를 제출하도록 요구하고 있으며, 해당 양식이 아닌 임의 양식으로 사직서를 제출하면 수리를 거부하는 관행이 있습니다.

해당 사직서 양식에는 「본인은 퇴사월에 정산할 임금에 대하여 회사의 임금지급 기준일인 익월 15일에 지급 받는 것에 동의합니다」라는 문구가 있습니다.

근로자 A가 8월 20일에 퇴직하면서 해당 양식의 사직서를 제출했고 K회사는 9월 15일에 임금을 지급하겠다고 합니다.

이 경우 근로자 A가 근로기준법 위반을 이유로 신고한다면 어떻게 처리해야 하나요?

••답 변••

근로기준법 제36조는 「사용자는 근로자가 사망 또는 퇴직한 경우에는 그 지급 사유가 발생한 때부터 14일 이내에 임금, 보상금, 그 밖의 모든 금품을 지급하여야 한다. 다만, 특별한 사정이 있을 경우에는 당사자 사이의 합의에 의하여 기일을 연장할 수 있다」라고 규정하고 있습니다.

본 사례는 지급기일 연장에 관한 합의의 효력에 관한 문제라고 볼 수 있습니다. 형식적으로는 사직서에 지급기일 연장에 동의한다는 문구가 있으므로 근로기준법 제36조 단서에 의해 9월 15일에 지급하더라도 불법이 아닌 것처럼 보일 수 있습니다.

그러나 동법 제36조 단서는 예외 규정이므로 엄격히 해석해야 합니다. 동 단서는 「특별한 사정이 있을 경우」라고 규정함으로써 지급기일 연장 합의를 제한하고 있습니다. 그런데 본 사례의 경우 회사가 주도하여 특별한 사정이 없더라도 일률적으로 지급기일 연장에 동의하도록 하고 있습니다. 또한 회사가 정한 양식이 아닌 임의 양식으로 사직서를 제출하면 수리를 거부하는 관행이 있다고 하므로 근로자가 자유로운 의사에 의해 동의했다고 볼 수도 없습니다.

따라서 이는 강행법규인 동법 제36조를 위반하는 것으로서 무효라고 봐야 합니다. 만약 근로자 A가 고소한다면 동법 제36조 본문에 따라 퇴직일부터 14일 이내에 임금을 지급하지 않았다면 처벌하는 것이 타당합니다.

68 조퇴한 경우 주휴수당액수

근로자 A는 1일 8시간, 1주 5일(월~금) 근무하는 사람입니다. 만약 A가 소정근로일에 조퇴한 경우에 주휴수당액수가 줄어드는지 궁금합니다.

예를 들어 금요일에 4시간 조퇴할 경우 주휴수당액수가 시급×(36/40)×8로 되는 것은 아닌지 의문입니다.

답 변

주휴수당은 주 소정근로일을 개근해야 발생하는데, 개근 여부를 판단할 때 조퇴하더라도 결근한 것으로 보지 않습니다. 따라서 조퇴한 날을 제외한 소정근로일을 개근했다면 주휴수당이 발생합니다.

주휴수당액수는 실근로시간이 아닌 소정근로시간을 기준으로 산정하므로 사례처럼 실근로시간이 줄어들어도 주휴수당액수가 줄어들지 않습니다.

본 사례에서 4시간 조퇴하였더라도 주휴수당액수는 시급×8이 되는 것입니다.

제6장

통상임금

1 통상임금의 범위(연봉제)

K회사의 취업규칙에서 임금에 관해 다음과 같이 규정하고 있습니다.

「임금형태는 연봉제로 하되 기본급, 상여금(기본급의 600%), 교통비를 합한 금액을 연봉총액으로 한다」

근로자 A에 대한 연봉계약서에서 아래와 같이 임금을 책정하였습니다.

「- 연봉총액 : 56,400,000원(매월 1/12 지급)
- 기본급(월) : 3,000,000원
- 상여금(연) : 18,000,000원(기본급의 600%)
- 교통비(연) : 2,400,000원」

이 경우에 통상임금의 범위가 어떻게 되는지 궁금합니다.

••답 변••

(1) 대법원 판결에 의하면 통상임금은 소정근로의 대가로서 정기적, 일률적으로 지급하기로 정한 임금을 말합니다(대법원 2020다247190, 2023다302838, 2024.12.19.). 이 판결은 특정 시점 기준 재직자에게만 지급하는 조건(재직 조건)과 일정 근무일수를 충족하여야만 지급하는 조건(근무일수 조건)이 부가된 임금 등의 통상임금성이 문제된 사건에서 「고정성」을 통상임금의 개념적 징표에서 제외하고 통상임금의 개념과 판단 기준을 재정립하였습니다. 고정성은 임의의 날에 소정근로를 제공하면 추가적인 조건의 충족 여부와 관계없이 당연히 지급될 것이 예정되어 임금의 지급 여부나 지급액이 사전에 확정되어 있어야 한다는 것을 의미합니다(대법원 2012다89399, 2013.12.18. 등). 종전 판례는 재직 조건 및 근무일수 조건이 부가된 임금은 고정성이 없어 통상임금에 포함되지 않는 것으로 보았습니다.

위 2024년 판결에 의하면 근로자가 소정근로를 온전하게 제공하면 그 대가로서 정기적, 일률적으로 지급하도록 정해진 임금은 그에 부가된 조건의 존부나 성취 가능성과 관계없이 통상임금에 해당합니다. 즉, 재직 조건이나 근무일수 조건이 있다는 이유로 통상임금성이 부정되지 않습니다(대법원 보도자료, 2024.12.19.

참조).

2025년 2월 6일 고용노동부는 위 대법원 판결에 부합하게 「통상임금 노사 지도 지침」을 개정하였습니다.

(2) 사례의 경우 각 징표별로 검토해보겠습니다.

(가) 소정근로의 대가성

소정근로의 대가성은 소정근로외의 시간에 대한 대가가 아닌 것 또는 소정근로시간만 근로해도 지급되는 것을 의미합니다(하갑래, 근로기준법 제32판 248페이지).

소정근로의 대가로 볼 수 없는 임금은 아래와 같습니다(고용노동부, 개정 통상임금 노사지도 지침, 9페이지).

① 근로자가 소정근로시간을 초과하여 근로를 제공하여 지급받는 임금
② 근로계약에서 제공하기로 정한 근로외의 근로를 특별히 제공함으로써 사용자로부터 추가로 지급받는 임금
③ 소정근로의 제공과 관계없이 일시적이거나 변동적으로 지급되는 금품
④ 통상임금을 기초로 산정되는 주휴수당 등과 같이 개념적으로 통상임금이 될 수 없는 법정수당

기본급과 상여금은 특별한 문제가 없습니다. 교통비의 경우 예컨대 차량 소유 여부에 의해 지급 여부가 결정된다면 임금성이 부인되어 통상임금에 해당하지 않을 수 있으나, 취업규칙에서 그런 제한이 없는 점에 비추어 교통비도 문제가 없습니다. 따라서 소정근로의 대가성을 충족한다고 볼 수 있습니다.

(나) 정기성

정기성은 일정한 간격을 두고 계속적으로 지급되어야 한다는 것을 의미합니다. 매월 지급되는 경우뿐만 아니라 격월, 분기, 반기, 매년 지급되는 경우도 정기성을 충족한 것으로 봅니다.

연봉계약에 의하면 매월 지급되는 금액은 연봉총액의 1/12이고, 연봉총액은 기본급, 상여금, 교통비 각 1년분을 합한 금액입니다. 따라서 기본

급은 물론 상여금과 교통비도 1년분의 1/12이 매월 지급된다고 볼 수 있습니다. 그러므로 정기성을 충족한다고 볼 수 있습니다.

(다) 일률성

일률성은 모든 근로자에게 지급되는 것뿐만 아니라 「일정한 조건 또는 기준에 달한 모든 근로자」에게 지급되는 것도 포함합니다. 「일정한 조건 또는 기준」은 작업 내용이나 기술, 경력 등과 같이 소정근로의 가치 평가와 관련된 조건이어야 합니다. 「일정한 조건」이란 시시때때로 변동되지 않는 고정적인 조건이어야 합니다(고용노동부, 개정 통상임금 노사지도 지침, 9페이지).

연봉의 각 구성항목의 지급 대상 근로자에 대하여 취업규칙에서 특별히 제한을 두고 있지 않으므로 전체 근로자에게 지급한다고 볼 수 있습니다. 그러므로 일률성을 충족한다고 볼 수 있습니다.

(3) 위의 사실을 종합하면 통상임금의 제 요건을 충족하므로 연봉의 구성항목 전부 통상임금에 해당한다고 볼 수 있습니다.

2 통상임금 해당 여부(야간근로수당)

K회사는 업무 특성상 소속 근로자가 전부 22:00부터 06:00까지 야간근로를 합니다. 임금형태는 월급제이고 야간근로수당 명목으로 매월 일정액이 지급됩니다.

근로자들은 야간근로수당은 명칭에 불구하고 매월 일정액을 일률적으로 지급하므로 통상임금에 속한다고 주장하고 있습니다.

근로자들의 주장이 타당합니까?

답 변

통상임금은 소정근로의 대가로서 정기적, 일률적으로 지급하기로 정한 임금을 말합니다(대법원 2020다247190, 2023다302838, 2024.12.19. 제6장 1번 사례 참조).

통상임금에 해당하려면 우선 소정근로의 대가여야 합니다. 사례의 야간근로수당은 야간근로에 대한 가산임금을 의미한다고 볼 수 있습니다. 가산임금은 소정근로의 대가가 아닙니다.

월별로 근로일수가 상이하여 매월의 야간근로시간의 합이 항상 동일하지는 않으므로 매월 야간근로가산수당액수가 일정할 수는 없지만 계산의 편의상 일정액을 지급할 수 있습니다. 이를 정액수당제라고 하며 포괄임금제의 일종입니다(제5장 6번 사례 참조). 전체 근로자가 야간근로를 하기 때문에 일률적으로 지급할 수 있습니다. 이와 같이 야간근로가산수당 명목으로 매월 일정액을 일률적으로 지급하더라도 동 수당은 소정근로의 대가가 아닙니다. 따라서 동 수당은 통상임금이 될 수 없습니다.

3 통상임금 해당 여부(직책수당)

K재단은 인건비를 전부 L시에서 지원받아 사업을 수행하고 있습니다. 임금형태는 월급제이며 기본급, 직책수당, 가족수당, 시간외근로수당으로 구성되어 있습니다.

직책수당의 통상임금 해당성에 관해 논란이 있습니다. 직책수당은 과장급 이상에게 지급됩니다. 재단측은 L시로부터 지원되는 인건비가 소진되면 직책수당이 지급되지 않을 수도 있으므로 통상임금에 해당하지 않는다고 주장합니다. 재단 보수규정에서 「제수당은 예산범위 안에서 지급한다」고 규정하고 있습니다.

L시로부터 지원되는 인건비 예산은 회계연도 개시 전에 확정되므로 연초에 직책수당액수도 확정되었습니다. 재단 사업 개시 이래 예산 관계로 직책수당이 미지급된 경우는 없었습니다.

답 변

통상임금은 소정근로의 대가로서 정기적, 일률적으로 지급하기로 정한 임금을 말합니다(대법원 2020다247190, 2023다302838, 2024.12.19. 제6장 1번 사례 참조).

사례의 경우 직책수당은 소정근로의 대가로서 정기적으로 지급된다는 점에 대해서는 논란이 없을 것으로 봅니다. 직책수당은 전 근로자에게 지급되지는 않지만 과장급 이상에게 일률적으로 지급하므로 이 점도 문제 되지 않습니다.

사용자의 주장은 직책수당이 고정성이 없으므로 통상임금에 해당하지 않는다는 취지입니다. 고정성은 임의의 날에 소정근로를 제공하면 추가적인 조건의 충족 여부와 관계없이 당연히 지급될 것이 예정되어 임금의 지급 여부나 지급액이 사전에 확정되어 있어야 한다는 것을 의미하는바(대법원 2012다89399, 2013. 12. 18. 등 참조), 직책수당 지급 여부는 연초에 확정되어 있으므로 고정성을 충족합니다. 위 2024년 판결에 의해 고정성이 통상임금의 개념적 징표에서 제외되었으므로 직책수당의 고정성 충족 여부를 더 이상 검토할 필요가 없습니다.

따라서 직책수당은 통상임금에 해당한다고 보는 것이 타당합니다.

4 통상임금 해당 여부(식대)

아래와 같이 식대를 지급할 경우 각 사례별 통상임금 해당 여부를 알려 주시기 바랍니다.

[사례1]

매월 100,000원을 출근율에 관계없이 지급하고, 15일 이상 근무자에 한하여 추가로 100,000원을 지급하는 경우

[사례2]

15일 이상 근무자에 대하여는 매월 200,000원을 지급하고, 15일 미만 근무자에 대하여는 지급하지 않는 경우

[사례3]

15일 이상 근무자에 대하여는 매월 200,000원을 지급하고, 15일 미만이면 1일 10,000원을 지급하는 경우

답 변

통상임금은 소정근로의 대가로서 정기적, 일률적으로 지급하기로 정한 임금을 말합니다(대법원 2020다247190, 2023다302838, 2024.12.19. 제6장 1번 사례 참조).

사례들은 근무일수에 따라 임금액수에 차이가 있는 것으로서 고정성과 관

련이 있습니다. 위 대법원 판결에서 고정성을 통상임금의 개념적 징표에서 제외하였습니다. 고정성은 임의의 날에 소정근로를 제공하면 추가적인 조건의 충족 여부와 관계없이 당연히 지급될 것이 예정되어 임금의 지급 여부나 지급액이 사전에 확정되어 있어야 한다는 것을 의미합니다(대법원 2012다89399, 2013. 12. 18. 등 참조).

소정근로를 온전히 제공할 경우 충족되는 근무일수(소정근로일수 이내 일수)를 정한 근무일수 조건부 임금은 정기성 및 일률성을 갖추면 통상임금이고, 소정근로일수를 초과하는 근무일수 조건부 임금은 통상임금이 아닙니다(대법원 보도자료, 2024.12.19. 참조).

위 사례들은 공통적으로 월 15일 이상 근무하면 20만원을 지급하는바, 월 15일 이상은 월 소정근로일수 범위 내에 있다고 봐야 합니다. 따라서 월 소정근로를 온전히 제공할 경우 충족되는 근무일수에 해당하고 이에 대응하는 20만원이 통상임금에 해당한다고 봐야 합니다.

5 통상임금 해당 여부(매월 고정 지급하는 시간외수당)

K회사는 임금명세서에 시간외수당 항목이 있으나 동 수당은 명칭과는 다르게 매월 고정으로 지급되며 연차휴가수당 산정 시에도 포함됩니다.

이 경우에 시간외수당이 통상임금에 해당하는지 궁금합니다.

답 변

통상임금은 소정근로의 대가로서 정기적, 일률적으로 지급하기로 정한 임금을 말합니다(대법원 2020다247190, 2023다302838, 2024.12.19. 제6장 1번 사례 참조).

임금의 명칭이 통상임금 판단 시 절대적이지는 않지만 중요한 것은 사실입니다. 명칭은 임금의 성격을 표현하기 때문입니다. 통상임금은 소정근로의 대가여야 합니다. 그런데 사례의 시간외수당은 명칭 자체로 소정근로시간을 초과하여 근로한 대가라는 의미를 내포하고 있습니다.

보통 시간외수당은 실제 근로시간에 부합하게 산정하므로 매월 일정하지 않으나 사례의 경우에는 이렇게 산정하지 않고 일정 금액을 지급함으로써 시간외수당을 지급한 것으로 간주하는 방식입니다. 이것을 정액수당제라고 하며 포괄임금제의 일종입니다(제5장 6번 사례 참조). 사례처럼 시간외수당으로 매월 일정액을 지급하는 것은 산정방식이 특이할 뿐 이로 인해 시간외수당이라는 본질 자체가 변경되는 것은 아닙니다. 따라서 이 수당은 소정근로시간을 초과하는 시간에 대한 대가로서 소정근로의 대가는 아니므로 통상임금으로 볼 수 없습니다.

한편 시간외수당이 연차휴가수당 산정 시 포함된다고 해서 통상임금이 된다고 볼 수는 없습니다. 시간외수당은 원래 연차휴가수당 산정 시 포함될 필요가 없으나 사용자가 예외적으로 연차휴가수당 산정 기준을 상향시킨 것에 불과합니다.

6 통상임금 해당 여부(웰빙수당)

K회사는 근로자들에게 아래와 같이 웰빙수당을 지급하고 있습니다.

[웰빙수당 내역]

(1) 종류 : 기본웰빙수당, 변동웰빙수당

(2) 지급 대상 및 지급액

- 기본웰빙수당 : 전직원에게 연 1회 50만원
- 변동웰빙수당 : 근속웰빙수당(1년당 10만원), 가족웰빙수당(배우자 10만원, 직계비속 3인까지 1인 5만원)

(3) 지급 예외 : 병역의무를 이행하기 위한 휴직기간, 육아휴직기간, 회사의 허가를 받은 휴직기간

(4) 정산 : 연도중 신규채용, 휴직, 복직, 퇴직 등의 사유로 인하여 웰빙수당을 부여 또는 정산할 경우에는 그 변동월을 기준으로 일할 계산함

이 경우 웰빙수당이 통상임금에 해당하는지 궁금합니다.

답 변

통상임금은 소정근로의 대가로서 정기적, 일률적으로 지급하기로 정한 임금을 말합니다(대법원 2020다247190, 2023다302838, 2024.12.19. 제6장 1번 사례 참조).

(1) 기본웰빙수당

소정근로시간을 초과한 근로에 대하여 지급한다는 증거는 없으므로 소정근로의 대가성을 충족한다고 볼 수 있습니다.

매년 1회 일정액을 지급하므로 정기성 요건을 충족합니다.

전 직원에게 지급하지만 병역의무를 위한 휴직기간 등 지급 예외가 있습니다. 지급 예외 조건으로 인해 일률성 요건 충족 여부에 대해 의문이 제기될 수 있습니다. 그러나 휴직자 등에 대한 지급제한 사유를 규정한 임금이라도 이는 해당 근로자의 개인적 특수성을 고려한 것일 뿐이므로 정상적인 근로관계를 유지하고 있는 근로자에 대하여 그 해당 임금의 일률성이 부정되지 않습니다(고용노동부, 개정 통상임금 노사지도 지침, 9페이지).

따라서 기본웰빙수당은 통상임금에 해당한다고 보는 것이 타당합니다.

(2) 변동웰빙수당

변동웰빙수당 중 근속웰빙수당은 전체 근로자에게 일정액을 지급하므로 기본웰빙수당과 차이가 없습니다.

변동웰빙수당 중 가족웰빙수당은 가족구성원 및 가족수에 따라 변동하므로 근로의 대가로 볼 수 없어서 임금 자체에 해당하지 않으므로 통상임금에 해당하지 않습니다.

7 통상임금 해당 여부(관행적으로 지급하는 상여금)

K회사의 취업규칙에서 「상여금을 매분기 말 현재 재직 중인 자에 한하여 기본급의 100%를 지급한다」고 규정하고 있습니다. 그런데 실제로는 퇴직 시까지의 근무기간에 비례하여 상여금을 지급하였습니다.

이 경우 상여금이 통상임금에 해당하는지 궁금합니다.

••답 변••

통상임금은 소정근로의 대가로서 정기적, 일률적으로 지급하기로 정한 임금을 말합니다(대법원 2020다247190, 2023다302838, 2024.12.19. 제6장 1번 사례 참조).

사례에서는 상여금 지급 기준에 관해 취업규칙에서 규정하고 있으나 실제로는 취업규칙과 다르게 지급하는 관행이 있습니다. 이와 같이 규범(취업규칙과 관행) 간 충돌 시 「유리한 조건 우선의 원칙」에 의해 근로자에게 유리한 쪽이 유효합니다. 사례의 경우 관행에 따르는 것이 근로자에게 유리하므로 관행이 유효합니다.

사례의 경우 종전 판례(대법원 2012다89399, 2013. 12. 18. 등)에 의하면 특정 시점 기준 재직자에게만 지급하는 조건(재직 조건)이 있어 고정성이 결여되어 통상임금성이 부정되었으나, 위 2024년 판결에 의해 고정성이 통상임금의 개념적 징표에서 제외되었으므로 더 이상 문제 되지 않습니다.

따라서 위 상여금은 통상임금에 해당합니다.

8 통상임금 해당 여부(직종에 따라 지급조건이 상이한 상여금)

K회사의 취업규칙에 의하면 「상여금을 짝수월의 임금 정기지급일에 지급하되, 중도 퇴사 시 사무직에 대해서는 일할 계산하여 지급하고, 생산직에 대해서는 소정지급일 당시 재직자에 한하여 지급」합니다.

이 경우 상여금을 통상임금에 해당한다고 볼 수 있나요?

••답 변••

통상임금은 소정근로의 대가로서 정기적, 일률적으로 지급하기로 정한 임금을 말합니다(대법원 2020다247190, 2023다302838, 2024.12.19. 제6장 1번 사례 참조).

해당 상여금은 소정근로의 대가로서 정기적, 일률적으로 지급하므로 통상임금에 해당합니다.

종전 판례(대법원 2012다89399, 2013. 12. 18. 등)에 의하면 고정성이 문제가 될 수 있었습니다. 즉, 사무직의 경우 일할 계산하므로 고정성을 충족하나 생산직의 경우 재직 조건으로 인해 고정성을 충족하지 못합니다. 이에 따라 생산직의 경우 해당 상여금은 통상임금에 해당하지 않는 것으로 보았습니다. 그러나 위 2024년 판결에 의해 고정성은 통상임금의 개념적 징표에서 제외되었으므로 더 이상 문제되지 않습니다.

9 통상임금 해당 여부(지급 여부가 불확정한 상여금)

K회사의 보수규칙에서 「상여금은 일반상여금과 특별상여금으로 분류하며, 일반상여금은 기본급 100%를 분기별로 지급하고, 특별상여금은 사장이 필요하다고 인정할 때 이사회 의결을 거쳐 지급할 수 있다」고 규정하고 있습니다.

이 경우 상여금이 통상임금에 해당하는지 궁금합니다.

답 변

통상임금은 소정근로의 대가로서 정기적, 일률적으로 지급하기로 정한 임금을 말합니다(대법원 2020다247190, 2023다302838, 2024.12.19. 제6장 1번 사례 참조).

사례에서 일반상여금이 통상임금에 해당된다는 점은 명백합니다.

특별상여금은 사장이 재량적으로 지급 여부를 결정할 수 있어 정기적으로 지급할 의무가 없으므로 임금으로 볼 수 없습니다. 따라서 통상임금에 해당할 수 없습니다.

10 통상임금 해당 여부(각종 수당의 일률성 충족 여부)

K회사를 상대로 진정이 제기되었습니다. 각종 수당이 통상임금에 해당하는지에 대해 논란이 있습니다.

직종에 따라 임금형태는 연봉제(관리직, 직책이 있는 생산직)와 시급제(직책이 없는 생산직)로 구분되고, 임금형태에 따라 각종 수당이 상이합니다.

시급제 근로자에게 아래와 같이 각종 수당을 지급합니다.

「- 교통비 : 매월 30,000원 지급

- 근속수당 : 입사후 2년부터 매월 7,000원부터 지급」

회사는 각종 수당이 생산직 중 시급제에게만 지급되고, 생산직 직원 중 연봉제 해당자에게는 지급되지 않으므로 일률성이 결여되어 통상임금이 아니라고 주장하고 있습니다.

이 경우에 어떻게 처리해야 하나요?

••답 변••

통상임금은 소정근로의 대가로서 정기적, 일률적으로 지급하기로 정한 임금을 말합니다(대법원 2020다247190, 2023다302838, 2024.12.19. 제6장 1번 사례 참조).

모든 근로자에게 지급되는 것뿐만 아니라 「일정한 조건 또는 기준에 달한 모든 근로자」에게 지급되는 것이면 일률성이 인정됩니다(대법원 2012다94643, 2013.12.18.).

사례의 경우 각종 수당은 지급 요건을 충족하는 모든 시간제 근로자에게 정기적으로 지급되므로 일률성과 정기성을 충족했다고 볼 수 있습니다.

따라서 각종 수당은 통상임금에 해당합니다.

11 통상임금 해당 여부(복지수당)

K회사는 사업장을 이전(서울 → 대전)하면서 서울에 잔류하며 재택근무하는 A에 대하여 원거리 근무자라는 이유로 복지수당(매월 10만원)을 신설하여 지급하고 있습니다. 이 회사에서 재택근무자는 A 한 사람뿐입니다. 회사 취업규칙에는 각종 수당이 임금항목으로 명시되어 있으나 복지수당은 명시되어 있지 않습니다.

이 경우 복지수당을 통상임금에 포함시킬 수 있나요?

••답 변••

통상임금은 소정근로의 대가로서 정기적, 일률적으로 지급하기로 정한 임금을 말합니다(대법원 2020다247190, 2023다302838, 2024.12.19. 제6장 1번 사례 참조).

사례의 복지수당은 해당 근로자의 특수한 근무환경을 고려하여 지급하는 것이므로 복리후생적 금품으로 볼 수 있습니다. 이것은 근로의 대가가 아니라고 판단됩니다.

통상임금에 해당하려면 우선 임금에 해당해야 합니다. 해당 복지수당은 이와 같이 임금 자체에 해당하지 않으므로 통상임금에 해당하지 않는다고 보는 것이 타당합니다.

12 통상임금 해당 수당 제외 가능 여부(출산전후휴가급여 산정 시)

근로자 A는 K회사(대규모 기업)에서 점장으로 근무하고 있으며, 최근에 출산전후휴가를 사용하였습니다. 회사측이 근로기준법 제74조 제4항에 의해 60일분의 출산전후휴가급여를 산정하면서 점장수당(매월 20만원)이 통상임금에 포함되지 않는다고 하면서 점장수당을 제외한 금액을 산정기준으로 하였습니다. 회사측은 출산전후휴가기간 중에는 점장으로서 근무하지 않으므로 점장수당을 제외하는 것이 타당하다고 주장합니다.

이 경우 회사측의 조치가 타당합니까?

••답 변••

통상임금은 각종 금품의 지급 기준으로서 사전에 정해진 것입니다. 통상임금은 실제 근로한 시간에 대한 지급 기준이 되기도 하지만, 실제 근로하지 않은 시간에 대한 지급 기준이 될 수도 있습니다. 이 경우에 통상임금은 실제 근로하지 않은 시간에 대한 소득보전수당을 산정하기 위한 기준일 뿐이므로 실제 근로와 관계가 없습니다.

근로기준법 제74조 제4항은 「출산전후휴가 중 최초 60일(한 번에 둘 이상 자녀를 임신한 경우에는 75일)은 유급으로 한다」고 규정하고 있습니다. 여기에서 「유급으로 한다」는 일반적으로 통상임금으로 지급한다는 의미입니다. 점장수당은 통상임금에 해당하므로 이를 포함한 통상임금을 기준으로 출산전후휴가급여를 산정해야 합니다.

13 월 통상임금 산정기준시간수(6일 단위로 휴일을 부여하는 경우)

근로자 A는 다음과 같은 조건으로 근무합니다.

「1일 소정근로시간은 8시간이고, 5일 근무 후 1일 유급휴일」

이 경우 월 통상임금 산정기준시간수는 어떻게 되는지 궁금합니다.

••답 변••

(1) 월 통상임금 산정기준시간수를 구하기 위해서는 1일 평균 유급시간수를 구하고, 이를 365에 곱하여 1년분의 시간수를 구한 후 12로 나누어야 합니다. 따라서 「월 통상임금 산정기준시간수=1일 평균 유급시간수×365÷12」입니다. 1일 평균 유급시간수에는 소정근로시간과 유급으로 처리되는 시간이 포함됩니다. 1일 평균 유급시간수는 규칙적으로 반복되는 주기를 파악하여 구해야 합니다.

(2) 사례의 경우 6일 단위로 휴일이 부여되는바, 근로기준법상으로는 주(7일) 단위로 휴일을 부여해야 합니다. 이 점을 감안하여 아래와 같이 근로형태를 주 단위로 정리할 수 있습니다. 이 경우 42일(6주) 단위로 주기가 반복됩니다.

① 제1주 : 근무, 근무, 근무, 근무, 근무, 휴일, 근무

② 제2주 : 근무, 근무, 근무, 근무, 휴일, 근무, 근무

③ 제3주 : 근무, 근무, 근무, 휴일, 근무, 근무, 근무

④ 제4주 : 근무, 근무, 휴일, 근무, 근무, 근무, 근무

⑤ 제5주 : 근무, 휴일, 근무, 근무, 근무, 근무, 근무

⑥ 제6주 : 휴일, 근무, 근무, 근무, 근무, 근무, 휴일

(3) 각 주당 유급시간수는 다음과 같습니다.

① 제1주 : 8×6+8×0.5+8=60

해설 8×6은 6일간 실근로시간수, 8×0.5는 연장근로가산시간수로서 8은 1주 기준 연장근로시간수(48-40), 8은 유급휴일시간수

② 제2주~제5주 : 제1주와 동일함

③ 제6주 : 8×5+16=56

해설 8×5는 5일간 실근로시간수, 16은 유급휴일시간수(일반적으로는 1주에 휴일이 2일 이상인 경우 1일만 주휴일로 인정하나, 사례의 경우 휴일을 전부 유급으로 약정하였음)

(4) 월 통상임금 산정기준시간수는 아래와 같습니다.

(60×5+56)÷42×365÷12=258

14 월 통상임금 산정기준시간수(격주 토요일 근무하는 경우)

근로자 A는 아래와 같은 조건으로 근무합니다.

「- 월~금 09:00~16:00(휴게 1시간 포함)

- 격주 토요일 09:00~12:30」

이 경우 월 통상임금 산정기준시간수를 구하는 방법을 알려 주시기 바랍니다.

답 변

월 통상임금 산정기준시간수를 구하기 위해서는 1일 평균 유급시간수를 구하고, 이를 365에 곱하여 1년분의 시간수를 구한 후 12로 나누어야 합니다. 따라서 「월 통상임금 산정기준시간수=1일 평균 유급시간수×365÷12」입니다. 1일 평균 유급시간수에는 소정근로시간과 유급으로 처리되는 시간이 포함됩니다. 1일 평균 유급시간수는 규칙적으로 반복되는 주기를 파악하여 구해야 합니다.

사례의 경우 토요일에 격주로 근무하므로 주기는 2주(14일)입니다.

월 통상임금 산정기준시간수={(6×5+6)+(6×5+3.5+6)}÷14×365÷12=164

해설 (6×5+6)은 토요일 근무하지 않는 주의 경우로서 6×5는 1주 근로시간수, 6은 주휴시간수, (6×5+3.5+6)은 토요일 근무하는 주의 경우로서 3.5는 토요일 근로시간수, ÷14는 2주 단위로 반복되므로 14로 나눠 1일 평균 유급시간수를 구하는 것임

15 월 통상임금 산정기준시간수(주기가 4주인 경우)

근로자 A는 다음과 같은 조건으로 근무합니다.

「- 평일 08:30~18:00, 토요일 앞 2주 08:30~16:00, 뒤 2주 08:30~18:00

- 휴게시간 : 12:30~13:00, 16:00~16:30」

이 경우 월 통상임금 산정기준시간수를 어떻게 구하는지 알려 주십시오.

••답 변••

(1) 월 통상임금 산정기준시간수를 구하기 위해서는 1일 평균 유급시간수를 구하고, 이를 365에 곱하여 1년분의 시간수를 구한 후 12로 나누어야 합니다. 따라서 「월 통상임금 산정기준시간수=1일 평균 유급시간수×365÷12」입니다. 1일 평균 유급시간수에는 소정근로시간과 유급으로 처리되는 시간이 포함됩니다. 1일 평균 유급시간수는 규칙적으로 반복되는 주기를 파악하여 구해야 합니다.

(2) 사례의 경우 토요일의 근로시간이 짧은 2주, 긴 2주가 반복되므로 주기는 4주(28일)입니다.

(3) 근로실태는 아래와 같습니다.

(가) 평일(월~금)의 실근로시간수는 8.5시간(체재시간 9.5시간에서 휴게시간 1시간 공제)

(나) 토요일의 실근로시간수

① 체재시간이 7.5시간인 경우(08:30~16:00) 실근로시간수는 7시간(휴게시간 0.5시간 공제)

② 체재시간이 9.5시간인 경우(08:30~18:00) 실근로시간수는 8.5시간(휴게시간 1시간 공제)

(4) 1주의 유급시간수는 아래와 같습니다.

(가) 토요일 근로가 전항 (나) ①에 해당하는 경우

1주의 유급시간수는 실근로시간수, 연장근로가산시간수, 주휴시간수를 합한 시간임

① 실근로시간수=8.5×5+7=49.5

② 연장근로가산시간수=9.5×0.5=4.75

해설 1일 기준 연장근로가산시간과 1주 기준 연장근로가산시간 중 유리한 쪽을 적용해야 되는데, 연장근로시간이 전자는 2.5시간(=0.5×5)이고 후자는 9.5시간(=49.5-40)이므로 후자를 가산하여 적용

③ 주휴시간수=8

④ 1주 유급시간수=①+②+③=49.5+4.75+8=62.25

(나) 토요일 근로가 전항 (나) ②에 해당하는 경우

1주의 유급시간수는 실근로시간수, 연장근로가산시간수, 주휴시간수를 합한 시간임

① 실근로시간수=8.5×6=51

② 연장근로가산시간수=11×0.5=5.5

해설 연장근로시간수는 1주 기준 11시간(=51-40)

③ 주휴시간수=8

④ 1주 유급시간수=①+②+③=51+5.5+8=64.5

(5) 월 통상임금 산정기준시간수는 아래와 같습니다.

월 통상임금 산정기준시간수=1일 평균 유급시간수×365÷12

① 1일 평균 유급시간수=(62.25+64.5)×2÷28

해설 근로시간이 상이한 토요일의 근로형태가 4주 단위로 반복되므로 4주의 유급시간수의 합을 28로 나눔

② 월 통상임금 산정기준시간수=(62.25+64.5)×2÷28×365÷12=275

16 월 통상임금 산정기준시간수 (주 3회 8시간, 주1회 16시간 근로하는 경우)

K회사 소속 근로자 A는 아래와 같은 조건으로 근무하고 있습니다.

「- 주 3회 18:00~익일 08:00 근무, 휴게시간 24:00~익일 06:00

- 주 1회 18:00~18:00 근무, 휴게시간 11:30~13:30, 24:00~익일 06:00
- 1주 동안 소정근로일을 개근하면 주 1일의 유급휴일을 부여
- 유급휴일 외의 1일은 무급휴무일로 함」

이 경우 월 통상임금 산정기준시간수를 어떻게 구해야 하나요?

답 변

(1) 월 통상임금 산정기준시간수를 구하기 위해서는 1일 평균 유급시간수를 구하고, 이를 365에 곱하여 1년분의 시간수를 구한 후 12로 나누어야 합니다. 따라서 「월 통상임금 산정기준시간수=1일 평균 유급시간수×365÷12」입니다. 1일 평균 유급시간수에는 소정근로시간과 유급으로 처리되는 시간이 포함됩니다. 1일 평균 유급시간수는 규칙적으로 반복되는 주기를 파악하여 구해야 합니다.

(2) 1주 동안에 소정근로일을 개근하면 주 1일의 유급휴일을 부여하면서 이것과 별도로 무급휴무일을 부여한다고 합니다. 이것은 1주에 5일 근로하고 2일은 휴무하되 2일 중 1일은 유급휴일(주휴일)이고 1일은 무급휴무일이라는 의미입니다. 따라서 다음과 같이 1주간의 근무가 반복되는 방식일 것으로 추정합니다.

월18:00~화08:00, 화18:00~수08:00, 수18:00~목08:00, 목18:00~금18:00, 토 무급휴무, 일 유급휴일

① 18:00~08:00 근무형태의 경우(1주간 3회) 실근로시간수는 8시간, 야간근로시간수는 2시간입니다. 이를 유급시간수로 환산하면 9시간(=실근로시간수+야간근로가산시간수=8+2×0.5)입니다.

② 18:00~18:00 근무형태의 경우(1주간 1회) 실근로시간수는 16시간, 연

장근로시간수는 8시간, 야간근로시간수는 2시간입니다. 이를 유급시간수로 환산하면 21시간(=실근로시간수+연장근로가산시간수+야간근로가산시간수=16+8×0.5+2×0.5)입니다.

(3) 1주간의 유급시간수는 56시간(=9시간×3회+21시간×1회+주휴 8시간)

(4) 1일 평균 유급시간수는 8시간(=56÷7)

(5) 월 통상임금 산정기준시간수

=1일 평균 유급시간수×365÷12=8×365÷12=243

17 월 통상임금 산정기준시간수(4조 3교대)

아래와 같이 4조 3교대로 근무할 경우 월 통상임금 산정기준시간수 구하는 방법을 알려 주시기 바랍니다.

「- 근로형태 : A시간대 3일, B시간대 3일, C시간대 3일 근무, 휴무 3일

- 근무시간 : A 08:00~15:00, B 15:00~23:00, C 23:00~08:00
- 휴게시간 : 1시간(A 12:00~13:00, B 18:00~19:00, C 03:00~04:00)
- 임금 : 월급제로 일정액」

••답 변••

(1) 월 통상임금 산정기준시간수를 구하기 위해서는 1일 평균 유급시간수를 구하고, 이를 365에 곱하여 1년분의 시간수를 구한 후 12로 나누어야 합니다. 따라서 「월 통상임금 산정기준시간수=1일 평균 유급시간수×365÷12」입니다. 1일 평균 유급시간수에는 소정근로시간과 유급으로 처리되는 시간이 포함됩니다. 1일 평균 유급시간수는 규칙적으로 반복되는 주기를 파악하여 구해야 합니다.

(2) 사례의 경우 12주 단위로 근무주기가 반복됩니다(휴무일 : ×).

① 제1주 : A, A, A, B, B, B, C

② 제2주 : C, C, ×, ×, ×, A, A

③ 제3주 : A, B, B, B, C, C, C

④ 제4주 : ×, ×, ×, A, A, A, B

⑤ 제5주 : B, B, C, C, C, ×, ×

⑥ 제6주 : ×, A, A, A, B, B, B

⑦ 제7주 : C, C, C, ×, ×, ×, A

⑧ 제8주 : A, A, B, B, B, C, C

⑨ 제9주 : C, ×, ×, ×, A, A, A

⑩ 제10주 : B, B, B, C, C, C, ×

⑪ 제11주 : ×, ×, A, A, A, B, B

⑫ 제12주 : B, C, C, C, ×, ×, ×

(3) 각 시간대의 실근로시간수 및 야간근로가산시간수는 다음과 같습니다.

① A : 실근로시간수 6시간

② B : 실근로시간수 7시간, 야간근로가산시간수 0.5시간(=1×0.5)

③ C : 실근로시간수 8시간, 야간근로가산시간수 3시간(=6×0.5)

(4) 각 주의 유급시간수는 다음과 같습니다.

휴무일 중 1일을 주휴일로 간주하되, 1주 전체를 근무하는 경우 제7일을 주휴일로 간주합니다.

(가) 제1주

1) 평일 유급시간수

① 실근로 6×3+7×3=39, ② 야간근로가산 0.5×3=1.5, ③ 소계 40.5

2) 휴일 유급시간수

① 실근로 8, ② 휴일근로가산 8×0.5=4, ③ 야간근로가산 3, ④ 주휴 (39/40)×5=7.8, ⑤ 소계 22.8

3) 합계 63.3

(나) 제2주

1) 평일 유급시간수

① 실근로 8×2+6×2=28, ② 야간근로가산 3×2=6, ③ 소계 34

2) 휴일 유급시간수

① 실근로 0, ② 주휴 (28/40)×8=5.6, ③ 소계 5.6

3) 합계 39.6

(다) 제3주

1) 평일 유급시간수

① 실근로 6+7×3+8×2=43, ② 연장근로가산 3×0.5=1.5, ③ 야간근로가산 0.5×3+3×2=7.5, ④ 소계 52

2) 휴일 유급시간수

① 실근로 8, ② 휴일근로가산 8×0.5=4, ③ 야간근로가산 3, ④ 주휴 8, ⑤ 소계 23

3) 합계 75

(라) 제4주

1) 평일 유급시간수

① 실근로 6×3+7=25, ② 야간근로가산 0.5, ③ 소계 25.5

2) 휴일 유급시간수

① 실근로 0, ② 주휴 (25/40)×8=5, ③ 소계 5

3) 합계 30.5

(마) 제5주

1) 평일 유급시간수

① 실근로 7×2+8×3=38, ② 야간근로가산 0.5×2+3×3=10, ③ 소계 48

2) 휴일 유급시간수

① 실근로 0, ② 주휴 (38/40)×8=7.6, ③ 소계 7.6

3) 합계 55.6

(바) 제6주

1) 평일 유급시간수

① 실근로 6×3+7×3=39, ② 야간근로가산 0.5×3=1.5, ③ 소계 40.5

2) 휴일 유급시간수

① 실근로 0, ② 주휴 (39/40)×8=7.8, ③ 소계 7.8

3) 합계 48.3

(사) 제7주

1) 평일 유급시간수

① 실근로 8×3+6=30, ② 야간근로가산 3×3=9, ③ 소계 39

2) 휴일 유급시간수

① 실근로 0, ② 주휴 (30/40)×8=6, ③ 소계 6

3) 합계 45

(아) 제8주

1) 평일 유급시간수

① 실근로 6×2+7×3+8=41, ② 연장근로가산 1×0.5=0.5, ③ 야간근로가산 0.5×3+3=4.5, ④ 소계 46

2) 휴일 유급시간수

① 실근로 8, ② 휴일근로가산 8×0.5=4, ③ 야간근로가산 3, ④ 주휴 8, ⑤ 소계 23

3) 합계 69

(자) 제9주

1) 평일 유급시간수

① 실근로 8+6×3=26, ② 야간근로가산 3, ③ 소계 29

2) 휴일 유급시간수

① 실근로 0, ② 주휴 (26/40)×8=5.2, ③ 소계 5.2

3) 합계 34.2

(차) 제10주

1) 평일 유급시간수

① 실근로 7×3+8×3=45, ② 연장근로가산 5×0.5=2.5, ③ 야간근로가산 0.5×3+3×3=10.5, ④ 소계 58

2) 휴일 유급시간수

① 실근로 0, ② 주휴 8, ③ 소계 8

3) 합계 66

(카) 제11주

1) 평일 유급시간수

① 실근로 6×3+7×2=32, ② 야간근로가산 0.5×2=1, ③ 소계 33

2) 휴일 유급시간수

① 실근로 0, ② 주휴 (32/40)×8=6.4, ③ 소계 6.4

3) 합계 39.4

(타) 제12주

1) 평일 유급시간수

① 실근로 7+8×3=31, ② 야간근로가산 0.5+3×3=9.5, ③ 소계 40.5

2) 휴일 유급시간수

① 실근로 0, ② 주휴 (31/40)×8=6.2, ③ 소계 6.2

3) 합계 46.7

(5) 12주 유급시간수 합계 612.6

(6) 월 통상임금 산정기준시간수

=1일 유급시간수×365÷12

=1주 유급시간수÷7×365÷12

=(12주 유급시간수 합계÷12)÷7×365÷12

=(612.6÷12)÷7×365÷12

=222

18 월 통상임금 산정기준시간수 (4일 단위 1시간 소정근로시간이 짧은 경우)

근로자 A의 근무조건은 아래와 같습니다.

「- 평일(월~금) 09:00~19:00(휴게 1시간), 실근로 9시간

- 토요일 09:00~17:00(휴게 1시간), 실근로 7시간
- 일요일 휴무
- 평일근무의 경우 4일에 한 번씩 1시간 일찍 퇴근」

이 경우 월 통상임금 산정기준시간수를 어떻게 구하나요?

답 변

(1) 월 통상임금 산정기준시간수를 구하기 위해서는 1일 평균 유급시간수를 구하고, 이를 365에 곱하여 1년분의 시간수를 구한 후 12로 나누어야 합니다. 따라서 「월 통상임금 산정기준시간수=1일 평균 유급시간수×365÷12」입니다. 1일 평균 유급시간수에는 소정근로시간과 유급으로 처리되는 시간이 포함됩니다. 1일 평균 유급시간수는 규칙적으로 반복되는 주기를 파악하여 구해야 합니다.

(2) 사례의 경우는 평일 4일 간격으로 1일의 근로시간이 1시간 단축되는 특징이 있습니다. 그런데 토요일 근로와 일요일 주휴는 1주 단위로 반복됩니다. 평일 근로의 특징과 토・일요일 주기를 종합하여 주기를 파악하려면 평일 20일 단위로 해야 하고 이를 주 단위로 환산하면 4주 단위로 반복된다는 것을 알 수 있습니다.

(3) 4주간 근로시간은 아래와 같습니다(괄호의 숫자는 평일 및 토요일 근로시간, 일요일 주휴시간).

① 제1주 : 월(9), 화(9), 수(9), 목(8), 금(9), 토(7), 일(8)

② 제2주 : 월(9), 화(9), 수(8), 목(9), 금(9), 토(7), 일(8)

③ 제3주 : 월(9), 화(8), 수(9), 목(9), 금(9), 토(7), 일(8)

④ 제4주 : 월(8), 화(9), 수(9), 목(9), 금(8), 토(7), 일(8)

(4) 각 주별 유급시간수는 아래와 같이 산정할 수 있습니다.

(가) 제1주~제3주 각 주의 유급시간수

① 실근로시간수=9×4+8+7=51

② 연장근로가산시간수=11×0.5=5.5

해설 1주 기준 연장근로시간 11시간(=51-40)을 선택함

③ 주휴시간수=8

④ 합계=64.5

(나) 제4주의 유급시간수

① 실근로시간수=9×3+8×2+7=50

② 연장근로가산시간수=10×0.5=5

해설 1주 기준 연장근로시간 10시간(=50-40)을 선택함

③ 주휴시간수=8

④ 합계=63

(5) 월 통상임금 산정기준시간수=(64.5×3+63)÷28×365÷12=279

19 월 통상임금 산정기준시간수(1일 근무, 2일 휴무하는 경우)

근로자 A의 근무조건은 아래와 같습니다.

「- 1일 근무, 2일 휴무

- 1일 16시간 근무, 출퇴근시간 09:00~09:00,

- 휴게시간 8시간(12:00~14:00, 18:00~19:00, 01:00~05:00, 07:00~08:00)」

이 경우 월 통상임금 산정기준시간수를 어떻게 구해야 하나요?

답 변

(1) 월 통상임금 산정기준시간수를 구하기 위해서는 1일 평균 유급시간수를 구하고, 이를 365에 곱하여 1년분의 시간수를 구한 후 12로 나누어야 합니다. 따라서 「월 통상임금 산정기준시간수=1일 평균 유급시간수×365÷12」입니

다. 1일 평균 유급시간수에는 소정근로시간과 유급으로 처리되는 시간이 포함됩니다. 1일 평균 유급시간수는 규칙적으로 반복되는 주기를 파악하여 구해야 합니다.

(2) 사례의 경우 아래와 같이 3주 단위로 주기가 반복됩니다.

① 제1주 : 근무, 휴무, 휴무, 근무, 휴무, 휴무, 근무

② 제2주 : 휴무, 휴무, 근무, 휴무, 휴무, 근무, 휴무

③ 제3주 : 휴무, 근무, 휴무, 휴무, 근무, 휴무, 휴무

(3) 휴무일 중 1일을 주휴일로 부여한 것으로 처리할 수 있습니다. 각 주당 유급시간수는 아래와 같이 산정할 수 있습니다.

① 제1주 : 22×3+8=74

해설 22는 각 일의 유급시간수로서 실근로시간수 16, 연장근로가산시간수 4(=8×0.5), 야간근로가산시간수 2(=4×0.5)로 구성됨. 8은 주휴시간수

② 제2주 : 22×2+(32/40)×8=50.4

해설 (32/40)×8은 주휴시간수로서 법정근로시간에 비례하여 산정한 결과임. 제1주의 경우에도 동일한 방식으로 주휴시간수를 산정하면 (48/40)×8=9.6이 되지만 1일 8시간 한도를 초과할 수 없으므로 8시간으로 간주함

③ 제3주 : 제2주와 동일함

(4) 월 통상임금 산정기준시간수는 아래와 같이 구할 수 있습니다.

(74+50.4+50.4)÷21×365÷12=253

20 월 통상임금 산정기준시간수 (소정근로일 중 1일의 근로시간이 여타일에 비해 짧은 경우)

근로자 A는 아래와 같이 근무합니다.

「월요일부터 목요일까지는 1일 9시간 근무, 금요일은 4.5시간 근무, 토요일은 휴무, 일요일은 주휴」

이 경우 월 통상임금 산정기준시간수 구하는 방법을 알려주시기 바랍니다.

••답 변••

(1) 월 통상임금 산정기준시간수를 구하기 위해서는 1일 평균 유급시간수를 구하고, 이를 365에 곱하여 1년분의 시간수를 구한 후 12로 나누어야 합니다. 따라서 「월 통상임금 산정기준시간수=1일 평균 유급시간수×365÷12」입니다. 1일 평균 유급시간수에는 소정근로시간과 유급으로 처리되는 시간이 포함됩니다. 1일 평균 유급시간수는 규칙적으로 반복되는 주기를 파악하여 구해야 합니다.

(2) 사례의 경우 매주 근로시간이 일정하므로 주기는 7일로 보아야 합니다.

(3) 1주의 유급시간수는 아래와 같이 구합니다.

① 실근로시간수=9×4+4.5=40.5

② 연장근로가산시간수=4×0.5=2

해설 연장근로시간 중 1일 기준 4(=1×4)와 1주 기준 0.5(=40.5−40) 중 전자를 선택하여 가산함

③ 주휴시간수=8

④ 합계=50.5

(4) 월 통상임금 산정기준시간수는 아래와 같이 구합니다.

1일 평균 유급시간수×365÷12=50.5÷7×365÷12=219

보충설명

주휴시간수 산정 방법

본 사례에서 주휴시간수를 두 가지 방법으로 산정할 수 있습니다.

(1) 주(主)로 근로하는 날의 소정근로시간을 기준으로 산정

월요일부터 목요일이 주로 근로하는 날입니다. 이 경우 1일 실근로시간은 9시간이지만 소정근로시간은 8시간입니다. 소정근로시간은 법정시간(1일 8시간) 범위에서 가능하기 때문입니다. 따라서 8시간을 주휴시간수로 볼 수 있습니다.

(2) 1주간 실근로시간을 법정시간에 비례하여 산정

1주간의 실근로시간은 40.5시간이므로 법정시간에 비례하여 산정하면 (40.5/40)×8=8.1이지만 8시간을 초과할 수 없으므로 8시간을 주휴시간수로 간주합니다.

21 월 통상임금 산정기준시간수(1일 2교대)

아래와 같은 조건으로 근무할 경우 월 통상임금 산정기준시간수를 구하는 방법을 알려 주시기 바랍니다.

「- A시간대 : 09:00~18:00(휴게시간 12:00~13:00), 실근로 8시간
- B시간대 : 18:00~09:00(휴게시간 02:00~06:00), 실근로 11시간
- 6일마다 A 2일, B 2일, 휴무 2일」

••답 변••

(1) 월 통상임금 산정기준시간수를 구하기 위해서는 1일 평균 유급시간수를 구하고, 이를 365에 곱하여 1년분의 시간수를 구한 후 12로 나누어야 합니다. 따라서 「월 통상임금 산정기준시간수=1일 평균 유급시간수×365÷12」입니다. 1일 평균 유급시간수에는 소정근로시간과 유급으로 처리되는 시간이 포함됩니다. 1일 평균 유급시간수는 규칙적으로 반복되는 주기를 파악하여 구해야 합니다.

(2) 사례의 경우 6일 단위로 근로일수가 일정하지만 1주에 1일의 유급휴일

을 부여해야 하는 점을 감안하면 아래와 같이 6주 단위로 근무형태가 반복된다고 볼 수 있습니다(휴무일 : ×).

① 제1주 : A, A, B, B, ×, ×, A

② 제2주 : A, B, B, ×, ×, A, A

③ 제3주 : B, B, ×, ×, A, A, B

④ 제4주 : B, ×, ×, A, A, B, B

⑤ 제5주 : ×, ×, A, A, B, B, ×

⑥ 제6주 : ×, A, A, B, B, ×, ×

(3) 각 시간대별 유급시간수

① A : 8시간

② B : 14.5시간(=11+3×0.5+4×0.5)

해설 3×0.5는 연장근로가산시간수, 4×0.5는 야간근로가산시간수

(4) 각 주의 휴무일 중 1일을 주휴일로 간주할 수 있습니다. 주휴시간수는 실근로시간을 법정시간에 비례하여 산정할 수 있습니다. 각 주의 주휴시간수는 다음과 같이 산정합니다.

① 제1주 : (46/40)×8=9.2, 9.2시간은 법정시간(8시간)을 초과하므로 8시간을 주휴시간수로 봄.

② 제2주~제4주 : ①과 마찬가지 원리로 8시간을 주휴시간수로 봄

③ 제5주 및 제6주 : (38/40)×8=7.6

(5) 각 주별 유급시간수(A+B+주휴)

① 제1주 : 8×3+14.5×2+8=61

② 제2주 : 8×3+14.5×2+8=61

③ 제3주 : 8×2+14.5×3+8=67.5

④ 제4주 : 8×2+14.5×3+8=67.5

⑤ 제5주 : 8×2+14.5×2+7.6=52.6

⑥ 제6주 : 8×2+14.5×2+7.6=52.6

(6) 월 통상임금 산정기준시간수

=1일 평균 유급시간수×365÷12

=(61+61+67.5+67.5+52.6+52.6)÷42×365÷12=262

22 월 통상임금 산정기준시간수(월 1회 휴일인 경우)

근로자 A의 근로조건은 아래와 같습니다.

「근무시간 19:30~05:30, 휴게시간 없음, 매월 1회 휴일」

이 경우 월 통상임금 산정기준시간수를 구하는 방법을 알려 주시기 바랍니다.

••답 변••

(1) 월 통상임금 산정기준시간수를 구하기 위해서는 1일 평균 유급시간수를 구하고, 이를 365에 곱하여 1년분의 시간수를 구한 후 12로 나누어야 합니다. 따라서 「월 통상임금 산정기준시간수=1일 평균 유급시간수×365÷12」입니다. 1일 평균 유급시간수에는 소정근로시간과 유급으로 처리되는 시간이 포함됩니다. 1일 평균 유급시간수는 규칙적으로 반복되는 주기를 파악하여 구해야 합니다.

(2) 사례의 경우 매일 근로하고 월 1회 휴일이 있다는 특징이 있습니다. 주 1회 유급휴일을 부여해야 하나 실제로 월 1회만 휴일을 부여하므로 거의 매주 1회 휴일근로를 한 것으로 간주할 수 있습니다. 1주 7일 근로일을 편의상 평일(6일)과 휴일로 구분하여 설명하고자 합니다.

(3) 월 통상임금 산정기준시간수는 다음 순서에 의해 구할 수 있습니다.

(가) 평일(6일)의 유급시간수

① 실근로시간수 : 10시간×6일=60시간

② 연장근로가산시간수 : 20시간×0.5=10시간

해설 연장근로가산시간수는 1일 기준과 1주 기준이 있는바, 근로자에게 유리한 1주 기준 연장근로가산시간수를 택함[1일 기준 연장근로시간수는 12시간(=2시간×6일), 1주 기준 연장근로시간수는 20시간(=60-40)]

③ 야간근로가산시간수 : 7.5시간×0.5×6일=22.5

④ 따라서 평일의 유급시간수=①+②+③=92.5

(나) 휴일의 유급시간수

① 실근로시간수 : 10시간

② 휴일근로가산시간수(8시간 이내) : 8시간×0.5=4시간

③ 휴일근로가산시간수(8시간 초과) : 2시간×1=2시간

④ 야간근로가산시간수 : 7.5시간×0.5=3.75시간

⑤ 유급휴일시간수(주휴시간수) : 8시간

⑥ 따라서 휴일의 유급시간수=①+②+③+④+⑤=27.75시간

(다) 1주(7일) 유급시간수=(가)+(나)=92.5+27.75=120.25

(라) 1일 평균 유급시간수=120.25÷7

(마) 월 통상임금 산정기준시간수=연 통상임금 산정기준시간수÷12

① 연 통상임금 산정기준시간수=1일 평균 유급시간수×365일-19.75시간×12일=120.25시간÷7일×365일-19.75시간×12일=6,033.179

해설 「1일 평균 유급시간수×365일」은 휴일을 고려하지 않은 1년간 유급시간수의 총계임. 1년간 12일의 휴일이 존재하므로 이에 대한 시간을 공제해야 함. 1일의 휴일에 대해서는 (나)에서 산정한 휴일시간수(주휴시간수는 미포함)와 동일한 시간을 적용해야 하므로 12일의 휴일시간수는 「19.75시간×12일」임

② 따라서 월 통상임금 산정기준시간수=6,033.179÷12=503

보충설명

다른 산정 방법

연 통상임금 산정기준시간수

=(평일유급시간수+주휴시간수)÷7×365+휴일근로시간수×(연주수-연휴일수)

=(92.5+8)÷7×365+19.75×(365/7-12)

=6,033.179

월 통상임금 산정기준시간수=6,033.179÷12=503

23 월 통상임금 산정기준시간수(1년 중 일부 기간 근로하지 않는 경우)

근로자 A는 월급제로 매월 200만원을 지급받기로 하고, 1주에 5일간 20시간 근로하기로 계약하였습니다. 그런데 사업 특성상 1년에 12주는 근로를 하지 않으며 그 기간에 대해서는 임금을 지급하지 않는 것으로 계약하였습니다.

이 경우에 시간급 통상임금을 어떻게 산정해야 하나요?

••답 변••

「시간급 통상임금=월급금액÷월 통상임금 산정기준시간수」입니다.

월 통상임금 산정기준시간수를 구하기 위해서는 1일 평균 유급시간수를 구하고, 이를 365에 곱하여 1년분의 시간수를 구한 후 12로 나누어야 합니다. 따라서 「월 통상임금 산정기준시간수=1일 평균 유급시간수×365÷12」입니다. 1일 평균 유급시간수에는 소정근로시간과 유급으로 처리되는 시간이 포함됩니다. 1일 평균 유급시간수는 규칙적으로 반복되는 주기를 파악하여 구해야 합니다.

사례의 경우 1주에 5일 근로하므로 1일 소정근로시간은 4시간으로 볼 수 있습니다. 월 통상임금 산정기준시간수에는 유급 주휴시간수도 포함해야 하는 바, 1일 소정근로시간을 주휴시간수로 보면 됩니다. 따라서 월 통상임금 산정기준시간수는 다음과 같이 구할 수 있습니다.

(20+4)÷7×365÷12=104

주의할 점은 위에서는 1년 중 일부 기간을 근로하지 않은 점을 고려하지 않고 1년 전체를 정상적으로 근로하였다고 가정하고 월 통상임금 산정기준시간수를 구했다는 것입니다. 근로하지 않은 기간과 그것에 대응하는 임금을 각각 제외하고 월 통상임금 산정기준시간수를 구할 수도 있습니다. 양자가 결과적으로 차이는 없지만 전자가 간편합니다. 간편한 방식을 선택하는 것이 합리적입니다.

따라서 시간급 통상임금=2,000,000÷104=19,231

24 월 통상임금 산정기준시간수(취업규칙에서 잘못 규정한 경우)

K회사의 취업규칙에서 「각종 수당 산정의 기준이 되는 월 소정근로시간을 225시간으로 한다」고 규정하고 있습니다. 그런데 실제로는 1일 8시간 주 5일 근로를 원칙으로 하면서 필요 시 연장근로를 하고 있습니다. 임금형태는 월급제입니다. 근로자 A가 진정을 제기하였습니다.

이 경우 각종 수당 산정의 기준이 되는 시간을 209시간으로 보는 것이 타당할 것 같습니다. 그런데 회사측의 주장에 의하면 위 취업규칙 문구는 인근 회사의 단체협약을 모방한 것이라고 합니다. 해당 단체협약에 대하여 노동위원회에서 문제가 없다고 해석한 바 있다고 합니다.

이 사건을 어떻게 처리해야 할지 모르겠습니다.

답 변

사례에서 월급의 책정 기준이 되는 시간은 1일 8시간 주 40시간이라고 보는 것이 타당합니다. 따라서 각종 수당 산정의 기준이 되는 월 통상임금 산정기준시간수는 209시간이 맞습니다. 취업규칙대로 시간급 통상임금을 산정하면 시간급 통상임금이 줄어들어 근로자에게 불리하므로 무효입니다.

인근 회사의 단체협약이 적법하다고 하더라도 근무형태가 다른 사례에 적용할 수 없습니다.

참고로 인근 회사의 경우 월 통상임금 산정기준시간수가 225시간이므로 1일 8.5시간 주 5일 근로하는 조건으로 월급을 책정했다고 볼 수 있습니다.

{(8.5+0.5×0.5)×5+8}÷7×365÷12=225

해설 8.5는 1일 실근로시간수, 0.5×0.5는 연장근로가산시간수, 8은 주휴시간수, ÷7로 1일 평균 유급시간수를 구함

25 월 통상임금 산정기준시간수(4일 근무, 2일 휴무 반복)

근로자 A는 1일 8시간씩 4일 근무, 2일 휴무를 반복하여 근무합니다. 이 경우 월 통상임금 산정기준시간수를 어떻게 구할 수 있나요?

답 변

사례의 경우 6주 단위로 근무주기가 반복됩니다.

○는 근무일, ×는 휴무일, [ ]는 1주간 유급시간수

제1주 : ○ ○ ○ ○ × × ○ [8×5+8=48]

제2주 : ○ ○ ○ × × ○ ○ [8×5+8=48]

제3주 : ○ ○ × × ○ ○ ○ [8×5+8=48]

제4주 : ○ × × ○ ○ ○ ○ [8×5+8=48]

제5주 : × × ○ ○ ○ ○ × [8×4+6.4=38.4]

제6주 : × ○ ○ ○ ○ × × [8×4+6.4=38.4]

해설 8×5 또는 8×4는 1주간 실근로시간수, 8(제1~4주) 또는 6.4(제5~6주)는 주휴시간수(주당 휴무일 중 1일에 대해 주휴일을 부여한 것으로 간주함). 6.4=(32/40)×8

월 통상임금 산정기준시간수=(48×4+38.4×2)÷42×365÷12=195

26 시간급 통상임금 산정(시급제와 월급제가 혼합된 형태)

주 40시간제를 시행하는 K회사에서 근무하는 근로자 A는 「시급 5,000원과 월 고정수당 1,500,000원」을 받고 있습니다.

이 경우 시간급 통상임금을 어떻게 산정해야 하나요?

답 변

A의 임금형태는 시급제와 월급제가 혼합된 형태라고 볼 수 있습니다. 이

경우 시간급 통상임금은 「시급」+「월 고정수당을 시급으로 환산한 금액」이라고 봐야 합니다. 따라서 아래와 같이 구할 수 있습니다.

시간급 통상임금=5,000+(1,500,000÷209)=12,177

27 시간급 통상임금 산정(일급제와 월급제가 혼합된 형태)

근로자 A는 아래와 같은 조건으로 근무합니다.

「주 40시간, 5일 근무, 1일 소정근로시간 8시간

월 고정으로 30만원, 1일 8만원을 근무일수에 곱한 금액을 지급」

이 경우에 시간급 통상임금을 어떻게 산정해야 하나요?

••답 변••

사례의 경우는 월급제와 일급제가 혼합된 형태의 임금체계로 볼 수 있습니다. 즉, 월 고정으로 30만원을 지급하는 부분은 월급제이고, 1일 8만원을 근무일수에 곱한 금액을 지급하는 부분은 일급제입니다.

이 경우에는 각각 시간급 통상임금을 구하여 합해야 합니다. 월급제 부분에서 시간급 통상임금은 1,435원(=300,000÷209)이고, 일급제 부분에서 시간급 통상임금은 10,000원(=80,000÷8)입니다. 따라서 시간급 통상임금은 11,435원입니다.

28 시간급 통상임금 산정(격일제, 감시적 근로자)

근로자 A가 K회사를 상대로 진정을 제기하였습니다. A는 감시적 근로자(아파트 경비원)이며 24시간 격일제(06:00~06:00)입니다. 휴게시간은 8시간(09:00~10:00, 12:00~13:00, 15:00~16:00, 18:00~19:00, 01:00~05:00)입니다. 임금은 월급제로 300만원입니다.

A는 1일(2024년 4월 16일 06:00부터 4월 17일 06:00까지) 근무하고 사직하였습니다. A는 격일제이므로 2일분 임금(300만원÷30×2)을 받아야 한다고 주장하고, 회사는 실제

근로를 1일 하였으므로 1일분(300만원÷30×1)만 지급하겠다고 주장합니다.

이 경우에 어느 쪽 주장이 타당한지 궁금합니다.

••답 변••

임금은 근로시간을 금액으로 환산해서 구해야 합니다. 여기에서 근로시간이라 함은 실근로시간은 물론이고 가산시간(연장·야간·휴일근로 등)과 유급시간(유급휴일, 유급휴가 등)을 포함하는 개념입니다.

사례의 경우 해당 근로자는 감시적 근로자이므로 근로기준법 제63조에 의해 근로기준법의 일부 규정이 적용되지 않으므로 연장·휴일근로가산과 유급휴일(주휴일) 부분은 적용되지 않습니다. 야간근로시간가산은 적용됩니다.

해당 근로자는 4월 16일 06:00부터 4월 17일 06:00까지 근로하였으므로 이 시간 중에서 실근로시간수와 야간근로가산시간수를 합하여 근로시간수를 확정해야 합니다. 4월 17일 06:00부터 4월 18일 06:00까지는 특별한 약정이 없으므로 유급으로 볼 수 있는 근거는 없습니다.

월급을 단순히 해당 월의 일수로 나누어 구하는 것은 정확하지 않습니다. 월급금액을 월 통상임금 산정기준시간수로 나누어 시간급 통상임금을 구한 후, 시간급 통상임금을 근로시간수에 곱해서 산정해야 합니다. 상여금, 수당 등 별도 임금 없이 매월 고정적으로 300만원을 지급한다면 이 금액이 월급금액입니다.

① 월 통상임금 산정기준시간수
=(실근로시간수+야간근로시간수×0.5)÷2×365÷12
=(16+4×0.5)÷2×365÷12=274

② 시간급 통상임금=3,000,000÷274=10,949

③ 임금=(실근로시간수+야간근로시간수×0.5)×시간급통상임금
=(16+4×0.5)×10,949=197,082

29 일급 통상임금 산정(1일 소정근로시간이 일정하지 않은 경우)

K회사 소속 근로자 A는 1일 소정근로시간이 없고 회사가 매일 정해주는 시간에 따라 근무를 하였습니다. 매일의 근로시간이 일정하지 않았습니다. 임금은 시급제였습니다.

A가 퇴직 후 퇴직금 지급 요구 진정을 제기하였는데 평균임금 산정과 관련하여 문제가 있습니다. 퇴사 직전 3개월간 근무일수가 적어 평균임금액수가 적어 일급 통상임금과 비교해야 하는데 그 산정방법을 모르겠습니다.

답 변

일반적으로 1일 소정근로시간은 매일 일정합니다. 그러나 사례의 경우에는 매일 근로시간을 정하는 특이한 경우라고 말할 수 있습니다. 따라서 사례의 경우에도 1일 소정근로시간은 있다고 보아야 합니다.

평균임금의 최저기준으로서 일급 통상임금을 구하기 위해서는 우선 1일 유급시간수를 구해야 하는바, 사례처럼 1일 소정근로시간이 일정하지 않은 경우에는 「1일 평균 유급시간수」를 구해야 합니다. 「1일 평균 유급시간수」는 평균임금 산정기간에 속하는 「유급일의 시간수의 합」을 「유급일수의 합」으로 나누어서 구해야 합니다. 여기에서 「유급일」은 「근로제공일」과 「유급처리된 비근로제공일」(예, 주휴일)을 의미합니다.

30 일급 통상임금 산정(도급근로자)

A는 K공장에서 근무하였습니다. 근무시간은 1일 8시간이고, 보수는 실적으로 지급받는 조건이었습니다. 보수에 관해 구체적으로 설명하면, 제품 1개당 1,000원으로 책정하고, 매월 초일부터 말일까지의 생산 실적에 따라 산정한 총액을 다음 달 10일에 지급받는 조건이었습니다. 해고예고수당 산정을 위해 일급 통상임금을 산정해야 합니다.

참고로 해고되기 전월인 2024년 7월의 A의 실적은 총 200시간 근무하여 2,000개의 제품을 생산하였습니다.

••답 변••

A처럼 보수를 실적으로 지급하는 경우는 근로기준법 제47조에서 규정한 도급근로자로 볼 수 있습니다. 도급근로자와 민법상 도급의 차이점은 독립성 여부에 있습니다. 민법상 도급에서 수급인은 도급인으로부터 독립하여 사업을 수행하나, 도급근로자는 사용자에게 종속노동을 제공합니다. 도급근로자는 임금 책정 방식이 특이한 근로자로 볼 수 있습니다(일반근로자는 주로 시간을 기준으로 임금을 책정함).

해고예고수당액수는 30일분 이상의 통상임금이므로(근로기준법 제26조), 우선 통상임금을 구해야 합니다. 근로기준법 시행령 제6조 제2항 제6호에서는 도급근로자의 시간급 통상임금 산정방법에 대하여 다음과 같이 규정하고 있습니다.

「도급 금액으로 정한 임금은 그 임금 산정기간에서 도급제에 따라 계산된 임금의 총액을 해당 임금 산정기간(임금 마감일이 있는 경우에는 임금 마감기간을 말한다)의 총 근로시간수로 나눈 금액」

위 규정에서 「도급제에 따라 계산된 임금의 총액」의 의미가 문제입니다. 동조 제1항은 「'통상임금'이란 근로자에게 정기적이고 일률적으로 소정(所定)근로 또는 총 근로에 대하여 지급하기로 정한 시간급 금액, 일급 금액, 주급 금액, 월급 금액 또는 도급 금액을 말한다」고 규정하고 있습니다. 이 규정에 의하면 통상임금은 실제 근로와 관계없이 미리 정해진 금액을 말합니다.

그런데 이 규정에 따르면 도급제의 경우에 다음과 같이 이해하기 어려운 문제가 발생합니다. 도급제에서는 일반적으로 제품 1개당 얼마의 금액을 지급한다는 방식으로 임금이 책정됩니다. 「제품 1개당 얼마의 금액」이 지급하기로 정한 금액입니다. 1일 소정근로시간을 8시간으로 정한 경우 그 시간 동안 제품 몇 개를 만들어야 한다고 정하는 것이 아니고, 그 시간에 능력껏 만들되 임금은 일의 양에 따라 지급하는 것입니다. 즉, 미리 지급하기로 정한 임금액수는 시간과 무관합니다. 반면에 시급제, 일급제, 월급제의 경우에는 시간에 따라 임금액수를 미리 정합니다. 따라서 이 경우에는 근로제공 전에 미리 통상임금을 산정할 수 있습니다. 그러나 도급제의 경우에는 시간에 따라 임금을 정하지 않기 때문에 근로제공 전에 미리 통상임금을 산정할 수 없습니다. 결국 도급제의 경우에는 실제 근로제공으로 발생한 결과를 바탕으로 임금액수를 산정하고, 그 금액을 총 시간수(그 결과 발생에 소요된 시간수)로 나눠서 시간급 통상임금을 산정해야 합니다.

위와 같이 시간급 통상임금을 산정한다고 하더라도 또 한 가지 의문이 발생합니다. 그것은 근로제공이 이루어진 기간 중에서 어느 기간을 기준으로 시간급 통상임금을 산정해야 하느냐는 문제입니다. 평균임금의 경우에는 사유 발생일 전 3개월이라는 명확한 기준이 있지만, 통상임금의 경우에는 그런 기준이 없습니다. 위 규정에서 말하는 「해당 임금 산정기간」을 기준으로 하는 것이 타당하다고 봅니다. 위 규정에서는 「임금 마감일이 있는 경우에는 임금 마감기간」을 「해당 임금 산정기간」으로 보고 있습니다. 일반적으로 월 1회 임금을 지급하므로 임금 마감기간을 월 단위로 정합니다. 따라서 해고일 기준으로 최근에 마감된 기간을 기준으로 시간급 통상임금을 산정하는 것이 타당하다고 봅니다.

이상의 설명을 바탕으로 일급 통상임금을 다음과 같이 산정할 수 있습니다.

① 시간급 통상임금
=근로 결과를 금전으로 환산한 액수(2,000,000원)÷마감기간의 총 근로시간(200)=10,000원

② 일급 통상임금
=시간급 통상임금(10,000원)×1일 소정근로시간수(8)=80,000원

31 일급 통상임금 산정(성과급만 지급하는 경우)

K회사는 판매 영업사원들에게 성과급지급규정으로 정한 기준에 따라 매월 성과급을 지급하고 있습니다. 여타 임금은 지급하고 있지 않습니다.

판매 영업사원인 A가 해고예고수당 지급 요구 진정을 제기하였습니다.

통상임금을 산정해야 하는데 난감합니다.

답 변

우선 성과급의 임금성 여부를 검토해야 합니다. 계속적, 정기적으로 지급되지 않고 매년 경영성과에 따라 노사합의를 통해 지급 여부나 지급 기준 등이 정해지는 성과급(성과상여금)은 지급사유의 발생이 불확정적이고 일시적으로 지급되는 것으로 근로의 대가로 지급되는 것이 아니므로 임금이 아닙니다. 그러나 업무수행의 정량적 성과로 인해 산출되는 성과급(실적급)을 이미 정해진 지급조건에 의해 지급하는 경우 임금으로 볼 수 있습니다. 사례의 경우 계속적, 정기적으로 지급되고 그 지급액이 확정되어 있으므로 임금에 해당합니다.

통상임금은 소정근로의 대가로서 정기적, 일률적으로 지급하기로 정한 임금을 말합니다(대법원 2020다247190, 2023다302838, 2024.12.19. 제6장 1번 사례 참조). 이 대법원 판결에서 고정성을 통상임금의 개념적 징표에서 제외하였습니다.

근로자의 근무실적에 따라 지급되는 성과급은 일정한 업무성과나 평가결과를 충족하여야만 지급되므로 고정성을 통상임금의 개념적 징표에서 제외하더라도 일반적으로 소정근로 대가성을 갖추었다고 보기 어려워 통상임금에 해당하지 않습니다(대법원 보도자료, 2024.12.19. 참조).

사례의 경우 위의 성과급 외에 별도로 약정한 임금은 없으므로 통상임금에 해당하는 임금이 전무합니다. 사례의 경우처럼 통상임금에 포함되는 임금이 전무한 경우에도 해고예고수당은 산정해야 합니다.

우선 동 사업장의 유사 업무에 종사하는 동일·유사 경력자의 통상임금을 기준으로 하는 방안을 고려하고, 그것이 불가능하면 동종·유사 업계의 동종·유사 근로자의 통상임금(임금통계 등 참고)을 기준으로 하는 방안이 타당하다고 봅니다.

제7장

평균임금

1 평균임금 해당 여부(성과급)

K회사의 임금은 기본급과 성과급으로 구성되어 있습니다. 성과급은 「판매실적에 대한 비율로 지급한다」고 취업규칙에 규정되어 있으며, 지급률은 고객사(K회사에 업무를 위탁한 회사)의 사업추진방침에 따라 수시로 변경되었습니다. 성과급은 매월 지급되었습니다. 회사는 근로자 A에 대한 퇴직금 계산 시 성과급을 제외하고 평균임금을 산정하였습니다. 이에 A는 평균임금에 성과급을 포함하여야 한다고 주장하고 있습니다. 회사측은 성과급 지급률이 수시로 변동되어 예측 불가능하므로 평균임금에 포함될 수 없다고 주장하고 있습니다.

이 경우 성과급이 평균임금에 포함될 수 있는지 궁금합니다.

답 변

평균임금 산정의 기초가 되는 임금이 되려면 법령·단체협약·취업규칙·근로계약 등에 의해 사용자에게 지급 의무가 있고, 근로와 직접 또는 밀접한 관계가 있어야 하며, 근로자에게 계속적·정기적으로 지급되어야 합니다(아래 판례 참조).

사례의 성과급은 취업규칙에 그 지급 근거가 있으므로 사용자에게 지급 의무가 있으며, 근로자의 판매실적에 의해 발생하므로 근로와 직접 관련되며, 매월 계속 지급되었으므로 계속적·정기적으로 지급되었다고 보아야 합니다. 따라서 동 성과급은 위 평균임금요건을 충족한다고 볼 수 있습니다.

사용자는 성과급 지급률이 수시로 변동되어 예측 불가능하다고 주장하나, 업무특성상 일반적인 경우에 비해 지급률 변동이 심하다는 것일 뿐, 변동된 지급률에 따라 성과급이 지급되는 것은 명확하므로 예측 불가능하다고 할 수 없습니다.

위의 사실을 종합하면 사용자의 주장을 수용할 수 없습니다. A의 주장에 따라 성과급을 평균임금에 포함시켜 처리하는 것이 타당합니다.

판례 대법원 2011다23149, 2011.7.14.

평균임금 산정의 기초가 되는 임금총액에는 사용자가 근로의 대상으로 근로자에게 지급하는 일체의 금품으로서, 근로자에게 계속적·정기적으로 지급되고 그 지급에 관하여 단체협약, 취업규칙 등에 의하여 사용자에게 지급 의무가 지워져 있으면 그 명칭 여하를 불문하고 모두 포함된다(대법원 2000다18127, 2002.5.31. 참조). 한편 어떤 금품이 근로의 대상으로 지급된 것인지를 판단함에 있어서는 그 금품 지급 의무의 발생이 근로제공과 직접적으로 관련되거나 그것과 밀접하게 관련된 것으로 볼 수 있어야 하고, 이러한 관련 없이 그 지급 의무의 발생이 개별 근로자의 특수하고 우연한 사정에 의하여 좌우되는 경우에는 그 금품의 지급이 단체협약·취업규칙·근로계약 등이나 사용자의 방침 등에 의하여 이루어진 것이라 하더라도 그러한 금품은 근로의 대상으로 지급된 것으로 볼 수 없다(대법원 94다55934, 1995.5.12. ; 2010다77514, 2011.3.10. 참조).

원심은, 피고 회사가 인센티브(성과급) 지급 규정이나 영업 프로모션 등으로 정한 지급 기준과 지급 시기에 따라 인센티브(성과급)를 지급하여 왔고, 차량판매는 피고 회사의 주업으로서 영업사원들이 차량판매를 위하여 하는 영업활동은 피고 회사에 대하여 제공하는 근로의 일부라 볼 수 있어 인센티브(성과급)는 근로의 대가로 지급되는 것이라고 보아야 하며, 매월 정기적, 계속적으로 이루어지는 인센티브의 지급이 개인근로자의 특수하고 우연한 사정에 의하여 좌우되는 우발적, 일시적 급여라고 할 수 없고, 지급 기준 등의 요건에 맞는 실적을 달성하였다면 피고 회사로서는 그 실적에 따른 인센티브의 지급을 거절할 수 없을 것이므로 이를 은혜적인 급부라고 할 수도 없다.

2 평균임금 해당 여부(부하의 성과에 따라 지급되는 성과급)

근로자 A가 K회사를 상대로 퇴직금 차액 지급 요구 진정을 제기하였습니다. A는 평균임금 산정 시 관리수당이 평균임금에서 제외되어 손해를 보았다고 주장하고 있습니다.

A는 팀장으로서 팀원들의 판매실적에 따라 일정 비율의 금액을 관리수당이라는 명목으로 지급받았습니다. 회사는 관리수당은 판매실적에 따라 매월 변동되므로

평균임금에 포함될 수 없다고 주장합니다.

이 경우에 어떻게 처리해야 하나요?

••답 변••

관리수당은 성과급(실적급)으로 볼 수 있습니다. 특이한 점이라면 자신의 직접적인 성과가 아니라 팀원들의 성과에 의해 간접적으로 산정된다는 것입니다. 그러나 팀장이 팀원들을 잘 관리해야 실적이 오르기 때문에 결국 팀장의 노력이 반영된 것으로 볼 수 있습니다. 따라서 일반적인 성과급과 차이가 없다고 볼 수 있습니다. 이것도 근로제공의 대가이므로 임금으로 볼 수 있어 평균임금에 포함된다고 보는 것이 타당합니다.

3 평균임금 해당 여부(인센티브)

K병원에서 물리치료사로 근무하는 근로자 A는 매월 기본급 200만원과 인센티브를 받았습니다. 인센티브는 치료 환자 1명당 2만원을 받는 것입니다.

이 경우 인센티브도 평균임금에 포함될 수 있나요?

••답 변••

평균임금 산정의 기초가 되는 임금이 되려면 법령 · 단체협약 · 취업규칙 · 근로계약 등에 의해 사용자에게 지급 의무가 있고, 근로와 직접 또는 밀접한 관계가 있어야 하며, 근로자에게 계속적 · 정기적으로 지급되어야 합니다.

사례의 인센티브는 성과급 내지 실적급의 일종이라고 볼 수 있습니다. 인센티브를 지급하는 기준이 계약으로 확정되어 있으므로 사용자에게 지급 의무가 있고, 근로제공인 치료와 직접 관련되어 있습니다. 매회의 치료에 대하여 정산하여 매월 정기적으로 지급됩니다.

따라서 사례의 인센티브는 평균임금에 속한다고 볼 수 있습니다.

4 평균임금 해당 여부(계속적 · 정기적 지급에 해당하지 않는 경우)

K회사는 근로자가 5년 근속 시 1천만원, 10년 근속 시 2천만원을 5년이 되는 시점에서 1회, 10년이 되는 시점에서 1회 지급하고 있습니다. 이 금전이 퇴직금 산정을 위한 평균임금에 포함될 수 있나요? 포함된다면 평균임금 산정 시 어떻게 반영해야 하나요?

답 변

평균임금 산정의 기초가 되는 임금이 되려면 법령 · 단체협약 · 취업규칙 · 근로계약 등에 의해 사용자에게 지급 의무가 있고, 근로와 직접 또는 밀접한 관계가 있어야 하며, 근로자에게 계속적 · 정기적으로 지급되어야 합니다.

그런데 사례의 경우 5년과 10년이 되는 시점에서 각 1회 지급되므로 계속적 · 정기적으로 지급된다고 볼 수 없습니다. 따라서 평균임금에 포함되지 않는다고 보는 것이 타당합니다.

5 평균임금 해당 여부(사용자가 관리하는 봉사료)

근로자 A가 K회사(관광버스운수업)를 상대로 퇴직금 차액 지급 요구 진정을 제기하였습니다. A는 회사가 봉사료를 평균임금에 포함시키지 않아 퇴직금을 제대로 받지 못했다고 주장합니다. 조사 결과 A는 관광버스 운전기사로 근무하였고, 회사가 고객으로부터 차량이용료의 10%에 해당하는 금액을 봉사료 명목으로 받아 이를 적립하였다가, 매월 월급 지급 시에 지급한 것으로 확인되었습니다.

회사측은 봉사료는 손님이 기사에게 지급하는 성격의 금품인데 회사가 대신 받아서 지급하는 것에 불과하고, 봉사료는 운행이 있을 때만 발생하므로 평균임금에 포함될 수 없다고 주장합니다.

이 경우에 어떻게 처리해야 할까요?

··답 변··

평균임금 산정의 기초가 되는 임금이 되려면 법령 · 단체협약 · 취업규칙 · 근로계약 등에 의해 사용자에게 지급 의무가 있고, 근로와 직접 또는 밀접한 관계가 있어야 하며, 근로자에게 계속적 · 정기적으로 지급되어야 합니다.

봉사료액수 기준을 회사가 정하고 회사가 지급하므로 회사가 봉사료에 대하여 관리한다고 볼 수 있습니다. 따라서 이는 임금으로서 평균임금에 속한다고 볼 수 있습니다.

운행 시마다 지급한다는 이유로 평균임금에 속할 수 없다는 주장은 타당하지 않습니다. 예컨대 연장근로수당도 연장근로 시마다 발생하지만 평균임금에 속하기 때문입니다.

6 평균임금 해당 여부(사용자가 재량적으로 지급한 상여금)

K업체(개인기업)에서 퇴직한 근로자 A가 업체 대표 B를 상대로 퇴직금 차액 지급 요구 진정을 제기하였습니다. A는 평균임금 산정 시 상여금을 포함하지 않아 퇴직금을 덜 받았다고 주장합니다. 조사 결과 상여금에 관한 규정이나 근로계약이 존재하지는 않습니다. 다만, 매년 설, 추석, 하계휴가기간에 상여금이 지급되었으나 금액은 일정하지 않습니다. B는 차비조로 지급한 것이라고 주장합니다.

이 경우에 어떻게 처리해야 하나요?

··답 변··

평균임금 산정의 기초가 되는 임금이 되려면 법령 · 단체협약 · 취업규칙 · 근로계약 등에 의해 사용자에게 지급 의무가 있고, 근로와 직접 또는 밀접한 관계가 있어야 하며, 근로자에게 계속적 · 정기적으로 지급되어야 합니다.

사례의 경우 해당 금품은 사용자가 재량에 따라 그 액수를 정할 수 있으므로 전혀 지급하지 않겠다고 결정할 수도 있습니다. 비록 과거 몇 년간 매년 정기적으로 지급한 사실이 있기는 하지만, 이는 사용자가 재량에 따라 지급한 결과적인 현상에 불과합니다. 과거에 사용자가 지급하는 것으로 결정했다고 해도 장래에 반드시 그렇게 결정해야 할 의무는 없으므로, 지급해야 한다는 관행이 성립되었다고 볼 수도 없습니다. 따라서 해당 금품은 평균임금 산정 기초 임금에 해당한다고 볼 수 없습니다.

7 평균임금 해당 여부(하계휴가비)

근로자 A가 K회사를 상대로 진정을 제기하였습니다. A는 하계휴가비를 평균임금에 포함시켜야 한다고 주장합니다. 회사는 하계휴가비를 지급할 의무가 없음에도 은혜적으로 지급한 것이므로 평균임금에 포함되지 않는다고 주장합니다.

회사는 매년 하계휴가를 사용하지 않은 근로자들에게 월급 외에 별도로 3일분의 통상임금을 지급하였습니다. 취업규칙 등 특별한 규정은 없고 관행적으로 지급해왔습니다.

어느 쪽 주장이 타당합니까?

답 변

평균임금 산정의 기초가 되는 임금이 되려면 법령 · 단체협약 · 취업규칙 · 근로계약 등에 의해 사용자에게 지급 의무가 있고, 근로와 직접 또는 밀접한 관계가 있어야 하며, 근로자에게 계속적 · 정기적으로 지급되어야 합니다.

하계휴가비가 평균임금에 해당하려면 우선 임금에 해당해야 합니다. 임금에 해당하려면 근로의 대가로 지급되어야 합니다. 하계휴가비는 하계휴가를 사용하지 않고 근로한 대가로 지급하는 것이고 은혜적으로 지급하는 것이 아닙니다. 따라서 하계휴가비는 임금에 해당한다고 볼 수 있습니다.

임금에 해당하면 평균임금에 해당하는 것이 원칙이고, 예외적으로 임시로 지급된 임금과 통화외의 것으로 지급된 것은 평균임금에 포함되지 않습니다(근로기준법 시행령 제2조 제2항). 하계휴가비는 이 예외에 해당하지 않으므로 평균임금에 해당합니다.

8 평균임금 해당 여부(교통수단 차이에 따라 차등 지급하는 교통비)

K회사는 교통비 명목으로 자가용 이용자에게 매월 15만원을 지급하고, 통근버스 이용자에게는 매월 5만원을 지급하고 있습니다.

퇴직금 산정 시 교통비를 평균임금에 포함시킬 것인지 논란이 있습니다. 어떻게 처리해야 하나요?

답 변

평균임금 산정의 기초가 되는 임금이 되려면 법령·단체협약·취업규칙·근로계약 등에 의해 사용자에게 지급 의무가 있고, 근로와 직접 또는 밀접한 관계가 있어야 하며, 근로자에게 계속적·정기적으로 지급되어야 합니다.

사례의 경우 교통비를 매월 지급하므로 정기성에는 문제가 없습니다. 전체 근로자에게 매월 최소한 50,000원은 지급하므로 이 부분은 평균임금에 포함된다고 볼 수 있습니다. 임금 여부는 명칭에 구애받지 않으므로 교통비라는 명칭은 문제 되지 않습니다.

그러나 자가용 이용자에게 지급하는 금액 중 50,000원을 초과하는 부분은 임금으로 볼 수 없습니다. 이 부분의 성격은 복리후생적 금품으로 볼 수 있습니다. 따라서 임금이 아니므로 평균임금에 포함될 수 없습니다.

9 평균임금에 포함되는 임금의 범위 (월의 중도에 퇴직해도 월급전액 지급하는 경우)

K회사는 근로자 퇴직 시 퇴직일이 속하는 월의 임금을 100% 지급하고 있습니다. 이에 따라 근로자 A가 5월 10일까지 근무하고 퇴직하면서 5월분 임금 전액을 수령하였습니다.

평균임금 산정 시 임금총액에 5월분 임금 전액을 포함시켜야 하는지요? 만약 그렇게 할 경우 평균임금액이 월등하게 높아집니다.

•답 변•

과거에 사례와 같은 경우 5월분 임금 전액을 평균임금에 포함시켜야 한다는 취지의 대법원 판결(92다24509, 1993.5.27.)이 있었습니다. 그러나 동 판결은 새로운 판결에 의해 폐지되었습니다(아래 참고).

변경된 판결이 타당합니다. 사례의 경우 5월 10일까지의 임금만으로 평균임금을 산정해야 합니다.

판례 대법원 97다5015, 1999.5.12.

> 월의 중도에 퇴직하더라도 당해 월의 보수 전액을 지급한다는 취업규칙상의 규정은 퇴직하는 근로자에 대한 임금 계산에 있어서의 정책적·은혜적 배려가 포함된 취지의 규정으로 보아야 할 것이지, 퇴직하는 근로자에게 실제 근무일수와 무관하게 퇴직 당해 월의 임금을 인상하여 전액 지급한다는 취지는 아니라고 할 것이므로, 퇴직 당해 월의 보수 전액을 퇴직 직전일로부터 최종 3개월간에 지급된 급여액에 산입하여 평균임금을 산정하고 이를 기초로 퇴직금을 산출할 수는 없다.

10 현물이 평균임금에 포함될 수 있는 요건

근로기준법 시행령 제2조 제2항에 의하면 통화 외의 것으로 지급된 임금은 평균임금에 포함되지 않으나, 고용노동부장관이 정하는 것은 예외적으로 평균임금에 포함된다는 취지로 규정하고 있습니다.

이 경우 고용노동부장관이 정한 것이 구체적으로 무엇인지 알려 주시기 바랍니다.

•답 변•

「평균임금 산정에 포함되는 임금의 범위 예시와 확인 요령」(예규 제30호, 1981. 5.7.)에서 규정하고 있습니다. 동 예규에 의하면 현물로 지급되는 것 중 법령·단체협약 또는 취업규칙의 규정에 의하여 지급되는 현물급여(예 : 급식 등)는 평균임금의 범위에 포함됩니다.

고용노동부 행정해석(근기 01254-5077, 1987.3.3.)에 의하면 평균임금에 포함되려면 이와 같이 단체협약 등에 지급 근거가 있어야 할 뿐만 아니라 통화로 환가할 수 있어야 합니다.

11 성격상 평균임금에 포함되는 금품을 계약으로 포함되지 않는다고 규정할 수 있는지

근로자 A와 K회사 간에 작성된 근로계약서에 의하면 「매월 지급하는 급여항목을 기본급 250만원, 복리후생비 50만원으로 분류하되, 복리후생비는 퇴직금 산정 시 평균임금에 포함하지 않는다」고 규정하고 있습니다. 그런데 임금대장에는 기본급 250만원, 식대 10만원, 차량유지비 20만원, 업무추진비 15만원, 가족수당 5만원으로 분류하고 있습니다. A가 퇴직금 차액 지급 요구 진정을 제기하였습니다.

A는 복리후생비를 평균임금에 포함하지 않는 것은 부당하다고 주장합니다. 회사측은 근로계약서에서 정했으므로 문제없다고 주장합니다.

답 변

임금대장상 식대 등 4가지 항목의 합계액이 50만원인바, 이는 복리후생비를 세분한 것이라고 볼 수 있습니다. 여기서 근로계약서의 기재 내용과 다르게 임금대장에서 세분한 것이 유효하냐는 의문이 제기됩니다.

근로계약서는 노사의 의사가 합치되어 작성되었으나 임금대장은 사용자의 일방적인 의사에 의해 작성되었습니다. 따라서 임금대장의 기재사항은 무효입니다. 그러므로 임금대장상 항목 분류는 법적으로 의미가 없습니다.

평균임금 산정의 기초가 되는 임금이 되려면 법령 · 단체협약 · 취업규칙 · 근로계약 등에 의해 사용자에게 지급 의무가 있고, 근로와 직접 또는 밀접한 관계가 있어야 하며, 근로자에게 계속적 · 정기적으로 지급되어야 합니다.

임금은 명칭과 관계없이 근로의 대가로 지급되면 인정되고, 매월 정기적으로 지급되면 평균임금에 포함됩니다. 복리후생비는 매월 정기적으로 지급되므로 평균임금에 포함됩니다. 따라서 복리후생비를 평균임금에 포함시키지 않는다고 기재한 부분은 무효입니다(근로기준법 제15조 제1항).

12 임금 반납과 평균임금 산정관계

회사 사정이 어려워 전직원이 지급받은 급여의 일정 부분을 회사에 되돌려주기로 하고 시행하였습니다.

이후에 퇴직한 근로자에 대한 퇴직금 계산을 위한 평균임금 산정 시 반납 임금 부분을 어떻게 처리해야 하나요?

답 변

평균임금의 산정기준이 되는 「임금」은 근로의 대가로 받은 금품을 말합니다. 근로자가 근로의 대가로 금품을 받았으나 그중 일부를 사용자에게 되돌려준 경우, 받은 금액 전체가 평균임금 산정기준 임금이 됩니다. 이 받은 금액에 대해서는 근로자가 처분권을 갖기 때문에 그중 일부를 사용자에게 되돌려 준 경우 이는 증여에 해당합니다. 즉, 근로의 대가로 받은 후에 어떤 상황이 발생하든 이미 받은 액수가 평균임금 산정기준 임금이 된다는 점에는 변화가 없는 것입니다.

위에서는 임금 전액을 지급받은 후 그중 일부를 되돌려주는 방식에 대하여 설명했으나, 실제로는 이와 같은 번거로운 방식을 택하지 않고 증여하기로 한 부분을 공제하고 지급하는 방식이 보통입니다.

이와 같이 임금 중 일부를 공제한 경우, 공제 전 금액이 평균임금 산정기준 임금입니다. 세금 등 공과금을 임금에서 원천공제하는 경우에도 마찬가지로 공제 전 금액이 평균임금의 기준이 됩니다.

반면에 임금을 삭감하기로 한 경우 즉, 장래에 근로를 제공할 경우에 발생하는 임금수준을 인하하기로 사전에 약정한 경우에는 인하된 금액이 임금이므로 삭감부분에 대해서는 근로자의 권리가 없습니다. 따라서 특별히 정한 바 없다면 그 부분은 평균임금 산정 시 임금에 포함되지 않습니다.

한편 실제로 임금 지급 채무가 이행되지 않은 경우(임금체불이 있는 경우)에 미지급된 임금도 평균임금 산정기준 임금에 포함됩니다. 즉, 발생한 임금을 기준으로 평균임금을 산정해야 합니다.

13 임금형태 변경에 따른 평균임금 산정기간 변경 가능 여부

A는 택시회사에서 운전기사로 근무하다 퇴직하였습니다. 근무기간 중 임금형태가 사납금제에서 전액관리제로 변경된 바 있습니다. A의 전체 근무기간은 약 3년인데 사납금제가 적용되는 기간은 약 2년이고, 전액관리제가 적용된 기간은 약 1년입니다.

퇴직금을 구하기 위해 평균임금을 산정해야 하는바, 양 임금형태 차이에 따라 임금액수에 현저한 차이가 있습니다. 이 경우에는 각 임금형태가 적용되는 기간별로 평균임금을 산정해야 한다는 주장이 있습니다. 이 주장이 타당한지 궁금합니다.

답 변

사례의 경우 임금형태가 현저하게 변하였습니다. 이런 변화를 평균임금 산정 시 고려할 수 있냐는 질문입니다.

근로자퇴직급여 보장법 제8조 제1항은 「사용자는 계속근로기간 1년에 대하여 30일분 이상의 평균임금을 퇴직금으로 지급해야 한다」고 규정하고 있습니다. 동법 제2조 제4호는 「'평균임금'이라 함은 근로기준법 제2조의 규정에 의한 평균임금을 말한다」고 규정하고 있습니다. 근로기준법 제2조 제6호는 「'평균임금'이란 이를 산정하여야 할 사유가 발생한 날 이전 3개월 동안에 그 근로자에게 지급된 임금의 총액을 그 기간의 총일수로 나눈 금액을 말한다」고 규정하고 있습니다.

위 규정 내용을 종합하면 퇴직금 계산을 위한 평균임금 산정기간도 사유 발생일 이전 3개월입니다. 따라서 사례처럼 근무기간 중 임금형태가 변경되었다 하더라도 이를 반영할 수 없습니다.

만약 사례와 같은 경우에 임금형태별로 평균임금 산정기간을 구분해야 한다면, 임금형태의 변경은 없어도 임금액수가 매년 변경되는 경우에도 연도별로 구분해서 평균임금을 산정해야 한다는 논리가 성립합니다. 물론 임금형태가 변경된 경우와 임금형태 변경 없이 액수만 변경된 경우가 완전히 동일하지는 않지만, 문제의 발단은 임금형태 변경이 아니라 임금액수의 변경에 있습니다. 만약 임금형태가 변경되었다고 하더라도 임금액수에 변경이 없었다면 당초 사례와 같은 질문이 제기되지 않았을 것입니다.

따라서 사례처럼 임금형태가 변경된 경우에도 일반적인 예에 따라 최종 3개월간 임금총액을 기준으로 평균임금을 산정하는 것이 타당합니다.

보충설명

근로기준법 개정(2018.3.20.)으로 근로시간이 단축됨에 따라 실근로시간이 줄어들면 임금이 감소되고 평균임금이 줄어들어 임금 감소기간 중 퇴직할 경우 퇴직급여 수령액이 줄어들 수 있습니다. 이에 대해 근로자퇴직급여 보장법 제32조 제4항은 사용자에게 퇴직급여 감소를 예방하기 위하여 필요한 조치를 하여야 한다고 규정하고 있습니다. 고용노동부는 이와 같은 필요한 조치로 근로시간 단축 전과 후로 구분하여 평균임금을 산정할 수 있다는 취지로 설명하고 있습니다(노동시간 단축 가이드, 2018.6. 80페이지).

이와 같이 입법적으로 특별히 규정한 경우에는 평균임금 산정 방식을 별도로 시행할 수 있지만 그렇지 않은 경우에는 일반적인 방법으로 평균임금을 산정해야 하고, 이 방법으로 산정한 평균임금이 통상임금에 미달할 경우에는 통상임금을 평균임금으로 간주하여 처리해야 합니다.

14 1개월 단위로 지급되지 않는 임금의 평균임금 산정

근로자 A는 2022년 1월 1일 K회사에 입사하여 2024년 9월 30일 퇴직하였습니다. 근속수당으로 매년 격월 단위로 25만원씩 150만원을 지급받았습니다. 연차휴가 미사용수당으로 2024년 1월 10일 월급 정기지급일에 50만원, 최종 퇴직 시 70만원을 지급받았습니다.

이 경우 퇴직금 관련 평균임금 산정 시 근속수당과 연차휴가 미사용수당을 어떻게 반영해야 하는지 궁금합니다.

답 변

평균임금 산정기간은 퇴직일을 기준으로 최종 3개월이 되며, 근속수당과 연차휴가 미사용수당은 매월 정기적으로 지급되지 않으므로 1년간의 총액에 3/12를 곱하여 3개월 임금에 포함시키는 방식으로 산정합니다.

근속수당의 경우 1년간 지급액이 150만원이므로 375,000원(=1,500,000×3÷12)을 3개월분 임금에 포함시키면 됩니다.

연차휴가 미사용수당의 경우는 퇴직 전에 이미 발생한 것을 평균임금에 반영해야 하고, 퇴직하면서 비로소 발생하는 것은 반영하지 않습니다. 따라서 먼저 발생한 50만원을 반영해야 하므로 125,000원(=500,000×3÷12)을 3개월분 임금에 포함시키면 됩니다.

판례 대법원 77다1321, 1978.2.14.

> 평균임금이라고 하는 것 자체가 근로자의 통상의 생활임금을 보장하고자함에 있는 것이고 이 사건 상여금 역시 원심이 확정한 바와 같이 근로의 대가로 지급되는 임금의 일종임에는 틀림이 없으며 이는 매월 수령하는 봉급외에 별도로 지급받는 또는 지급받았을 것의 임금에 속한다 할 것이므로 위 상여금이 일시지급이나 또는 분할 지급의 횟수 및 방법 여하에 따라 퇴직금산정의 평균임금 계산의 결과를 달리할 것이 아니고 그 1년분을 월할한 3개월분 해당액만을 근로자의 퇴직전 3개월 사이에 실제로 그를 지급받았건 또는 지급받지 못하였던지를 불문하고 근로자의 퇴직금산정의 기초인 평균임금의 계산에 포함시키는 것이 타당하다.

행정해석 • 임금 68207-484, 1994.8.1.

상여금이 단체협약·취업규칙 기타 근로계약에 미리 지급 조건 등이 명시되어 있거나, 관례로서 계속 지급하여 온 사실이 인정되는 경우 평균임금을 산정하여야 할 사유가 발생한 때로부터 이전 12개월중에 지급받은 상여금 총액의 3/12에 해당하는 금액이 평균임금 산정기초에 포함되는 것이다.

행정해석 • 임금-3295, 2007.11.5.

연차휴가 미사용수당의 퇴직금 산정을 위한 평균임금 포함 여부

1. 퇴직하기 전 이미 발생한 연차휴가 미사용수당 : 퇴직 전전년도 출근율에 의하여 퇴직 전년도에 발생한 연차휴가 중 미사용하고 근로한 일수에 대한 연차휴가 미사용수당액의 3/12을 퇴직금 산정을 위한 평균임금 산정기준임금에 포함한다.
2. 퇴직으로 인해 비로소 지급 사유가 발생한 연차휴가 미사용수당 : 퇴직전년도 출근율에 의하여 퇴직년도에 발생한 연차휴가를 미사용하고 퇴직함으로써 비로소 지급 사유가 발생한 연차휴가 미사용수당은 평균임금의 정의상 산정사유 발생일 이전에 그 근로자에 대하여 지급된 임금이 아니므로 퇴직금 산정을 위한 평균임금 산정기준임금에 포함되지 아니한다.

15 평균임금이 통상임금에 미달할 경우 평균임금으로 간주하는 통상임금액의 의미

근로기준법 제2조 제2항은「평균임금이 통상임금보다 적으면 그 통상임금액을 평균임금으로 한다」고 규정하고 있는데 평균임금과 비교되는 통상임금액은 어떻게 구하나요?

답 변

평균임금은 1일 임금을 의미하므로 평균임금과 비교되는 통상임금액도 일급 통상임금을 의미합니다. 일급 통상임금은 시간급 통상임금에 1일 소정근로시간수를 곱하여 산정합니다. 월급제의 경우에 일급 통상임금은 아래와 같이 구합니다.

일급 통상임금
=(월급금액÷월 통상임금 산정기준시간수)×1일 소정근로시간수

16 사납금 초과 운송수입금 외에 별도로 임금이 없는 경우 평균임금 산정방법

K회사 소속 택시기사 A는 소정 사납금을 초과하는 운송수입금을 본인의 수입으로 하고, 별도로 급여를 받지 않는 조건으로 근무하였습니다. A가 퇴직금 지급요구 진정을 제기하였습니다. 평균임금을 어떻게 산정해야 하는지 알려 주시기 바랍니다.

••답 변••

사례는 사납금 초과 운송수입금을 근로자가 개인 수입으로 자신에게 직접 귀속시킨 경우에 해당합니다. 「회사로서는 그 발생 여부나 금액을 알 수 없어 이에 대한 관리 및 지배가능성이 없다고 할 것이어서 그 초과 수입금 부분은 퇴직금 산정의 기초인 평균임금에 포함되지 않는다」는 것이 대법원 판례(2007다32993・33002, 2007.9.20.)입니다. 평균임금을 산정하려고 해도 임금총액의 전부가 명확하지 않은 경우입니다. 이런 경우에는 평균임금 산정특례 고시(고용노동부 고시 제2015-77호) 제5조에 따라 처리하는 것이 타당합니다.

참고 • 평균임금 산정특례 고시(고용노동부고시 제2015-77호)

제5조(임금총액의 전부가 명확하지 아니한 경우 등) 이 고시 제1조부터 제4조까지의 규정에 따라 평균임금을 산정할 수 없는 경우에는 지방고용노동관서장이 다음 각 호의 사항을 감안하여 적정하다고 결정한 금액을 해당 근로자의 평균임금으로 본다.

1. 해당 사업장이 있는 지역의 임금수준 및 물가사정에 관한 사항
2. 해당 근로자에 대한 소득세법 및 관련 법령에 따라 기재된 소득자별 근로소득원천징수부, 국민연금법·국민건강보험법·고용보험법에 따라 신고된 보수월액·소득월액·월평균임금 등에 관한 사항
3. 해당 사업장이 있는 지역의 업종과 규모가 동일하거나 유사한 사업장에서 해당 근로자와 동일한 직종에 종사한 근로자의 임금에 관한 사항
4. 해당 사업장의 근로제공기간 중에 받은 금품에 대하여 본인 또는 그 가족 등이 보유하고 있는 기록(이 경우 사업주가 인정하는 경우에만 한정한다) 등 증빙서류에 관한 사항
5. 고용노동부장관이 조사·발간하는 고용형태별근로실태조사보고서 및 사업체노동력조사보고서 등 노동통계에 관한 사항

17 사납금 초과 운송수입금을 반분하기로 하였으나 실제로는 전액 지급한 경우 평균임금 산정

K회사는 사납금 초과 운송수입금을 관리하여 근로자들에게 지급해왔습니다. 단체협약에서 사납금 초과 운송수입금에 대하여 회사와 근로자(노조원) 간에 50:50으로 분배한다고 규정하고 있습니다. 그러나 실제로는 단체협약에 따르지 않고 수년간 사납금 초과 운송수입금 전액을 근로자에게 지급해오고 있습니다. 회사측이 이와 같이 지급한 이유는 단체협약대로 할 경우 근로자들이 이직할 우려가 있기 때문이라고 합니다.

근로자 A가 퇴직금 차액 지급 요구 진정을 제기하였습니다. 회사측이 퇴직금 계산 시 사납금 초과 운송수입금의 50%만 평균임금에 포함시킨 사실이 확인되었습니다. 회사측은 50%를 추가로 지급한 것은 회사가 지급할 의무가 없기 때문에 근로자가 부당이득한 것이므로 평균임금에 포함될 수 없다고 주장합니다. 만약 이렇게 볼 수 없다면 최소한 비채변제에는 해당하고 이 경우에도 평균임금에 포함될 수 없다고 주장합니다.

이 경우에 어떻게 처리해야 하나요?

답 변

사납금 초과 운송수입금을 회사가 관리하고 있는 경우에는 사납금 초과 운송수입금은 평균임금에 포함될 수 있습니다. 당초 단체협약과 다르게 50%를 더 지급하게 되면서 단체협약보다 유리한 관행이 정착되었다고 볼 수 있습니다. 이 경우에는 「유리한 조건 우선의 원칙」에 의해 관행을 적용해야 합니다. 따라서 사납금 초과 운송수입금 전부가 평균임금에 포함된다고 보는 것이 타당합니다.

한편 회사측은 사납금 초과 운송수입금의 50%를 더 지급한 것은 비채변제에 해당될 수 있다는 예비적 주장을 하고 있습니다. 비채변제는 채무 없음을 알고 변제하는 것으로 이 경우 반환청구가 불가능합니다(민법 제742조). 따라서 비채변제로 볼 경우 이 50%에 대하여 회사측이 부당이득이라고 주장할 수 없는 점은 위와 마찬가지입니다. 만약 비채변제라면 임금이 아니므로 평균임금에 포함될 수 없습니다. 그러나 그렇게 볼 것은 아닙니다. 채무 없음을 알면서 수년간 지급했다는 것은 상식적으로 납득할 수 없기 때문입니다.

18 수습기간 중 사유 발생 시 평균임금 산정방법

K회사의 취업규칙에 의하면 수습기간이 3개월로 규정되어 있습니다. 근로자 A가 수습을 시작한 지 2개월쯤에 업무수행 중 사고를 당하여 3일간 근로를 하지 못하였습니다. A가 휴업보상 지급 요구 진정을 제기하였습니다. 휴업보상금액을 구하기 위해 평균임금을 산정해야 합니다. 근로기준법 시행령 제2조에 의하면 수습기간은 평균임금 산정기간에서 제외되는바, 위의 경우 수습기간을 제외하면 평균임금을 산정할 수 있는 기간이 전혀 없게 됩니다.

이 경우에 어떤 방법으로 평균임금을 산정해야 하나요?

••답 변••

사례의 경우 업무상 재해로 휴업한 기간이 3일 이내이므로 산업재해보상보험법이 적용되지 않고(제52조) 근로기준법이 적용됩니다. 근로기준법 제79조에 따라 평균임금의 60%를 휴업보상으로 지급해야 합니다. 휴업보상금을 구하기 위해 평균임금을 산정해야 합니다.

대법원 판례(아래 참조)에 의하면 사례의 경우 사고 발생 당시의 임금을 기준으로 평균임금을 산정합니다. 즉, 근무한 기간(약 2개월)의 임금총액을 그 일수로 나눠 평균임금을 구해야 합니다.

판례 — 대법원 2013두1232, 2014.9.4.

'수습기간과 그 기간 중에 지급된 임금은 평균임금 산정기준이 되는 기간과 임금의 총액에서 공제한다'는 내용의 근로기준법 시행령 제2조 제1항 제1호는, 그 기간을 제외하지 않으면 평균임금이 부당하게 낮아짐으로써 결국 통상의 생활임금을 사실대로 반영함을 기본원리로 하는 평균임금 제도에 반하는 결과를 피하고자 하는 데 입법 취지가 있으므로, 적용범위는 평균임금 산정사유 발생일을 기준으로 그 전 3개월 동안 정상적으로 급여를 받은 기간뿐만 아니라 수습기간이 함께 포함되어 있는 경우에 한한다. 따라서 근로자가 수습을 받기로 하고 채용되어 근무하다가 수습기간이 끝나기 전에 평균임금 산정사유가 발생한 경우에는 위 시행령과 무관하게 평균임금 산정사유 발생 당시의 임금, 즉 수습사원으로서 받는 임금을 기준으로 평균임금을 산정하는 것이 평균임금 제도의 취지 등에 비추어 타당하다.

19 대기발령기간이 평균임금 산정기간에 포함되는지

근로자 A는 K회사에서 약 20년간 근무하고 정년퇴직하였습니다. 그런데 정년퇴직 전 1개월간 대기발령 징계를 받았습니다. A는 노동위원회에 구제 신청을 하였는데 대기발령이 정당한 것으로 확정되었습니다. 대기발령기간에는 징계규정에 의해 기본급의 90%의 임금을 지급받았습니다. 회사는 대기발령기간을 포함하여 평균임금을 산정해서 퇴직금을 지급하였습니다. A는 평균임금 산정기간에 대기발령기간을 포함시킨 것은 잘못이라고 진정을 제기하였습니다.

어떻게 처리해야 하나요?

답 변

대법원 판례(2001다12669, 2003.7.25.)는 대기발령기간이 퇴직금 산정기간에 포함된다고 하였습니다. 근로기준법 시행령 제2조에서 열거한 사유에 한하여 제외한다는 취지입니다. 고용노동부 행정해석(고보 68430-462, 2003.7.18.)은 대기발령이 정당하면 포함되고 부당하면 포함되지 않는다고 합니다.

판례 및 행정해석에 의하면 사례의 경우 회사의 평균임금 산정방법은 문제가 없는 것으로 보입니다. 다만, 평균임금이 통상임금에 미달하면 통상임금을 평균임금으로 보기 때문에(근로기준법 제2조 제2항) 이 점은 확인해야 합니다.

참고로 징계기간을 평균임금 산정기간에 포함시키는 것은 이중으로 불이익을 주는 것이라는 비판적인 견해가 있습니다(하갑래, 근로기준법 제32판 237페이지).

20 평균임금 산정기간 (병가기간, 출산전후휴가기간, 육아휴직기간이 있을 경우)

근로자 A는 2021년 1월 1일에 K회사에 입사하여 2022년 1월 2일까지 정상적으로 근무하고 이후에는 1년간은 병가휴직, 10개월간은 출산전후휴가 및 육아휴직을 사용하고 퇴직하였습니다.

이 경우 평균임금 산정기간을 어떻게 정해야 하나요?

답 변

병가기간, 출산전후휴가기간 및 육아휴직기간은 평균임금 산정기간에서 제외됩니다(근로기준법 시행령 제2조 제1항 참조). 사례의 경우 퇴직일 이전 3개월(평균임금 산정기간) 전체가 제외기간에 해당됩니다. 이와 같은 경우에는 평균임금 산정

제외기간이 시작되는 날을 평균임금 산정사유 발생일로 봅니다(아래 평균임금 산정 특례 고시 참고).

사례에서는 병가 시작일인 2022년 1월 3일을 평균임금 산정사유 발생일로 보아야 합니다. 따라서 평균임금 산정기간은 2021년 10월 3일부터 2022년 1월 2일까지입니다.

참고 **평균임금 산정특례 고시(고용노동부고시 제2015-77호)**

제1조(평균임금의 계산에서 제외되는 기간이 3개월 이상인 경우) ① 근로기준법 시행령 제2조제1항에 따라 평균임금의 계산에서 제외되는 기간이 3개월 이상인 경우 제외되는 기간의 최초일을 평균임금의 산정사유가 발생한 날로 보아 평균임금을 산정한다.

21 평균임금 산정특례가 적용되고 평균임금이 통상임금에 미달할 경우

근로자 A는 퇴직 전 약 4개월간 업무상 재해로 출근하지 못하였습니다. 퇴직금 계산을 위해 평균임금을 산정해야 합니다. 4개월 전체가 평균임금 산정기간에서 제외되므로 재해 발생일 이전 3개월을 기준으로 평균임금을 산정하였습니다.

이와 같이 산정한 평균임금이 통상임금에 미달합니다(평균임금 산정기간 중 결근일이 많음). 이 경우에는 통상임금을 평균임금으로 보는 것으로 알고 있습니다.

그런데 퇴직 무렵에 임금이 인상되어 재해 발생 당시 통상임금에 비해 퇴직 당시 통상임금이 더 많은 사실이 확인되었습니다.

이와 같은 경우 퇴직 당시의 통상임금을 평균임금으로 보아도 문제가 없나요?

답 변

평균임금은 사유 발생일 이전 3개월간의 임금을 기준으로 산정하는 것이 원칙입니다(근로기준법 제2조 제1항 제6호). 근로기준법 시행령 제2조 제1항에서는 특별한 사유에 해당하는 기간을 3개월에서 제외하여 평균임금을 산정하는 예외를 규정하고 있습니다. 이와 같은 예외 규정은 평균임금 저하로 인한 근로자 피해 방지를 목적으로 한다고 이해할 수 있습니다. 한편 이와 같이 평균임금 산정기간에서 제외되는 기간이 3개월 이상인 경우에는 제외되는 기간의 최초일을 평균임금 산정사유 발생일로 보아 평균임금을 산정합니다(평균임금 산정특례 고시 제1조). 이 평균임금 산정특례도 근로기준법 시행령 제2조 제1항에서 규정한 예외의 연장선에 있는 제도이므로 그 목적은 근로자 보호에 있다고 볼 수 있습니다.

업무상 재해가 발생하지 않았다면 퇴직일 이전 3개월을 기준으로 평균임금을 산정하고 그 금액이 통상임금에 미달하면 그 당시의 통상임금을 평균임금으로 보게 됩니다(근로기준법 제2조 제2항). 사례의 경우에는 특별한 사정으로 인해 예외 규정을 적용하여 평균임금을 산정하였습니다. 해당 근로자에 대해 퇴직 당시의 통상임금을 평균임금으로 인정하지 않으면 예외를 적용함으로써 오히려 불이익을 당하게 됩니다. 이는 예외를 규정한 목적에 배치됩니다. 따라서 퇴직 당시의 통상임금을 평균임금으로 보는 것이 타당합니다.

22 상시근로자수 4명 이하 사업장의 경우 휴업기간이 평균임금 산정기간에서 제외되는지

K업체(개인기업)에서 퇴직한 근로자 A가 사장 B를 상대로 퇴직금 지급 요구 진정을 제기하였습니다. 이 업체의 상시근로자수는 3명입니다. 평균임금 산정과 관련하여 당사자 간에 다툼이 있습니다.

이 업체는 경영난으로 1개월간 휴업하였고 그 기간에 평균임금의 70%를 지급하였습니다. A는 이 기간을 평균임금 산정기간에서 제외해야 한다고 주장합니다. 반면에 B는 휴업기간도 평균임금 산정기간에 포함된다고 주장합니다. B는 근로기준법 제46조가 상시근로자수 4명 이하인 당해 사업장에 적용되지 않는다는 것을 주장 근거로 제시하고 있습니다. 즉, 근로기준법 시행령 제2조 제1항 제2호의 근거인 동법 제46조가 당해 사업장에 적용되지 않으므로 당연히 당해 시행령 규정도 적용되지 않는다는 것입니다. 비록 휴업기간에 대하여 수당을 지급한 것은 사실이나 이는 임의로 지급한 것이라고 합니다.

이 경우 어느 쪽 주장이 타당합니까?

••답 변••

근로기준법 시행령 제2조 제1항 제2호에 의하면 「동법 제46조에 따른 사용자의 귀책사유로 휴업한 기간」은 평균임금 산정기간에서 제외됩니다. 그런데 동법 제46조는 상시근로자수 4명 이하의 사업장에는 적용되지 않습니다(동법 시행령 [별표 1]). 따라서 형식적으로는 동 휴업기간이 평균임금 산정기간에 포함될 수 있는 것처럼 보일 수 있습니다.

그러나 근로기준법 제2조가 상시근로자수 4명 이하의 사업장에 적용되므로(동법 시행령 [별표 1]), 동법 제2조 제1항 제6호를 근거로 하는 동법 시행령 제2조도 상시근로자수 4명 이하의 사업장에 적용된다고 보는 것이 논리적입니다.

또한 동법 시행령 제2조는 정상적인 근로가 이루어지지 못한 기간을 평균임금 산정기간에서 제외함으로써 근로자를 보호하는 것을 목적으로 합니다. 상시근로자수 5명 이상 여부에 따라 동법 제46조의 휴업수당 청구권 발생 여부가 달라질 수는 있지만, 동 기간에 정상적인 근로가 없었다는 점에서는 차이가 없습니다. 따라서 상시근로자수 4명 이하인 경우에도 근로자를 보호할 필요가 있습니다.

이와 같이 법 규정 체계와 동법 시행령 제2조의 목적을 종합하면 사례의 경우 휴업기간을 평균임금 산정기간에서 제외하는 것이 타당합니다.

23 평균임금 산정기간 중 일부 기간이 제외될 경우 상여금 반영

K회사는 경영 사정이 좋지 않아 근로자들이 아래와 같이 근무하였습니다.

「1월 및 2월은 정상근무, 3월부터 8월까지는 유급휴직(휴직수당 지급), 9월은 정상근무, 10월 1일 폐업으로 전 근로자 퇴직 처리」

취업규칙상 상여금(기본급의 200%)을 분기별로 지급합니다.

퇴직금을 구하기 위해 평균임금을 산정해야 하는데 상여금을 어떻게 반영해야 하나요?

••답 변••

퇴직금은 평균임금을 기준으로 산정하는데 평균임금은 퇴직일 이전 3개월간 임금으로 산정합니다. 3개월 기간 중에 사용자의 귀책사유로 인한 휴업기간이 포함된 경우 산정기간에서 제외합니다.

10월 1일 퇴직처리할 경우 평균임금 산정기간은 원칙적으로 7월 1일부터 9월 30일까지입니다. 그런데 이 기간 중 7월 1일부터 8월 31일까지는 사용자의 귀책사유로 인한 휴업기간으로 볼 수 있으므로 제외됩니다. 결국 산정기간은 9월 1일부터 9월 30일까지입니다.

평균임금을 산정할 경우 상여금은 1년분의 3/12을 3개월 임금총액에 포함시키는 것이 원칙이나 사례의 경우 평균임금 산정기간이 1개월이므로 상여금 1년분의 1/12을 임금총액에 포함시켜야 합니다.

24 평균임금 산정기간에 중간정산기간이 포함된 경우

근로자 A는 퇴직금 중간정산을 받고 1개월 근무 후 육아휴직을 개시하였습니다. 육아휴직 개시 4개월 후 퇴직하였습니다.

「- 입사일 : 2010년 1월 1일

- 중간정산기간 : 입사일부터 2023년 9월 30일까지
- 육아휴직 개시일 : 2023년 11월 1일
- 퇴직일 : 2024년 3월 1일」

이 경우 나머지 기간에 대한 퇴직금을 구하기 위한 평균임금 산정기간에 대해서 설명해주시기 바랍니다.

답 변

퇴직금을 구하기 위해서는 평균임금을 산정해야 하는데 평균임금 산정기간은 퇴직일 이전 3개월입니다. 사례의 경우 평균임금 산정기간은 원칙적으로 2023년 12월 1일부터 2024년 2월 28일까지입니다.

그런데 위 기간이 전부 육아휴직기간으로서 평균임금 산정기간에서 제외되므로 육아휴직 개시일을 평균임금 산정사유 발생일로 보아 그 이전 3개월을 기준으로 평균임금을 산정해야 합니다. 따라서 2023년 8월 1일부터 2023년 10월 31일까지를 평균임금 산정기간으로 봐야 합니다.

위 평균임금 산정기간(2023년 8월 1일부터 2023년 10월 31일까지)에 퇴직금 중간정산기간 중 일부(2023년 8월 1일부터 2023년 9월 30일)가 포함되어 있습니다. 이 경우 중간정산기간을 제외해야 하는지 의문이 제기될 수 있습니다. 그러나 중간정산기간 중에도 정상적으로 근무하였으므로 이 기간을 제외하는 것은 타당하지 않습니다.

25 평균임금 산정기간에 지연 지급 임금이 포함된 경우

근로자 A와 회사 간에 체결한 근로계약에 의하면 매월 초일부터 말일까지 근무한 임금을 익월 10일에 지급합니다. 그런데 회사는 최근에 자금난으로 연장근로수당을 1개월씩 순차적으로 지연하여 지급해왔습니다. 이에 따라 A는 아래와 같이 연장근로수당을 받았습니다.

「(1) 2023년 10월분(50만원)

소정지급일 : 2023년 11월 10일, 실제지급일 : 2023년 12월 10일

(2) 2023년 11월분(40만원)

소정지급일 : 2023년 12월 10일, 실제지급일 : 2024년 1월 10일

(3) 2023년 12월분(30만원)

소정지급일 : 2024년 1월 10일, 실제지급일 : 2024년 2월 10일」

A는 2024년 2월 28일까지 근무하고 퇴직하였는데 퇴직금을 구하기 위해 평균

임금을 산정할 경우 연장근로수당을 어떻게 반영해야 하나요?

참고로 2024년 1월과 2월에는 연장근로를 하지 않았습니다.

••답 변••

퇴직금 산정 시 퇴직일 이전 3개월분 임금을 기준으로 평균임금을 산정합니다. 사례의 경우 평균임금 산정기간은 2023년 12월 1일부터 2024년 2월 28일까지입니다.

여기에서 퇴직일 이전 3개월분 임금이라 함은 3개월 내에 지급된 임금을 의미하는 것이 아니라 3개월 동안 근로한 대가를 의미합니다(다만, 매월 정기적으로 지급되는 임금이 아닌 경우에는 1년분의 3/12을 산입함).

2023년 12월분(30만원)은 평균임금 산정기간 중의 근로의 대가이므로 평균임금에 포함시켜야 합니다. 그러나 2023년 10월분(50만원)과 2023년 11월분(40만원)은 평균임금 산정기간에 지급되었지만 평균임금 산정기간 중의 근로의 대가가 아니므로 평균임금에 포함시킬 수 없습니다.

제8장

최저임금

1 최저임금 해당 여부(일률성이 없는 수당)

K회사 소속 근로자 A가 회사 대표를 상대로 최저임금법 위반을 이유로 진정을 제기하였습니다.

조사 결과 A는 월급으로 매월 기본급과 ○○수당을 받았는데 기본급만으로는 최저임금액에 미달하지만 기본급과 해당 수당을 합산하면 최저임금액 이상입니다. 해당 수당은 소정근로의 대가로서 매월 정기적으로 지급되나 일률적으로 지급되지는 않은 것으로 확인되었습니다.

회사는 해당 수당이 통상임금에 포함되지 않는다는 이유로 연장근로가산수당 등 산정 시 이를 적용하지 않고 있습니다.

해당 수당이 최저임금에 포함될 수 있는지 궁금합니다.

답 변

사례 질문의 요지는 통상임금에 포함되지 않는 임금이 최저임금에는 포함될 수 있는지 여부입니다.

해당 수당은 매월 정기적으로 지급되나 일률적으로 지급되지 않으므로 통상임금에 포함되지 않습니다.

대법원 판례(2014다49074, 2017.12.28.)는 최저임금에 산입되는 임금과 통상임금은 그 기능과 산정 방법이 다른 별개의 개념이라고 밝히고 있습니다. 고용노동부도 같은 입장입니다. 즉, 최저임금 포함 여부를 판단할 때 일률성은 고려하지 않는다고 밝히고 있습니다(개정 최저임금법령 설명자료 2019.1. 41페이지).

이상을 종합하면 해당 수당은 통상임금에는 포함되지 않지만 최저임금에는 포함된다고 볼 수 있습니다.

2 최저임금 해당 여부(매월 고정급으로 지급하는 차량유지비)

K회사는 출장 업무를 수행하는 직원들에게 매월 20만원을 차량유지비 명목으

로 지급하고 있습니다. 이는 출장 업무수행을 위해 자기 차량을 운행함으로써 발생하는 유류비를 일일이 계산하지 않고 평균적인 액수로 지급하는 것입니다. 월급에서 차량유지비를 제외하면 최저임금에 미달합니다. 회사는 차량유지비는 매월 출장 업무를 수행하는 직원에게 일률적으로 일정액을 지급하므로 최저임금에 포함된다고 주장합니다.

회사 주장이 타당합니까?

••답 변••

사례의 경우 차량유지비는 출장 시 차량을 운행함으로써 발생하는 비용에 충당할 목적으로 지급하는 것이므로 실비변상적인 금품으로 볼 수 있습니다. 그 액수가 매월 일정한 것은 산정방식에 불과하고 이로 인해 실비변상적이라는 금품의 성격 자체가 변경되지는 않습니다.

차량유지비는 실비변상적인 금품이어서 근로의 대가가 아니므로 임금에 해당하지 않습니다. 따라서 최저임금에도 해당하지 않는다고 보아야 합니다.

3 최저임금법 위반 여부(3교대제)

근로자 A의 근무조건(2024년)은 다음과 같습니다.

「- 근무형태 : 3교대제(3일 근무, 1일 휴무)

- 근무시간 : 1일차 07:30~14:30, 2일차 14:30~22:30, 3일차 22:30~07:30
- 휴게시간(1일 1시간) : 10:30~11:30, 18:00~19:00, 02:30~03:30
- 임금 : 매월 250만원」

이 경우 최저임금법 위반 여부 파악 방법을 알려 주시기 바랍니다.

••답 변••

(1) 사례의 임금형태는 월급제입니다. 월급제에서 최저임금법 위반 여부는 월급을 1개월의 최저임금 적용기준시간수로 나누어 산출한 후 그 금액을 시간

급 최저임금과 비교해야 합니다(최저임금법 시행령 제5조 제1항 제3호).

(2) 월 최저임금 적용기준시간수는 1주의 최저임금 적용시간수에 1년간 평균주수를 곱한 시간을 12로 나눈 시간수입니다. 이는 1일 평균 유급시간수 ×365÷12와 같습니다. 월 최저임금 적용기준시간수에는 실근로시간수와 유급시간수가 포함됩니다. 유급시간수에는 연장근로가산시간수, 야간근로가산시간수, 유급휴일시간수가 포함됩니다.

(3) 근로시간대 07:30~14:30을 A, 14:30~22:30을 B, 22:30~07:30을 C로 표현하겠습니다.

(4) 각 근로시간대의 유급시간수는 아래와 같습니다.

① A : 실근로시간수 6시간

② B : 실근로시간수 7시간, 야간근로가산시간수 0.25시간(=0.5×0.5), 합계 7.25시간

③ C : 실근로시간수 8시간, 야간근로가산시간수 3.25시간(=6.5×0.5), 합계 11.25시간

(5) 사례의 경우 4주 단위로 근무주기가 반복됩니다(휴무일 : ×).

① 제1주 : A, B, C, ×, A, B, C

② 제2주 : ×, A, B, C, ×, A, B

③ 제3주 : C, ×, A, B, C, ×, A

④ 제4주 : B, C, ×, A, B, C, ×

(6) 각 주의 유급시간수는 다음과 같습니다.

① 제1주 : 6+7.25+11.25+6+7.25+11.25+2×0.5+7=57

해설 2×0.5는 연장근로가산시간수(42−40=2, 42=6+7+8+6+7+8), 7은 주휴시간수(=42/6)

② 제2주 : 6+7.25+11.25+6+7.25+6.8=44.55

해설 6.8은 주휴시간수(=34/5)

③ 제3주 : 11.25+6+7.25+11.25+6+7=48.75

해설 7은 주휴시간수(=35/5)

④ 제4주 : 7.25+11.25+6+7.25+11.25+7.2=50.2

해설 7.2는 주휴시간수(=36/5)

(7) 4주 유급시간수 합계 200.5

(8) 월 최저임금 적용기준시간수

=1일 평균 유급시간수×365÷12

=(4주 유급시간수 합계÷4)÷7×365÷12

=(200.5÷4)÷7×365÷12

=218

(9) 시급=월급÷월 최저임금 적용기준시간수=2,500,000÷218=11,468

(10) 시급 11,468원이 시간급 최저임금 9,860원(2024년)을 상회하므로 최저임금법 위반이 아닙니다.

보충설명

통상임금 산정기준시간수 구하는 방식과 비교

최저임금 적용기준시간수에는 실근로시간뿐만 아니라 유급시간도 포함됩니다. 원칙적으로 이 유급시간에 포함되는 경우는 한정되어 있습니다. 최저임금법상 주휴수당은 최저임금에 포함되지만 약정유급휴일수당은 최저임금에 포함되지 않으므로 이에 대응하여 각각의 시간도 포함 여부가 달라지는 것입니다.

원칙에 따라 최저임금 적용기준시간수를 구할 때는 분자에서 최저임금에 포함되지 않는 유급임금을 제외하고 이에 대응하는 유급시간을 분모의 시간에서 제외해야 합니다. 이 방식은 대단히 복잡합니다. 그런데 분자와 분모에서 각각 임금과 시간을 제외하지 않고 계산하더라도 원칙적인 방식과 결과는 동일합니다. 이 방식이 원칙적인 방식에 비해 편리함은 물론입니다. 이 방식은 통상임금 산정기준시간수 구하는 방식과 동일합니다.

결국 최저임금 적용기준시간수 구하는 방식을 통상임금 산정기준시간수 구하는 방식대로 하여도 문제가 없으며, 이 방식이 원칙적인 방식에 비해 간편하다고 말할 수 있습니다.

4 최저임금법 위반 여부(격일제)

근로자 A의 근로조건은 아래와 같습니다(2024년).

「격일제 근무, 09:00 출근 익일 09:00 퇴근
휴게시간은 식사시간 3시간, 수면시간 4시간(01:00~05:00)
임금형태는 월급제로 매월 400만원」

이 경우 최저임금 위반 여부를 판단하는 방법을 알려주시기 바랍니다.

답 변

사례의 임금형태는 월급제입니다. 월급제에서 최저임금법 위반 여부는 월급을 1개월의 최저임금 적용기준시간수로 나누어 산출한 후 그 금액을 시간급 최저임금과 비교해야 합니다(최저임금법 시행령 제5조 제1항 제3호). 최저임금 적용기준시간수에는 주휴시간 등 유급시간이 포함됩니다.

격일제 근무이므로 제1주에 3일 근무할 경우 제2주에는 4일 근무하는 형태입니다. 즉, 2주 단위로 7일을 규칙적으로 근무하는 형태입니다. 1주 단위로 1일의 휴일이 있으므로 2주 단위로는 2일의 휴일이 있습니다.

최저임금 산정을 위해서 월 최저임금 적용기준시간수를 구해야 하는데 이를 위해서 우선 1일 평균 유급시간수를 구해야 합니다. 1일의 근로시간수를 구하기 위해서는 반복되는 주기를 확인해야 하는데 사례의 경우는 2주가 주기입니다. 이와 같이 산정한 1일 평균 유급시간수에 365를 곱해 1년의 근로시간수를 구한 후 12로 나눠 월 최저임금 적용기준시간수를 구합니다.

월 최저임금 적용기준시간수=1일 평균 유급시간수×365÷12

1일 평균 유급시간수={(17+9×0.5+4×0.5)×7+16}÷14

해설 17은 근로일의 실근로시간수, 9×0.5는 연장근로가산시간수, 4×0.5는 야간근로가산시간수, 7은 2주간의 근로일수, 16은 2주간의 주휴시간수(8×2), 14는 2주간의 총일수

월 최저임금 적용기준시간수
={(17+9×0.5+4×0.5)×7+16}÷14×365÷12=392

시급=월급÷월 최저임금 적용기준시간수=4,000,000÷392=10,204

시급 10,204원이 시간급 최저임금 9,860원(2024년)을 상회하므로 최저임금법 위반이 아닙니다.

5 최저임금법 위반 여부(월급제)(1)

근로자 A와 회사 간에 근로계약기간을 1년으로 하고, 임금형태는 월급제로 하되 그 금액은 시간급 최저임금×209로 하기로 약정하였습니다.

이 경우에 소정근로일이 많은 달(예, 3월, 8월)에 대해서 소정근로일이 적은 달(예, 2월, 4월)과 동일하게 일률적으로 위 약정임금을 지급해도 최저임금법 위반이 아닌지 궁금합니다.

답 변

월급제의 특징은 각 월의 소정근로일수(소정근로시간수)의 차이에도 불구하고 결근 등이 없이 정상적으로 근로한 경우 매월의 임금액수는 동일하다는 것입니다. 이를 구체적으로 보면 주 40시간제에서 매월의 실제 소정근로시간수가 상이해도 정상적으로 근로한 경우 월 유급시간수는 209시간으로 동일합니다. 209시간은 월 평균유급시간수(=1년의 유급시간수÷12)입니다.

「시간급 최저임금×209」는 월급액수를 책정한 기준에 불과합니다.

209시간에 시간급 최저임금을 곱하여 산출한 금액을 지급하면 법위반이 아닙니다.

따라서 사례의 경우 소정근로시간수가 평균치를 상회하는 월에 대해서도 약정 월급액수를 지급하면 법위반이 아닙니다.

6 최저임금법 위반 여부(월급제)(2)

근로자 A가 K회사를 상대로 진정을 제기하였습니다. A는 1일 8시간 주 40시간제로 근로하고 그 대가로 매월 2,060,740원(2024년)을 지급받기로 약정하였습니다. A는 2일 근무하고 퇴직하였는데 회사에서 2일분 임금을 제대로 계산해주지 않았다고 주장합니다. 회사는 최저임금에 맞춰 월급을 책정했으며, 2일분을 일할 계산하여 137,390원을 지급하였으므로 문제가 없다고 주장합니다.

이 경우에 정확한 임금 계산을 어떻게 해야 하나요?

답 변

사례의 임금형태는 월급제입니다. 월급제에서 최저임금법 위반 여부는 월급을 1개월의 최저임금 적용기준시간수로 나누어 산출한 후 그 금액을 시간급 최저임금과 비교해야 합니다(최저임금법 시행령 제5조 제1항 제3호). 최저임금 적용기준시간수에는 주휴시간 등 유급시간이 포함됩니다.

사례의 경우 월 최저임금 적용기준시간수는 209시간이므로 시급은 9,860원(=2,060,740÷209)입니다. 이 금액이 시간급 최저임금(2024년 기준)과 일치하므로 월급액수는 최저임금법 위반이 아닙니다.

사용자는 「월급÷월 일수×근로일수」로 2일분의 임금을 산정한 것으로 볼 수 있습니다. 그러나 위와 같은 방식으로 월급을 일할 계산하는 것은 정확한 방식이 아닙니다. 「시간급 통상임금×근로시간수」와 같은 방식으로 산정해야 합니다.

사례의 경우 시간급 통상임금은 9,860원입니다. 2일분에 대한 적법 임금은 157,760원(=9,860원×16시간)이므로 실제 지급한 액수는 최저임금에 미달합니다. 따라서 차액 20,370원(=157,760−137,390)을 추가로 지급해야 합니다.

7 최저임금법 위반 여부(시급제와 월급제의 차이)

근로자 A는 주 5일 40시간, 1일 8시간을 소정근로시간으로 하고, 시급제로 하되 시급은 2024년 최저임금에 해당하는 금액(9,860원)으로 계약하였습니다. 회사는 2024년 3월 임금을 아래와 같이 산정하여 지급하였습니다. 3월에 연장, 조퇴 등 없이 소정근로시간만 근로하였습니다.

「실근로 20일분 임금 : 20×8×9,860=1,577,600
3 · 1절(유급휴일)수당 : 8×9,860=78,880
주휴수당 : 5×8×9,860=394,400
합계 : 2,050,880원」

그런데 주 40시간제의 경우 월 소정근로시간수가 209시간이므로 월 임금은 2,060,740원(=209×9,860)이 되고, 이 금액은 월 최저임금이 됩니다. 그렇다면 위 2,050,880원은 최저임금에 미달하는 문제가 발생할 수 있습니다.

차액을 지급해야 하나요?

답 변

사례는 시급제인바, 이 경우에는 시간수에 따라 임금을 산정해야 합니다. 따라서 정상근로(연장, 조퇴 등 없이 소정근로시간만 근로)하더라도 매월의 소정근로시간수가 일정하지 않으므로 매월 임금액수가 일정할 수 없습니다.

이에 반해 월급제의 경우에는 매월의 소정근로시간수가 동일하지 않더라도 월급액수는 동일하다는 특성이 있습니다. 주 40시간제하에서 월급에 대응하는 시간은 209시간입니다. 209시간은 월 평균시간입니다. 월급제의 경우에는 2024년에 매월 209시간분의 최저임금인 2,060,740원(=209×9,860)을 지급하면 최저임금법 위반이 아닙니다.

반면에 시급제의 경우에는 최저임금법 위반 여부 판단 시 월 209시간이 기준이 될 수 없고, 해당 월의 실제 유급시간수를 기준으로 해야 합니다. 사례의 경우 3월의 유급시간수 208시간(=20×8+8+5×8)에 시급(9,860원)을 곱해서 월 임금을 산정한 것이므로 정당합니다.

8 최저임금법 위반 여부(최저임금 미만으로 근로계약을 체결한 경우)

최저임금 미만으로 근로계약을 체결한 경우에 최저임금법 제6조 제1항을 위반한 것으로 처벌할 수 있는지 궁금합니다.

••답 변••

다음과 같이 몇 가지의 상황을 가정하여 설명하겠습니다.

약정 임금액수가 최저임금에 미달하고, 소정지급일이 도래하지 않은 경우(X상황)와 소정지급일이 도래한 경우(Y상황)를 가정할 수 있습니다. 후자의 경우는 다시 최저임금액에 미달하여 지급한 경우(Y-1상황)와 전혀 지급하지 않은 경우(Y-2상황)로 세분할 수 있습니다.

최저임금법 제28조에서는 동법 제6조 제1항(사용자는 최저임금액 이상의 임금을 지급하여야 한다는 내용)을 위반하여 최저임금액보다 적은 임금을 지급한 경우 처벌하도록 규정하고 있습니다. 이 규정은 단지 약정한 임금액이 최저임금액에 미달한다는 이유로 처벌하는 것이 아니라, 임금 지급일에 실제로 지급한 액수가 최저임금액에 미달해야 처벌하는 것이라고 해석할 수 있습니다.

최저임금법 제28조를 위와 같이 해석하면 X상황은 처벌 대상이 아니라고 보아야 합니다. Y-1상황은 최저임금법 위반으로 처벌대상이라고 보아야 합니다. Y-2상황은 Y-1상황보다 더 사용자의 잘못이 크므로 처벌대상이라고 보아야 합니다.

질문하신 내용만으로는 사례의 경우 임금 지급일이 도래했는지 여부가 불명확합니다. 임금 지급일 도래 여부를 확인한 후 위에서 분류한 하나의 상황에 대입하시면 될 것 같습니다.

9 최저임금법 위반 여부(상시근로자수 4명 이하인 경우)

근로자 A는 상시근로자수 4명 이하인 K업체에서 다음과 같은 조건으로 근무합니다.

「- 근무시간 : 월요일부터 금요일까지는 08:30부터 20:00까지(휴게시간 1시간), 토요일은 08:30부터 13:00까지(휴게시간 없음), 일요일은 휴무

- 임금 : 월급제로 매월 250만원(2024년 현재)」

이 경우 최저임금에 맞게 임금이 책정된 것인지 궁금합니다.

••답 변••

실근로시간은 다음과 같습니다.

평일(월~금) : 10.5시간, 토요일 : 4.5시간

월 최저임금 적용기준시간수는 다음과 같습니다. 당해 사업장은 상시근로자수가 5명에 미달하므로 연장근로가산 규정(근로기준법 제56조)이 적용되지 않습니다. 주휴일 규정(제55조)은 적용되므로 일요일의 유급주휴시간수를 8시간으로 산정해야 합니다.

월 최저임금 적용기준시간수=(10.5×5+4.5+8)÷7×365÷12=282

해설 8은 주휴시간수

월 최저임금은 다음과 같습니다.

월 최저임금=9,860원×282시간=2,780,520원

해설 9,860원은 2024년 최저임금

따라서 월 최저임금에 미달하는 금액 280,520원(=2,780,520-2,500,000)을 추가로 지급해야 합니다.

보충설명

사례의 경우 상시근로자수 4명 이하이므로 주휴시간수를 8시간으로 할 것이 아니라 10.5시간으로 하는 것이 타당하다는 반론이 있을 수 있습니다.

상시근로자수 5명 이상인 경우 1일 8시간을 초과하여 근로하기로 한 경우에 1일 소정근로시간수는 8시간으로 보고 주휴시간도 이 시간으로 보고 있습니다(일반론). 반론은 이에 대한 예외를 적용해야 한다는 주장입니다.

이와 같은 반론은 상시근로자수 4명 이하인 경우 근로기준법 제2조 제1항 제7호(소정근로시간의 정의)가 적용되지 않는다는 것을 근거로 합니다. 근로

기준법 제2조 제1항 제7호는 제50조(근로시간을 1주 40시간, 1일 8시간으로 제한하는 규정) 범위에서 소정근로시간을 정하도록 규정하고 있으나, 상시근로자수 4명 이하인 경우 제50조가 적용되지 않으므로 결국 제2조 제1항 제7호도 적용되지 않습니다. 따라서 상시근로자수 4명 이하인 경우 1일 소정근로시간이 8시간을 초과할 수 있으므로 사례의 경우에는 10.5시간이 1일 소정근로시간이고 이 시간을 주휴시간으로 보아야 한다는 주장입니다.

반론에 의하면 상시근로자수 4명 이하 사업주가 더 많은 최저임금을 부담해야 합니다. 근로기준법에서 상시근로자수 4명 이하 사업장에 일부 규정을 적용하지 않는 것은 행정력이 미치지 못하는 점을 고려한 것도 있지만 영세사업자를 보호하기 위한 목적도 있습니다. 만약 반론에 따르면 영세 사업자가 오히려 불이익을 당하는 결과가 됩니다. 이는 정당하다고 볼 수 없습니다. 따라서 주휴시간 적용에서 상시근로자수 4명 이하인 경우를 5명 이상인 경우와 차별하는 것은 타당하지 않습니다.

10 최저임금과 통상임금의 관계

K회사에서 근무하는 근로자 A의 근로조건(2024년 기준)은 아래와 같습니다.

「- 근로시간 : 주 40시간제(1일 8시간)

- 임금 : 매월 기본급 200만원, 판매수당(판매액의 20%)」

A가 회사를 상대로 진정을 제기하였는데 연장근로수당 산정과 관련하여 다툼이 있습니다. A는 기본급이 최저임금에 미달하므로 최저임금을 기준으로 연장근로수당을 산정해야 한다고 주장하고, 회사는 기본급만을 기준으로 연장근로수당을 산정해야 한다고 주장하고 있습니다. 조사 결과 실제로 지급된 판매수당을 기본급과 합하면 최저임금에 미달하는 달은 없었던 것으로 확인되었습니다.

이 경우에 어떻게 처리해야 하나요?

••답 변••

판례(대법원 2014다49074, 2017.12.28.)와 행정해석(근로기준정책과-6245, 2019.12.11.)에 의하면 통상임금과 최저임금은 기능·산정방법이 다른 별개의 개념으로 통상임금 자체가 최저임금액을 최하한으로 한다고 볼 수 없다고 합니다. 다만, 비교대상 임금총액이 최저임금액보다 적은 경우에는 비교대상 임금총액이 최저임금액으로 증액되어야 하므로, 이에 따라 비교대상 임금에 산입된 개개의 임금도 증액되고 그 증액된 개개의 임금 중 통상임금에 해당하는 임금들을 기준으로 통상임금이 새롭게 산정될 수는 있다고 합니다. 여기에서 비교대상 임금총액이란 최저임금 위반 여부 판단의 대상이 되는 것으로서 최저임금에 포함될 수 있는 임금의 총액을 말합니다. 사례에서 기본급과 판매수당이 비교대상 임금총액에 해당합니다(판매수당은 성과고 임금으로서 최저임금에 포함될 수 있음).

사례의 경우 월 통상임금은 200만원인바, 이를 시급으로 환산하면 9,569원(=2,000,000÷209)으로서 최저임금(9,860원, 2024년 기준)에 미달합니다. 위에서 설명한 바와 같이 통상임금이 최저임금에 미달하더라도 위법하지 않으므로 연장근로수당 산정 시 9,569원을 기준으로 할 수 있습니다. 기본급과 판매수당을 합하면 최저임금에 미달하지 않는 것으로 확인되었으므로 최저임금 차액을 증액해야 할 문제도 발생하지 않습니다.

11 월 최저임금 산정(감시적 근로자)

근로자 A는 상시근로자수 5명 이상인 사업장에서 감시적 근로자로서 아래와 같이 근무하고 있습니다.

「1일차 : 09:00~16:00(휴게 12:00~13:00)

2일차 : 09:00~익일 09:00(휴게 12:00~13:00, 18:00~19:00, 01:00~05)

3일차 : 비번」

이 경우 최저임금에 미달하지 않게 월급을 책정하려면 그 금액을 얼마로 해야 하나요?

답 변

3일 단위로 주기적으로 근무하는 방식입니다.

1일차 : 8시간

2일차 : 18시간(야간 4시간 포함)

3일차 : 휴무

감시적 근로자에게는 근로시간 관련 규정 중 일부가 적용되지 않으므로 월 최저임금 적용기준시간수 산정 시 연장근로가산이나 주휴일을 고려할 필요가 없습니다. 다만, 감시적 근로자에게도 야간근로가산 규정은 적용됩니다.

월 최저임금 적용기준시간수=(8+18+4×0.5)÷3×365÷12=284

해설 4×0.5는 야간근로가산시간수

월 최저임금(2024년 기준)=9,860×284=2,800,240(원)

제9장

퇴직급여

1 사업양도 시 퇴직금 지급 책임

사업이 양도되었고 근로자들은 양수인에게 고용승계 되었습니다. 이 과정에서 양도인은 당초에 근로자들에게 양도 시점까지의 근로기간에 대한 퇴직금을 지급하겠다고 약속했으나, 후에 마음이 변하여 지급할 수 없다고 주장하고 있습니다. 양도인은 사업이 양도된 경우 양수인이 퇴직금 지급 책임을 져야 한다는 입장입니다.

근로자들은 누구로부터 퇴직금을 받을 수 있나요?

답 변

일반적으로 사업양도(영업양도)와 관련해서 근로관계 채무에 대해서는 특약이 없는 경우 양수인이 양도인과 연대하여 책임을 부담하는 것이 원칙입니다. 예컨대 체불임금이 있는 상태에서 사업양도가 있고 고용이 승계된 경우, 이 체불임금에 대해서는 양도인과 양수인이 연대책임을 부담합니다(만약 양수인이 체불임금을 지급한 경우 양도인에 대하여 구상권을 행사할 수 있음).

그런데 사업양도로 고용이 승계되면 양도 시점에는 퇴직이 없으므로 퇴직금이 발생하지 않습니다. 따라서 퇴직금에 대한 연대책임 문제는 발생하지 않습니다. 양도 이후 최종 퇴직 시에 퇴직금이 발생합니다. 퇴직 당시의 사용자가 퇴직금 지급 의무를 부담합니다. 이 경우 양도 이전(以前)기간까지 포함하여 산정한 퇴직금을 지급해야 합니다. 비록 양도인이 퇴직금을 지급하겠다고 약속했다고 하더라도 퇴직이 없는 상태이고, 사업양도는 퇴직금 중간정산 사유도 아니므로(근로자퇴직급여 보장법 시행령 제3조 참조) 양도인의 약속은 무효라고 볼 수 있습니다. 따라서 근로자들은 최종 퇴직 시 사용자에 대하여 퇴직금 지급 청구를 해야 합니다.

2 산재로 인한 요양기간이 있는 경우 퇴직금 계산을 위한 평균임금 산정기간

A는 건설현장에서 1년 단위로 근로계약기간을 정하여 근로하던 중 산재를 당하여, 2023년 10월 25일부터 2023년 11월 30일까지 입원하여 치료를 받았고, 그 기간에 대해서 산재보험으로 처리하였습니다.

산재보험 치료기간이 종료했으나 회사측은 A가 고령으로 더 치료가 필요하다고 판단하여 출근하라고 연락하지 않았고, A도 물리치료 등의 사유로 회사에 연락하지 않은 채 2023년 12월 1일부터 2024년 1월 12일까지 출근하지 않았습니다. A는 2024년 1월 13일부터 출근하여 2024년 1월 25일까지 근로하고 퇴직하였습니다.

퇴직금 계산을 위한 평균임금 산정기간에 대하여 알려주시기 바랍니다. 또한 건설일용근로자에 대해서 일반상용근로자와 동일하게 평균임금을 산정하면 되는지 의문입니다.

답 변

근로기준법 시행령 제3조는 「일용근로자의 평균임금은 고용노동부장관이 사업이나 직업에 따라 정하는 금액으로 한다」고 규정하고 있으나 아직 이를 정한 바는 없습니다. 따라서 일용근로자도 일반근로자와 동일한 방식으로 평균임금을 산정해야 합니다. 그런데 사례의 경우 해당 근로자는 1년 단위로 근로계약이 체결되었다고 하였습니다. 이런 경우는 상용근로자이며 일용근로자로 볼 수 없습니다. 그러므로 해당 근로자에 대해서는 일용근로자 평균임금 특례 문제는 당초에 발생할 소지가 없습니다.

근로기준법 제2조 제1항 제6호는 평균임금 산정원칙으로서 「'평균임금'이란 이를 산정하여야 할 사유가 발생한 날 이전 3개월 동안에 그 근로자에게 지급된 임금의 총액을 그 기간의 총일수로 나눈 금액을 말한다」고 규정하고 있습니다. 그런데 동법 시행령 제2조 제1항에서는 이 원칙에 대한 예외로서 「평균임금의 계산에서 제외되는 기간과 임금」에 대해서 규정하고 있습니다. 그중 사례와 관련되는 항목은 제4호(업무상 부상 또는 질병으로 요양하기 위하여 휴업한 기간)입니다.

사례에서 평균임금 산정사유 발생일 이전 3개월은 2023년 10월 26일부터 2024년 1월 25일까지입니다. 이 기간 중 2023년 10월 26일부터 2023년 11월 30일까지는 산재로 요양한 기간이므로 평균임금 산정기간에서 당연히 제외해야 합니다. 2023년 12월 1일부터 2024년 1월 12일까지는 공식적으로 산재처리를 하지는 않은 것으로 보입니다. 따라서 이 기간에 대하여 동 제4호를 적용할 것인지 여부에 대하여 논란이 있을 수 있습니다.

질문 내용에 의하면 고령으로 치료가 필요할 것 같아 사용자측이 연락하지 않았다고 하였습니다. 이는 산재로 인한 치료기간이 공식적으로 종료한 사실을 알고도 사용자측이 산재 후유증을 고려하여 휴식할 수 있도록 결근을 묵인한 것으로 보아야 합니다. 또한 실제로 그 기간에 근로자가 치료를 받은 사실도 있습니다. 이를 종합하면 이 기간도 동 제4호에 해당한다고 볼 수 있습니다. 또한 동항 제8호에서는 「그 밖의 사유로 사용자의 승인을 받아 휴업한 기간」도 평균임금 산정기간에서 제외하고 있습니다. 이미 살펴본 바와 같이 그 기간에 대하여 사용자가 결근을 묵인한 것이므로 이 기간은 최소한 동 제8호에는 해당한다고 볼 수 있습니다. 따라서 이 기간도 평균임금 산정에서 제외하는 것이 타당합니다. 결국 평균임금 산정기간은 2024년 1월 13일부터 2024년 1월 25일까지로 보는 것이 타당합니다.

보충설명

산재로 인한 요양기간에 대해서는 산업재해보상보험법에 의해 휴업급여를 지급하게 되는바, 휴업급여 지급을 위해서 근로복지공단에서 평균임금을 산정하게 됩니다. 이와 같이 산정한 평균임금을 퇴직금 산정 시 적용해도 무방하다는 반론이 있을 수 있습니다.

사례는 퇴직금 계산을 위한 평균임금 산정문제입니다. 퇴직일이 평균임금 산정사유 발생일입니다. 그러나 산재로 인한 휴업급여 지급을 위한 평균임금 산정사유 발생일은 산재발생일입니다. 즉, 평균임금 산정사유 발생일이 다릅니다. 따라서 산재로 인한 휴업급여 지급용 평균임금을 퇴직금 지급용으로 활용할 수 없고 다시 평균임금을 산정해야 합니다.

3 정년을 경과하여 계속 근로한 경우 퇴직금 산정

K회사의 취업규칙상 정년이 60세인데 근로자 A는 65세까지 근무하고 퇴직하였습니다. 정년 도달 시점에 퇴사나 재입사 절차, 퇴직금 정산 등의 조치는 전혀 없었습니다.

이 경우에 퇴직금 산정 시 정년과 관계없이 65세까지 계속 근로한 것으로 보아야 하는지, 아니면 정년 시점에 퇴직하고 재입사한 것으로 보아야 하는지 궁금합니다.

만약 65세까지 계속 근로한 것으로 본다면 취업규칙상의 정년규정을 어떻게 설명할 것인지, 즉, 취업규칙에 정년규정이 있음에도 불구하고 사용자와 근로자가 근로계약기간을 정년 이후까지 정하는 것이 가능한지 궁금합니다.

답 변

정년에 관해 근로기준법이 규정하고 있지 않습니다. 일반법인 민법을 적용할 수 있습니다. 민법 제662조 제1항은 「고용기간이 만료한 후 노무자가 계속하여 그 노무를 제공하는 경우에 사용자가 상당한 기간 내에 이의를 하지 아니한 때에는 전고용과 동일한 조건으로 다시 고용한 것으로 본다」고 규정하고 있습니다.

정년 도달 시점까지를 고용기간(근로기간)으로 정한 것으로 볼 수 있고, 정년 도달로 그 기간이 만료하였으나 사용자의 이의 없이 계속 노무(근로)를 제공한 경우이므로 위 조항을 적용할 수 있습니다. 동 조항에서 「다시 고용한 것으로 본다」는 것은 고용관계(근로관계)를 계속 유지한다는 의미라고 볼 수 있습니다.

따라서 최종 퇴직 시에 전체 근로기간을 합산하여 퇴직금을 산정하는 것이 타당합니다.

4 1년 미만 근무 중 사립학교교직원 연금법이 적용된 경우 퇴직금 산정

근로자 A는 근무한 지 1년 미만인 상태에서 사립학교교직원 연금법의 적용을 받게 되었습니다. 이전에는 근로자퇴직급여 보장법이 적용되었습니다. 이 경우에 1년 미만인 기간에 대해서 퇴직금이 발생합니까?

••답 변••

A는 사립학교에서 교직원이 아닌 상태에서 1년 미만 근무하였고, 이후 교직원으로 근무한 경우로 파악됩니다. 사립학교 교직원도 근로자로서 원칙적으로 노동관계법이 적용되지만, 특별법이 적용되는 경우 노동관계법이 적용되지 않습니다. 사립학교 교직원에 대하여 사립학교교직원 연금법이 적용되면 근로자퇴직급여 보장법이 적용되지 않습니다. 사립학교교직원 연금법이 근로자퇴직급여 보장법에 대하여 특별법적 성격을 갖기 때문입니다.

사례 설명만으로는 정확한 사실관계 파악이 불가능하나 아래와 같이 가정한 상항에 따라 파악할 수 있습니다.

[사례1] A가 교직원 채용에 즈음하여 사직을 하지 않았고, 신분만 교직원으로 변경되어 계속 근로한 경우에는 근로관계가 단절되었다고 볼 수 없습니다.

[사례2] 교직원 채용에 즈음하여 사직을 했으나, 사직 당시에 교직원으로 채용되는 것이 확정된 상태에서 신분 변경을 위해 형식상 사직한 것이라면 근로관계가 단절되었다고 볼 수 없습니다. 이와 같이 형식상 사직한 경우에는 근로자에게 진정으로 사직할 의사가 없었고, 이를 사용자측에서도 알았거나 알 수 있었다고 보아야 하므로 이는 민법상 「진의 아닌 의사표시」로서 무효이기 때문입니다(민법 제107조).

이 경우 교직원이 아닌 상태에서 근로한 1년 미만에 대하여 사립학교교직원 연금법이 적용되지 않습니다. 만약 신분 변경이 없었다면 이 1년 미만의 기간은 근로자퇴직급여 보장법에 의한 보호를 받을 수 있었습니다(1년 미만의 기간과 그 이후 기간이 합하여 1년 이상인 경우). 이와 같이 1년 미만의 기간에 대하여 사립학교교직원 연금법에 의한 보호를 하지 않으면서, 이 법이 적용된다는 우연한 사정으로 근로자퇴직급여 보장법에 의한 보호를 하지 않는 것은 부당합니다. 따라서 그 기간에 대해서도 근로자퇴직급여 보장법을 적용하여 퇴직금을 지급하는 것이 타당합니다. 그 기간이 1년 미만이므로 특별한 사정이 없는 한 그 금액은 평균임금 30일분 미만일 것입니다. 비례적으로 산정(예컨대 그 기간이 6개월이면 15일분)하면 될 것입니다. 이 퇴직금은 퇴직 시에 지급하거나 중간정산에 준하여 그 전에 지급할 수 있을 것입니다.

5 계절적 업무에 기간제로 수년간 종사한 경우 퇴직금 발생 여부

A는 K회사에서 작물재배 등 계절적 업무에 종사하였습니다. A는 봄부터 가을까지 매년 9~11개월씩 근무하였습니다. A는 매년 채용공고를 보고 지원하여 고용되었고, 매 고용 시에 근로계약서를 작성하였으며 계약기간을 약정하였습니다. 회사측으로부터 계속고용 약속을 받은 바는 없었습니다. 입사지원자가 별로 없어서 지원자 대다수가 채용되었습니다. A가 근무한 기간은 햇수로 약 5년입니다.

이 경우에 퇴직금 산정 시 계속근로로 인정할 수 있는지 문의합니다.

답 변

사례는 퇴직금 발생요건으로서 「근로관계」가 1년 이상 계속되었는지 여부에 관한 질문입니다. 근로관계는 근로계약에 의해 결정되므로 이 문제를 해결하기 위해서는 우선 근로계약 내용을 파악해야 합니다. 근로계약 내용을 파악한 후에는 그 유효 여부를 검토해야 합니다. 유효이면 그 내용대로 법률효과가 발생하지만 무효이면 그렇지 않습니다. 근로계약은 그 내용대로 유효한 것이 원칙이나(사적 자치의 원칙), 경우에 따라 근로계약 내용이 근로기준법에 위반하여 무효가 될 수 있습니다. 이 경우에는 근로기준법이 적용됩니다(제15조 제2항).

먼저 해당 근로계약 내용을 살펴보겠습니다. 질문 설명에 의하면 근로기간 1년 미만으로(일종의 기간제) 근로계약을 체결하였으며 계약기간 만료로 근로관계가 종료합니다. 다음 연도에 새로 근로관계가 시작하는 근로계약을 체결하였으며 이것 역시 계약기간 만료로 근로관계가 종료합니다. 이런 상황이 반복되어 근로기간 1년 미만의 근로관계가 여러 개 있으나 각 근로관계가 연결되지는 않습니다. 따라서 1년 이상 근로관계가 계속된 사실이 없습니다. 근로계약이 유효할 경우 이와 같은 법률효과가 발생하므로 이를 인정해야 합니다.

다음으로 위 근로계약이 법적으로 유효한지를 살펴보겠습니다. 질문 설명에 의하면 해당 근로자가 종사한 업무는 작물재배 등의 계절적 업무입니다. 이 업무는 1년 중 일부 기간만 근로를 필요로 한다는 특성이 있습니다. 위와 같이 근로계약 내용 중 근로기간이 1년 미만인 것은 종사하는 업무의 특성에 기인한다고 볼 수 있습니다. 사용자가 법망을 회피하기 위해 고의적으로 근로기간을 1년 미만으로 정했다고 볼 수 없습니다. 또한 다음 연도에 해당 근로자를 반드시 채용해야 할 의무는 없으므로 공개채용 방식으로 채용하여 새로 근로관계가 시작하는 것으로 하여도 법 위반으로 볼 수는 없습니다. 결국 위 근로계약은 근로기준법에 위반되지 않아 유효하므로 그 내용대로 법률효과가 발생한다고 볼 수 있습니다. 따라서 1년 이상 근로관계가 계속된 사실이 없으므로 퇴직금이 발생하지 않는다고 보는 것이 타당합니다.

6 사회보험상 전적 신고된 경우 퇴직금 산정

근로자 A는 당초 K회사에 채용되어 약 5년간 근무하였습니다. A는 근무기간 중 소속이 순차적으로 L, M, N회사로 변경되었다는 통지를 국민건강보험공단으로부터 받은 바 있습니다. 소속 변경에 대하여 A가 회사측과 협의하거나 회사측으로부터 직접 들은 사실은 없었습니다. 소속 변경과 관계없이 A는 K회사측의 관리자로부터 지휘・감독을 받으며 계속 근무하였습니다. A는 K회사를 상대로 퇴직금 지급을 요구하는 진정을 제기하였습니다.

K회사측은 위 회사들은 인사・노무・회계가 독립된 법인들이고, A가 건강보험공단으로부터 전적 통지를 받은 이후에 전혀 이의를 제기한 바 없으므로 전적에

대하여 묵시적으로 동의한 것으로 보아야 한다고 주장하고 있습니다.

이 경우에 퇴직금 산정은 어떻게 해야 하나요?

••답 변••

당초 A와 K회사 간에 근로관계가 성립하였습니다. 이후 A와 L회사 간에 근로관계가 성립하려면 A와 K회사 간에 근로관계를 종료시키는 행위와 A와 L회사 간에 근로관계를 성립시키는 행위가 있어야 합니다. 이와 같은 근로관계의 종료 및 성립에는 당사자인 A와 K회사 및 L회사가 관여해야 합니다. M 및 N회사와의 관계도 마찬가지입니다.

그런데 사례의 설명에 의하면 A와 회사들 간에 위와 같은 행위를 했다는 증거가 없습니다. 단지 K회사가 A의 관여 없이 일방적으로 사회보험상 소속을 변경하는 신고를 했을 뿐입니다. 이와 같이 근로관계의 상대방인 근로자의 의사가 개입하지 않은 상태에서 사용자가 단독으로 기존 근로관계를 종료시키고 새로 근로관계를 성립시킬 수는 없습니다. 또한 실제로 K회사 관계자에 의해 작업에 관한 지휘·감독이 이루어진 상태가 계속되었습니다.

이와 같은 사실을 종합하면 A와 K회사 간의 근로관계는 계속 유지되었다고 보아야 하고, 따라서 전체 근로기간을 합산하여 산정한 퇴직금을 K회사가 지급해야 합니다.

7 무등록 건설사업자 소속 근로자의 퇴직금 발생 여부

A는 무등록 건설사업자(속칭 오야지) B에게 고용되어 여러 건설현장에서 일하였습니다. 여러 현장에서 근로한 기간을 합하여 1년 이상이면 퇴직금이 발생하는지 궁금합니다.

••답 변••

B는 자신의 고유 사업장을 보유하지 않고, 건설현장 단위로 일을 도급받아

사업을 하는 사람입니다. 한 현장의 일이 끝나면서 사업도 종료하며, 새로운 현장의 일이 시작되면서 사업이 다시 시작된다고 보아야 합니다. 건설현장 간에 사업의 계속성이 없습니다. 따라서 어떤 근로자가 공백 없이 여러 현장에서 일을 했다고 하더라도 동일한 사업에서 계속 근로한 것으로 볼 수는 없습니다.

그러므로 특정 현장에서의 계속근로기간이 1년 이상이라면 퇴직금이 발생하지만, 각 현장의 근로기간이 1년 미만이고 각 현장의 근로기간을 합하여 1년 이상인 경우에는 퇴직금이 발생하지 않는다고 보아야 합니다.

보충설명

무등록 건설사업자가 특정 근로자를 어떤 현장에서 사용할 때 무등록 건설사업자와 근로자 간에는 길어야 그 현장의 공사가 끝날 때까지 해당 근로자를 사용한다는 관계가 성립합니다. 그 현장의 공사가 끝나고 다른 현장의 공사를 무등록 건설사업자가 도급받을 경우까지 염두에 두고 근로계약을 체결하지는 않습니다. 왜냐하면 현재의 현장 일이 끝나면 다음에 어떤 현장의 일을 도급받을지 알 수 없기 때문입니다.

만약 무등록 건설사업자가 어떤 사람을 1년 이상 사용하겠다고 약속했고 이 약속에 따라 무등록 건설사업자가 이후에 도급받은 현장에서 계속 사용했다면 현장이 바뀌어도 근로관계는 계속된다고 보아야 합니다. 그러나 무등록 건설사업자는 향후에 공사를 확실히 도급받는다는 보장이 없기 때문에 그런 식으로 근로계약을 하지는 않습니다. 개개 현장의 공사를 도급받을 때마다 그때그때 필요한 인력을 물색하여 사용하는 것입니다.

따라서 하나의 현장 일이 끝나면 무등록 건설사업자와 근로자 간의 근로관계는 일단 종료된다고 보아야 합니다. 현장 간에 공백 없이 사용했다고 하더라도 이는 새로운 근로계약에 의해 사용하는 관계이고, 이렇게 공백이 없는 것은 우연한 현상에 불과합니다.

8 소속 변경시 퇴직금 산정

근로자 A가 K회사에 입사하여 근무한 지 약 6개월 되었을 때 회사 방침에 따라 계열사인 L회사로 소속이 변경되었고(고용보험 등 변경 신고를 함), 그때부터 임금도 L회사로부터 계좌로 입금 받게 되었습니다. 소속 변경 이후에도 A의 근무장소, 직무내용 등은 전혀 변경이 없었습니다. 약 1년 후 소속이 원상회복되었고 임금도 K회사로부터 받게 되었습니다.

A가 퇴직했을 경우 계속근로기간을 어떻게 처리하여 퇴직금을 산정해야 됩니까?

••답 변••

근로자 A와 K회사 간에 성립한 근로관계가 중단되고 L회사와 새로 근로관계가 성립하려면 당사자 간에 이에 대한 합의가 있어야 합니다. 그런데 설명에 의하면 이런 증거가 없습니다. 또한 일반적으로 근로자는 근로관계가 성립한 사업장에서 근로합니다. 만약 A와 L회사 간에 새로 근로관계가 성립했다면 A는 L회사에서 근로했어야 합니다. 그런데 A는 시종일관 K회사에서 근로하였습니다.

이와 같은 사실을 종합하면 소속 변경은 형식에 불과할 뿐 실질적인 근로관계 변경은 없었다고 보아야 합니다. 따라서 고용보험 등 신고도 허위로 보아야 합니다.

한편 임금 지급 책임은 근로자를 사용한 사업주가 부담하는 것이 원칙입니다. 그러나 금전지급채무는 대체이행이 가능하므로 사업주 아닌 자가 사업주를 대신하여 임금을 지급할 수 있습니다. 따라서 L회사가 임금을 지급했다고 해도 반드시 사업주가 되는 것은 아닙니다. L회사는 사업주인 K회사를 대신하여 임금을 지급한 것으로 보아야 합니다.

그러므로 퇴직금 산정 시 A는 K회사에서 계속 근로한 것으로 처리해야 합니다.

9 개인기업에서 법인기업으로 변경된 경우 퇴직금 산정

근로자 A는 개인기업에서 법인기업으로 변경된 사업장에서 근무하였습니다. 법인으로 변경되면서 사업장 대표, 업종 등 실질적으로 변경된 것은 없고 상호만 변경되었습니다. 법인으로 변경될 즈음에 퇴직금을 지급받았습니다. 퇴직금 수령

시에 「퇴직금을 이의 없이 수령하며 향후 민・형사상 이의를 제기하지 않겠음」이라고 기재된 문서에 서명하였습니다.

A는 법인으로 변경된 이후 7개월간 근무하다 최종 퇴직하였습니다. 이 경우 7개월에 대해서 퇴직금을 받을 수 있는지 궁금합니다.

답 변

사례의 경우 사업의 형태가 개인기업에서 법인기업으로 변경되었을 뿐 실체는 동일합니다. 즉, 동일한 사업이 계속되었습니다. 사업 형태 변경에 즈음하여 근로자가 퇴직확인서를 작성하면서 퇴직금 명목의 금품을 수령한바, 이를 법적으로 어떻게 해석할 것이냐가 관건입니다.

비록 퇴직확인서를 작성했지만 실제로 근로자가 퇴직한 사실은 없습니다. 다만, 사업 형태 변경에 즈음하여 그때까지 근무한 기간에 대한 퇴직금을 중간정산하기 위한 목적으로 편의상 퇴직확인서를 작성한 것으로 추정합니다. 이와 같이 근로자가 실제로는 퇴직할 의사가 없으면서 편의상 그렇게 작성한 사실에 대해서는 노사가 서로 알고 있었다고 보아야 합니다. 따라서 이는 민법 제108조에서 규정한 「통정한 허위 표시」에 해당하여 무효입니다. 따라서 퇴직의 효력이 발생하지 않으며 근로관계는 계속된다고 보아야 합니다.

사례의 경우는 근로자퇴직급여 보장법 시행령 제3조에서 규정한 퇴직금 중간정산 사유에도 속하지 않기 때문에 이 부분도 무효라고 보아야 합니다.

위 사실을 종합하면 법인으로 변경된 이후 근무기간까지 포함하여 전체 근무기간을 기준으로 산정한 금액에서 이미 지급한 금액을 공제한 금액을 미지급 퇴직금으로 보는 것이 타당합니다. 다만, 공제 시 일정한 제한이 있습니다(제9장 32번 사례 참조).

10 퇴직금 산정 시 계속근로 여부(1)

K회사 소속 근로자 A는 회사 체육행사 중 사고를 당했습니다. 이로 인해 A는 한 달간 입원치료를 받았습니다. A는 치료기간 중에 고용보험 피보험자격 상실신고 통지서를 받았습니다. 회사 관계자에게 문의하니 A가 장기간 출근할 수 없어서 고용보험 상실신고를 했다고 대답했다고 합니다. A는 치료가 끝나고 회사에 복귀했으나 후유증으로 근무를 계속할 수 없어서 사직서를 제출하고 퇴직하였습니다. A가 퇴직금을 청구했으나 회사측은 퇴직금이 발생하지 않는다고 지급을 거절하였습니다. 이에 A는 회사를 상대로 퇴직금 지급 요구 진정을 제기하였습니다.

회사측은 위 상실신고로 인해 근로관계가 단절되었고, 회사에 복귀함으로써 재입사한 것으로 보아야 한다고 하면서 단절 전후의 기간이 1년 미만이므로 퇴직금이 발생하지 않는다고 주장합니다. 조사 결과 입사일부터 퇴직일까지 전체 기간은 1년 이상으로 확인되었습니다.

이 경우 회사측 주장대로 근로관계가 단절된 것으로 볼 수 있나요?

답 변

근로관계가 단절되는 사유는 크게 당사자의 의사와 사건으로 구분할 수 있습니다.

당사자의 의사에 의한 경우는 해고, 사직(임의퇴직), 합의퇴직(권고사직, 의원면직)으로 세분할 수 있습니다. 해고는 사용자의 일방적인 의사에 의해 근로관계가 단절되는 것입니다. 사직(임의퇴직)은 근로자의 일방적인 의사에 의해 근로관계가 단절되는 것입니다. 합의퇴직(권고사직, 의원면직)은 노사의 의사합치(합의)에 의해 근로관계가 단절되는 것입니다.

사건은 당사자의 의사와 무관하게 근로관계가 단절되는 것으로서 계약기간 만료, 정년의 도래, 근로자의 사망 등이 있습니다.

사례의 경우 사고로 인한 치료기간 중 근로제공이 없었습니다. 이 기간 중 근로관계가 단절되었는지 여부가 논란입니다.

이 기간 중 사건에 해당할 만한 것이 없다는 점은 명백합니다.

당사자의 의사에 의한 근로관계 단절을 검토할 문제만 남습니다. 근로자가 사직의 의사표시를 한 사실도 없습니다. 또한 당사자 간에 근로관계 단절의 합의를 한 사실도 없습니다.

사용자가 고용보험 피보험자격 상실신고를 했는데 이 신고는 원래 근로관계가 종료할 때 하는 것입니다. 따라서 사용자의 동 신고는 근로관계 종료를 목적으로 한 것이라고 볼 수 있습니다. 사용자의 의사에 의한 신고이므로 해고라고 볼 수 있습니다. 그러나 이와 같은 해고는 근로기준법 제23조 제2항(업무상 재해로 요양하는 기간과 그 후 30일 동안 해고 금지)에 의해 무효입니다. 따라서 동 신고로 인해 근로관계가 단절되지 않습니다.

위의 사실을 종합하면 사고로 인한 치료기간 중 근로관계가 단절된 사실이 없으므로 전체 기간에 대해 퇴직금을 산정하여 지급해야 합니다.

11 퇴직금 산정 시 계속근로 여부(2)

A는 K회사(조경업) 소속으로 2021년 7월부터 2024년 2월까지 근무하였습니다. A의 근무일수는 적은 편이었습니다. 1개월 중 월간 15일 미만 근무한 경우가 10개월 정도 됩니다. 특히 겨울철에는 거의 출근하지 않았고 간헐적으로 월 2~3회 정도 근무하였습니다.

임금은 일당제로 근로일수에 대해서만 지급하되 매월 10일에 합산하여 지급하는 방식이었습니다.

A가 퇴직금 지급 요구 진정을 제기하였는데 계속근로 여부가 쟁점입니다. 회사측은 근로일이 적은 월에 근로관계가 단절되어 1년 이상 계속근로한 사실이 없으므로 퇴직금이 발생하지 않는다고 주장합니다.

이 경우 계속근로 여부를 어떻게 판단해야 하나요?

답 변

근로일수의 많고 적음을 기준으로 근로관계 단절 여부를 판단할 수는 없습니다. 우선 근로계약의 성격부터 확인해야 합니다. 기간을 정한 근로계약(기간제)이면 기간 만료로 근로관계는 종료합니다. 사례의 경우 특별한 설명이 없는 것으로 보아 기간제에는 해당하지 않는 것으로 추정합니다. 기간제가 아닐 경우(무기계약)에는 근로관계를 종료시키는 행위(해고, 사직, 합의퇴직 등)가 있어야 근로관계가 종료합니다.

이와 같이 근로관계를 종료시키는 사유가 존재하는지 확인해야 합니다. 만약 무기계약이고 근로관계를 종료시키는 사유가 존재하지 않으면 근로관계는 1년 이상 계속되므로 퇴직금이 발생합니다.

12 동일인이 운영하는 복수 사업장에서 근로한 경우 퇴직금 산정 시 계속근로 여부

근로자 A는 사업주 B의 지시에 따라 K업체, L업체, M업체를 6개월마다 옮겨 다니며 총 4년을 근무하였습니다. 업체를 옮길 때마다 근로계약서를 새로 작성하였고 고용보험 취득 및 상실 신고도 반복적으로 이루어졌습니다. 업체를 옮길 때 공백기간은 없었습니다.

3개 업체의 사업자등록증상 K업체 및 L업체 대표는 B이고, M업체 대표는 C(B의 처제)로 되어 있지만, C는 사업에 관여하지 않으며 B가 3개 사업장을 실질적으로 운영하였습니다. 3개 사업장의 업종은 판매업으로 동일하며 A의 업무 내용도 동일하였습니다. 3개 업체의 다른 근로자들은 옮겨 다닌 사실이 없습니다.

A가 퇴직금 지급 요구 진정을 제기하였습니다. B는 사업장을 옮겨 다닐 때 근로계약서를 새로 작성했으므로 근로관계가 단절되어 퇴직금이 발생하지 않는다고 주장합니다.

이 경우 어떻게 처리해야 되나요?

답 변

A가 사업장을 옮길 때마다 작성한 근로계약서에 근로계약기간이 6개월로

기재된 것으로 추정합니다. 만약 이 계약이 유효하다면 각 근로계약기간은 단절될 수 있습니다. 그러나 A는 B의 지시에 의해 업체를 옮겨 다녔고 B는 3개 업체의 실질적인 사업주입니다. 이를 종합하면 각 계약서에 기재된 근로계약기간은 형식에 불과하다는 점을 서로 알고 작성한 것이므로 이는 민법 제108조 제1항에서 규정한 통정허위표시에 해당하여 무효라고 보아야 합니다.

따라서 각 사업장의 근로기간은 단절되지 않으므로 전체 기간에 대해 퇴직금을 산정하는 것이 타당합니다.

13 계속근로기간 1년 중 주 15시간 미만 기간이 있는 경우 퇴직금 발생 여부

근로자 A가 퇴직금 지급 요구 진정을 제기했는데 전체 근무기간은 1년인데 그 중 주 15시간 미만인 기간이 있습니다.

이 경우 퇴직금이 발생하지 않는 것으로 보아야 하는지, 발생하는 것으로 보되 15시간 미만인 주를 제외하고 산정해도 되는지 궁금합니다.

답 변

근로자퇴직급여 보장법 제4조 제1항에 의하면 계속근로기간이 1년 미만인 근로자와 4주간을 평균하여 1주간의 소정근로시간이 15시간 미만인 근로자에 대해서는 동법이 적용되지 않습니다. 동법이 적용되기 위해서는 두 가지에 모두 해당하지 않아야 된다고 보는 것이 타당합니다. 다시 말하면 동법이 적용되기 위해서는 4주간을 평균하여 1주간의 소정근로시간이 15시간 이상인 근로자로서 1년 이상 근로해야 한다는 것입니다.

1주간의 소정근로시간이 15시간 이상인 주를 합산한 기간이 1년 이상이면 퇴직금이 발생합니다.

따라서 사례의 경우 해당 근로자의 주 소정근로시간 15시간 이상 되는 기간이 1년에 미달하므로 퇴직금 지급 대상이 아니라고 보는 것이 타당합니다.

보충설명

주의할 점

퇴직금 산정시 계속근로기간 포함 여부는 4주 단위를 기준으로 합니다. 즉, 4주간을 평균하여 1주간의 소정근로시간이 15시간 이상이면 4주 전체를 계속근로기간에 포함하고, 4주간을 평균하여 1주간의 소정근로시간이 15시간 미만이면 4주 전체를 계속근로기간에서 제외합니다.

따라서 4주간을 평균하여 1주간의 소정근로시간이 15시간 이상이면 소정근로시간이 15시간 미만인 주를 포함한 4주 전체를 계속근로기간에 포함하고, 4주간을 평균하여 1주간의 소정근로시간이 15시간 미만이면 소정근로시간이 15시간 이상인 주를 포함하여 4주 전체를 계속근로기간에서 제외합니다.

14 평균임금이 통상임금보다 낮은 경우 퇴직금 산정방법

근로자 A는 K학교에서 2024년 1월 31일까지 근로하고 퇴직하였습니다. 주 40시간제였고 전체 근무기간은 2년이었습니다. 월급제로서 일액 12만원을 250일(방학기간을 제외한 일수)에 곱하여 산출한 금액 3천만원을 연봉으로 책정한 후, 이를 12분할하여 매월(방학기간 포함) 250만원을 지급하였습니다.

퇴직금 산정과 관련하여 아래와 같이 의견 대립이 있습니다. 계속근로기간이 2년이라는 점에 대해서는 이견이 없습니다.

[A의 주장]

평균임금(연봉의 1/12)이 통상임금보다 낮으므로, 통상임금(120,000원)으로 퇴직금을 산정해야 한다.

퇴직금 산정 : 120,000원×2년×30일=7,200,000원

[사용자 주장]

근로자가 근로를 제공하지 않은 방학기간도 퇴직금 산정을 위한 계속근로기간에 포함되어 있고, 연봉의 1/12을 월급으로 책정하였으므로 연봉의 3/12이 평균임금 산정 시 임금총액이다.

퇴직금 산정 : (2,500,000원×3개월)/92일×2년×30일=4,891,304원

••답 변••

사례에서 A의 주장은 일급 통상임금이 120,000원이라는 것인바, 이것이 타당한지부터 검토해볼 필요가 있습니다. 만약 일급 통상임금이 120,000원이라면 시간급 통상임금은 15,000원(=120,000원÷8시간)이므로 월급금액은 3,135,000원(=15,000원×209시간)이 되어야 합니다. 그런데 실제로 월급금액은 2,500,000원입니다. 따라서 일급 통상임금이 120,000원이라는 주장은 잘못입니다.

정확한 시간급 통상임금은 11,962원(=2,500,000원÷209시간)이므로 일급 통상임금은 95,696원(=11,962원×8시간)입니다.

평균임금은 81,522원(=2,500,000원×3개월÷92일)입니다. 평균임금(81,522원)이 일급 통상임금(95,696원)보다 낮으므로 일급 통상임금을 평균임금으로 보아야 합니다(근로기준법 제2조 제2항). 이에 따라 퇴직금을 산정하면 그 금액은 5,741,760원(=95,696원×30일×2년)입니다.

15 퇴직금 발생 후 포기한 경우의 효력

K회사를 퇴직한 근로자 A가 회사로부터 퇴직금의 일부를 받으면서 다음과 같은 내용의 합의서에 서명하였습니다.

「퇴직금을 금 500만원으로 합의하고 이후 어떠한 민·형사상 이의를 제기하지 않겠습니다.」

회사는 위 합의서에 따라 500만원을 지급하였습니다. 이후 A가 퇴직금 일부 미지급을 이유로 진정을 제기하였습니다.

이 경우 A에게 퇴직금 차액 청구권이 있다고 볼 수 있나요?

••답 변••

퇴직금은 발생하기 전에 포기할 수 없습니다(대법원 2018다21821, 25502, 2018.

7.12.). 즉, 이 경우에는 포기계약은 무효입니다. 이를 반대로 해석하면 발생 후에는 포기가 가능하므로 포기계약은 유효합니다.

사례의 경우 합의서의 내용은 정확한 퇴직금액수가 얼마인지 상관없이 500만원을 퇴직금으로 간주하고 이 금액을 지급하면 더 이상 문제삼지 않는다는 취지로 해석합니다. 퇴직금의 액수가 500만원을 초과한다고 하더라도 그 부분을 포기한 것으로 볼 수 있습니다. 만약 근로자가 무효나 취소 사유(강박, 사기, 착오 등)가 없는 자유로운 상태에서 합의했다면 유효합니다. 이 경우에는 퇴직금 차액 청구권은 없다고 보아야 합니다.

판례 ● 대법원 2018다21821, 25502, 2018.7.12.

> 퇴직금은 사용자가 일정 기간을 계속 근로하고 퇴직하는 근로자에게 계속근로에 대한 대가로서 지급하는 후불적 임금의 성질을 띤 금원으로서 구체적인 퇴직금청구권은 근로관계가 끝나는 퇴직이라는 사실을 요건으로 발생한다. 최종 퇴직 시 발생하는 퇴직금청구권을 미리 포기하는 것은 강행법규인 근로기준법, 근로자퇴직급여 보장법에 위반되어 무효이다. 그러나 근로자가 퇴직하여 더 이상 근로계약관계에 있지 않은 상황에서 퇴직 시 발생한 퇴직금청구권을 나중에 포기하는 것은 허용되고, 이러한 약정이 강행법규에 위반된다고 볼 수 없다.

16 해고기간을 계속근로기간에 포함하기로 화해조서를 작성한 경우 퇴직금 산정

K회사는 6개월간 영업정지를 받으면서 사업을 할 수 없게 되자 근로자들을 경영상 이유로 해고하였습니다. 근로자 A가 노동위원회에 부당해고 구제신청을 하였습니다. 당사자 간에 화해가 성립되어 아래 내용으로 화해조서를 작성하였습니다.

> 「영업정지기간이 만료되어 영업이 재개되면 A를 복귀시킨다. 해고처분 이후부터 복귀 시까지의 기간을 근속기간에 산입한다.」

영업이 재개되면서 A는 복귀하였습니다. A는 복귀하기 전까지 실업급여를 받았습니다. 복귀 후 약 7개월간 근무하고 최종 퇴직하였습니다. A가 퇴직금을 청구하였으나 회사는 아래와 같이 퇴직금이 발생하지 않는다는 이유로 거절하였습니다.

「해고 당시에 퇴직금을 A의 계좌에 입금하였으나 이에 대해 A가 이의를 제기하지 않았으므로 그 당시에 근로관계는 단절된 것이다. 복귀 시점에 근로관계가 다시 시작된다고 보아야 하는데, 복귀 이후 근무기간이 1년 미만이기 때문에 퇴직금 발생요건을 충족하지 못한다.」

이 경우 퇴직금 미지급을 이유로 입건이 가능합니까?

답 변

사용자는 해고 당시 지급한 퇴직금에 대해 A가 이의를 제기하지 않았으므로 근로관계가 단절되었다고 주장합니다. 그러나 퇴직금 지급은 사용자가 일방적으로 행한 것이고, A가 부당해고 구제신청을 한 점에 비추어 해고를 인정하고 퇴직금을 수령한 것으로 볼 수 없습니다.

화해조서 중 「근속기간」은 근로자퇴직급여 보장법 제4조 제1항의 「계속근로기간」을 의미한다고 볼 수 있습니다. 따라서 「해고처분 이후부터 복귀 시까지의 기간」이 계속근로기간에 포함되므로 입사 시부터 최종 퇴직 시까지의 기간 전체가 단절 없이 퇴직금 산정대상기간이 된다고 보아야 합니다. 그러므로 A가 청구할 수 있는 퇴직금액은 입사 시부터 최종 퇴직 시까지의 기간에 대한 퇴직금액에서 퇴직금조로 입금한 금액을 공제한 금액이라고 볼 수 있습니다. 이를 미지급한 경우 입건이 가능합니다.

17 방학기간을 퇴직금 산정 시 계속근로기간에서 제외한 경우

K중학교에서 육아휴직 대체자로 근무하고 있는 A와 B의 근무조건은 다음과 같습니다.

「A : 계약기간 1년, 월급제, B : 계약기간 6개월, 일급제」

A와 B의 담당 업무 및 근무시간은 동일합니다. 상이한 점은 B의 경우 「근로계약기간 중 방학기간을 계속근로기간에서 제외하고 총 계약기간이 1년이더라도 퇴직금을 지급하지 아니함」이라는 특약이 있다는 점입니다.

A와 B는 동일하게 1년을 근무하였습니다(B는 6개월 계약기간 만료 시 갱신함). 그런데 A에 대해서는 퇴직금을 지급하였으나 B에 대해서는 특약을 이유로 지급하지 않았습니다. 이에 B가 퇴직금 지급 요구 진정을 제기하였습니다.

이 경우 어떻게 처리해야 하나요?

답 변

사례의 경우 퇴직금 지급 여부에 관해 A와 B를 차별하고 있습니다. 근로자퇴직급여 보장법 제4조 제2항에 의하면 퇴직금제도를 설정하는 경우에 하나의 사업에서 차등을 두어서는 아니 됩니다.

A와 B의 차별이 합리적인 이유에 의한 차별인지 검토할 필요가 있습니다. A와 B의 근로조건에서 차이점은 임금형태가 각각 월급제와 일급제라는 것을 우선 들 수 있습니다. 그러나 임금형태의 차이는 퇴직금 지급에서 차별할 이유가 되지 않습니다. 또 하나의 차이점은 계약기간이 각각 1년과 6개월이라는 점입니다. 그런데 B의 경우에도 계약이 갱신되어 결과적으로 계속근로기간이 1년이 되었으므로 A와 차이가 없게 되었습니다.

위의 사실을 종합하면 A와 B의 차별은 불합리한 이유에 의한 차별에 해당한다고 볼 수 있습니다.

고용노동부 행정해석(근기 68207-350, 2003.3.26.)에 의하면 방학기간에 대하여 계속근로기간에서 제외하기로 한 경우에 무효로 볼 수 없다고 합니다. 그러나 사례의 경우처럼 차별적으로 방학기간을 계속근로기간에서 제외하기로 한 계약은 근로자퇴직급여 보장법 제4조 제2항 위반이므로 무효라고 보아야 합니다. 따라서 B에 대해서 퇴직금을 지급하는 것이 타당합니다.

18 공장장이 휴직을 허락한 경우 휴직기간이 계속근로기간에 포함되는지

K회사를 퇴직한 근로자 A가 회사 대표 B를 상대로 퇴직금 차액 지급 요구 진정을 제기하였습니다. 조사 결과 A는 재직 중 자신이 근무하는 S공장을 총괄하는 공장장으로부터 허락을 받고 1개월간 휴직한 바 있습니다. B는 휴직이 무효이기 때문에 사직으로 보아야 하고, 복직 시까지는 근속기간에 포함되지 않는 것으로 퇴직금을 산정했다고 주장합니다. B는 공장장이 휴직을 허락할 권한이 없기 때문에 무효라고 주장합니다. A는 휴직이 유효하므로 근속기간에 포함된다고 주장합니다.

이 경우에 어떻게 처리해야 할까요?

답 변

B는 휴직이 무효이기 때문에 사직이라고 주장합니다. 그러나 휴직의 유효 여부와 사직은 관련이 없습니다. 즉, 휴직이 무효라고 해서 바로 사직이라는 효과가 발생하는 것은 아닙니다. 사직은 근로관계를 종료시키려는 근로자의 의사표시가 필수적입니다. 그러나 사례의 경우 근로관계를 종료시키려는 의사표시는 없었고 휴직하려는 의사표시만 있었습니다. 따라서 사직이 될 수 없는 것입니다.

한편 휴직이 무효라는 주장도 타당성이 없습니다. 객관적으로 단위 사업장인 공장을 총괄하는 자는 공장장이므로, 공장장이 휴직에 관한 전결권을 갖거나 대리권을 갖는다고 볼 수 있습니다. 설사 공장장에게 휴직에 관한 권한이 없었다고 하더라도, 이는 회사 내부관계의 문제에 불과할 뿐이므로, 외부관계(회사와 A와의 관계)에 영향을 미칠 수 없으므로 휴직은 유효합니다.

계속근로기간은 실제근로기간뿐만 아니라 고용관계가 유지되는 기간을 기준으로 산정합니다.

이상을 종합하면 해당 휴직기간은 계속근로기간에 포함됩니다.

19 두 개의 사업장을 동일인이 경영하다 각각 양도한 경우 퇴직금 지급 책임자

근로자 A는 K의원과 L의원에서 아래와 같은 조건으로 근무하였습니다.

「K의원 : 월 · 수 · 금 · 토요일(주 26시간),

L의원 : 화 · 목요일(주 13시간)

월급제 매월 1,200만원」

B가 양 의원을 경영하였고 회계와 인사 · 노무는 독립적이지 않았습니다. A가 위와 같이 2년간 근무한 시점에 B는 양 의원을 각각 포괄양도하였습니다. K의원은 C에게, L의원은 D에게 양도하였습니다.

양도 이후에도 A는 종전과 동일하게 근무를 계속하였고, 임금은 C로부터 800만원, D로부터 400만원을 받는 것으로 조정하였습니다. 양도 시점 이후 A와 양수인들 간에 근로계약서를 작성하지는 않았습니다. A는 양도 이후 6개월간 근무하다 퇴직하였습니다. A가 퇴직금 지급 요구 진정을 제기하였습니다.

이 경우 누가 퇴직금 지급 책임자인지, 지급액을 어떻게 산정해야 할지 모르겠습니다. 방법을 알려 주시기 바랍니다.

답 변

사업양도(영업양도)로 인한 고용승계 시 양도 전후 기간을 합산하여 산정한 퇴직금을 양수인이 지급해야 하는 것이 원칙입니다. 사례에서는 L의원에서 근로한 부분의 주 소정근로시간이 15시간 미만이므로 문제가 됩니다. 주 소정근로시간이 15시간 미만인 경우 퇴직금 규정이 적용되지 않기 때문입니다(근로자퇴직급여 보장법 제4조 제1항).

사업양도 전에 퇴직했다고 가정하면, K, L의원의 경영자와 업종이 동일하고 인사 · 노무 · 회계가 독립적이지 않아 하나의 사업이라고 볼 수 있으므로 양 사업장의 주 소정근로시간을 합하여 판단해야 합니다. 이 경우에는 주 소정근로시간이 15시간 이상이므로 문제가 없습니다.

그러나 사업양도 이후에 퇴직하였고, 퇴직 당시에는 K, L의원은 각각 독립된 사업장이므로 분리하여 검토해야 합니다.

K의원에서 근로한 부분에 대해서는 당해 사업장에서 A의 주 소정근로시간이 양도 전후를 통하여 15시간 이상이므로 취업 시부터 퇴직 시까지 양수인 C가 퇴직금 지급 책임이 있다고 보아야 합니다. 평균임금 산정은 양도 이후 조정한 월급 800만원을 기준으로 해야 합니다.

L의원에서 근로한 부분에 대해서 D는 퇴직금 지급 책임이 없다고 보아야 합니다. D는 K의원과 연계되지 않은 L의원만 양수하였을 뿐이므로 A의 주 소정근로시간도 15시간 미만인 상태로 고용승계했다고 보아야 하고, 이 상태에서는 퇴직금 규정이 적용되지 않기 때문입니다. 그러나 양도 이전의 근로기간에 대해서는 양도인 B가 퇴직금 지급 책임을 부담한다고 보는 것이 타당합니다. 양도가 없었다면 A는 L의원에서 근로한 부분까지 포함해서 퇴직금을 받을 수 있는 기대권이 있었습니다. L의원 부분만 분리하면 주 소정근로시간이 15시간 미만이지만 K의원 부분까지 합하면 주 소정근로시간이 15시간 이상으로 문제가 없기 때문입니다. 양도라는 우연한 사정으로 기대권(기득권)을 침해할 수는 없습니다. 평균임금 산정은 L의원에서의 근로시간에 비례하는 임금(월급 400만원)을 기준으로 해야 합니다. 양도 이후 기간에 대해서는 B가 사업주가 아니기 때문에 당연히 책임이 없습니다.

정리하면 K의원 근로부분은 양도 전후 합산한 기간에 대하여 C가 책임을 부담해야 하고, L의원 근로부분은 양도 이전 기간에 대하여 B가 책임을 부담해야 하고 양도 이후 기간에 대해서는 법 적용 제외로 퇴직금 자체가 발생하지 않으므로 책임자를 논할 필요가 없습니다.

20 실제근로기간은 1년 미만이나 근로관계 유지기간은 1년인 경우

근로자 A는 K회사에 2023년 1월 1일 입사하였습니다. 2023년 11월 20일경 인사부장이 A에게 「11월 말까지 근무하고 12월 초에 인계·인수를 하십시오. 대신 12

월 월급은 전액 지급하겠습니다」라고 말하였습니다. 이에 따라 A는 12월 5일까지 인계・인수를 마치고 더 이상 출근하지 않았습니다. 회사는 고용보험 상실일을 2024년 1월 1일로 신고하였습니다. A는 회사 인사담당에게 퇴직금 산정내역서를 보내달라고 하여 이메일로 받았습니다. 퇴직금 산정내역서에 근무기간이 2023년 12월 31일까지로 기재되어 있었습니다.

A가 2024년 1월 20일경 회사에 퇴직금 지급 요구를 하였더니 재직기간이 1년 미만이라 퇴직금이 발생하지 않는다고 거절하자 진정을 제기하였습니다.

이 경우에 어떻게 처리해야 하나요?

답 변

계속근로기간은 근로관계가 유지되는 기간을 의미합니다. 실제근로기간만을 의미하는 것은 아닙니다.

사례에서 A의 실제근로기간은 2023년 12월 5일까지이나 3가지(월급계산기간, 고용보험 피보험자격 상실신고, 퇴직금 내역서)는 공통적으로 A와의 근로관계가 2023년 12월 31일까지 계속된 것으로 추정할 수 있는 내용입니다.

회사가 실제근로기간과 다르게 외관을 형성한 이유는 알 수 없지만 회사는 외관과 모순되는 주장을 하고 있습니다. 이는 금반언칙(자신의 과거 행위와 일치하지 않는 행위를 하여서는 아니 된다는 이론)에 위배됩니다. 따라서 회사의 주장을 인정할 수 없습니다. 2023년 12월 31일까지 근로관계가 유지된 것으로 볼 수 있습니다.

따라서 계속근로기간 1년으로서 퇴직금이 발생한다고 보아야 합니다.

21 퇴직금에서 소득세 공제가 가능한지

K업체(개인기업)에서 퇴직한 근로자 A가 대표 B를 상대로 퇴직금 지급 요구 진정을 제기하였습니다. B는 사업이 영세하여 경리직원이 없는 관계로 세금계산이 힘들어, 근무기간 중 세금 공제 없이 임금을 전액 지급하고 퇴사 시 세금을 공제하기로 했으므로, 퇴직금에서 세금(약 200만원)을 공제하겠다고 주장합니다. 그러나 A는

공제하기로 한 사실이 없다고 부인합니다.

이 경우 퇴직금에서 세금을 공제하고 지급해도 문제가 없는지요?

답 변

소득세법 제20조 제1항 제1호에 의하면 임금은 근로소득에 속하며, 제22조 제1항 제2호에 의하면 퇴직금은 퇴직소득에 속합니다. 제4조에 의하면 근로소득(종합소득에 속함)은 퇴직소득과 명백히 구분되어 있습니다. 또한 제14조 제1항에 의하면 종합소득(근로소득은 여기에 속함) 및 퇴직소득에 대한 과세표준은 각각 구분하여 계산한다고 규정하고 있습니다.

일반적으로 사업장에서 매월 임금 지급 시에 임금에 대한 소득세를 원천징수하고 연말에 정산하며, 퇴직금에 대한 원천징수는 퇴직금 자체에 대한 것에 한정합니다. 따라서 퇴사 시점에 퇴직금에서 세금을 공제하기로 했다는 B의 주장은 타당성이 없습니다.

이와 같이 소득세법상 임금과 퇴직금의 성격상 차이점과 일반적인 예에 비추어 퇴직금에서 임금의 소득세를 공제하는 것은 타당하지 않습니다.

22 재직기간 중 미납한 세금 및 사회보험료를 퇴직금과 상계할 수 있는지

K회사는 소속 근로자들의 임금을 지급할 때 세금 및 사회보험료를 원천징수하였으나, 근로자 A의 경우 A의 요구에 따라 사회보험에 미가입하고, 근로소득세도 신고하지 않았습니다. A가 퇴직 후 어떤 이유로 진정을 제기하자, 회사는 A를 사회보험에 소급하여 가입시키고 세금신고도 하게 되었습니다.

이와 같은 경우 회사는 A의 퇴직금을 지급할 때 그 동안 미납한 근로소득세 및 보험료를 상계처리한 후 지급할 수 있을까요?

회사는 제세공과금을 원천징수하지 않고 A에게 지급하였으므로 이는 「초과지급된 임금」이므로 퇴직금에서 상계할 수 있다고 주장합니다.

이 회사의 주장이 타당합니까?

답 변

사례에서 회사는 A의 임금을 지급할 때 세금 및 사회보험료를 원천징수하지 않았습니다. A가 세금 및 사회보험료를 체납한 상태에서 퇴직한 경우 회사가 퇴직금에서 체납된 세금 및 사회보험료를 공제할 수 있는지 여부를 묻고 있습니다.

회사는 원천징수 의무자로서 법률(소득세법 등)에 의하여 국가와 공공기관을 대신하여 세금 및 사회보험료를 징수하기 위해 임금에서 일정액을 공제할 수 있는데, 이와 같이 법률에 의해 임금을 일부 공제하는 것은 근로기준법상으로도 정당합니다(동법 제43조 제1항). 원천징수 의무자는 매월 임금 지급 시에 원천징수하는 것이 원칙이나 매월 원천징수하지 못한 경우에 최소한 마지막 월급 지급 시에 공제할 수도 있었을 것입니다. 그런데 사례와 같이 A가 퇴직하여 원천징수할 원천(소득금액 즉, 임금)이 없는 상태에서는 원천징수가 불가능하다고 봅니다.

이제는 세금 및 사회보험료 체납에 관한 문제를 어떻게 해결할 것인가만 남게 됩니다. 이에 대해서는 체납처분 절차에 의해 해결해야 하는데 사용자는 원천징수 권한은 있으나 체납처분 권한은 없습니다. 체납처분은 국가와 공공기관이 행하는데 독촉, 재산압류·매각 및 청산의 절차로 행하여집니다. 따라서 회사는 체납처분으로서 퇴직금에서 공제할 수 없다고 보는 것이 타당합니다.

한편 사례에서는 「초과 지급된 임금」이 거론되고 있습니다. 예를 들어 A의 특정 월의 임금액이 100만원이고 세금 등으로 5만원을 공제할 수 있을 경우 정상적으로는 95만원이 지급되어야 합니다. 그런데 100만원이 지급된 경우 A가 5만원을 「초과지급된 임금」으로 받았다고 볼 수 있냐는 것입니다. 이 경우 100만원이 임금이므로 A는 임금 총액을 받았을 뿐 초과하여 임금을 받았다고 볼 수는 없습니다. 단지 세금 등이 공제되지 않았을 뿐입니다. 만약 A가 110만원을 받았다면 10만원을 초과하여 받았다고 볼 수 있습니다. 그러나 사례는 이와는 다릅니다. 따라서 사례의 경우 「초과지급된 임금」이 없으므로 이것과 상계할 수 있는지 여부는 논의할 실익이 없습니다.

23 퇴직금 지급 대신 차량 렌트비를 사용자가 부담하기로 한 경우

K업체(개인기업)에서 퇴직한 근로자 A가 업체 대표 B를 상대로 퇴직금 지급 요구 진정을 제기하였습니다. 퇴직금을 지급하는 대신 A가 이용한 렌트차량의 렌트비를 B가 대납하기로 약정한 사실이 있고, 이에 따라 B가 렌트비를 대납하다 중단한 사실에 대해서는 양자 간에 의견이 일치합니다.

그런데 세부적으로 의견이 일치하지 않습니다. A는 렌트비 누적액이 퇴직금액수가 될 때까지 B가 책임지기로 했다고 주장합니다. 반면에 B는 렌트비 누적액과 실업급여수령액의 합계액이 퇴직금액수가 될 때까지 자신이 책임지기로 했다고 주장합니다.

이 경우에 어떻게 해결해야 하나요?

••답 변••

사례의 경우 퇴직금 대신 일정 비용을 수시로 지급하고 그 비용의 합이 퇴직금액수와 동일하게 되는 시점까지 지급기일을 연장하기로 합의한 것으로 해석할 수 있습니다. 이 합의는 근로자퇴직급여 보장법 제9조 단서에 의해 가능합니다.

연장합의 조건에 관해 당사자 간 주장이 상이한바, 진정인의 주장이 타당성이 있습니다. 실업급여는 국가가 지급 의무를 지므로 실업급여를 퇴직금에 충당하기로 했다는 사용자의 주장은 납득할 수 없기 때문입니다.

연장합의 조건을 위와 같이 파악하면 렌트비가 퇴직금액수에 이를 때까지 지급기일이 연장되었다고 볼 수 있습니다. 그런데 중도에 사용자가 렌트비 지급을 중단했으므로 이 시점에서 연장합의는 효력을 상실했다고 보아야 합니다. 따라서 지급 중단 시점에 잔여 퇴직금액수 미지급에 대한 범죄가 성립한다고 볼 수 있습니다.

24 근무장소가 변경된다는 전제하에 사직서를 제출한 경우 근로관계 단절 여부

K회사를 퇴직한 근로자 A가 회사를 상대로 퇴직금 지급 요구 진정을 제기하였습니다. A는 경비원이고 K회사는 건물관리 용역회사입니다. A는 S아파트에서 근무할 당시 입주민과의 마찰로 인해 K회사가 관리하는 T아파트로 옮기면서 회사 권유에 따라 사직서를 제출한 바 있습니다. 사직서에 사직 이유를 개인사정으로 기재하였습니다. 근무장소를 옮기는 사이에 공백은 없었습니다. 사직서 제출 당시 근속기간은 1년 미만이었습니다. A가 T아파트에서 근무한 기간도 1년 미만입니다. 양쪽 근무기간을 합하면 1년 이상입니다.

회사는 양쪽 근무기간이 각각 1년 미만이므로 퇴직금이 발생하지 않는다고 주장합니다. 그러나 A는 사직서 제출로 인해 근로관계가 단절되지 않으므로 양쪽 근무기간을 합해야 하고, 합하면 1년 이상이므로 퇴직금이 발생한다고 주장합니다.

이 경우에 어떻게 처리해야 하나요?

답 변

사용자는 A가 사직하였으므로 근로관계가 단절되었다고 주장합니다. 반면에 A는 사직이 무효라는 취지의 주장을 하고 있습니다.

외관상 사직의 의사표시(사직서 제출)가 있었던 것은 사실이므로 그 의사표시가 진의에 의한 것인지를 밝혀야 합니다. 진의 여부는 당시 상황을 종합해서 판단해야 합니다. A는 자발적으로 사직서를 제출한 것이 아니고 회사의 권유에 의해 행했으며 당시 근무기간의 공백 없이 근무장소만 변경된다는 사실이 확정되어 있는 상황이었습니다. 이런 상황이었으므로 A의 입장에서는 사직서 제출은 형식에 불과하다고 인식했을 가능성이 큽니다. 회사측도 이런 상황을 알고 있었습니다. 따라서 A의 사직의 의사표시는 비진의에 해당하므로 무효로 보아야 합니다(민법 제107조 제1항). 따라서 근로관계 단절은 없었다고 보아야 하므로 양쪽 사업장의 근로기간을 합산하여야 합니다. 그 기간이 1년 이상이므로 퇴직금이 발생한다고 보는 것이 타당합니다.

25 근로관계 도중 도급관계가 있는 경우 퇴직금 산정

근로자 A는 K회사에 입사하여 15개월간 의류판매 업무를 수행하던 중 회사의 권유로 회사와 판매용역계약을 체결하였습니다. 판매용역계약 조건은 2개월간 매출대비 수수료를 받는 것이었습니다. 판매용역계약 연장 여부는 2개월간 시행 후 재검토하기로 하였습니다. 만약 A가 연장을 원치 않으면 근로자 신분으로 다시 근로하기로 하였습니다.

판매용역계약 시행에 따라 A는 아르바이트생을 고용하여 업무를 수행하였습니다. 2개월 후 A는 연장을 원치 않아 다시 근로자로 근무하다 5개월 후 퇴직하였습니다.

A가 회사를 상대로 퇴직금 지급 요구 진정을 제기하였는데 계속근로기간 산정과 관련하여 논란이 있습니다. 판매용역계약은 도급계약으로서 그 기간은 계속근로기간에 포함되지 않는다는 점에 대해서는 양자 간에 이견이 없습니다. A는 입사일부터 퇴직일까지의 기간 중 판매용역기간을 제외한 20개월이 계속근로기간이라고 주장합니다. 회사는 판매용역계약 시행 전 근무기간인 15개월만 계속근로기간이라고 주장합니다. 회사는 도급관계 성립으로 근로관계가 단절되었으므로 근로자 신분으로 다시 근무를 시작한 것은 재입사이고, 재입사 이후 기간은 1년에 미달하므로 계속근로기간에 포함되지 않는다는 의견입니다.

이 경우 어떻게 처리해야 하나요?

답 변

판매용역계약에 의해 도급관계가 성립하였습니다. 도급관계에서는 수급인이 독자적으로 사업을 수행하므로 일반적으로는 도급관계가 성립하면 고용관계(근로관계)는 단절됩니다.

그런데 판매용역계약 연장 여부에 대한 선택권을 A에게 부여했고 연장하지 않을 경우 근로자 신분으로 다시 근무할 수 있는 조건이었던 점, 판매용역계약 시행 전후로 고용관계(근로관계)를 단절하는 조치(퇴직금 청산 등)가 없었던 점을 종합하면 도급관계로 인해 일시적으로 고용관계(근로관계)가 정지되었을 뿐 완전히 단절되었다고 볼 수 없습니다. 이후 근로자 신분으로 다시 근무를 하게 되면서 고용관계(근로관계)가 복원되었다고 볼 수 있습니다.

이와 같은 특수성을 고려하면 A의 주장처럼 계속근로기간을 산정하는 것이 타당하다고 봅니다.

26 중간에 등기이사로 근무한 경우 퇴직금 산정

근로자 A는 K회사에서 부장으로 5년간 근무하던 중 회사의 권유로 등기이사로 취임하여 1년간 근무하였습니다. 당시 등기이사 한 명의 궐위로 인해 회사 경영에 차질이 발생하였고 새로운 등기이사 취임 전까지 A가 한시적으로 등기이사로 근무하는 조건이었습니다. A는 1년간 등기이사로서 정상적으로 업무를 수행하였습니다. 새로운 등기이사 취임에 따라 A는 부장으로 복귀하였고 이후 10개월간 근무하고 퇴직하였습니다.

A가 회사를 상대로 퇴직금 지급 요구 진정을 제기하였는데 계속근로기간 산정과 관련하여 논란이 있습니다. A는 입사일부터 퇴직일까지의 기간 중 등기이사 근무기간을 제외한 5년 10개월이 계속근로기간이라고 주장합니다. 회사는 등기이사 취임 전 5년만 계속근로기간이라고 주장합니다. 회사는 등기이사 취임으로 근로관계가 단절되었으며 부장으로 복귀한 것은 재입사이고, 재입사 이후 기간은 1년에 미달하므로 계속근로기간에 포함되지 않는다는 의견입니다.

등기이사 근무기간에 대해서는 별도로 퇴직금 유사한 수당이 지급되어 이 기간에 대해서는 다툼이 없습니다.

이 경우 어떻게 처리해야 하나요?

답 변

A가 등기이사로 취임함으로써 위임관계가 성립했다고 볼 수 있습니다. 위임관계에서는 재량적으로 업무를 수행하므로 일반적으로는 위임관계가 성립하면 고용관계(근로관계)는 단절됩니다.

그런데 사례의 경우 A는 한시적으로 등기이사 직무를 수행하였고, 등기이사 취임 전후로 고용관계(근로관계)를 단절하는 조치(퇴직금 청산 등)가 없었던 점을 종합하면 위임관계로 인해 일시적으로 고용관계(근로관계)가 정지되었을 뿐 완전히 단절되었다고 볼 수 없습니다. 이후 부장으로 복귀하게 되면서 고용관계(근로관계)가 복원되었다고 볼 수 있습니다.

이와 같은 특수성을 고려하면 A의 주장처럼 계속근로기간을 산정하는 것이 타당하다고 봅니다.

27 퇴직금을 제3자에게 지급하기로 약정한 경우

근로자 A에 대한 퇴직금(500만원)을 사업주 B가 수개월간 체불하였습니다. 그러던 중 A가 벌금 200만원을 내지 못하게 된 사정을 알게 된 A의 친구 C가 200만원을 A에게 빌려주고, 그 상환조건으로 퇴직금 중 200만원을 C가 받기로 하고, 세 사람이 확인서를 작성하였습니다. 이후 퇴직금 중 300만원을 B가 A에게 지급하였습니다. 그런데 B는 C에 대해서는 200만원을 지급하지 않았습니다. 이에 A가 B를 상대로 퇴직금(200만원) 미지급을 이유로 진정을 제기하게 되었습니다.

이 경우 B에 대하여 퇴직금 미지급을 이유로 처벌이 가능합니까?

답 변

사례는 근로자 A의 일부 퇴직금채권이 C에게 양도된 경우입니다.

대법원 판례(87다카2803, 1988.12.13. 아래 참조)에 의하면 임금채권의 양도성은 인정되나, 양도 후에도 추심권은 여전히 양도인인 근로자가 갖고 있다고 보고 있습니다. 퇴직금도 후불 임금이므로 위와 마찬가지 원리가 적용됩니다. A는 B에게 잔여 퇴직금 지급을 요구할 수 있으므로 B는 이를 A에게 지급해야 하며 C에게 지급할 수 없습니다. 이를 받은 A는 C에게 지급해야 합니다.

위와 같은 사실을 종합하면 사례의 경우 퇴직금 채권이 양도되지 않은 일반적인 경우와 마찬가지로 퇴직금 미지급 부분에 대하여 사법처리가 가능합니다.

판례 — 대법원 87다카2803, 1988.12.13.

근로자의 임금채권의 양도를 금지하는 법률의 규정이 없으므로 이를 양도할 수 있다는 원심의 판단부분에 잘못이 있다고 할 수는 없다. 그러나 근로기준법 제36조 제1항(현행 제43조 제1항)에서 임금직접지급의 원칙을 규정하고 그에 위반하는 자는 처벌을 하도록 하는 규정(같은 법 제109조)을 두어 그 이행을 강제하고 있는 이유는 임금이 확실하게 근로자 본인의 수중에 들어가게 하여 그의 자유로운 처분에 맡기고 나아가 근로자의 생활을 보호하고자 하는 데 있는 것이므로 이와 같은 근로기준법의 규정의 취지에 비추어 보면 근로자가 그 임금채권을 양도한 경우라 할지라도 그 임금의 지급에 관하여는 같은 원칙이 적용되어 사용자는 직접 근로자에게 임금을 지급하지 아니하면 안 되는 것이고 그 결과 비록 양수인이라고 할지라도 스스로 사용자에 대하여 임금의 지급을 청구할 수는 없다고 해석하여야 할 것이며, 그렇게 하지 아니하면 임금직접지급의 원칙을 정한 근로기준법의 규정은 그 실효를 거둘 수가 없게 될 것이다.

28 퇴직금 청구권의 소멸시효 기산일

K회사에서 퇴직한 근로자 A가 2024년 5월 25일에 퇴직금 지급 요구 진정을 제기하였습니다.

A는 2021년 5월 20일까지 근무하고 퇴직하였습니다. 퇴직금을 청구하지 않다가 뒤늦게 내용증명을 보냈는데 2024년 5월 22일에 회사에 도착하였습니다.

회사측은 퇴직일부터 3년이 경과하여 소멸시효가 완성되었으므로 퇴직금 청구권이 소멸했다고 주장합니다. 반면에 A는 퇴직일부터 14일이 경과한 시점부터 소멸시효기간이 기산하므로 소멸시효가 완성되지 않았다고 주장합니다.

아직 공소시효는 완성되지 않았으므로(진정제기 당시 기준) 입건이 가능한 것은 명백하지만 소멸시효 자체에 관한 문제는 확실히 할 필요가 있습니다.

어느 쪽의 주장이 맞는지 잘 모르겠습니다.

••답 변••

퇴직금채권의 소멸시효기간은 3년입니다(근로자퇴직급여 보장법 제10조). 노동법에서 소멸시효 기간점에 대해 규정한 바 없으므로 일반법인 민법에 따라야 하는바, 민법 제166조 제1항은「소멸시효는 권리를 행사할 수 있는 때로부터 진행한다」라고 규정하고 있습니다. 퇴직한 경우「마지막 고용관계 유지일(일반적으로 마지막 근무일)의 다음 날」부터 퇴직금 청구권을 행사할 수 있으므로 이날이 소멸시효 기산일이라고 보아야 합니다.

판례(대법원 2001다24051, 2001.10.30.)는「퇴직금청구권은 퇴직한 다음 날부터 이를 행사할 수 있다」라고 표현하고 있습니다. 임금채권보장법 시행령 제5조 제2항에도「퇴직한 날」 및「퇴직한 날의 다음 날」이라는 유사한 표현이 있는바, 이에 대해 고용노동부는「임금채권보장법상 '퇴직한 날'이란 사업주와의 근로계약 관계가 종료된 날(사용종속관계가 있었던 마지막 날)을 의미. 근로기준법상의 퇴직일은 '퇴직한 날의 다음 날'을 의미하므로 임금채권보장법상의 퇴직일과 다름에 유의」라고 설명하고 있습니다(임금채권보장제도 업무매뉴얼, 2024.5., 76페이지).

근로기준법은「퇴직일」에 대한 정의 규정을 두고 있지 않으며, 행정해석(근기 68201-3970, 2000.12.22.)은 고용종속관계가 유지되는 날의 다음 날을 퇴직일로 보고 있습니다.

위의 사실을 종합하면 사례의 경우 2021년 5월 21일이 소멸시효 기산일이고 2024년 5월 20일이 소멸시효 완성일입니다. 따라서 회사측 주장이 타당합니다. 다만, 공소시효는 완성되지 않았으므로 퇴직금 미지급 시 입건이 가능합니다. 이와 같이 소멸시효는 완성되었으나 공소시효는 완성되지 않은 경우 처리방법에 대해서는 제5장 49번 사례를 참조하시기 바랍니다.

판례 — 대법원 2001다24051, 2001.10.30.

소멸시효의 기산점인 '권리를 행사할 수 있을 때'라 함은 권리를 행사함에 있어서 이행기 미도래, 정지조건 미성취 등 법률상의 장애가 없는 경우를 말하는 것인데, 근로기준법 제36조 소정의 금품청산제도는 근로관계가 종료된 후 사용자로 하여금 14일 내에 근로자에게 임금이나 퇴직금 등의 금품을 청산하도록 하는 의무를 부과하는 한편, 이를 불이행하는 경우 형사상의 제재를 가함으로써 근로자를 보호하고자 하는 것이지 사용자에게 위 기간 동안 임금이나 퇴직금 지급의무의 이행을 유예하여 준 것이라고 볼 수는 없으므로, 이를 가리켜 퇴직금 청구권의 행사에 대한 법률상의 장애라고 할 수는 없고, 따라서 퇴직금청구권은 퇴직한 다음 날부터 이를 행사할 수 있다고 봄이 타당하다.

위 판례는 새로 제정된 근로자퇴직급여 보장법이 시행(2005.12.1.)되기 이전에 발생한 사건에 관한 것으로서, 당시에는 퇴직금에 관해서 근로기준법에서 규정하고 있었습니다.

행정해석 근기 68201-3970, 2000.12.22.

근로자의 퇴직은 근로계약의 종료를 의미하는 것으로서 퇴직일은 근로기준법 제34조에 규정한 계속근로년수에 포함되지 아니하는 것이 타당하다.

근로자가 당일 소정근로를 제공한 후 사용자에게 퇴직의 의사표시를 행하여 사용자가 이를 즉시 수리하였더라도 '근로를 제공한 날은 고용종속관계가 유지되는 기간'으로 보아야 하므로 별도의 특약이 없는 한 그 다음 날을 퇴직일로 간주한다.

보충설명

내용증명 발송의 의미 및 효력

사례의 내용증명 발송은 소멸시효 중단 사유 중 하나인 「청구」에 해당합니다(민법 제168조 제1호). 구체적으로는 「재판 외 청구」인 「최고」에 해당합니다.

내용증명이 소멸시효 완성 전에 도달하면 소멸시효는 중단됩니다. 이 경우 6개월 이내에 재판상의 청구, 파산절차참가, 화해를 위한 소환, 임의출석, 압류 또는 가압류, 가처분을 하지 아니하면 시효중단의 효력이 소멸됩니다(민법 제174조).

29 근로자 퇴직 후 공동경영 해지 시 공동경영자 중 1인의 퇴직금 지급 책임

근로자 A는 2023년 10월 1일 K업체(개인기업)를 퇴직하였습니다. 퇴직 당시에 B와 C가 공동으로 경영하고 있었습니다. 2024년 2월 10일에 B와 C는 공동경영을 해지하기로 약정하면서 아래와 같은 내용으로 해지확인서를 작성하였습니다.

「C의 지분과 채권을 B에게 양도하고, 사업 운영 중 발생한 모든 채무를 B가 책임지기로 한다」

A가 B와 C를 상대로 퇴직금 지급 요구 진정을 제기하였습니다. C는 해지확인서를 근거로 자신은 책임이 없고 B에게 책임이 있다고 주장합니다. 해지확인서에 의하면 퇴직금도 사업 운영 중 발생한 채무에 속한다는 것입니다.

이 경우 어떻게 처리해야 하나요?

••답 변••

근로자퇴직급여 보장법 위반 처벌 대상은 퇴직일부터 14일이 경과할 당시의 사용자입니다. 당시 B와 C가 공동 경영자로서 퇴직금을 지급해야 할 책임이 있는 사용자이므로 둘 다 동법 위반의 처벌 대상입니다. 형사책임은 일신전속적이므로 인수가 불가능합니다.

한편 민사채무로서 퇴직금채무는 인수가 가능합니다. C는 채무가 B에게 인수되어 자신은 책임이 없다는 주장을 하고 있는바, 이를 「면책적 채무인수」라고 합니다. 면책적 채무인수계약에 의해 당사자(B와 C) 간에는 채무자(사용자)가 변경되지만, 면책적 채무인수가 채권자(근로자 A)에 대해서도 유효하려면 채권자의 승낙이 있어야 합니다(민법 제454조 제1항). 즉, 채권자가 승낙하지 않으면 당초(인수 전) 채무자의 의무가 면제되지 않습니다. A가 면책적 채무인수에 대해 승낙한 증거는 없습니다.

따라서 해지 약정에도 불구하고 B와 C는 형사책임(근로자퇴직급여 보장법 위반 책임) 및 민사채무(퇴직금채무)를 부담하고 있다고 봐야 합니다. 퇴직금이 지급되지 않으면 B와 C를 근로자퇴직급여 보장법 위반으로 입건할 수 있습니다.

30 개인기업 대표자 변경 시 퇴직금 지급 책임 부담자 및 책임의 성격

개인기업 K의 대표가 A → B → A로 변경되었습니다. A → B로 변경된 날은 2024년 5월 1일이고, B → A로 변경된 날은 2024년 9월 1일입니다. 대표자 변경 시 고용승계가 이루어졌습니다. 2024년 8월 20일 퇴직한 근로자 C가 퇴직금 지급 요구 진정을 제기하였습니다. C가 근무한 기간은 약 1년 5개월입니다.

이 경우 퇴직금 미지급으로 인한 책임을 누가 부담해야 하는지, 민·형사상 책임은 어떻게 다른지 궁금합니다.

답 변

대표 변경 시 고용승계가 이루어졌고, C의 전체 근로기간을 기준으로 퇴직금 발생 여부를 판단해야 하는바, 그 기간이 1년 이상이므로 퇴직금이 발생합니다.

퇴직금 미지급으로 인한 근로자퇴직급여 보장법 위반 책임은 형사책임입니다. 이 책임은 퇴직일부터 14일이 경과할 당시 사용자가 부담합니다. 사례에서 C가 퇴직할 때에는 B가 사용자였으나, 퇴직일부터 14일 경과 시(2024년 9월 3일)에는 A가 사용자입니다. 따라서 A가 형사책임을 부담합니다.

참고로 개인기업에서 대표는 사업주로서 금전지급채무자이기도 하므로 민사책임도 부담합니다. 반면에 법인기업의 경우에는 대표는 형사책임만 부담하고 민사책임은 부담하지 않습니다. 민사책임은 법인이 부담합니다.

31 동업자 입건 시 퇴직금 체불액 표현 방법

A와 B가 동업을 하였습니다. 동업계약서에 의하면 투자·운영·수익을 반분하기로 하였습니다. 근로자 C가 퇴직금 지급 요구 진정을 제기하였습니다. 조사 결과 퇴직금체불액이 400만원인 것으로 밝혀졌습니다. A와 B는 지금 당장 지급할 수 없다고 하면서, 향후 각자 200만원씩 지급하겠다고 합니다.

입건할 때 A와 B 각각에 대하여 미지급액을 어떻게 표현해야 하는지 궁금합니다.

••답 변••

A와 B의 관계를 법률적으로 파악하면 민법상 조합관계라고 말할 수 있습니다(민법 제703조 참조). 이 관계에서 A와 B는 공동경영자입니다. 따라서 동 사업에서 발생한 퇴직금 채무에 대해서도 공동책임을 부담합니다. 「A와 B는 공동경영자로서 퇴직금 400만원을 미지급하였다」는 내용으로 입건할 수 있습니다.

32 퇴직금 중간정산이 무효인 경우

근로자 A는 K회사 입사 시 아래와 같이 연봉계약을 체결하였습니다.

「연봉총액 : 3,600만원(급여 : 3,300만원, 중간정산 퇴직금 : 300만원)

중간정산 퇴직금을 분할하여 매월 임금 지급일에 25만원을 지급함」

동일한 내용으로 매년 연봉계약이 체결되었고, 실제로 연봉계약에 따라 지급되었습니다. A는 약 3년간 근무 후 퇴직하였습니다. A는 연봉총액은 임금의 성격이므로 중간정산 퇴직금도 실질적으로 임금이라고 주장하면서 별도로 퇴직금 지급을 요구하는 진정을 제기하였습니다.

A의 주장은 타당합니까?

••답 변••

퇴직금 중간정산은 그 성질상 과거 근무기간을 대상으로 해야 합니다. 또한 중간정산이 유효하려면 법정사유가 존재해야 합니다(근로자퇴직급여 보장법 시행령 제3조). 사례의 경우 퇴직금 중간정산요건을 충족하지 못하였으므로 연봉계약에서 퇴직금 중간정산 부분은 무효입니다. 중간정산이 무효이므로 회사는 별도로 퇴직금을 지급해야 합니다.

퇴직금조로 지급한 금전이 임금에 해당하지도 않습니다. 연봉계약에서 임금과 명백히 구분하였기 때문입니다. 따라서 A는 이를 부당이득으로 반환해야 합니다. 사용자는 최종 퇴직 시에 전체 근무기간을 기준으로 퇴직금을 재산정하고 이 금액에서 중간정산금조로 지급한 금액을 상계하고 지급할 수 있습니다. 다만, 이와 같이 상계하려면 A와 합의해야 합니다. 합의가 불가능할 경우 사용자는 일방적으로 상계할 수 있으나 퇴직금의 2분의 1을 초과하는 부분에 해당하는 금액에 관하여만 상계가 허용됩니다(대법원 2007다90760, 2010.5.20. 참조).

예컨대 정상적인 퇴직금액이 1,000만원이고 중간정산금조로 지급한 금액이 700만원일 경우, 상계에 대한 합의가 불가능하다면, 사용자가 일방적으로 1,000만원에서 700만원을 상계하고 300만원만 지급할 수 없습니다. 이 경우 퇴직금의 1/2인 500만원을 지급하고, 퇴직금의 1/2을 초과하는 500만원 범위에서 상계할 수 있습니다. 따라서 700만원을 자동채권으로 하여 500만원을 상계할 수 있습니다. 이렇게 상계한 결과 부당이득금 중 200만원을 덜 받은 상태가 되는바, 이에 대해서는 별도로 소를 제기하는 등 민사절차에 의해 해결해야 합니다. 이를 정리하면 사용자는 근로자에게 500만원을 직접 지급하고, 500만원을 상계처리하여 퇴직금 1,000만원을 전부 변제한 상태이며, 부당이득금 700만원 중 500만원을 상계처리하고 잔액 200만원을 덜 받은 상태입니다.

판례 대법원 2007다90760, 2010. 5. 20.

구 근로기준법(2005. 1. 27. 법률 제7379호로 개정되기 전의 것) 제42조 제1항 본문에 의하면 임금은 통화로 직접 근로자에게 그 전액을 지급하여야 하므로 사용자가 근로자에 대하여 가지는 채권으로써 근로자의 임금채권과 상계를 하지 못하는 것이 원칙이고, 이는 경제적·사회적 종속관계에 있는 근로자를 보호하기 위한 것인바, 근로자가 받을 퇴직금도 임금의 성질을 가지므로 역시 마찬가지이다. 다만 계산의 착오 등으로 임금을 초과 지급한 경우에, 근로자가 퇴직 후 그 재직 중 받지 못한 임금이나 퇴직금을 청구하거나, 근로자가 비록 재직 중에 임금을 청구하더라도 위 초과 지급한 시기와 상계권 행사의 시기가 임금의 정산, 조정의 실질을 잃지 않을 만큼 근접하여 있고 나아가 사용자가 상계의 금액과 방법을 미리 예고하는 등으로 근로자의 경제생활의 안정을 해할 염려가 없는 때에는, 사용자는 위 초과 지급한 임금의 반환청구권을 자동채권으로 하여 근로자의 임금채권이나 퇴직금채권과 상계할 수 있다. 그리고 이러한 법리는 사용자가 근로자에게 이미 퇴직금 명목의 금원을 지급하였으나 그것이 퇴직금 지급으로서의 효력이 없어 사용자가 같은 금원 상당의 부당이득반환채권을 갖게 된 경우에 이를 자동채권으로 하여 근로자의 퇴직금채권과 상계하는 때에도 적용된다. 한편 민사집행법 제246조 제1항 제5호는 근로자인 채무자의 생활보장이라는 공익적, 사회 정책적 이유에서 '퇴직금 그 밖에 이와 비슷한 성질을 가진 급여채권의 2분의 1에 해당하는 금액'을 압류금지채권으로 규정하고 있고, 민법 제497조는 압류금지채권의 채무자는 상계로 채권자에게 대항하지 못한다고 규정하고 있으므로, 사용자가 근로자에게 퇴직금 명목으로 지급한 금원 상당의 부당이득반환채권을 자동채권으로 하여 근로자의 퇴직금채권을 상계하는 것은 퇴직금채권의 2분의 1을 초과하는 부분에 해당하는 금액에 관하여만 허용된다고 봄이 상당하다.

보충설명

(1) 상계의 의의

상계는 채권자와 채무자가 서로 같은 종류를 목적으로 하는 채권·채무를 가지고 있는 경우에 그 채무들을 대등액에서 소멸하게 하는 단독행위를 말합니다(민법 제492조, 제493조).

예컨대 A가 B에게 100만원을 갚아야 하고, B 또한 A에게 40만원을 갚아야 할 경우, A가 40만원을 공제하고 60만원을 지급하여 당사자 간의 채권·채무 관계를 정리하는 것이 상계입니다. 상계를 하는 A의 입장에서 자신이 B에게 가지는 채권(40만원)을 자동채권이라 하고, 자신이 B에게 부담하는 채무(100만원)를 수동채권이라고 합니다.

상계는 단독행위이므로 채무자가 일방적으로 행사하는 것이지만 당사자 간에 합의에 의해 상계하는 것도 가능합니다. 이를 상계계약이라고 합니다.

(2) 노동법상 상계의 제한

근로기준법 등 노동관계법에서는 민법의 상계 법리 적용이 제한됩니다.

근로기준법 제43조 제1항에 의하면 임금 전액지급이 원칙이므로 사용자가 일방적으로 상계할 수 없습니다. 예외적으로 법령이나 단체협약에 특별한 규정이 있는 경우에 상계가 가능합니다. 본 사례는 특별한 규정이 없음에도 불구하고 상계가 가능한 경우인바, 이를 「조정적 상계」라고 하며 판례가 인정하고 있습니다. 조정적 상계에 대한 상세한 설명은 위 판례를 참고하시기 바랍니다.

33 퇴직금 중간정산금 수령 시 이의를 제기하지 않겠다고 서약한 경우

근로자 A는 회사로부터 퇴직금을 중간정산하여 지급받으면서 아래와 같은 내용의 서약서에 서명하였습니다.

「중간정산금액이 적법하게 지급되었음을 확인하고, 이와 관련하여 어떠한 민·형사상 이의제기를 하지 않을 것임을 서약합니다.」

그런데 이후 A는 계산상 오류로 중간정산금을 제대로 받지 못한 사실을 알게 되어 회사측에 지급을 요구하였으나, 회사측은 위 서약서를 근거로 지급을 거절하였습니다. 이에 A는 진정을 제기하였습니다.

이 경우 어떻게 처리해야 하나요?

답 변

A는 중간정산금액이 정확하지 않다고 주장하고 있습니다. 그런데 서약서 내용에 의하면 중간정산금액이 정확하다는 취지이고 A가 이를 확인했다는 것입니다. A는 그 금액이 정확한 것으로 착각하고 서약서에 서명하였다고 볼 수 있습니다. 이와 같이 사실(중간정산금액이 정확하지 않음)과 인식(중간정산금액이 정확함)이 불일치한 경우를 「착오」라고 합니다. 착오로 인한 의사표시(이의를 제기하지 않겠음)는 일정한 경우 취소할 수 있습니다. 이에 대해 민법 제109조는 「의사표시는 법률행위의 내용의 중요부분에 착오가 있는 때에는 취소할 수 있다. 그러나 그 착오가 표의자의 중대한 과실로 인한 때에는 취소하지 못한다」고 규정하고 있습니다.

퇴직금 중간정산의 경우 금액이 중요부분에 해당한다는 점에 대해서는 의문이 있을 수 없습니다. 정산을 정확히 해서 지급해야 할 책임은 사용자인 회사에게 있으므로 A의 착오는 회사가 유발했다고 볼 수 있고, A는 회사가 정산한 금액을 정확한 것으로 믿고 서약서에 서명했을 것이므로 착오에 중대한 과실이 있다고 볼 수 없습니다. A는 이의를 제기하지 않겠다는 의사표시를 취소할 수 있습니다. 취소하면 그 의사표시는 소급하여 무효가 됩니다. 따라서 A는 덜 받은 금액을 지급하라고 요구할 수 있습니다.

34 궁박한 상태에서 퇴직금 중간정산금 일부를 포기한 경우

근로자 A는 아들의 치료비에 충당하기 위해 회사에 사정을 말하면서 퇴직금 중간정산을 신청하였습니다. A의 아들은 중병에 걸려 수년째 입원한 상태였습니다. A가 희망하는 중간정산기간은 입사일부터 5년이 되는 2023년 12월 31일까지였습니다. 5년분의 법정 중간정산금액은 1,200만원 정도였습니다. 회사측은 자금 사정상 1,000만원만 지급할 테니 서약서에 서명하라고 하였습니다. 당장 밀린 치료비를 납부해야 하는 입장에서 A는 어쩔 수 없이 서약서에 서명하였습니다. 서약서의 내용은 아래와 같습니다.

「회사는 A에 대한 퇴직금 중간정산금으로 1,000만원을 지급한다. 이 금액을 지급함으로써 2023월 12월 31일까지 퇴직금 중간정산이 된 것으로 간주한다. A는 퇴직금 중간정산과 관련하여 향후 어떠한 민·형사상 이의도 제기하지 않는다.」

이후 1년가량 더 근무하고 완전히 퇴직한 A는 중간정산금 차액 지급을 요구했으나 회사는 위 서약서를 근거로 요구를 수용할 수 없다고 하였습니다. 회사는 2024년 1월 1일 이후 근무기간에 대한 퇴직금만 산정하여 지급하였습니다. 이에 A가 진정을 제기하였습니다.

이 경우 A가 중간정산금 차액을 청구할 권리가 있나요?

답 변

A가 퇴직금 중간정산을 신청할 당시 궁박한 처지에 있었고 회사도 이러한 사정을 알고 있었습니다. A가 중간정산금의 일부를 포기하는 내용의 서약서에 서명한 것은 궁박한 상태에서 행한 법률행위로 볼 수 있습니다.

민법 제104조는 「궁박으로 인하여 현저하게 공정을 잃은 법률행위는 무효로 한다」고 규정하고 있습니다. 따라서 200만원 포기 부분은 무효이므로 지급을 요구할 수 있습니다.

35 퇴직연금제도 도입 시 퇴직금 중간정산한 경우

K회사는 2023년 1월 1일부터 확정기여형(DC) 퇴직연금제도를 도입하면서 이전 기간에 대해서는 퇴직금을 중간정산하기로 노사 간에 합의하였습니다. 회사는 중간정산금을 개인별로 지급하였습니다. 최근에 퇴직한 근로자 A가 중간정산이 무효라며 진정을 제기하였습니다.

위와 같이 도입한 퇴직연금제도는 퇴직 시까지 정상적으로 유지된 것으로 확인되었습니다.

답 변

근로자퇴직급여 보장법 개정(2012년 7월 26일 시행)으로 퇴직금 중간정산이 유효하려면 주택구입 등 일정한 사유가 존재해야 합니다(동법 제7조 제2항, 시행령 제3조 제1항). 퇴직연금제도 도입은 중간정산 사유가 될 수 없습니다. 따라서 사례의 경우는 퇴직금 중간정산으로서 무효입니다. 퇴직연금제도 도입 이후 기간에 대해서는 퇴직급여가 정상적으로 지급된 것으로 볼 수 있으므로 문제가 없습니다.

위의 사실을 종합하면 K회사는 최종 퇴직 시의 평균임금을 기준으로 중간정산기간에 대한 퇴직금을 재산정하고 이 금액에서 중간정산 명목으로 지급한 금액을 공제하고 지급해야 합니다(상계 제한 법리에 대해서 제9장 32번 사례 참조).

36 퇴직금 중간정산 일부 미지급금의 소멸시효기간

K회사는 근로자 A의 청구에 의해 입사일부터 3년간의 근무기간에 대하여 퇴직금을 중간정산하여 지급하였습니다. 그런데 전액을 지급하지 않고 일부만 지급하였습니다. 이후 A는 약 5년을 더 근무하고 퇴직하였습니다. 회사는 중간정산 이후 기간에 대한 퇴직금을 산정하여 지급하였습니다. A는 중간정산금 중 일부 미지급금에 대해서도 지급 요구하였으나, 회사는 소멸시효기간이 지나서 지급할 수 없다고 하였습니다. 이에 A는 진정을 제기하였습니다.

조사 결과 퇴직금 중간정산 사유 등 요건은 충족한 것으로 확인되었습니다. 이 경우에 어떻게 처리해야 하나요?

••답 변••

사례는 중간정산금 중 일부 미지급금 청구권의 소멸시효 문제입니다. 구체적으로는 소멸시효 기산점 문제입니다. 이에 대해서는 과거에 판례(대법원 2003다54322, 54339, 2006.5.26.)와 행정해석(근로복지과-2881, 2011.11.22.)이 불일치하였습니다. 판례는 그 기산점이 중간정산일이라고 하는 반면에 행정해석은 최종 퇴직 시라고 하였습니다. 그런데 판례와 부합하게 행정해석이 변경(퇴직연금복지과, 2020.8.3.)되어 불일치 문제가 해소되었습니다.

사례의 경우 해당 청구권의 소멸시효가 완성되었다고 보아야 합니다. 따라서 회사가 A의 요구를 거부해도 불법이 아닙니다.

판례 • 대법원 2003다54322,54339, 2006.5.26.

미지급 중간퇴직금 채권의 소멸시효는 그 퇴직금 중간정산일로부터 기산되고, 중간퇴직금 정산 이후에 근로관계가 계속되었다 하더라도 이러한 사정만으로 달리 볼 것은 아니다.

37 월정금액에 퇴직금이 포함된 것으로 계약한 경우 유효한 퇴직금 지급으로 볼 수 있는지

근로자 A와 K회사 간에 작성한 근로계약서에 「임금으로 매월 300만원을 지급하되, 그 금액에는 퇴직금이 포함되어 있으므로 향후 별도로 퇴직금을 청구할 수 없다」고 기재되어 있습니다. A가 퇴직금을 청구하는 진정을 제기하였습니다. A는 계약서 작성 당시 그 내용에 대하여 설명을 들은 사실은 인정한다고 진술하였습니다.

이 경우 A의 주장이 타당합니까?

답 변

사례는 퇴직금 중간정산에 관련된 문제입니다. 퇴직금 중간정산이 유효하려면 최소한 중간정산 대상이 과거의 근무기간이어야 하고, 2012년 7월 26일부터는 주택구입 등 일정한 사유에 해당하여야 합니다(근로자퇴직급여 보장법 제8조 제2항, 동법 시행령 제3조).

사례의 경우는 장래 근무기간에 대한 근로계약이고, 중간정산 사유에도 해당하지 않기 때문에 중간정산으로서 무효입니다. 또한 매월 급여에 임금과 퇴직금 명목의 금원의 구별이 없습니다. 이 경우에는 월급여 전체가 임금이므로 퇴직금을 지급한 것으로 볼 수 없습니다(아래 판례 참고).

따라서 별도로 퇴직금을 지급해야 합니다.

판례 — 대법원 2012다77006, 2012.12.13.

사용자와 근로자가 매월 지급하는 월급이나 매일 지급하는 일당과 함께 퇴직금으로 일정한 금원을 미리 지급하기로 약정(이하 '퇴직금 분할 약정'이라 한다)하였다면, 그 약정은 근로자퇴직급여 보장법 제8조 제2항 전문에서 정한 퇴직금 중간정산으로 인정되는 경우가 아닌 한 최종 퇴직 시 발생하는 퇴직금청구권을 근로자가 사전에 포기하는 것으로서, 강행법규인 같은 법 제8조에 위배되어 무효이다. 한편 사용자가 근로자에게 퇴직금 명목의 금원을 실질적으로 지급하였음에도 불구하고 정작 퇴직금 지급의 효력이 인정되지 아니할 뿐만 아니라 임금 지급의 효력도 인정되지 않는다면, 근로자는 수령한 퇴직금 명목의 금원을 부당이득으로 사용자에게 반환하여야 한다고 보는 것이 공평의 견지에서 합당하다. 다만, 퇴직금 제도를 강행법규로 규정한 입법 취지를 고려할 때, 위와 같은 법리는 사용자와 근로자 사이에 실질적인 퇴직금 분할 약정이 존재함을 전제로 하여 비로소 적용할 수 있다. 따라서 사용자와 근로자가 체결한 해당 약정이 그 실질은 임금을 정한 것에 불과함에도 사용자가 퇴직금 지급을 면탈하기 위하여 퇴직금 분할 약정의 형식만을 취한 것인 경우에는 위와 같은 법리를 적용할 수 없다. 즉, 사용자와 근로자 사이에 월급이나 일당 등에 퇴직금을 포함하고 퇴직 시 별도의 퇴직금을 지급하지 않는다는 취지의 합의가 존재할 뿐만 아니라, 임금과 구별되는 퇴직금 명목 금원의 액수가 특정되고, 위 퇴직금 명목 금원을 제외한 임금 액수 등을 고려할 때 퇴직금 분할 약정을 포함하는 근로계약 내용이 종전 근로계약이나 근로기준법 등에 비추어 근로자에게 불이익하지 아니하여야 하는 등 사용자와 근로자가 임금과 구별하여 추가로 퇴직금 명목으로 일정한 금원을 실질적으로 지급할 것을 약정한 경우에 한하여 위와 같은 법리가 적용된다.

38 퇴직금을 월급과 구별하여 지급한다고 계약한 경우 유효한 퇴직금 지급으로 볼 수 있는지

근로자 A와 K회사 간에 작성한 근로계약서에 「연봉액수를 3,900만원으로 정하고 이를 13으로 나눠 매월 1/13을 지급하고, 마지막 월에는 2/13를 지급하되, 그 중 1/13은 퇴직금을 지급한 것으로 본다」고 기재되어 있습니다. A가 퇴직금을 청구하는 진정을 제기하였습니다.

A가 별도로 청구할 퇴직금이 존재한다고 볼 수 있나요?

••답 변••

사례의 경우는 퇴직금 중간정산에 관한 문제입니다. 퇴직금 중간정산이 유효하려면 최소한 중간정산 대상이 과거의 근무기간이어야 하고, 2012년 7월 26일부터는 주택구입 등 일정한 사유에 해당하여야 합니다(근로자 퇴직급여 보장법 제8조 제2항, 동법 시행령 제3조).

사례의 경우 장래의 근로기간에 대한 계약이고 중간정산 사유도 존재하지 않기 때문에 유효한 중간정산이라고 볼 수 없습니다. 퇴직금조로 지급한 부분은 임금과 명백히 구분되어 있으므로 임금도 아닙니다. 따라서 이는 부당이득에 해당합니다.

회사측은 A와 합의하여 퇴직금에서 부당이득금액 전부를 공제할 수 있습니다. 합의가 불가능할 경우 사용자는 일방적으로 공제할 수 있으나 퇴직금의 2분의 1을 초과하는 부분에 해당하는 금액에 관하여만 공제가 허용됩니다(대법원 2007다90760, 2010.5.20. 참조). 전술 제9장 32번 사례 참조.

39 연봉을 분할하여 매월 퇴직금 명목으로 지급했다고 주장하는 경우

근로자 A가 K회사를 상대로 퇴직금 지급 요구 진정을 제기하였습니다. 회사측은 A에게 연간 임금 총액을 우선 설정하고 해당 금액을 12개월로 나누어 기본급과 월별 분할 퇴직금으로 구분하여 매월 지급하였고, 이와 같이 구분된 내용이 기재된 급여명세서를 교부하고 서명도 받았으므로 퇴직금을 이미 지급한 것이라고 주장합니다. A는 매월 퇴직금을 별도로 지급한다는 설명을 듣지 못했다고 주장합니다.

••답 변••

사용자가 퇴직금을 미리 지급했다는 주장을 할 경우 다음과 같이 세 가지 경우를 생각할 수 있습니다.

첫째, 근로자퇴직급여 보장법상 퇴직금 중간정산요건을 충족하는 경우입니다. 이 경우에는 중간정산기간에 대하여 퇴직금을 지급한 것으로 봅니다.

둘째, 퇴직금 중간정산요건은 미충족하지만 임금과 별도로 퇴직금조로 지급한 사실이 인정되는 경우입니다. 이 경우에는 퇴직금 지급으로서는 무효이므로 사용자는 별도로 퇴직금을 지급해야 하지만, 퇴직금조로 지급된 것에 대하여 부당이득반환 청구를 할 수 있습니다.

셋째, 퇴직금조로 지급했다고 하나 임금과 명백히 구분되지 않아 임금의 일종으로 볼 수 있는 경우입니다. 이 경우에는 임금을 지급한 것에 불과하므로 별도로 퇴직금을 지급해야 함은 물론 부당이득반환 청구권도 발생하지 않습니다.

사례가 첫째 경우에 해당하지 않는 것은 명백합니다. 둘째 경우에 해당하려면 퇴직금조로 지급한 것이 임금과는 별개라는 점에 대하여 근로자가 인식했다는 사실이 증명되어야 합니다. 증명 책임은 노무관리 책임을 부담하는 사용자에게 있습니다. 질문 내용에 의하면 A가 이를 인식했다고 보기 어려울 것으로 판단합니다. 당초에 연간 임금 총액을 정하고 이를 12로 나누었으므로 A 입장에서는 매월 지급되는 액수가 1개월 임금이라고 인식했을 가능성이 다분하기 때문입니다. 또한 A가 위와 같은 인식하에서 급여명세서에 서명했다면 그 인식에 변화는 없다고 보아야 합니다. 따라서 둘째 경우에 해당한다고 볼 수 없습니다.

위의 사실을 종합하면 사례는 셋째 경우에 해당하므로 사용자는 별도로 퇴직금을 지급해야 합니다.

40 육아휴직을 사용한 경우 퇴직연금 부담금 산정방법

근로자 A는 월급으로 매월 300만원, 상여금으로 매분기 30만원을 지급받기로 계약하였습니다. A는 2024년도에 6개월간 육아휴직을 사용한 바 있습니다.

A는 확정기여형(DC) 퇴직연금에 가입된 상태입니다.

A는 육아휴직기간에 대해서는 정부로부터 육아휴직급여를 받았고, 육아휴직기간에 속하지 않는 기간에 대해서는 계약한 바와 같이 임금을 받았습니다.

이 경우 A에 대한 2024년도 퇴직연금 부담금 산정 방법을 알려 주시기 바랍니다.

답 변

부담금 기준은 원칙적으로 연간 임금총액의 1/12 이상입니다(근로자퇴직급여보장법 제20조 제1항). 이 원칙에 의하면 사례처럼 육아휴직으로 인해 연간 임금총액이 줄어드는 경우 근로자가 피해를 볼 수 있습니다.

육아휴직기간에도 확정기여형 퇴직연금제도는 계속 유지되고 육아휴직기간에 임금이 발생하지 않은 것이 근로자 귀책사유에 기인한 것은 아니므로 부담금 산정 시 육아휴직 사용으로 인한 불이익이 없도록 해야 합니다(퇴직급여보장팀-1090, 2007.3.15. 참조). 이와 같은 불이익이 없도록 하기 위해 「육아휴직기간 중 지급된 임금을 제외한 연간 임금총액/(12-육아휴직기간)」에 의해 부담금을 산정해야 합니다(근로복지과-1689, 2013.05.15.).

따라서 아래와 같이 부담금을 산정해야 합니다.

부담금=(3,000,000×6+300,000×2)÷(12-6)=3,100,000(원)

41 퇴직연금 내용 변경 시 의견 청취 대상 근로자(모집단)의 범위

확정기여형(DC) 퇴직연금제도를 도입한 K병원에서 아래와 같이 규약을 변경하려고 합니다.

「변경 전 : 계속근로기간 1년 이상자를 가입 대상으로 함

변경 후 : 의사(醫師)에 한하여 계속근로기간 1년 미만자도 가입 대상으로 함」

이 경우 의사만을 대상으로 하여 과반수 의견을 들어도 문제없나요?

답 변

퇴직급여제도의 내용을 변경하려는 경우에는 근로자대표의 의견을 들어야 하고, 근로자에게 불리하게 변경하려는 경우에는 근로자대표의 동의를 받아야 합니다(근로자퇴직급여 보장법 제4조 제4항). 여기에서 「근로자대표」라 함은 「근로자의 과반수가 가입한 노동조합이 있는 경우에는 그 노동조합, 근로자의 과반수가 가입한 노동조합이 없는 경우에는 근로자 과반수」를 말합니다(제4조 제3항).

확정기여형 퇴직연금제도의 내용은 규약으로 정해집니다(제19조 제1항). 따라서 동 제도의 내용을 변경하려면 규약을 변경해야 합니다. 규약은 근로자 전체(또는 특정 기준에 해당하는 근로자 전체)에 적용되는 근로조건을 규정한 것이므로 취업규칙의 일종입니다. 따라서 취업규칙 변경에 관한 이론이 적용됩니다.

사례의 경우 가입요건이 완화된 것이므로 근로자에게 불리하다고 볼 수 없기 때문에 근로자대표의 의견을 들으면 되고 동의를 받을 필요는 없습니다. 변경 규약의 적용 대상은 의사로 한정됩니다. 이와 같이 적용 대상이 특정 근로자로 한정될 경우에는 해당 근로자를 의견 청취의 대상으로 하는 것이 타당합니다. 전체 근로자를 의견 청취를 대상으로 할 필요는 없습니다(제15장 6번 사례 참조).

42 이미 도입한 퇴직연금제도를 신규입사자에 대하여 적용하지 않는 경우

K회사는 근로자 과반수 동의를 받아 확정급여형(DB) 퇴직연금을 도입하였습니다. 당시 퇴직연금규약 신고서상 퇴직급여제도 형태에 확정급여형만 체크된 상태입니다. 이와 같이 가입한 퇴직연금은 계속 유지하면서 이후 신규 입사자에 대해서는 퇴직연금에 가입시키지 않고 법정퇴직금을 지급해왔습니다. 법정퇴직금 지급과 관련해서 근로자측 동의를 받은 사실은 없습니다.

이 경우 근로자퇴직급여 보장법 제4조 제3항 위반으로 처벌 가능한지, 아니면 제11조(퇴직급여제도의 미설정에 따른 처리)에 의해 법정퇴직금제도를 설정한 것으로 볼 수 있는지 문의합니다.

••답 변••

사례의 경우 사용자는 근로자대표의 동의를 얻어 확정급여형 퇴직연금제도를 선택하여 적용하였습니다. 사례 설명에 의하면 다른 퇴직급여제도 선택에 관한 언급이 없으므로 당해 사업장에서는 전체 근로자에 대하여 확정급여형 퇴직연금제도만 선택된 것으로 보입니다. 그런데 사용자는 확정급여형 퇴직연금제도 도입 이후 신규 입사자에 대해서는 법정퇴직금제도를 적용하였습니다.

근로자퇴직급여 보장법 제4조 제3항은 「사용자가 선택한 퇴직급여제도를 다른 퇴직급여제도로 변경하고자 하는 경우에는 근로자대표의 동의를 얻어야 한다」고 규정하고 있습니다. 사례는 사용자가 이미 선택한 확정급여형 퇴직연금제도 대신에 신규 근로자에 대하여 법정퇴직금제도를 적용하는 것이 위 조항상의 「사용자가 선택한 퇴직급여제도를 다른 퇴직급여제도로 변경하는 경우」에 해당하느냐는 문제입니다.

「다른 퇴직급여제도로 변경하는 경우」가 정확히 무엇을 의미하는지를 파악하는 것이 관건입니다. 「다른 퇴직급여제도로 변경하는 경우」란 「이미 선택한 퇴직급여제도를 적용하지 않고 다른 퇴직급여제도를 선택하여 적용하는 경우」를 의미한다고 볼 수 있습니다. 「다른 퇴직급여제도로 변경하는 경우」를 이와 같이 해석하면, 사례는 위 조항상의 「사용자가 선택한 퇴직급여제도를 다른 퇴직급여제도로 변경하는 경우」에 해당한다고 볼 수 있습니다. 따라서 근로자대표의 동의를 얻어야 하는데 동의를 얻지 않았으므로 동 조항을 위반한 것입니다.

한편 사례의 경우에 동법 제11조가 적용될 수 있는지 의문이 제기되었습니다. 그러나 제11조는 사용자가 퇴직급여제도를 전혀 선택하지 않은 경우에 적용되는 것이며, 사례처럼 확정급여형 퇴직연금제도를 이미 선택한 경우에는 적용될 수 없습니다.

이상을 종합하면 당해 사용자에 대해서 동법 제4조 제3항 및 제46조 제1호 위반으로 처벌 가능합니다.

43 확정기여형 퇴직연금 부담금 일부 미납

근로자 A는 확정기여형(DC) 퇴직연금에 가입하였고 회사는 매월 부담금을 납입하였습니다. 그런데 회사가 납입한 부담금은 법정기준에 미달합니다. A는 퇴직한 상태입니다.

이 경우 A는 어떤 구제를 받을 수 있나요?

답 변

확정기여형 퇴직연금에서는 사용자는 최소한 가입자의 연간 임금총액의 12분의 1을 부담해야 합니다(근로자퇴직급여 보장법 제20제 제1항). 그럼에도 불구하고 회사는 이에 미달하는 부담금을 납부하였습니다. 이 경우에는 부담금 차액과 지연이자를 A의 퇴직일부터 14일 이내에 A의 계정에 납입해야 합니다(제20조 제5항).

44 확정기여형 퇴직연금제도하에서 미납 부담금 및 지연이자 산정

근로자 A는 확정기여형(DC) 퇴직연금에 가입하였습니다. A의 입사일은 2022년 1월 1일이고, 퇴직연금 가입일은 2023년 9월 1일입니다. A는 2024년 5월 31일까지 근무하고 퇴직하였습니다. 퇴직연금규약에 의하면 부담금 납입 기한은 매년 말일이나 미납 시 10일간 연장 가능한 것으로 규정하였습니다. A의 임금은 월급제로 매월 360만원이었습니다.

퇴직연금 가입일 이전 근무기간에 대해서는 중간정산하기로 합의하였으나 실제로는 지급되지 않은 것으로 확인되었습니다.

회사는 2023년 부담금으로 지정하여 2023년 말까지 50만원을 납입했고, 2024년 부담금으로 지정하여 2024년 5월 31일까지 50만원을 납입하였습니다.

이 경우 퇴직연금 가입일 이전 기간에 대한 퇴직금은 어떻게 산정해야 합니까? 그리고 미납부담금과 지연이자를 어떻게 산정해야 합니까?

답 변

(1) 가입일 이전 기간에 대한 퇴직금 산정

퇴직연금 가입은 중간정산 사유가 아니므로 설사 지급했다고 하더라도 무효입니다. 최종 퇴직 시를 기준으로 평균임금을 산정하고, 계속근로기간은 입사일부터 가입일 전일까지의 기간으로 하여 퇴직금을 산정하면 됩니다.

(2) 미납부담금

사용자는 매년 1회 이상 정기적으로 부담금을 납입하여야 하고(근로자퇴직급여 보장법 제20조 제3항), 부담금의 수준은 연간 임금총액의 1/12 이상이어야 하므로(동조 제1항), 미납부담금은 연단위로 산정하는 것이 타당합니다.

① 2023년도분

납입의무금액이 120만원[=360만원×(4개월/12개월)]이므로 미납부담금은 70만원(=120만원-50만원)입니다.

② 2024년도분

납입의무금액이 150만원[=360만원×(5개월/12개월)]이므로 미납부담금은 100만원(=150만원-50만원)입니다.

(3) 미납부담금에 대한 지연이자

미납부담금에 대한 지연이자는 아래 이율을 적용하여 산정합니다(근로자퇴직급여 보장법 제20조 제3항, 동법 시행령 제11조).

소정납입기일 다음 날부터 퇴직일부터 14일이 되는 날까지(a) : 연 10%

퇴직일부터 15일이 되는 날부터 납입일까지(b) : 연 20%

① 2023년도분 미납부담금에 대한 지연이자

소정납입기일은 2024년 1월 10일입니다. 지연이자는 기간에 따라 두 가지로 구분할 수 있습니다. a(2024.1.11.부터 2024.6.14.까지의 일수)와 b(2024.6.15부터 납입일까지의 일수)로 구분하면 지연이자는 아래와 같이 산정할 수 있습니다.

(700,000×0.1×a÷365)+(700,000×0.2×b÷365)

② 2024년도분 미납부담금에 대한 지연이자

이 경우에도 지연이자를 두 가지로 구분할 수 있습니다. b(2024.6.15.부터 납입일까지의 일수)와 c(2024.6.1.부터 2024.6.14.까지의 일수)로 구분하면 지연이자는 아래와 같이 산정할 수 있습니다.

(1,000,000×0.1×c÷365)+(1,000,000×0.2×b÷365)

45 주 소정근로시간이 15시간 미만인 근로자에 대한 퇴직연금 적립금 반환 청구 가능 여부

근로자퇴직급여 보장법 제4조 제1항은 「사용자는 퇴직하는 근로자에게 급여를 지급하기 위하여 퇴직급여제도 중 하나 이상의 제도를 설정하여야 한다. 다만, 계속근로기간이 1년 미만인 근로자, 4주간을 평균하여 1주간의 소정근로시간이 15시간 미만인 근로자에 대하여는 그러하지 아니하다」라고 규정하고 있습니다. 또한 동법 시행령 제24조 제3호 단서는 「계속근로기간이 1년 미만인 가입자는 급여를 청구할 수 없으며, 그 적립금은 사용자에게 귀속되는 것이어야 한다」라고 규정하고 있습니다.

K회사 소속 근로자 A는 1주간의 소정근로시간이 15시간 미만으로서 1년 이상 근무하였습니다. 그런데 회사는 A를 확정기여형(DC) 퇴직연금에 가입시키고 적립금을 납부한 사실이 있습니다.

A의 경우는 계속근로기간이 1년 이상이므로 동법 시행령 제24조 제3호 단서에 직접 해당하지는 않지만 유추적용할 수는 있을 것 같습니다. 제 생각이 맞는지 궁금합니다.

••답 변••

A가 가입한 퇴직연금은 확정기여형(DC)이라고 하므로 근로자의 개인계정으로 부담금을 납입했다고 볼 수 있습니다. 회사가 A에 대하여 퇴직급여제도를 설정할 의무가 없음에도 불구하고 퇴직연금을 가입시키고 부담금을 납입한 이유가 무엇인지 알 수 없습니다.

이유 여하간에 사용자가 법적 의무 없이 임의로 지급의무를 부담하기로 한 약정 자체는 유효합니다. 또한 동법 시행령 제24조 제3호 단서에서 A와 같은 경우에 대하여 명시하고 있지 않으므로 유추적용하는 것도 무리입니다. 따라서 적립금에 대해서는 A가 권리를 보유하므로 회사는 반환청구할 수 없다고 보는 것이 타당합니다.

46 퇴직보험 해지환급금을 퇴직연금 부담금으로 이전할 수 있는지

회사가 과거에 시행되던 퇴직보험 해지환급금을 새로 설정된 퇴직연금의 가입 이전(以前)기간에 대한 소급 부담금으로 이전(移轉)할 수 있다고 합니다. 그런데 퇴직보험의 수익자는 근로자이고 퇴직연금 부담금의 납입 의무자는 사용자인데, 퇴직보험 해지환급금을 이와 같이 이전한다면 근로자에게 불이익이 발생할 것 같아 문의합니다.

만약 이전이 법적으로 문제가 없다면 확정기여형(DC)과 확정급여형(DB)에 차이가 없나요?

답 변

질문의 취지는 퇴직연금을 적립할 의무는 사용자가 부담하는데 퇴직보험 해지 환급금으로 이를 충당할 경우에는 근로자가 손해를 볼 수 있다는 것입니다. 만약 당해 사업장에서 퇴직연금을 새로 도입하면서 장래 근로할 기간에 대한 적립금으로 퇴직보험 해지환급금을 사용한다면 근로자가 불이익을 당합니다. 즉, 퇴직보험은 퇴직연금 도입 전에 이미 근로한 기간에 대한 퇴직급여 지급 목적으로 적립한 것이므로 근로자 입장에서는 이미 근로한 기간에 대해서는 퇴직급여를 확보한 셈인데, 이 목적을 벗어나 장래 근로기간을 위하여 사용한다면 당연히 근로자에게 불리합니다. 장래의 근로기간에 대해서는 사용자가 새로운 재원으로 적립해야 이러한 문제가 발생하지 않습니다. 따라서 과거 근로한 기간에 대하여 퇴직연금을 소급하여 가입하는 방식으로 하면서 퇴직보험 해지환급금을 소급 목적으로 사용하면 문제 되지 않습니다.

이 경우 도입하는 퇴직연금 방식은 일반적인 예에 따라 확정기여형(DC)이나 확정급여형(DB) 어느 것도 가능하다고 볼 수 있습니다. 퇴직보험 해지환급금을 위와 같은 용도로 사용한다는 특수성이 있다고 해서 퇴직연금 방식 자체를 특수하게 제한할 이유는 없기 때문입니다.

47 동일 사업장 내 근무하는 부부 또는 형제가 퇴직연금 적립금을 중도인출하는 경우

K회사에서 근무하는 근로자 A와 B는 부부간이고, C와 D는 형제간입니다. A와 B는 주택구입자금으로 사용하기 위해 퇴직연금 적립금 중도인출을 계획하고 있습니다. C와 D는 부친의 치료비에 충당하기 위해 역시 중도인출을 신청하려고 합니다.

이 경우 A와 B(C와 D의 경우도 마찬가지) 모두 퇴직연금 중도 인출이 가능한지 둘 중 한 명만 가능한지 궁금합니다.

••답 변••

만약 사례의 경우에 한 명만 중도인출이 가능하다고 해석한다면 이는 권리를 제한하는 것이 됩니다. 국민의 권리를 제한할 경우에는 엄격해야 합니다. 즉, 권리제한에 신중을 기해야 합니다.

근로자퇴직급여 보장법령에 의하면 사례와 같은 경우에 대하여 권리를 제한하는 규정이 없습니다. 또한 동일 사업장 근무가 권리를 제한해야 할 필연적인 이유가 될 수도 없습니다. 따라서 사례의 경우 요건을 충족한다면 두 명 모두 중도인출이 가능하다고 보는 것이 타당합니다.

48 퇴직연금 부담금 납입기준인 임금총액에 포함되는 임금의 범위

근로자퇴직급여 보장법 제20조는 「확정기여형 퇴직연금제도를 설정한 사용자는 가입자의 연간 임금총액의 12분의 1 이상에 해당하는 부담금을 현금으로 가입자의 확정기여형 퇴직연금제도 계정에 납입하여야 한다」고 규정하고 있습니다. 여기의 임금이 평균임금에 포함될 수 있는 것만을 의미하는지 궁금합니다.

••답 변••

고용노동부는 확정기여형 퇴직연금제도의 부담금 수준에 관한 부분에서 「근로자의 퇴직으로 인해 비로소 지급 사유가 발생한 연차유급휴가수당도 근로의 대가로 발생한 임금에 해당하므로 부담금 산정 시 임금총액에 포함된다(퇴직금·확정급여형의 평균임금 산정 시에는 포함되지 않음)」라고 설명하고 있습니다(퇴직급여제도 매뉴얼, 2022.8. 167페이지).

위의 연차유급휴가수당은 연차휴가 미사용수당을 의미하는바, 이는 평균임금에 포함되지 않습니다. 그럼에도 불구하고 위 설명에 의하면 해당 수당도 근로자퇴직급여 보장법 제20조 제1항의 임금총액에 포함된다는 것이므로, 동 조항의 임금총액에 포함되는 임금은 평균임금에 포함되는 임금에 국한되는 것은 아니라고 볼 수 있습니다.

49 부당징계기간에 대한 확정기여형 퇴직연금 부담금 적립 기준

K회사는 2016년 9월 1일부터 확정기여형(DC) 퇴직연금제도를 도입하여 전체 근로자를 가입시켰습니다. 이 회사를 퇴직한 근로자 A가 부담금 차액 지급 요구 진정을 제기하였습니다.

조사 결과 A는 재직 중 대기발령 징계를 받은 바 있고, 대기발령기간 중에는 기본급의 80%를 받았는데 회사는 이 임금을 기준으로 부담금을 납입한 사실이 확인되었습니다. 이 대기발령에 대해서는 노동위원회에서 부당하다는 판정을 하였고, 임금상당액을 지급하라는 명령을 한 바 있습니다. A는 대기발령기간에 대하여 임금상당액을 기준으로 부담금을 납입했어야 한다고 주장합니다.

이 경우 어떻게 처리해야 할까요?

답 변

확정기여형(DC) 퇴직연금의 경우 부담금 수준은 연간 임금총액의 12분의 1 이상입니다(근로자퇴직급여 보장법 제20조 제1항). 여기에서 임금총액은 정상적으로 근로한 경우 발생하는 임금총액을 의미합니다. 평균임금 산정 시 평균임금 산정기간에서 제외되는 기간처럼 비정상적인 기간은 제외해야 합니다.

이에 대해서는 육아휴직기간을 부담금 산정 시 제외하는 방법과 동일하게 처리해야 할 것입니다(제9장 40번 사례 참조).

50 확정기여형 퇴직연금제도에서 부담금 납입기준의 의미

확정기여형(DC) 퇴직연금제도에서 부담금 기준은 「연간임금총액의 12분의 1이상」입니다. 여기에서 연간은 회계연도 기준인지 퇴직연도 기준인지 궁금합니다. 또한 연간임금총액의 1/12이 아니라 월급여액의 1/12을 각 계산하여 각 월별 납입금액 차액을 미납액으로 산정해도 무방한지 궁금합니다.

••답 변••

확정기여형 퇴직연금제도는 사용자가 매년 정기적으로 부담금을 적립하면 매년 중간정산하는 것과 유사한 제도입니다. 따라서 부담금 수준은 연도 단위로 결정되고 퇴직일 기준으로 일괄적으로 결정되는 것이 아닙니다.

근로자퇴직급여 보장법 제20조 제1항에서 부담금의 수준을 「연간임금총액의 12분의 1 이상」이라고 명시하고 있으므로 부담금 미납액의 기준도 연간 임금총액을 기준으로 하는 것이 타당합니다.

51 출국만기보험에 가입한 외국인근로자를 퇴직연금규약 변경 시 의견청취 대상으로 볼 수 있는지

K회사에서 퇴직연금규약 변경신고서를 제출하면서 근로자 과반수의 의견청취서를 첨부하였습니다. 불이익한 변경은 아닙니다. 그런데 의견청취 대상에 외국인근로자는 전부 제외되었습니다. 해당 외국인근로자는 전부 출국만기보험에 가입되어 있습니다.

이 경우 어떻게 처리해야 하나요?

••답 변••

출국만기보험에 가입한 경우 퇴직금제도를 설정한 것으로 보기 때문에(외국인근로자의 고용 등에 관한 법률 제13조 제2항) 해당 외국인근로자에 대해서 퇴직연금에 가입시킬 의무가 없습니다. 따라서 해당 외국인근로자는 퇴직연금규약 변경에 대하여 의견을 청취할 대상으로 볼 수 없습니다.

보충설명

출국만기보험은 외국인근로자의 고용 등에 관한 법률 제13조에 의해 외국인 근로자를 고용한 사업주가 퇴직금 지급에 대비하여 가입하는 보험을 말합니다.

52 퇴직금 산정(통상임금을 평균임금으로 간주하는 경우)

근로자 A는 아래와 같은 조건으로 상시근로자수 5명 이상인 K회사에서 1년간 근무하고 퇴직하였습니다.

「1주 근로시간 45시간

월급 300만원」

A는 매월 위 시간대로 근무하였으며 추가로 근무한 바는 없습니다.

회사는 퇴직금으로 300만원을 지급하였습니다. 회사가 정확하게 퇴직금을 지급하였는지 궁금합니다.

답 변

(1) 퇴직금=평균임금×30×근속일수÷365

(2) 평균임금 산정

「평균임금=퇴직일 이전 3개월 임금÷3개월 일수」로 산정하는데 사례의 경우 퇴직일을 알 수 없어서 3개월 일수 파악이 불가능합니다. 따라서 4가지 경우로 구분하여 설명합니다.

① 3개월 일수가 89인 경우 : 9,000,000÷89=101,124

② 3개월 일수가 90인 경우 : 9,000,000÷90=100,000

③ 3개월 일수가 91인 경우 : 9,000,000÷91=98,901

④ 3개월 일수가 92인 경우 : 9,000,000÷92=97,826

(3) 통상임금 산정

평균임금이 통상임금에 미달할 경우에는 통상임금을 평균임금으로 간주합니다(근로기준법 제2조 제2항). 사례의 경우처럼 약정 시간만 근로하는 경우에는 평균임금이 통상임금에 미달할 가능성이 있습니다. 여기에서 평균임금으로 간주하는 통상임금은 일급 통상임금입니다.

「일급 통상임금=시간급 통상임금×1일 소정근로시간수」로 산정합니다.

「시간급 통상임금=월급÷월 통상임금 산정기준시간수」로 산정합니다.

월 통상임금 산정기준시간수=(45+5×0.5+8)÷7×365÷12=241

해설 45는 1주 실근로시간수, 5×0.5는 연장근로가산시간수, 8은 주휴시간수

시간급 통상임금=3,000,000÷241=12,448

일급 통상임금=12,448×8=99,584

(4) 퇴직금 산정

위 (2)의 평균임금이 일급 통상임금에 미달하는 경우(③, ④)에는 일급 통상임금을 평균임금으로 간주합니다. 이 경우 퇴직금=99,584×30×1=2,987,520(원)이 되므로 추가로 지급할 필요가 없습니다.

반면에 (2)의 평균임금이 일급 통상임금에 미달하지 않는 경우(①, ②)에는 해당 평균임금으로 퇴직금을 산정합니다.

①의 경우 퇴직금=101,124×30×1=3,033,720(원)이므로 추가로 33,720원을 지급해야 하며, ②의 경우 퇴직금=100,000×30×1=3,000,000(원)이므로 추가로 지급할 필요가 없습니다.

53 퇴직금 산정(상시근로자수 5명 미만 사업장에 대한 퇴직금 규정 확대 적용 관련)

근로자 A는 아래와 같이 K회사에서 2004년 1월 1일부터 2024년 4월 30일까지 근무하고 퇴직하였습니다. 해당 회사의 상시근로자수는 줄곧 5명 미만이었습니다.

퇴직일 이전 3개월 평균임금은 110,000원입니다.

이 경우 퇴직금 산정을 어떻게 해야 하는지 궁금합니다.

••답 변••

퇴직금 산정공식은 아래와 같습니다.

퇴직금=평균임금×30×근속일수÷365

일반적인 경우라면 근속일수에 전체 근무기간의 일수를 대입하면 되지만, 사례의 경우에는 상시근로자수가 5명 미만이므로 그렇게 할 수 없습니다.

근로자퇴직급여 보장법 개정으로 퇴직금 제도가 상시근로자수 5명 미만 사업장에 확대 적용되면서 경과 규정을 두었습니다(법률 제10967호 부칙 제8조). 동 경과 규정에 의하면 2010년 12월 1일부터 상시근로자수 5명 미만 사업장에 퇴직금 제도를 확대 적용하되, 일정 기간(2010년 12월 1일부터 2012년 12월 31일까지)에 대해서는 일반 법정퇴직금의 1/2 수준으로 산정하고, 이후부터는 일반 법정퇴직금 수준과 동일하게 산정합니다.

동 경과 규정에 의하면 사례의 경우 근속일수를 산정하는 기간은 두 부분으로 구성됩니다. 즉, 「2010년 12월 1일부터 2012년 12월 31일까지」와 「2013년 1월 1일부터 2024년 4월 30일까지」로 구성됩니다. 전자는 762일이므로 이 일수의 1/2인 381일이 근속일수에 포함되며, 후자는 4,138일인데 이 일수 전부 근속일수에 포함됩니다. 결국 근속일수의 합은 4,519일(=381+4,138)입니다.

한편 근속일수 산정 시 기간이 구분되는 것과 무관하게 평균임금은 구분되지 않고 퇴직 이전 3개월 기준으로 산정한다는 점을 유의해야 합니다.

따라서 사례의 경우 아래와 같이 퇴직금을 산정할 수 있습니다.

퇴직금=110,000×30×4,519÷365=40,856,712(원)

제10장

대지급금

1 사용자 아닌 자가 임금 지급 채무를 인수하고 지급한 경우 대지급금 지급 대상 여부

A(도급인)와 B(수급인) 간에 타절합의서를 작성하였습니다. 동 합의서에 의하면 A가 기성금 잔액을 지급하는 대신 이를 B의 노무비, 자재비, 장비대로 지급한다고 되어 있습니다. A는 자재비와 장비대에 대해서는 합의대로 이행하였다고 하면서, 근로자들에게 지급한 것은 노무비가 아니라 대여금 명목이라고 주장합니다. 대지급금 지급 범위와 관련하여 임금 지급 여부가 문제 됩니다.

이 경우 A가 임금을 지급했다고 볼 수 있나요? 다시 말해 근로자들은 임금을 받았다고 볼 수 있나요?

답 변

공사의 타절이란 공사수행능력이 없으므로 공사를 중단시키고 계약을 해지하는 것을 말합니다.

A는 기성금을 재원으로 근로자들에게 임금이 아니라 대여금조로 지급했다는 취지의 주장을 하고 있습니다. A와 B 간에는 기성금을 재원으로 임금을 지급하기로 합의하였습니다. 이것은 본래 임금 지급채무자인 B의 채무를 A가 인수하는 것으로서(채무인수계약이라고 함) 법적으로 유효합니다. A는 동 합의에 따라야 할 의무가 있으므로 일방적으로 기성금의 용도를 변경할 수 없습니다. A가 근로자들에게 지급한 금전의 재원을 기성금이라고 주장하는 한 그 금전의 성격이 대여금이 될 수 없습니다.

또한 근로자들이 A에게 대여금을 청구할 권리가 당초에 없었습니다. 근로자들이 A로부터 지급받은 금전의 액수도 임금액 수준일 것입니다. 따라서 근로자들은 A로부터 지급받은 금전의 성격을 임금으로 인식했다고 보아야 합니다.

위 사실을 종합하면 A가 근로자들에게 지급한 금전의 성격은 임금이며 대여금이 아니라고 보아야 합니다. 따라서 임금은 지급되었으므로 그 범위에서 대지급금 청구권은 발생하지 않는다고 보아야 합니다.

보충설명

용어 변경

임금채권보장법 개정(2021.10.14. 시행)으로 체당금이 대지급금으로 변경되었습니다. 세부적으로는 일반체당금이 도산대지급금으로, 소액체당금이 간이대지급금으로 각각 변경되었습니다.

2 임금 변제충당 시 대지급금 지급 대상

근로자 A는 K회사에 근무하면서 월급제로 매월 300만원을 받아왔습니다. 회사측은 경영난으로 인한 임금삭감 방침을 문서로 통지하고 A에 대하여 8개월 동안 매월 250만원을 지급하였습니다.

A가 대지급금 지급 신청을 하였는데 최종 3개월분 임금 산정과 관련하여 아래와 같이 논란이 있습니다.

[제1설] 각각의 달에 대하여 250만원이 지급되고 매월 50만원이 체불된 상태로 남아 있음(최종 3개월분 임금은 150만원임)

[제2설] 먼저 체불된 임금부터 순차적으로 지급한 것으로 보아야 함

답 변

임금삭감은 장래의 임금수준을 인하하는 조치를 의미합니다. 이것은 근로자에게 불리하므로 근로자의 동의를 얻어야 유효합니다. 사례처럼 사용자가 일방적으로 임금을 삭감하는 것은 무효입니다. 따라서 사용자의 임금삭감 방침 통지 이후에도 사용자가 부담하는 월급액수는 300만원입니다.

사용자가 월급으로 250만원을 지급하면 50만원은 미지급 채무로 남게 됩니다. 이후에도 계속하여 이와 같은 현상이 발생하며 임금채무 발생일이 각각 상이한 다수의 채무가 존재하게 됩니다. 이 상태에서 사용자가 매월 제공하는 250만원으로는 누적된 전체 채무가 소멸되지 않습니다. 근무기간이 늘어날수록 채무 총액이 증가하게 됩니다. 이와 같은 경우에는 250만원을 어느 채무의 변제

에 충당할 것이냐는 문제가 발생합니다. 이것을 「변제충당」이라고 합니다.

「변제충당」이란 채무자가 동일한 채권자에 대하여 동종의 내용을 가진 수개의 채무를 부담하는 경우(민법 제476조 제1항) 또는 1개의 채무의 변제로써 수개의 급부를 해야 하는 경우(동법 제478조)에, 변제로써 제공한 급부가 그 채무의 전부를 소멸시키는 데 충분하지 않을 때 그 급부를 가지고 어느 채무 또는 어느 급부의 변제에 먼저 충당할 것인가를 정하는 것을 말합니다.

민법상 변제충당은 다음의 순서에 따릅니다.

(1) 당사자의 합의(계약)에 의한 충당 : 변제자와 변제수령자 사이의 계약에 의해 충당방법을 정할 수 있음(통설)

(2) 일방행위에 의한 충당(지정변제충당)

① 변제자에 의한 충당 : 변제자는 변제를 할 경우에 변제수령자에 대한 의사표시로 변제에 충당할 채무 또는 급부를 지정할 수 있음(제476조 제1항 · 제3항, 제478조)

② 변제수령자에 의한 충당 : 변제자가 변제제공 시에 변제의 충당을 하지 않을 때에는 그 다음 순위자로서 변제수령자가 그 당시 변제자에 대한 의사표시로서 변제의 충당을 할 수 있음(제476조 제2항 본문 · 제3항, 제478조). 변제수령자의 지정충당에 대하여 변제자가 즉시 이의를 제기하면 그 충당은 효력을 잃고(제476조 제2항 단서), 변제는 법정충당에 의해 결정됨

(3) 법정충당

당사자가 지정충당을 하지 않은 때에는 다음 순서에 따름(제477조, 제478조)

① 채무 중에 이행기가 도래한 것과 도래하지 아니한 것이 있으면 이행기가 도래한 채무의 변제에 충당함

② 채무전부의 이행기가 도래하였거나 도래하지 아니한 때에는 채무자에게 변제이익이 많은 채무의 변제에 충당함

③ 채무자에게 변제이익이 같으면 이행기가 먼저 도래한 채무나 먼저 도래할 채무의 변제에 충당함

④ 전 2호의 사항이 같은 때에는 그 채무액에 비례하여 각 채무의 변제

에 충당함

사례의 경우 당사자의 합의(계약)에 의한 충당이 부존재함은 명백합니다.

일방행위에 의한 충당(지정변제충당)을 검토할 차례입니다. 사용자는 50만원을 미지급 임금으로 인식하고 있지 않았습니다. 사용자는 매월 250만원을 지급하면 채무를 완전히 이행한다고 인식하였습니다. 사용자 입장에서는 50만원과 250만원을 합한 금액이 변제충당의 대상이라고 보지 않았습니다. 이와 같이 사용자(변제자)는 주관적으로 변제충당 문제가 발생하지 않는다고 인식하고 있었으므로 변제자(사용자)에 의한 충당은 없었다고 보아야 합니다. 또한 근로자(변제수령자)에 의한 충당도 없었습니다. 결국 일방행위에 의한 충당(지정변제충당)은 없었다고 보아야 합니다.

따라서 법정충당이 적용되고 그중 ③에 따라 먼저 발생한 임금부터 순차적으로 충당한다고 보는 것이 타당합니다.

8개월 동안 지급 총액이 2,000만원(=250만원×8개월)인데 이를 먼저 발생한 임금부터 순차적으로 충당하면 6개월분(1,800만원)은 완전히 지급된 것으로 볼 수 있습니다.

대지급금 지급 대상 범위인 최종 3개월분의 임금 중 과거순으로 최초 1개월분은 위 6개월분 범위에 포함되므로 전액 지급된 것으로 보아야 하고, 다음 1개월분은 200만원 지급되고 100만원 미지급된 것으로 보아야 하며, 최후 1개월분은 전액(300만원) 미지급된 것으로 볼 수 있습니다.

결국 최종 3개월분 미지급 임금 총액은 400만원으로 보아야 합니다. [제2설]이 타당합니다.

3 대지급금 신청 시 적용 사업 또는 사업장의 범위

A는 K학원의 대표로서 5개 지점을 운영하다 폐업하였습니다. 임금채권보장법에 의해 도산인정을 한 상태입니다. S지점에서 T지점으로 옮겨 연속 근무하다 퇴직한 B가 대지급금 신청에 대하여 문의한 바 있습니다. B를 제외한 근로자들은 하나

의 지점에서만 근무하였습니다.

이 경우 지점별로 대지급금을 신청하도록 해야 하는지, 지점 전체를 하나의 사업으로 보아 한 건으로 신청하도록 해야 하는지 궁금합니다.

••답 변••

사례는 임금채권보장법의 적용범위에 관한 문제로 파악됩니다. 임금채권보장법 제3조에 의하면 동법의 적용범위는 산업재해보상보험법 제6조에 따른 사업 또는 사업장입니다.

사례의 경우 5개의 지점은 동일한 업종이고, 동일한 사업주가 운영하며, 각 지점 간의 인사이동 시 고용관계가 계속될 수 있는 점을 고려하면 각 지점은 독립성이 없으며 하나의 사업에 포함될 수 있습니다.

따라서 대지급금 업무 처리 시 각 지점을 일괄하여 처리해도 무방합니다.

4 회생절차 폐지결정 이후 대지급금 지급청구의 유효성

K회사에서 퇴직한 근로자 A가 대지급금 지급청구를 하였습니다. A의 퇴직 이전에 K회사에 대한 회생절차 개시결정이 있었고 약 6개월 후 회생절차 폐지결정이 있었습니다. 폐지결정에 대하여 즉시항고가 제기되었습니다. A의 대지급금 지급청구일은 즉시항고 제기일부터 3일 후인 것으로 확인되었습니다.

이 경우 A의 대지급금 지급청구는 유효하다고 볼 수 있나요?

••답 변••

회생절차 개시결정 시에는 대지급금 지급청구가 가능하지만 회생절차 폐지결정이 확정되면 대지급금 지급청구가 불가능합니다. 그런데 회생절차 폐지결정에 대하여 즉시항고가 제기되면 폐지결정이 확정되지 않습니다(채무자 회생 및 파산에 관한 법률 제13조, 제247조, 제290조 참조). 따라서 이 상태에서는 대지급금 지급청구가 가능하므로 A의 청구는 유효합니다.

5 임금상당액의 대지급금 지급 대상 여부

근로자 A는 노동위원회의 부당해고 판정으로 복직하였으나 바로 사직하였습니다. 퇴직할 때까지 부당해고기간에 대한 임금상당액을 받지 못하였습니다. 이에 A는 대지급금 지급청구를 하였습니다.

이 경우 임금상당액도 대지급금 지급 대상이 되는지요?

••답 변••

해고기간에 대한 임금상당액을 대지급금 지급 대상으로 볼 것인지 여부에 관해 판례와 행정해석이 상이합니다.

판례는 「근로자가 해고기간 동안 근로를 제공하지 못한 것은 부당해고를 한 사용자의 귀책사유로 말미암은 것으로 근로자는 민법 제538조 제1항에 따라 계속근로 시 반대급부로 받을 수 있는 임금 전부의 지급을 구할 수 있고 민법에 따라 사용자에게 지급을 구할 수 있는 임금 역시 근로기준법에 따른 임금이므로 대지급금 지급 대상이 된다」고 판시하였습니다(대법원 2010두5479, 2010.7.22.).

이에 반해 행정해석은 「임금채권보장법 제7조는 사업주가 파산 등 대통령령으로 정하는 사유에 해당하는 경우에 퇴직한 근로자가 지급받지 못한 임금 등의 지급을 청구하면 제3자의 변제에 관한 민법 제469조에도 불구하고 그 근로자의 미지급 임금 등을 사업주를 대신하여 지급하도록 규정하고 있고, 이때의 임금 등은 같은 법 제2조에 따라 근로기준법상의 임금을 의미한다. 그러나 법원의 일부 판결 또는 법제처 해석에서 임금상당액을 임금으로 보는 견해가 있으나 우리부는 여전히 '임금상당액은 근로자가 현실로서 제공된 근로의 대가가 아닌 민사상의 채권(민법 제538조 제1항)으로 임금상당액이 곧바로 근로기준법의 강제력이 부여되고 국가공권력의 대상이 되어 형사처벌 등의 대상이 되는 근로기준법상의 임금에 해당하는 것으로 볼 수 없다(근로기준과-579, 2004.2.3.)'는 기존 행정해석을 유지하고 있으므로 동 행정해석의 변경이 없는 한 법원 등이 판시한 임금상당액 지급을 근거로 대지급금을 지급하기는 어려울 것이다(근로복지과-2639, 2011.10.31.)」라는 입장입니다.

위와 같이 판례와 행정해석은 임금상당액이 임금인지 여부에 중점을 두고 대지급금 지급 대상 여부를 판단하고 있습니다. 그러나 임금채권보장법의 규정 체계에 맞춰 판단하는 것이 타당하다고 봅니다. 임금채권보장법에서는 휴업수당을 대지급금 지급 대상으로 규정하고 있습니다. 휴업수당은 사용자의 귀책사유로 근로제공을 할 수 없었던 기간에 대하여 보상하는 것입니다. 휴업수당과 임금상당액은 그 원인에서 차이가 있지만 사용자의 귀책사유로 근로제공을 할 수 없었던 기간에 대한 보상이라는 점에서 공통점이 있습니다. 임금상당액의 경우 사용자의 귀책의 정도가 심하다고 말할 수 있습니다. 임금상당액을 휴업수당과 차별하여 대지급금 대상에서 제외하는 것은 논란의 소지가 있습니다.

정리하면 논리적으로 임금상당액을 대지급금 지급 대상으로 할 수 없는 것은 아니지만 정책적으로 지급 대상에서 제한하고 있는 실정이라고 볼 수 있을 것입니다.

6 제척기간 경과 후 재차 도산등사실인정 신청한 경우

근로자 A는 K회사에서 2021년 1월 1일부터 2022년 12월 31일까지 근무하였습니다. A가 2023년 3월 1일 도산등사실인정 신청을 하였으나 반려청구하여 지방고용노동관서에서 반려하였습니다. A는 2024년 2월 1일에 다시 도산등사실인정 신청을 하였습니다. 이 신청에 대하여 반려처분을 검토 중인바, 고용노동부 행정해석(퇴직급여보장법-1379, 2006.4.24.)에 의하면 「최초 도산등사실인정 신청을 반려하고 재차 신청했더라도 반려한 신청서의 신청일이 최초 신청일이 된다」는 내용이 있어 주저하고 있습니다.

이 경우 어떻게 처리해야 할까요?

답 변

도산등사실인정 신청은 퇴직한 날의 다음 날부터 1년 이내에 해야 합니다(임금채권보장법 시행령 제5조 제2항). 이는 제척기간에 관한 규정인바, 제척기간이라 함은 권리를 행사해야 하는 기간으로서 그 기간 내에 권리를 행사하지 않으면 권리가 소멸하는 것을 말합니다.

사례에서 인용한 행정해석은 재신청이 제척기간 경과 전에 된 경우입니다. 그러나 사례의 경우는 재신청이 제척기간을 경과한 후에 된 경우이므로 위 행정해석을 적용할 수 없습니다. 사례에 적용할 수 있는 다른 행정해석(임금복지과-342, 2010.3.26.)에 의하면 「근로자가 퇴직일로부터 1년 이내에 도산등사실인정 신청을 하였으나 근로자의 요청에 따라 이를 반려하였고, 이후 퇴직일로부터 1년이 경과한 시점에서 재차 도산등사실인정 신청을 한 경우 재신청은 반려해야 한다」고 합니다. 이 경우 최초 신청은 반려되었으므로 권리를 행사하지 않은 것과 동일한 효과가 발생합니다. 이 상태에서 퇴직일부터 1년 이내에 도산등사실인정 신청을 하지 않으면 동 신청권은 소멸합니다. 사례의 경우 신청권이 소멸한 이후에 재신청한 것이므로 반려해야 하는 것입니다.

7 퇴직연금액을 반영한 대지급금 산정

K회사는 2021년 1월 1일에 퇴직연금제도를 도입하였습니다(가입기간 불소급). 근로자 A는 확정급여형, 근로자 B는 확정기여형을 선택하였습니다. A와 B의 근무기간은 2019년 1월 1일부터 2023년 12월 31일까지(5년)로 동일하며, 임금 역시 5년간 매월 300만원으로 동일합니다. 회사는 2021년 말에 1년분에 대해서만 부담분을 납부하였고 바로 노사합의에 의해 퇴직연금제도를 폐지하였습니다. 2024년 2월 1일 도산하였습니다.

이와 같은 경우 근로자 A, B가 대지급금을 신청할 경우 대지급금으로 지급해야 할 퇴직금을 어떻게 산정해야 하나요?

답 변

사례의 퇴직연금제도는 도입된 지 1년 만에 폐지되었습니다. 퇴직연금제도가 폐지되면 가입자(근로자)는 퇴직연금사업자(금융기관)로부터 적립금에서 급여를 지급받을 수 있습니다. 이와 같이 급여를 받으면 중간정산한 것으로 봅니다(근로자퇴직급여 보장법 제38조 제5항).

A는 확정급여형 퇴직연금에 가입하였습니다. 이 유형의 경우 가입자(근로자) 개인별 계정으로 부담금이 적립되지 않기 때문에 A의 계정에 부담금이 바로 입금되지는 않습니다. A가 중간정산금으로 받을 금액은 다른 가입자들의 근속기간, 평균임금 등을 고려하여 비례적으로 정해진 후에 파악이 가능합니다(동법 시행령 제24조 제1호). 따라서 A가 퇴직연금사업자로부터 받은(또는 받을) 금액을 확인할 필요가 있습니다. 이와 같이 받은(또는 받을) 금액을 중간정산금으로 볼 경우 그 대상기간은 퇴직연금 가입기간에 상응한다고 볼 수 있으므로 2021년 1월 1일 이후 기간이라고 보아야 합니다. 그 대상기간이 구체적으로 2021년 1월 1일부터 언제까지인지는 중간정산금을 기준으로 환산(위 시행령)해야 합니다(대상기간 산정의 불필요성에 대해서는 후술함).

B는 확정기여형 퇴직연금에 가입하였습니다. 이 유형의 경우 가입자 개인 계정에 부담금을 적립합니다. 사용자는 1년분을 납부했다고 하므로 2021년 1년분의 퇴직금이 중간정산된 것으로 볼 수 있습니다.

한편 임금채권보장법상 대지급 퇴직급여 범위는 최종 3년분인데, 최종 3년이라 함은 퇴직 시점을 기준으로 소급하여 3년까지의 기간을 말합니다. 사례의 경우 최종 3년은 2021년 1월 1일부터 2023년 12월 31일까지입니다. 이 기간 중 중간정산으로 지급된 부분은 대지급 퇴직급여 보장 대상에서 제외됩니다. A의 경우에는 3년분의 퇴직금(평균임금 90일분)에서 퇴직연금사업자로부터 받은 금액을 공제한 금액이 보장 대상 금액이 됩니다. 중간정산이 3년에 포함되는 기간에 대하여 이루어졌기 때문에 대지급 퇴직급여 보장 대상 금액을 정하기 위해서는 중간정산금액이 얼마인지 아는 것으로 충분하고 중간정산 대상기간을 구체적으로 파악할 필요는 없습니다. B의 경우에는 3년분의 퇴직급여에서 1년분(2021년도분)을 공제한 2년분(평균임금 60일분)이 보장 대상 금액이 됩니다.

8 확정기여형 퇴직연금에 가입한 경우 대지급금 산정

근로자 A는 K회사에서 6년간 근무하다 퇴직하였습니다. A는 재직 중 확정기여형(DC) 퇴직연금에 가입하였고, 가입기간은 입사일부터 시작하기로 하였습니다. 회사는 퇴직연금을 3년간 유지하다 노사합의로 폐지하였습니다. 그 동안 부담금을 납부했으나 그 금액은 납부 기준(연간 임금총액의 1/12)에 미달하였습니다. 퇴직 이후 금융기관(퇴직연금사업자)이 근로자별로 퇴직연금을 지급한 상태입니다. 사용자 부담금 입금증명서에 의하면 입금일자와 금액은 확인되나 기간에 대해서는 기재되어 있지 않습니다.

A가 퇴직금에 대하여 대지급금 신청을 했는데 대지급금액을 어떻게 산정해야 되나요?

답 변

사례는 대지급 퇴직급여 보장기간에서 제외해야 할 기간을 어떻게 산정할 것이냐는 문제입니다.

사례 질문 설명에 의하면 당해 사업장의 경우 확정기여형 퇴직연금제도를 3년간 시행하다 폐지하였습니다. 퇴직연금제도 폐지에 따라 가입자(근로자)들에게 급여가 지급되었습니다. 이와 같이 퇴직연금제도 폐지에 따라 가입자에게 급여가 지급된 경우 퇴직금을 중간정산한 것으로 봅니다(근로자퇴직급여 보장법 제38조 제5항). 중간정산 대상기간은 가입자별로 퇴직연금에 가입한 날부터 사용자가 납입한 부담금에 대응하는 기간의 마지막 날까지로 환산합니다(동법 시행령 제40조 제2호). 퇴직연금제도 운영기간이 3년이지만 사용자가 부담금을 제대로 납입하지 않았으므로 중간정산 대상기간은 퇴직연금제도 시행일로부터 3년 미만이 되는 기간이라고 보아야 합니다.

한편 임금채권보장법에 의한 대지급 퇴직급여 보장기간은 퇴직일 기준 최종 3년입니다(제7조 제2항 제1호). 대지급금은 미지급 퇴직급여를 대상으로 하므로 최종 3년 중에 중간정산된 기간이 포함되어 있다면 동 기간은 보장기간에서 제외해야 합니다.

그런데 사례에서 문제 되는 기간은 6년인바, 전반부 3년은 퇴직연금제도가 적용되었고, 후반부는 퇴직일 기준 최종 3년으로서 그 기간 중에는 퇴직연금제도가 적용되지 않았습니다. 퇴직금을 중간정산한 기간은 전반부 3년 중 일부 기간이므로 최종 3년에 포함되지 않습니다. 따라서 퇴직금 중간정산기간은 대지급금 보장기간에서 제외해야 하는 기간이 아닙니다. 그러므로 대지급 퇴직급여 대상기간은 최종 3년간 전체가 된다고 보아야 합니다.

9 확정기여형 퇴직연금제도하에서 소급 가입기간 중 일부 기간에 대한 부담금 납부 시 대지급금 산정방법

K회사는 확정기여형(DC) 퇴직연금제도를 도입하면서 입사일부터 제도 도입 전까지 가입기간을 소급한다고 규약에 규정하였습니다. 그러나 회사측은 과거 근무기간에 대한 부담금의 일부만을 납부하였습니다. 도입 이후 기간에 대해서는 정상적으로 부담금을 납부하면서 퇴직연금제도를 유지하고 있습니다.

퇴직한 근로자 A가 대지급금 지급 신청을 하였습니다. 대지급 퇴직급여 산정방법을 알려 주시기 바랍니다.

답 변

사례의 경우 과거 소급분으로 납부된 부담금에 상응하는 기간을 산정하여 입사일부터 해당 기간까지 중간정산된 것으로 보는 것이 타당합니다. 이 납부된 기간에 대해서는 퇴직연금제도가 적용된 것으로 보고, 부담금이 미납된 기간에 대해서는 퇴직연금제도가 중단된 것으로 보는 것이 타당합니다.

사례는 과거 소급기간에 대해서는 부담금을 더 이상 납입하지 않은 시점에서 퇴직연금을 폐지한 경우와 유사하다고 볼 수 있습니다. 따라서 퇴직연금 폐지 규정을 준용하는 것이 타당합니다.

확정기여형 퇴직연금제도 폐지 시 퇴직연금 가입일부터 부담금에 대응하는 기간의 마지막 날까지 중간정산한 것으로 봅니다(근로자퇴직급여 보장법 제38조 제5

항, 시행령 제40조 제2호). 사례의 경우에는 입사일이 여기의 가입일에 해당됩니다. 따라서 입사일부터 부담금이 납부된 기간까지 중간정산된 것으로 보아야 합니다.

그러므로 최종 3년에 중간정산기간이 포함되면 이를 제외하고 대지급 퇴직 급여를 산정해야 합니다.

10 퇴직 전후 간이대지급금 수급 가능 여부

근로자 A는 재직 중에 1개월분(2024년 5월분)의 체불임금에 대한 간이대지급금을 받았습니다. A는 2024년 9월 30일까지 근무하고 퇴직하였습니다. A는 2개월분(2024년 8월분 및 9월분)의 임금을 받지 못한 상태입니다. 퇴직 후 바로 진정을 제기하였습니다. 2개월분 체불임금에 대해서도 간이대지급금을 수급할 수 있나요?

참고로 해당 사업장은 현재 가동 중입니다.

답 변

임금채권보장법 제7조의2 제5항에 의하면 재직 중 간이대지급금을 받은 근로자가 퇴직 후 같은 근무기간에 대하여 간이대지급금을 청구한 경우에는 지급하지 않는다는 취지로 규정하고 있습니다. 이를 반대해석하면 재직 중 간이대지급금을 받은 근무기간과 상이한 기간을 대상으로 청구하면 지급이 가능합니다.

A는 2024년 5월 근무에 대해 간이대지급금을 받았는데 위 사례의 경우 2024년 8월 및 9월 근무에 대한 간이대지급금 청구 가능 여부가 문제가 되고 있습니다. 퇴직 후 청구한 간이대지급 대상 근무기간이 재직 중 받은 간이대지급금 근무기간과 상이하므로 간이대지급금 수급에 지장이 없습니다.

보충설명

도산대지급금 수급 가능 여부

재직 중 간이대지급금을 받은 근로자가 퇴직 후 같은 근무기간에 대하여 도산대지급금을 청구한 경우에는 도산대지급금 산정 금액에서 이미 지급받은 간이대지급금액을 공제하고 지급합니다.

제11장

도급관계에서 임금지급 연대책임

1 근로기준법 제44조의 직상수급인의 귀책사유

A, B, C 순으로 도급이 이루어졌습니다. C 소속 근로자들이 임금을 지급받지 못한 상태입니다. C는 B로부터 도급금을 받지 못하여 임금을 지급하지 못했다고 주장하고 있습니다. B는 A로부터 도급금을 받지 못하여 C에게 도급금을 지급하지 못했다고 주장하고 있습니다.

B에 대하여 근로기준법 제44조에 의한 직상수급인의 책임을 물을 수 있는지 의문입니다.

••답 변••

근로기준법 제44조 제1항은 「사업이 한 차례 이상의 도급에 따라 행하여지는 경우에 하수급인(도급이 한 차례에 걸쳐 행하여진 경우에는 수급인을 말한다)이 직상수급인(도급이 한 차례에 걸쳐 행하여진 경우에는 도급인을 말한다)의 귀책사유로 근로자에게 임금을 지급하지 못한 경우에는 그 직상수급인은 그 하수급인과 연대하여 책임을 진다. 다만, 직상수급인의 귀책사유가 그 상위수급인의 귀책사유에 의하여 발생한 경우에는 그 상위수급인도 연대하여 책임을 진다」고 규정하고 있습니다.

만약 B의 주장대로 B가 A로부터 도급금을 받지 못하여 C에게 도급금을 지급하지 못했다고 하더라도 B의 책임이 면제되는 것은 아닙니다. 이 경우에 B의 책임은 없어지지 않은 상태로 A가 추가로 책임을 질 뿐입니다.

보충설명

근로기준법 제44조 제1항 개정(2020.3.31.시행)으로 「도급이 한 차례에 걸쳐 행하여지는 경우」에 도급인에게 임금체불에 대한 연대책임을 지도록 규정하였습니다.

개정 전에는 「사업이 여러 차례의 도급에 따라 행하여지는 경우」라고 규정하였는바, 「도급이 한 차례에 걸쳐 행하여지는 경우」에 도급인에 대해 해당 연대책임을 물을 수 있는지 여부를 둘러싸고 견해 대립이 있었습니다. 판례(대법원 97다48388, 1999.2.5.) 및 행정해석(근기 68207-3884, 2000.12.13.)은 포함시켜야 한다는 입장이었습니다.

판례와 행정해석의 입장을 반영하여 법을 개정한 것으로 볼 수 있습니다.

2 하수급인이 중도에 공사를 포기한 경우 직상수급인의 귀책사유 여부 및 근로기준법 제44조 위반죄 성립일

B가 A로부터 도배공사를 2천만원에 하도급받았는데, B는 중도에 공사를 포기하였습니다. 포기 당시 공정률은 약 70%였습니다. B는 도급금액을 전혀 받지 못하였고, B 소속 근로자들도 임금을 전혀 받지 못하였습니다.

도급계약 시 도급금액을 언제 지급할지에 대해서 정한 바 없었습니다. B는 업계 관행상 공사대금은 공정률에 따라 3회가량 분할해서 받는데, 한 번도 대금이 지급되지 않아 공사를 포기했다고 합니다.

이 경우 근로기준법 제44조 위반으로 처벌이 가능한지, 가능하다면 범죄발생일은 언제인지 궁금합니다.

답 변

근로기준법 시행령 제24조 제1호의 「직상수급인의 귀책사유」로 인해 근로기준법 제44조 위반 범죄가 성립하려면 아래의 3가지 요건을 충족해야 합니다.

① 직상수급인이 정당한 사유 없이 도급계약에서 정한 도급금액 지급일에 도급금액을 지급하지 아니하였을 것

② 사용자가 임금을 지급하지 아니하였을 것

③ ①을 원인으로 하여 ②의 결과가 발생하였을 것(즉, 인과관계가 있을 것)

사례에서 당사자 간에 도급금의 지급시기에 대하여 정한 바는 없으나, 이런 경우에는 관습에 의하게 되어 있습니다(민법 제665조 제1항·제2항, 제656조 제2항). 사례의 경우 업계 관행상 공사대금은 공정률에 따라 3회가량 분할해서 지급하게 되어 있으므로 그 시기가 도급금 지급시기라고 볼 수 있습니다. 직상수급인이 이 지급시기에 지급하지 않으면 일단 귀책사유가 있다고 추정됩니다. 다만, 하수급인이 도급계약대로 공사를 하지 않아 도급금 지급을 하지 않은 경우에는 직상수급인의 귀책사유가 있다고 볼 수 없습니다.

해당 공사와 같은 경우에는 직상수급인측이 현장에서 지속적으로 공사를 지휘·감독할 가능성이 많다는 점, 도배공사는 시공상 하자를 용이하게 발견할

수 있다는 점, 공사가 70%까지 진행된 점을 고려하면 하수급인이 도급계약대로 공사를 하지 않았다고 보기는 어렵습니다.

하수급인이 도급금을 전혀 받지 못한 관계로 공사를 포기한 것은 직상수급인의 채무불이행을 이유로 계약을 해제한 것으로서 정당한 권리행사입니다(민법 제554조). 이를 종합하면 ①의 요건이 충족되었다고 볼 수 있습니다.

사례에서 하수급인이 직상수급인으로부터 도급금을 전혀 받지 못하였고, 이로 인해 하수급인이 임금을 지급하지 못하였으므로 위 ②와 ③의 요건도 충족되었다고 볼 수 있습니다.

위의 사실을 종합하면 사례의 경우 직상수급인은 근로기준법 제44조를 위반하였다고 볼 수 있습니다.

범죄의 성립일이 언제인지 검토해보겠습니다. 근로기준법 제44조 위반죄는 직상수급인의 귀책사유로 하수급인이 임금을 지급하지 못한 경우에 성립하므로 하수급인의 범죄성립일과 일치합니다. 임금미지급 관련 범죄에 대하여 적용하는 법조는 근로기준법 제36조와 제43조입니다. 제36조를 적용할 경우에는 퇴직일로부터 14일 경과 시에 범죄가 성립합니다. 제43조의 경우에는 임금 정기지급일에 범죄가 성립합니다.

보충설명

사례의 경우 직상수급인의 귀책사유가 문제 되고 있습니다. 사례는 근로기준법 제44조가 적용되는 경우입니다. 그러나 제44조의2를 적용하는 건설산업기본법상 건설공사의 경우에는 직상수급인의 귀책사유가 요건이 아닙니다. 참고로 사례의 도배공사는 건설공사에 해당하지 않으므로(건설산업기본법 시행령 [별표 1] 참조) 이에 대해 제44조의2가 적용되지 않습니다.

3 기성금에 대한 가압류 상태에서 기성금 지급을 보류한 경우 직상수급인의 귀책사유 여부

건설현장에서 일한 근로자 A가 K회사(직상수급인)와 L회사(하수급인)를 상대로 임금 지급 요구 진정을 제기하였습니다. 조사 결과 임금을 미지급한 사실과 K회사가 기성금(공사도급금)을 소정지급일에 지급하지 않은 사실이 확인되었습니다. 그런데 자재상에 대한 L회사의 외상대금 채무로 인해 기성금에 대하여 가압류가 되어 있어서 지급하지 않은 것으로 확인되었습니다. K회사는 직상수급인으로서 책임을 통감하며 고용노동지청에서 시정지시 공문을 발송해주면 기성금을 지급하겠다고 합니다.

이와 같은 경우 K회사에 대하여 기성금을 지급하라고 시정지시할 수 있나요?

답 변

기성금에 대한 가압류 상태에서 K회사가 L회사에게 이를 지급하면 나중에 제3채권자(자재상)에게 다시 지급해야 하는 위험이 있으므로 K회사가 L회사에게 지급하지 않은 것은 귀책사유로 볼 수 없습니다. 따라서 K회사는 근로기준법 제44조를 위반하지 않았으므로 시정지시는 불가능합니다.

4 건설공사 직상수급인이 도급금을 지급한 경우에도 임금미지급 책임을 부담하는지

A는 건설업면허가 없는 개인건설사업자로서 K건설회사로부터 공사를 도급받았습니다. A는 소속 근로자들에게 해당 공사에서 발생한 임금 일부를 체불한 상태입니다. K회사는 A에게 도급금을 전부 지급했다고 주장하고 있습니다.

이 경우 K회사가 근로기준법상 직상수급인 책임을 부담하나요?

답 변

도급관계에서 직상수급인의 임금 미지급 책임에 대해서는 근로기준법 제

44조와 제44조의2가 관련됩니다.

제44조는 직상수급인의 귀책사유를 명시하고 있습니다. 직상수급인의 귀책사유 중 대표적인 것이 도급금 미지급입니다(근로기준법 시행령 제24조 제1호). 사례의 경우 직상수급인(K건설회사)이 도급금을 전부 지급했다고 하므로 귀책사유가 없어 동 조항 위반으로 볼 수 없습니다.

반면에 제44조의2는 직상수급인의 귀책사유를 명시하고 있지 않습니다. 즉, 이 경우에는 직상수급인의 귀책사유가 요건이 아닙니다. 제44조의2는 건설공사에서 무등록 건설사업자(속칭 오야지) 소속 근로자들이 임금을 지급받지 못한 경우에 적용되는바, 위와 같이 직상수급인의 귀책사유가 요건이 아니므로 직상수급인이 도급금을 전부 지급했다고 하더라도 책임을 면할 수 없습니다.

5 직상수급인에 대해 민사소송 제기가 가능한지

근로기준법 제44조나 제44조의2에 의해 직상수급인이 임금 지급 책임을 부담할 경우 직상수급인에 대해 임금 지급을 요구하는 민사소송을 제기할 수 있나요?

답 변

근로기준법 제44조 제1항은 「사업이 한 차례 이상의 도급에 따라 행하여지는 경우에 하수급인(도급이 한 차례에 걸쳐 행하여진 경우에는 수급인을 말한다)이 직상수급인(도급이 한 차례에 걸쳐 행하여진 경우에는 도급인을 말한다)의 귀책사유로 근로자에게 임금을 지급하지 못한 경우에는 그 직상수급인은 그 하수급인과 연대하여 책임을 진다. 다만, 직상수급인의 귀책사유가 그 상위수급인의 귀책사유에 의하여 발생한 경우에는 그 상위수급인도 연대하여 책임을 진다」고 규정하고 있고, 동법 제44조의2 제1항은 「건설업에서 사업이 2차례 이상 건설산업기본법 제2조 제11호에 따른 도급(이하 '공사도급'이라 한다)이 이루어진 경우에 같은 법 제2조 제7호에 따른 건설사업자가 아닌 하수급인이 그가 사용한 근로자에게 임금(해당 건설공사에서 발생한 임금으로 한정한다)을 지급하지 못한 경우에는 그 직상수급인은 하수급인과 연대하여 하수급인이 사용한 근로자의 임금을 지급할 책임을 진다」고 규정하고 있습니다.

위에서 「연대하여 책임을 진다」고 규정하고 있는바, 이는 민법 제414조에서 규정한 연대채무와 동일한 의미입니다. 따라서 근로자는 임의로 직상수급인과 하수급인 중 한 사람에 대해 임금채무의 전부 또는 일부의 이행을 청구하거나 또 그 두 사람에 대하여 동시에 또는 순차로 임금채무의 전부 또는 일부의 이행을 청구할 수 있습니다.

일반적으로 채무불이행 시 민사소송 제기가 가능하므로 위 연대채무에 대해서도 민사소송 제기가 가능합니다.

보충설명

직상수급인에 대하여 근로기준법 제44조나 제44조의2에 의해 형사처벌은 가능하지만 민사소송 제기는 불가능하고 예외적으로 제44조의3에 해당될 경우에 한해 민사소송 제기가 가능하다는 반론이 있을 수 있습니다.

근로기준법 제44조나 제44조의2를 위반하면 제109조에 의해 처벌됩니다. 제44조나 제44조의2를 의무규정이라 하고, 제109조를 처벌규정이라고 지칭할 수 있습니다. 근로기준법은 대부분 의무규정과 처벌규정으로 구성되어 있습니다. 반면에 민법은 대부분 의무규정으로 구성되어 있습니다. 특히 민법 채무부분은 전부 의무규정입니다. 민법에서는 의무자의 책임은 민사책임이며 이 책임에 근거하여 민사소송을 제기할 수 있다는 점은 의문이 없습니다.

근로기준법 위반 시 민사소송을 제기할 수 없다는 주장이 제기되는 것은 처벌규정 때문에 발생한 혼동이라고 짐작합니다. 근로기준법 위반으로 처벌되는 근거의 핵심은 처벌규정이라고 보아야 합니다. 즉, 의무규정에 위반했다는 이유만으로 처벌되는 것은 아니고 처벌규정이 있기 때문에 처벌되는 것입니다. 다시 말하면 제44조나 제44조의2를 위반했다고 하더라도 제109조와 같은 처벌규정이 없다면 처벌될 수 없습니다.

근로기준법상의 의무규정이나 민법상의 의무규정이나 성격상 차이가 없습니다. 다시 말해서 근로기준법상 처벌규정이 있다는 이유로 의무규정의 성격이 민법상 성격과 다를 수 없습니다. 따라서 민법의 의무규정상 책임이 민사책임이고 이를 근거로 민사소송이 가능하므로, 근로기준법의 의무규정상 책임도 민사책임이고 이를 근거로 민사소송이 가능하다는 논리가 성립합니다.

근로기준법이 의무규정 외에 처벌규정까지 둔 것은 권리자(근로자) 보호를 강화하기 위한 취지입니다. 다시 말해 근로기준법은 민법에 비해 근로자 보호를 강화하고 있습니다. 그런데 보호의 정도가 약한 민법에 의해서는 민사소송이 가능하면서, 보호의 정도가 강한 근로기준법에 의해 민사소송이 불가능하다면 입법 취지에 어긋납니다.

한편 제44조의3 각 호의 요건을 갖춘 경우에 한하여 직상수급인을 상대로 민사소송이 가능하다는 주장도 근거가 없습니다. 근로기준법 제44조의3 제1항 본문은 「공사도급이 이루어진 경우로서 다음 각 호의 어느 하나에 해당하는 때에는 직상수급인은 하수급인에게 지급하여야 하는 하도급 대금 채무의 부담 범위에서 그 하수급인이 사용한 근로자가 청구하면 하수급인이 지급하여야 하는 임금(해당 건설공사에서 발생한 임금으로 한정한다)에 해당하는 금액을 근로자에게 직접 지급하여야 한다」고 규정하고 있습니다. 제44조의3의 경우에는 직상수급인이 하수급인에게 지급해야 할 도급금이 있는 경우에 문제 되나, 제44조의2의 경우에는 직상수급인이 하수급인에게 도급금을 전부 지급하여 더 이상 지급해야 할 도급금이 없는 경우에도 문제가 됩니다. 이와 같은 예만 보더라도 제44조의2와 제44조3은 관계가 없습니다. 제44조와의 관계도 마찬가지입니다. 각 조문은 각각의 요건을 충족하면 민사소송이 가능한 것입니다.

6 도급관계가 명확하지 않은 경우 사건 처리 방법

근로자 A가 건물주 K를 상대로 임금 지급 요구 진정을 제기하였습니다. K는 오피스텔 임대사업자입니다. K는 오피스텔 증축공사를 하였습니다. K는 동 공사를 L에게 도급주었다고 주장하고 L은 도급이 아니라고 주장합니다. L은 현장소장이라고 불렸으며 근로자들을 데려와서 일을 시켰고, 근무내역을 K에게 알려주면 K가 그 돈을 L에게 지급하고 L이 근로자들에게 지급(혹은 전달)하는 방식으로 임금을 지급했다고 합니다.

이 경우 K를 사용자로 볼 수 있나요?

답 변

관건은 K가 L에게 당해 공사를 도급한 사실이 있는지 여부를 밝히는 것입니다. 도급관계가 성립하면 L은 건설공사의 수급인으로서 근로자를 사용한 사용자이고, 도급관계가 성립하지 않으면 K는 건물임대사업자로서 동 사업을 위한 목적으로 보수공사를 직영한 사용자가 됩니다.

질문 내용만으로는 도급관계 성립 여부를 알 수 없습니다. 추가 조사를 통해 도급관계 성립 여부를 밝힐 필요가 있습니다.

우선 도급계약서 존재 여부를 확인해야 합니다. 도급계약서가 존재한다면 도급관계 성립을 인정할 수 있는 유력한 증거가 됩니다. 다만, 도급계약서가 부존재하더라도 도급관계가 성립하지 않았다고 단정할 수 없습니다. 구두로 도급계약을 체결할 가능성도 있기 때문입니다. 구두로 도급계약을 체결했는지 여부는 도급계약에 필수적인 요소를 확인해서 파악해야 합니다.

도급계약의 필수적인 요소는 공사 완료에 대한 보수로 도급금액을 책정하는 것입니다. 통상적으로 도급금액은 총액 얼마라는 식으로 책정합니다. 만약 이렇게 책정하지 않고 예컨대 1개월 단위로 얼마라는 식으로 책정했다면 면밀히 조사할 필요가 있습니다.

질문내용에 의하면 L이 사람들을 데려와서 일을 하게 했다는 표현이 있는바, 이는 L이 근로자 모집과 지휘·감독을 했다는 취지입니다. 주의할 점은 L이 이와 같이 근로자 모집과 지휘·감독을 했다는 이유로 도급관계가 성립했다고 단정할 수는 없다는 것입니다. 도급관계가 성립하지 않아도 L이 K로부터 그와 같은 권한을 위임받아 행사할 수 있기 때문입니다.

7 도급금 대신 채권을 양도한 경우 직상수급인의 책임 여부

근로자 A가 직상수급인 K와 하수급인 L을 상대로 진정을 제기하였습니다. L은 K로부터 도급금을 받지 못하여 임금을 지급하지 못했다고 주장합니다. K는 도급금 대신 채권을 양도하였으므로 책임이 없다고 주장합니다. 참고로 K에 대하여 회생절차개시결정이 되어 관리인이 해당 채권양도 부인의 소를 제기 중입니다.

이 경우 K에 대해 직상수급인 책임을 물을 수 있나요?

답 변

사례와 관련된 직상수급인의 귀책사유에 대해서 근로기준법 시행령 제24조 제1호는 「정당한 사유 없이 도급계약에서 정한 도급 금액 지급일에 도급 금액을 지급하지 아니한 경우」를 규정하고 있습니다.

사례의 채권양도는 직상수급인이 제3자(제3채무자)에 대하여 청구할 수 있는 채권을 하수급인에게 양도하여 청구권을 행사할 수 있도록 하는 것을 의미합니다. 채권양도 후에 제3채무자가 채무를 이행하거나 강제집행을 통해서 권리가 실현될 수 있습니다. 어떤 종류의 채권인지 알 수 없지만, 설사 금전채권이라 하더라도 제3채무자의 채무이행이나 강제집행을 통한 권리실현이 없는 한 하수급인이 금전을 취득할 수 없습니다.

따라서 채권양도를 도급금 지급과 동일하다고 할 수 없습니다. 즉, 채권양도 후 도급금 소정지급일까지 채권이 실현되어 하수급인이 금전을 취득한 경우가 아니면 도급금을 지급했다고 할 수 없습니다. 더구나 관리인이 채권양도 자체를 문제삼는 상황이므로 채권양도의 유효성도 불확실합니다. 도급금 소정지급일까지 양도된 채권이 실현되지 않아 하수급인이 임금을 지급하지 못했으므로 직상수급인에 대해 책임을 물을 수 있습니다.

8 근로기준법 제44조의2의 건설사업자의 의미

근로기준법 제44조의2에 의하면 직상수급인으로서 책임을 지는 자는 건설산업기본법에 의한 건설사업자로 규정하고 있고, 건설산업기본법 제2조 제7호에 의하면 등록 등을 하고 건설업을 하는 자를 건설사업자로 규정하고 있습니다.

이 경우 등록 등이란 구체적으로 무엇을 의미하는지 궁금합니다.

답 변

건설산업기본법 제2조 제7호에서 「'건설사업자'란 이 법 또는 다른 법률에 따라 등록 등을 하고 건설업을 하는 자를 말한다」고 규정하고 있는데, 등록에 대해서는 동법 제2장에서 규정하고 있습니다. 국토교통부에 문의한바, 일반적으로 사업을 하기 위해서는 면허, 신고, 등록 등이 필요하므로 동법에서 「등록 등」이라고 포괄적으로 규정하고 있지만, 건설업과 관련하여 실제로는 등록 외에는 없는 것으로 알고 있다는 답변을 들었습니다. 동법 제2조 제2호에서 「'건설업'이란 건설공사를 하는 업을 말한다」고 규정하고 있으므로, 건설사업자는 등록을 하고 건설공사를 하는 자라고 정리할 수 있겠습니다.

건설공사의 종류에 대해서는 동법 제2조 제4호에서 「토목공사, 건축공사, 산업설비공사, 조경공사, 환경시설공사, 그 밖에 명칭에 관계없이 시설물을 설치・유지・보수하는공사(시설물을 설치하기 위한 부지조성공사를 포함한다) 및 기계설비나 그 밖의 구조물의 설치 및 해체공사 등」으로 열거하면서 「전기공사, 정보통신공사, 소방시설공사, 국가유산 수리공사」는 건설공사에서 제외하고 있습니다.

동법 제10조, 동법 시행령 제13조에서 등록요건으로 기술능력, 자본금, 시설・장비, 그 밖에 필요한 사항에 대하여 규정하고 있으며, 동법 시행령 [별표 2]에서 건설업 등록기준에 대해 건설업종별로 세부적으로 규정하고 있습니다.

9 전기공사업자의 직상수급인 책임 여부

A는 개인주택을 건축하면서 전기공사를 B(면허보유)에게 도급하였고, B는 C(면허 미보유)에게 하도급하였습니다.

C가 사용한 근로자들이 임금체불로 진정을 제기한 경우 B에 대하여 직상수급인의 책임을 물을 수 있나요?

답 변

C는 하수급인이고, B는 직상수급인입니다. 근로기준법 제44조의2에 의하

면 직상수급인에게 연대책임을 묻기 위해서는 그가 건설산업기본법 제2조 제7호에서 규정한 건설사업자(건설산업기본법 또는 다른 법률에 따라 등록 등을 하고 건설업을 하는 자)이어야 합니다. 그런데 전기공사업은 건설산업기본법상 건설업이 아니므로(제2조 제4호 가목) B는 건설사업자가 아닙니다. 따라서 B에게 연대책임을 물을 수 없습니다.

다만, B의 귀책사유로 C가 임금을 미지급했다면 B에 대하여 근로기준법 제44조에 의해 연대책임을 물을 수는 있습니다.

참고로 건설산업기본법상 건설업이 아닌 경우로서 전기공사업 외에 정보통신공사, 소방시설공사, 국가유산 수리공사가 있습니다(제2조 제4호).

10 직상수급인이 임금을 직불하기로 약정한 경우 누가 사용자인지

K회사(건설업)는 무등록 개인업자(속칭 오야지) A에게 조적부분의 공사를 맡겼습니다. K회사와 A 간에는 다음과 같은 계약이 체결되었습니다.

「회사는 1개월 단위로 도급금을 지급한다. 도급금은 인건비, 경비, 장비대, 재료비 등을 기준으로 산정한다. 인건비는 A가 작성하여 제출하는 출역일보를 근거로 산정한다. 회사는 도급금 중 인건비를 별도로 지급하지 않는 대신 임금을 직불하기로 한다. A는 필요한 인력을 책임지고 동원하여 기한 내 공사를 마친다.」

A는 근로자들을 모집하고 일당을 정했으며 현장에서 지휘·감독을 하였습니다. 회사는 근로자들에게 직접 임금을 지급해왔으나, 최근에 출역일보에 허위사실(실제 근로한 인원보다 많은 인원 기재)이 있다며 1개월분 임금을 지급하지 않고 있습니다.

위 현장 일을 그만둔 근로자들이 A와 K회사를 상대로 임금 지급 요구 진정을 제기하였습니다. A와 K회사는 서로 책임이 없다고 주장합니다. A는 K회사측이 임금을 지급하기로 하였으므로 자신은 사용자가 아니라고 주장합니다. K회사는 근로기준법상 사용자가 아니나 편의상 A를 대신하여 임금을 지급한 것에 불과하다고 주장합니다.

이 경우 어떻게 처리해야 하나요?

답 변

A는 하수급인으로서 진정인들에 대한 사용자이고, K회사는 직상수급인입니다. A는 K회사가 임금을 직불하기로 계약하였으므로 K회사가 사용자이고 자신은 사용자가 아니라고 주장하나 이는 타당하지 않습니다. 임금채무는 대체이행이 가능하므로 K회사가 A를 대신하여 임금채무를 이행할 수 있기 때문입니다.

따라서 A에 대해서는 근로기준법 제36조에 의해 임금 미지급 책임을 물을 수 있고, K회사에 대해서는 제44조의2에 의해 연대책임을 물을 수 있습니다.

보충설명

도급금을 책정하는 방식

도급금을 책정하는 방식으로 가장 많이 알려진 것은 정액제입니다. 이 방식은 어떤 일을 완성하면 총액 얼마를 지급하기로 약정하는 것입니다. 이 방식에 의하면 수급인이 일을 완성하는 데 실제로 얼마의 비용이 발생했는지 관계없이 도급인은 이 총액만 지급하면 됩니다.

그런데 도급금 책정 방식은 정액제에 국한되지 않습니다. 사례의 경우는 정액제가 아닌 것으로 판단됩니다. 사례의 경우 도급금의 산정기준을 인건비, 경비, 장비대, 재료비 등으로 정하고, 인건비는 투입인력에 따라 변동되는 방식으로 책정한 것으로 보입니다. 건설공사에서는 이런 방식을 채택하는 경우가 있습니다. 이 경우에 하수급인이 인건비를 실제보다 부풀리기 위해 출역일보(속칭 데스라)를 조작하는 사례가 있습니다. 이 방식하에서 하수급인이 인건비를 포함한 도급금을 직상수급인으로부터 직접 받는 경우에는 부풀린 이익을 직접 취하는 경우도 있고, 사례처럼 하수급인을 거치지 않고 인건비를 직불하는 경우에는 하수급인과 근로자가 공모하여 출역일보를 조작하고 이익을 분배하는 경우도 있습니다.

11 근로기준법 제44조의2 적용 가능 여부

근로자 A가 수급인 K를 상대로 진정을 제기하였습니다. 아래와 같이 건설공사 도급관계가 성립합니다.

「발주자-수급인 K-하수급인 L-근로자 A」

K 및 L은 건설업등록을 하지 않았습니다. K가 L에게 기성금을 제대로 지급하였으나 L이 A에게 임금을 미지급한 사실이 확인되었습니다.

이 경우에 K를 근로기준법 제44조의2를 적용하여 처벌할 수 있나요?

답 변

근로기준법 제44조의2 제1항에 의해 직상수급인을 처벌하려면 해당 직상수급인이 건설산업기본법 제2조 제7호에서 규정한 건설사업자(등록 등을 하고 건설업을 하는 자)여야 합니다. 제44조의2 제2항은 「제1항의 직상수급인이 건설산업기본법 제2조 제7호에 따른 건설사업자가 아닌 경우에는 그 상위수급인 중에서 최하위의 같은 호에 따른 건설사업자를 직상수급인으로 본다」라고 규정하고 있는바, 이에 의하면 「건설산업기본법 제2조 제7호에 따른 건설사업자가 아닌 경우」에는 제1항의 직상수급인으로 보지 않는다고 해석할 수 있기 때문입니다.

사례에서 K는 건설업 등록을 하지 않았다고 하므로 건설산업기본법 제2조 제7호에서 규정한 건설사업자가 아니라고 볼 수 있습니다. 따라서 K는 근로기준법 제44조의2에서 규정한 「직상수급인」이 될 수 없습니다. K에 대해서는 근로기준법 제44조의2를 적용할 수 없습니다.

만약 K가 공사대금을 L에게 소정지급일에 지급하지 않아 이로 인해 L이 A에게 임금을 미지급했다면 근로기준법 제44조를 적용하여 K를 처벌할 수 있습니다. 그러나 사례의 경우 K는 기성금을 제대로 지급했다고 하므로 제44조를 적용할 수 없습니다.

12 건설업 등록 예외규정에 의해 미등록하고 공사를 하는 경우 근로기준법 제44조의2 적용 가능 여부

근로자 A가 수급인 K를 상대로 진정을 제기하였습니다. 아래와 같이 건설공사 도급관계가 성립합니다.

「발주자-수급인 K-하수급인 L-근로자 A」

K는 철골구조물 제조업체를 경영하는 자로 자체 생산한 자재를 이용하여 공장 건물을 건축합니다. K 및 L은 건설업 등록을 하지 않았습니다. K가 L에게 기성금을 제대로 지급하였으나 L이 A에게 임금을 미지급한 사실이 확인되었습니다.

이 경우에 K를 근로기준법 제44조의2를 적용하여 처벌할 수 있나요?

답 변

근로기준법 제44조의2 제1항에 의해 직상수급인을 처벌하려면 해당 직상수급인이 건설산업기본법 제2조 제7호에서 규정한 건설사업자(등록 등을 하고 건설업을 하는 자)여야 합니다(제11장 11번 사례 참조).

사례에서 K는 건설업 등록을 하지 않았다고 하므로 일단 건설산업기본법 제2조 제7호에서 규정한 건설사업자가 아니라고 볼 수 있습니다. 그런데 동법 제9조 제1항 단서에서 예외적으로 경미한 공사를 하는 경우에는 등록 등을 하지 않고 건설업을 할 수 있다고 규정하고 있습니다. 이에 따라 동법 시행령 제8조 제1항에서 예외에 대하여 규정하고 있는바, 사례의 경우는 제3호 「조립해체하여 이동이 용이한 기계설비 등의 설치공사(당해 기계설비 등을 제작하거나 공급하는 자가 직접 설치하는 경우에 한함)」에 해당된다고 볼 수 있습니다.

따라서 K는 건설산업기본법상 건설사업자에 해당하여 근로기준법 제44조의2에서 규정한 「직상수급인」이 될 수 있으므로 동조를 적용하여 처벌 가능하다고 볼 수 있습니다.

13 공사 도중 건설업 등록말소처분된 경우 직상수급인 책임

근로자 A는 아래 건설현장에서 근로하였으나 임금을 받지 못하여 진정을 제기하였습니다.

「발주자-원수급인 K-하수급인 L-하수급인 M-근로자 A」

M은 무등록업자입니다. K는 건설업등록업체이고, L은 K와 계약하여 공사를 시작할 당시에는 등록 상태였으나 약 7개월 후에 등록말소처분되었고, 그 이후에도 공사를 계속하였습니다. A에 대한 임금체불은 등록말소처분된 이후에 발생했습니다.

이 경우 근로기준법 제44조의2를 적용하여 직상수급인의 책임을 물을 수 있는 대상이 L인지 K인지 궁금합니다.

••답 변••

근로기준법 제44조의2 제1항에 의해 직상수급인을 처벌하려면 해당 직상수급인이 건설산업기본법 제2조 제7호에서 규정한 건설사업자(등록 등을 하고 건설업을 하는 자)여야 합니다(제11장 11번 사례 참조).

임금체불 당시를 기준으로 하면 L은 등록말소 상태이므로 건설산업기본법 제2조 제7호에 따른 건설사업자가 아닌 것처럼 보이고, 제44조의2 제2항은 「직상수급인이 건설산업기본법 제2조 제7호에 따른 건설사업자가 아닌 때에는 그 상위수급인 중에서 최하위의 같은 호에 따른 건설사업자를 직상수급인으로 본다」고 규정하고 있으므로, L에 대해서는 직상수급인의 책임을 물을 수 없고 K에 대하여 그 책임을 물어야 할 것처럼 보입니다.

그런데 건설산업기본법 제14조 제1항은 「등록말소처분을 받은 건설사업자와 그 포괄승계인은 그 처분을 받기 전에 도급계약을 체결하였거나 관계 법령에 따라 허가, 인가 등을 받아 착공한 건설공사는 계속 시공할 수 있다」고 규정하고 있습니다. 동조 제3항은 「건설사업자가 건설업 등록이 말소된 후 제1항에 따라 건설공사를 계속하는 경우에는 그 공사를 완성할 때까지는 건설사업자로 본다」고 규정하고 있습니다. 이 규정에 의하면 비록 임금체불 당시에 L이 건설업 등록말소된 상태였지만 건설사업자로 볼 수 있으므로, 근로기준법 제44조의2

제1항을 적용하여 직상수급인의 책임을 물을 수 있다고 봐야 합니다.

14 사용자 처벌불원, 직상수급인 처벌요구하는 경우

근로자 A는 L회사가 K회사로부터 도급을 받아 시공하는 공사현장에서 근무하였습니다. A는 L회사를 상대로 임금체불 관련 고소를 제기했으나 처벌을 원치 않는다는 취하서를 제출하였습니다. 이후 A는 K회사를 상대로 고소를 제기하였습니다. 조사 결과 K회사는 L회사에게 정당한 이유 없이 기성금을 지급하지 않은 사실이 확인되었습니다.

이 경우 A의 직접 사용자인 L회사는 처벌하지 않고, 직상수급인인 K회사만 처벌할 수 있는지 궁금합니다.

답 변

사례는 근로기준법 제44조나 제44조의2 위반 사건에서 피해자가 피의자를 선별하여 처벌을 요구할 수 있느냐는 문제입니다.

친고죄의 경우에는 공범 중 그 1인 또는 수인에 대한 고소 또는 그 취소는 다른 공범자에 대하여도 효력이 있습니다(형사소송법 제233조). 이것을 「고소의 주관적 불가분의 원칙」이라고 합니다. 반면에 대법원 판례(93도1689, 1994.4.26.)에 의하면 이 원칙은 반의사 불벌죄에는 적용되지 않습니다. 따라서 근로기준법 제44조나 제44조의2 위반죄처럼 반의사 불벌죄의 경우 피해자가 처벌을 원치 않는 자에 대해서는 수사할 수 없고, 처벌을 원하는 자에 대해서만 수사해야 합니다.

위의 설명을 바탕으로 하면, A가 L회사(하수급인)에 대한 처벌불원의 취하서를 제출한 후, K회사(직상수급인)를 상대로 고소를 제기할 수 있습니다. 또한 처음부터 한 쪽만을 상대로 고소하는 것도 가능합니다.

제12장

근로시간

1 임금액수와 근로시간의 관계

근로자 A는 휴게시간이 적정하게 부여되지 않았고, 휴게시간에 대한 임금이 지급되지 않았다는 이유로 진정을 제기하였습니다. A는 아래와 같은 조건으로 3년간 근무하였습니다.

「주 5일 근무, 근무시간 : 09:00~18:00, 휴게시간 : 12:00~12:30(30분)
임금 : 월 300만원」

취업규칙에는 휴게시간을 12:00~13:00로 규정하고 있습니다. 구두 근로계약 시 휴게시간에 대한 언급은 없었고, 입사시부터 계속 위와 같이 근무했습니다. 휴게시간을 적정하게 부여하지 않은 부분에 대해서는 이론이 없으나, 휴게시간에 대한 임금을 지급해야 하느냐에 대하여 아래와 같이 논란이 있습니다. 어느 설이 타당합니까?

[제1설]
근로계약 시 휴게시간을 명시하지는 않았다 하더라도 입사 시부터 3년간을 위와 같이 근무하였다면, 1일 8.5시간의 근로를 제공하고 그에 대한 임금으로 300만원을 지급받은 것으로 보아 임금을 추가지급할 필요가 없음

[제2설]
취업규칙상 규정된 휴게시간보다 0.5시간을 더 근로하였으므로 1일 0.5시간분 임금을 추가로 지급하여야 함

[제3설]
1일 8.5시간을 근무하였으므로 0.5시간을 연장근로로 보아 1일 0.5시간×1.5에 해당하는 임금을 지급하여야 함

답 변

임금은 근로의 대가입니다. 임금액수는 근로시간과 직결됩니다. 즉, 임금액수는 반드시 대응하는 근로시간이 있습니다. 사례는 월급 300만원에 대응하는 근로시간을 찾는 문제라고 볼 수 있습니다.

A가 수년간 1일 8.5시간 근로한 대가로 매월 300만원을 받았고, 이에 대하

여 이의를 제기하지 않은 점에 비추어, 월급 300만원에 대응하는 근로시간은 1일 8.5시간이라고 볼 수 있습니다.

물론 휴게시간을 30분 부족하게 부여한 것은 위법이지만(근로기준법 제54조 제1항 참조) 이는 임금과는 별개 문제입니다.

따라서 [제1설]이 타당합니다.

보충설명

주의할 점은 사례의 경우 월급 300만원이 최저임금에 미달하지 않는다는 전제하에 [제1설]이 타당하다는 것입니다. 만약 월 최저임금 적용기준시간수에 대응하는 임금이 최저임금에 미달하면 그 차액을 지급해야 합니다.

사례의 경우 월 최저임금 적용기준시간수는 아래와 같이 구합니다.

{(8.5+0.5×0.5)×5+8}÷7×365÷12=225

해설 8.5는 1일 실근로시간수, 0.5×0.5는 1일 연장근로가산시간수, 8은 주휴시간수

시급=3,000,000÷225=13,333이므로 최저임금(9,860원, 2024년 기준)에 미달하지 않습니다.

2 월급제에서 월의 일부 기간 근로 시 임금 계산 방법

근로자 A는 주 40시간제(월요일부터 금요일까지 매일 8시간 근로, 토요일 무급 휴무, 일요일 유급 휴일) 적용 사업장에서 월급 300만원(임금계산기간 매월 초일부터 말일까지)을 받는 조건으로 근무하였습니다. A는 2024년 1월 1일에 입사하여 2024년 7월 10일까지 근무하였습니다. 7월분 임금 산정과 관련하여 다툼이 있습니다. A는 7월 1일(월)부터 10일(수)까지 소정근로일만 근무하였으며, 연장근로나 결근·조퇴 등은 없는 것으로 확인되었습니다.

A가 임금차액 지급 요구 진정을 제기하였습니다. 10일분 임금으로 967,740원을 지급한 사실이 확인되었습니다. 회사는 10일분을 일할 계산(3,000,000÷30×10)하였다고 합니다. A는 회사의 임금 산정방식은 부당하다고 주장합니다.

이 경우 정확한 임금 산정방식이 어떻게 되는지 알려 주시기 바랍니다.

••답 변••

월급제의 경우 각 월의 근로일수의 차이에 관계없이 정상 근로한 경우 액수가 동일합니다. 월의 일부 기간만 근로하여 일할 계산할 경우에는 시급을 구하여 이를 총 근로시간수에 곱해야 합니다. 회사의 방식은 정확하지 않습니다.

사례처럼 주 40시간제에서 1개월의 통상임금 산정기준시간수는 209시간입니다. 월급을 위 통상임금 산정기준시간수로 나누면 시급이 산출됩니다. 이 시급을 근무기간의 유급시간수에 곱하면 됩니다. 이 경우 유급시간수에는 실제로 근로한 시간, 유급으로 계산되는 주휴시간 등이 포함됩니다. 실제 근로일수 8일과 주휴일수 1일을 합한 9일을 유급시간으로 환산하면 72시간(=8×9)입니다.

시급은 14,354원(=3,000,000÷209)입니다. 해당 근무기간의 임금은 1,033,488원(=14,354×72)입니다. 따라서 차액 65,748원(=1,033,488-967,740)을 지급해야 합니다.

3 격일제에서 계약종료일 익일까지 근로한 경우 임금 산정

근로자 A는 격일제(07:00부터 익일 07:00까지 24시간 교대제)로 근무하기로 근로계약을 체결하였습니다. 기간제로서 근로계약서에 계약기간 만료일이 12월 31일로 명시되어 있습니다. 12월 31일 07:00부터 1월 1일 07:00까지 근무하고 퇴직하였습니다.

A는 1일분 추가 임금 지급 요구 진정을 제기하였습니다. 회사에서 12월 31일까지만 임금을 계산해서 지급한 것은 부당하다고 주장합니다. 회사는 1월 1일 근로한 대가는 12월 31일 임금에 포함되어 있으므로 추가로 지급할 것이 없다고 주장합니다.

이 경우 임금계산을 어떻게 해야 하나요?

••답 변••

1일은 일반적으로 오전 0시부터 24시간을 의미하나, 시업시각이 정해진 경우에는 시업시각부터 24시간을 1일로 보는 것이 타당합니다.

따라서 사례의 경우 12월 31일 07:00부터 익일 07:00까지를 1일로 보아야 하므로 추가로 근로한 것은 없다고 보는 것이 타당합니다.

4 근로시간을 단축한 경우 1일 소정근로시간

K회사 소속 근로자 A는 원래 1일 7시간 근무했는데 퇴직 전 마지막 한 달간 회사 경영난으로 인해 1일 5시간을 근무하였습니다.

이 경우 1일 소정근로시간을 원래의 시간으로 보아야 하는지, 줄어든 시간으로 보아야 하는지, 아니면 평균시간으로 보아야 하는지 궁금합니다.

••답 변••

소정근로시간은 노사가 근로하기로 정한 시간을 의미하므로, 1일 소정근로시간은 1일에 근로하기로 정한 시간입니다. 만약 원래의 1일 소정근로시간을 변경하지 않은 채, 일시적으로 1일 근로시간을 단축한 것이라면 원래의 소정근로시간이 1일 소정근로시간으로서 계속 유효합니다.

그러나 향후 일정 시점부터 1일 근로시간을 단축하기로 변경했다면, 그때부터는 단축된 시간이 1일 소정근로시간이 됩니다. 이와 같이 단축된 시간이 1일 소정근로시간이 되면 근로자는 그 시간 이상 근로할 의무가 없으므로, 사용자가 그 시간 이상 근로를 시키려면 근로자의 동의를 얻어야 하며, 그 이상 근로한 경우 연장근로가 됩니다. 이 경우 1일 실근로시간이 8시간을 초과하지 않으면 소정근로시간을 초과(법내 초과근로)하는 시간에 대한 가산수당이 발생하지는 않습니다(다만, 단시간근로자인 경우에는 연장근로가산수당이 발생함).

질문 내용만으로는 위 두 가지 경우 중 어느 쪽에 속하는지 알 수 없습니다. 구체적인 사실관계를 조사해서 판단해야 합니다.

5 주 6일 근무하기로 계약한 경우 소정근로일의 의미

K회사와 근로자 A 간에 아래와 같은 내용의 근로계약(2024년)이 체결되었습니다.

「1주 49시간 근무, 1일 실근로시간 월~금요일 1일 9시간, 토요일 4시간, 일요일 주휴, 시급 10,000원으로 한다」

A는 개인사정으로 토요일에 결근한 경우가 몇 번 있었는데 그때마다 회사는 일요일에 대하여 주휴수당을 지급하지 않았습니다. 이에 A가 회사를 상대로 진정을 제기하였습니다. 회사는 주휴수당 청구권은 주 소정근로일을 개근해야 발생하는데 토요일에 결근하였으므로 발생하지 않는다고 주장합니다.

이 경우 6일을 전부 근무해야 주휴수당 청구권이 발생하는지, 6일 중 5일만 근무(예, 수요일에 결근하고 토요일에 근무)하면 발생하는지 궁금합니다.

답 변

근로기준법 시행령 제30조에서 「소정근로일」이라는 용어를 사용하고 있지만 「소정근로일」에 관해 법령에서 정의하고 있지는 않습니다. 다만, 「소정근로시간」에 관해서는 동법 제2조 제1항 제8호에서 정의하고 있습니다. 동 정의에 의하면 「소정근로시간」은 법정근로시간(1일 8시간, 1주 40시간) 범위 내여야 합니다. 따라서 이를 초과하는 시간은 「소정근로시간」이 될 수 없습니다. 사례의 경우 주중 1일 9시간 근로하기로 정한바, 8시간이 1일 소정근로시간이고 1시간은 연장근로시간입니다. 또한 1주 49시간 근로하기로 정한바, 40시간이 1주 소정근로시간이고 9시간은 연장근로시간입니다.

일(日)은 시간의 합이므로 소정근로시간이 없는 날은 소정근로일이 될 수 없습니다. 사례의 경우 월요일부터 금요일까지 근로하기로 정한 시간의 합(45시간)이 1주 소정근로시간 한도(40시간)를 초과하므로, 토요일 근로시간은 전체가 소정근로시간이 될 수 없습니다. 토요일 근로시간은 전부 연장근로시간입니다. 따라서 토요일은 「소정근로일」이 될 수 없습니다. 이와 같이 토요일은 소정근로일이 아니므로 1주의 소정근로일 개근 여부를 판단할 때 토요일 근로 여부는 고려할 필요가 없습니다. 1주의 소정근로일 개근 여부는 월요일부터 금요일까지 근로 여부에 의해 판단해야 합니다. 따라서 토요일에 근로하지 않았다는 이유로 일요일을 유급주휴로 인정할 수 없다는 사용자의 주장은 부당합니다.

한편 유급주휴 부여 여부는 위 설명과 같이 월요일부터 금요일까지의 근로 여부에 의해 판단해야 하므로, 주중에 결근하고 토요일에 근로했다하더라도 1주를 개근한 것으로 볼 수 없습니다.

6 탄력적 근로시간제에서 소정근로시간의 의미

K회사는 탄력적 근로시간제를 도입하였습니다. 당초 주 5일, 1일 8시간 근로체제에서 주 4일, 1일 10시간 근로체제로 변경하였습니다.

이 경우 1일 소정근로시간을 10시간으로 볼 수 있는지, 만약 그렇게 볼 수 있다면 연차휴가수당 계산 시 1일의 시간을 10시간으로 볼 수 있는지 궁금합니다.

답 변

탄력적 근로시간제는 특정일의 근로시간이나 특정주의 근로시간을 연장시키는 대신에 다른 근로일이나 다른 주의 근로시간을 단축시켜 일정 기간의 평균 근로시간을 법정기준근로시간(1주 40시간) 내로 맞추는 제도입니다. 즉, 일정 기간을 단위로 그 기간을 평균하여 1주간 근로시간이 40시간 이내인 경우에는, 특정일의 근로시간이 8시간을 초과하거나 특정주의 근로시간이 40시간을 초과하더라도 연장근로수당 지급의무나 형사책임이 발생하지 않는 제도입니다.

근로기준법 제2조 제1항 제7호에 의하면 소정근로시간은 법정근로시간(1일 8시간, 1주 40시간)의 범위에서 근로하기로 정한 시간을 말합니다. 따라서 1일 10시간 근로하기로 약정했을 경우 8시간이 소정근로시간이고 2시간은 연장근로시간입니다. 탄력적 근로시간제는 이에 대한 예외입니다. 탄력적 근로시간제에서는 특정일의 소정근로시간이 8시간을 초과할 수 있고, 특정주의 소정근로시간이 40시간을 초과할 수 있습니다. 따라서 사례의 경우 10시간이 소정근로시간이 됩니다.

사례처럼 탄력적 근로시간제에 의해 1주에 4일간 매일 10시간 근로하기로 약정한 경우 연차휴가수당 지급 시 몇 시간분의 임금을 지급해야 하느냐는 의문이 제기되었습니다. 사례의 경우 1일 소정근로시간이 10시간이므로 이날 연차휴가를 사용할 경우 10시간분의 임금을 지급해야 합니다. 따라서 1일 10시간분의 연차휴가를 사용한 것으로 보아야 합니다. 이렇게 처리할 경우 일반적인 경우에 비해 휴가일수가 줄어들 수 있습니다. 예컨대 탄력적 근로시간제 도입 전에 원래 발생한 연차휴가일수가 15일인 경우 이를 시간으로 환산하면 120시간(=8시간×15일)이 되는바, 1일 10시간분의 연차휴가를 사용할 경우 연차휴가일수는 12일이 되는 것입니다. 원래 발생한 연차휴가일수만큼 사용하기를 원한다면 1일 8시간분의 연차휴가를 사용한 것으로 하되 2시간분에 대해서는 임금 계산에서 제외하는 방식으로 처리할 수 있을 것입니다.

7 교육시간을 근로시간으로 인정하지 않는다고 계약한 경우

K회사는 최근에 경비용역업체를 L회사에서 M회사로 변경하였습니다. 이 과정에서 M회사는 당시 L회사에서 근무하던 경비원 중 5명을 채용하면서 아래 내용의 서약서에 서명하도록 하였습니다.

「특수경비업법에 따른 특수경비업 교육을 이수하여야 하며, 이 교육시간은 근로시간으로 보지 아니하며 무급으로 한다.」

경비원들은 채용 후 순번으로 80시간의 교육을 받았습니다.

M회사를 퇴직한 근로자 A가 위 교육시간에 대한 임금 지급 요구 진정을 제기하였습니다. 회사는 위 서약서에 의하면 회사에게 임금 지급 의무가 없으므로 고의가 없다고 주장하고 있습니다. 또한 퇴직 후 장기간(약 1년 4개월)이 경과한 시점에 이의를 제기하는 것은 부당하다고 합니다. A는 서명하지 않으면 고용을 하지 않겠다고 하여 약자 입장에서 어쩔 수 없이 서명하였다고 하며, 장기간 이의를 제기하지 않은 것은 타 회사 취업 시 불이익을 당할 수도 있다는 우려 때문이었다고 주장합니다.

이 사건을 어떻게 처리해야 하나요?

답 변

사용자는 근로제공의 대가로 임금을 지급해야 하는바(근로기준법 제2조 제1항 제4호), 사용자의 지시에 의한 교육 참여는 근로제공에 해당한다는 것이 일반적 해석입니다. 그런데 회사측은 A와 교육시간을 무급으로 합의했으므로 법 위반의 고의가 없다고 주장하고 있습니다. 이는 「법률의 착오」에 관한 주장이라고 볼 수 있습니다. 행위자가 어떤 행위를 하는가는 알고 있으나 착오로 그것이 범죄가 되는 것임을 알지 못한 경우를 「법률의 착오」라고 합니다. 즉, 회사는 자신의 지시에 의해 교육에 참여한 A에 대하여 그 대가를 지급하지 않은 사실은 알고 있으나 그것이 범죄가 되는 것임을 알지 못했다는 주장입니다.

형법 제16조는 「자기의 행위가 법령에 의하여 죄가 되지 아니하는 것으로 오인한 행위는 그 오인에 정당한 이유가 있는 때에 한하여 벌하지 아니한다」고 규정하고 있습니다. 여기서의 오인은 착오로 인하여 위법성을 인식하지 못한 경우를 의미하는데 법률의 부지(不知)는 오인에 해당하지 않습니다. 정당한 이유가 있는 때란 구체적인 경우의 제반사정에 비추어 죄가 되지 않는다고 오인하고 그 오인에 과실이 없는 때를 말합니다.

회사측이 죄가 되지 않는다고 오인한 이유는 위 합의의 존재입니다. 동 합의는 근로계약에 해당하는바, 이는 근로기준법에서 정하는 기준에 미치지 못하는 근로조건을 정한 것이므로 무효입니다(동법 제15조). 회사측은 무효인 근로계약을 막연히 유효라고 믿고 근로기준법에 위반되지 않는다고 오인한 것이므로 정당하다고 볼 수 없습니다.

한편 회사측은 퇴직 후 장기간 경과된 시점에 진정이 제기된 점도 문제삼고 있는바, 이것 또한 정당하지 않습니다. 사례의 쟁점은 권리 발생 유무인바, 발생한 권리에 대해서는 소멸시효기간 경과 전에는 권리행사가 가능하기 때문입니다.

따라서 회사측은 교육시간에 대하여 근로기준법상 임금 지급 책임이 있습니다.

8 주 52시간제 위반 여부(일반적인 경우)

근로자 A는 월~금요일 1일 8시간 주 40시간 근무, 토요일 휴무, 일요일 주휴일로 계약한 상태에서 아래와 같이 근무하였습니다.

「월~목요일 매일 12시간, 금요일 4시간 근무, 토요일 및 일요일 휴무」

이 경우 연장근로시간 제한 규정인 근로기준법 제53조 제1항 위반 여부에 대해 논란이 있습니다.

••답 변••

대법원은 52시간제 위반 여부는 1주간의 총 근로시간의 합이 52시간을 초과하는지 여부에 의해 판단해야 한다고 판시한 바 있습니다(2020도15393, 2023. 12.7.). 이에 따라 고용노동부도 종전 입장을 변경하였습니다.

고용노동부의 종전 입장은 1일 기준(1일 8시간 초과시간의 1주분 합계)과 1주 기준(1주 총 근로시간 중 40시간 초과분)으로 산정하여 많은 쪽을 연장근로시간으로 선택하되, 그 시간이 12시간을 초과하는지 여부에 따라 주 52시간제 위반 여부를 판단해야 한다는 것이었습니다. 위 대법원 판례 관련 사건의 하급심 법원도 고용노동부의 종전 입장과 같았습니다.

사례의 경우 종전 고용노동부의 입장에 따르면, 1일 기준으로 산정한 연장근로시간 16시간(월~목요일, 매일 4시간)이 1주 기준으로 산정한 연장근로시간 12시간(=52-40)보다 많기 때문에 1일 기준 16시간을 연장근로시간으로 보아야 합니다. 이 시간(16시간)이 1주간 연장근로시간 한도(12시간)를 초과하므로 근로기준법 제53조 제1항 위반으로 보았습니다. 그러나 대법원 판례 및 변경된 고용노동부의 해석에 의하면 1주 기준 연장근로시간 12시간(52-40)으로 위법 여부를 판단하므로 위법하지 않게 됩니다.

보충설명

위와 같이 대법원 판례 및 변경된 행정해석에도 불구하고 연장근로수당 산정은 기존 방식에 의해서 행해야 합니다. 즉, 1일 기준(1일 8시간 초과시간의 1주분 합계)과 1주 기준(1주 총 근로시간 중 40시간 초과분) 중 많은 쪽을 적용합니다.

위 사례의 경우 16시간을 기준으로 연장근로수당을 산정합니다.

판례 대법원 2020도15393, 2023.12.7.

구 근로기준법(2017. 11. 28. 법률 제15108호로 개정되기 전의 것, 이하 같다) 제50조는 1주간의 근로시간은 휴게시간을 제외하고 40시간을 초과할 수 없고(제1항), 1일의 근로시간은 휴게시간을 제외하고 8시간을 초과할 수 없다(제2항)고 규정하고, 제53조 제1항은 당사자 간에 합의하면 1주간 12시간을 한도로 제50조의 근로시간을 연장할 수 있다고 규정하고 있다. 구 근로기준법 제53조 제1항은 연장근로시간의 한도를 1주간을 기준으로 설정하고 있을 뿐이고 1일을 기준으로 삼고 있지 아니하므로, 1주간의 연장근로가 12시간을 초과하였는지는 근로시간이 1일 8시간을 초과하였는지를 고려하지 않고 1주간의 근로시간 중 40시간을 초과하는 근로시간을 기준으로 판단하여야 한다.

9 주 52시간제 위반 여부(휴일근로)

K회사는 상시근로자수 5명 이상이고 월요일부터 금요일까지 매일 8시간을 소정근로시간으로 정하고 있습니다. 토요일은 무급휴무일이고 일요일은 주휴일입니다.

특정 주에 7일 동안 매일 8시간 근무한 경우 주 52시간제 위반 여부가 궁금합니다.

답 변

주 52시간제는 주당 연장근로 최대 가능시간이 12시간인 제도를 말합니다. 즉, 주간 총 근로시간에서 40시간을 공제한 시간이 12시간을 초과하면 위법입니다(제12장 사례 8번 참조). 휴일이나 휴무일에 실제로 근로한 시간도 주간 총 근

로시간에 포함됩니다.

사례의 경우 1주간 총 근로시간은 56시간이고 연장근로시간은 16시간(=56-40)이므로 위법입니다.

> **보충설명**
>
> 주 52시간제 위반 여부 판단 시에는 휴일근로시간도 포함하지만 연장근로수당 산정 시에는 휴일근로시간은 제외합니다. 근로기준법 제56조 제2항에서 연장근로시간에 대한 임금 산정(제56조 제1항)과 별도로 휴일근로시간에 대한 임금 산정에 대해 규정하고 있기 때문입니다.
>
> 위 사례의 경우 휴일인 일요일 근로시간을 제외하고 월~토요일 근로시간을 기준으로 연장근로수당을 산정합니다.

10 주 52시간제 위반 여부(유급휴가 사용)

근로자 A는 주 5일 40시간 조건으로 근무하고 있습니다.

A가 특정 주에 아래와 같이 근무한 경우 주 52시간제를 위반한 것인지 여부에 대해서 알고 싶습니다.

「월~화요일 연차휴가 사용, 수~금요일 각 12시간 근무, 토요일 휴무, 일요일 8시간 근무」

답 변

주 52시간제 위반 여부는 1주 동안의 실근로시간이 52시간을 초과하는지 여부에 따라 판단합니다(제12장 사례 8번 참조). 1주 동안의 실근로시간은 평일과 휴일 구분 없이 실제로 근로한 시간을 모두 포함합니다. 따라서 연차휴가처럼 유급으로 계산되는 기간도 실제로 근로하지 않은 경우이므로 실근로시간에 포함하지 않습니다.

사례의 경우 1주간 실근로시간은 44시간(=12×3+8)이므로 주 52시간제 위반에 해당하지 않습니다.

11 주 52시간제 위반 여부(근로시간이 짧은 경우)

근로자 A는 상시근로자수 5명 이상인 사업장에서 「1일 소정근로시간 6시간, 1주 5일 근무」하는 조건으로 계약하였습니다. A와 동일 부서에 근무하는 전체 근로자가 같은 조건으로 계약하였습니다.

이 경우 주 52시간제 위반 여부와 관련하여, A가 위 소정근로시간을 초과하여 1주 22시간을 근무할 경우 주 52시간제 위반에 해당하는지 궁금합니다.

••답 변••

사례는 소정근로시간이 짧은 근로자의 경우 단시간근로자와 비교하여 연장근로 한도 위반 여부를 판단하는 방법에 관한 질문으로 볼 수 있습니다.

일반근로자의 경우 주 52시간제 위반 여부는 법정근로시간(주 40시간)을 초과하는 시간이 12시간을 초과하는지 여부에 따라 판단합니다. 이에 반해 단시간근로자의 경우에는 소정근로시간(1주 40시간 미만)을 초과하는 시간이 12시간을 초과하는지 여부에 따라 판단합니다(기간제 및 단시간근로자 보호 등에 관한 법률 제6조 제1항 참조).

사례의 경우 근로자 A가 근무하는 부서의 전 근로자에게 동일한 소정근로시간이 적용되고 소정근로시간이 더 긴 근로자가 없으므로 A는 단시간근로자가 아닙니다. 따라서 1주 30시간을 초과하는 근로시간 전체가 연장근로시간이 되는 것이 아니고, 그중 1주 40시간을 초과하는 근로시간만 연장근로시간이 됩니다.

A가 1주 소정근로시간인 30시간을 초과하여 22시간을 근로할 경우 1주간 근로시간은 52시간이 되고, 그중 40시간을 초과하는 12시간(=52-40)이 연장근로시간이 됩니다. 따라서 적법합니다. 이 경우 22시간(=52-30)이 연장근로시간이 되는 것이 아니라는 점을 유의해야 합니다.

보충설명

단시간근로자의 경우

만약 A와 동일 부서에 근무하는 근로자 중 A보다 소정근로시간이 더 긴 근로자가 있다면 A는 단시간근로자에 해당합니다. 이 경우 소정근로시간인 1주 30시간을 초과하는 시간이 연장근로시간이 됩니다. 따라서 주당 42시간을 초과하여 근로하면 불법입니다.

12 연장근로시간 인정 요건(1)

K법인은 국가로부터 인건비를 지원받아 운영하는 관계로 월 연장근로시간을 15시간으로 제한하고 있으며, 수당도 그 시간에 맞춰 지급하고 있습니다. 그런데 근로자 A가 연장근로수당을 추가로 지급하라는 진정을 제기하였습니다.

지문인식기 기록에 의하면 A가 소정근로시간 외에 월 15시간을 초과하여 회사 내에 체류한 사실이 확인되었습니다. 법인측은 A가 위 초과시간에 대하여 사전에 연장근로 신청을 했거나 사후에 보고한 사실도 없으며, 재직 중 추가 수당을 청구한 사실도 없다고 주장하고 있습니다. A도 그 사실은 인정하였습니다. 또한 법인측은 A가 사무직이므로 사업장 내에 머물면서 실제로 업무를 보았는지 불분명하다고 주장하고 있습니다.

이 경우 A의 연장근로를 인정할 수 있나요?

••답 변••

1일 소정근로시간은 시업시각부터 종업시각까지 근로하기로 약정한 시간이므로 그 시간에 사업장에 체류하면 특별한 사정(예, 휴게시간)이 없는 한 그 시간 전체를 유급시간으로 인정하는 것은 당연합니다. 그러나 소정근로시간 외(출근시간 전, 퇴근시간 후) 사업장에 체류할 경우에는 그 시간이 자동으로 유급시간이 되는 것이 아니라 사용자의 지휘・감독하에 있어야 유급시간으로 인정됩니다. 유급시간이 되려면 근로시간이 되어야 하는데 사용자의 지휘・감독하에 있는 시간이어야 근로시간이 되기 때문입니다.

그런데 A는 초과시간에 대하여 사전에 연장근로 신청을 했거나 사후에 보고한 사실도 없습니다. 따라서 이 초과시간은 사용자의 지휘·감독하에 있는 시간이 될 수 없습니다.

또한 사용자는 국가로부터 인건비를 지원받는 관계로 소정근로시간 외 근로시간 한도를 정하고, 이에 대하여 승낙을 받도록 통제했다고 주장하고 있습니다. 이 주장은 논리적으로 모순이 없습니다. 근로자는 퇴직 전에 해당 수당을 전혀 청구하지 않았으므로 동 통제에 대해서 인식하고 있었다고 보아야 합니다.

위의 사실을 종합하면 사용자의 주장이 사실이라고 판단됩니다. 따라서 근로자의 주장은 인정하지 않는 것이 타당합니다.

13 연장근로시간 인정 요건(2)

근로자 A가 회사를 상대로 연장근로 임금 지급 요구 진정을 제기하였습니다. A는 당초 약정한 출근시간보다 30분 일찍 출근하였다고 주장합니다. 조기 출근하지 않으면 업무를 제대로 수행할 수 없었다고 주장합니다. 회사측은 출근시간 전에 출근하도록 지시한 바 없으며, 출근시간 전 근무에 관해 보고받은 바도 없다고 주장합니다. 다른 근로자들의 진술에 의하면 A가 조기 출근한 사실은 확인되나 정확한 시간까지는 확인되지 않는 상태입니다. A가 조기 출근 내역을 기록한 사실은 없으며, 회사에 보고한 사실도 없었음을 인정하였습니다.

A가 속한 부서의 동종 업무 종사 근로자 중 A처럼 조기출근한 사람은 없는 것으로 확인되었습니다. 해당 근로자들의 진술에 의하면 조기출근하지 않아도 업무수행에 지장이 없었다고 합니다.

이와 같이 A가 조기 출근한 사실은 일부 확인되지만 정확한 시간을 알 수 없는 경우에 어떻게 연장근로 임금을 산정해야 하나요?

답 변

연장근로시간으로 인정되려면 그 시간이 사용자의 지휘・감독하에 있는 시간이어야 합니다. 사용자의 지휘・감독하에 있다는 것은 그 시간에 근로하도록 지시하였거나 최소한 근로사실을 알고 있어야 합니다. 그런데 사례의 경우 A는 그 시간에 대하여 근로하도록 지시받은 바 없고, 보고도 하지 않았으므로 회사 측이 근로사실을 알 수도 없었습니다. 따라서 그 시간은 지휘・감독하에 있었다고 볼 수 없습니다. 그러므로 그 시간을 연장근로시간으로 볼 수 없습니다.

한편 사용자의 지시가 없었다고 하더라도 사용자의 묵인, 과다한 업무량 부과, 근로자의 자발적 연장근로에 대한 사용자의 사전 인지 등이 있는 경우에는 연장근로로 인정될 수 있다는 것이 고용노동부의 입장입니다(사례의 경우는 묵인 등에 해당하지 않는 것으로 판단됨).

행정해석 **재택근무 종합 매뉴얼(고용노동부, 2020. 9.) 150페이지**

사용자와 근로자의 합의 또는 요청에 의한 승낙 없이 근로자가 자발적으로 연장근로를 한 경우 원칙적으로 사용자의 연장근로수당 지급 의무가 있다고 보기 어렵다. 다만, ① 사용자가 지시하거나 묵인한 사정이 있거나, ② 연장근로 등을 행하지 않으면 안될 정도로 업무량을 과다하게 부과하거나, ③ 사용자가 근로자의 자발적 연장근로를 사전에 인지한 것으로 볼 수 있는 사정이 있는 경우에는 지급 의무가 발생할 수도 있다(행정해석 근로기준과-4380, 2005. 8. 22. 참조).

보충설명

어떤 시간을 근로시간으로 인정할 것인지 여부는 법적 평가에 관한 문제입니다. 따라서 물리적 현상으로는 근로자가 생산적인 행위(일)를 했다고 하더라도 곧바로 이를 근로시간이라고 단정할 수 없으며, 근로시간으로 인정하려면 법적인 평가를 거쳐야 합니다.

근로시간으로 인정되면 사용자에게 임금 지급 의무가 발생합니다. 사용자가 지시하지 않은 시간에 근로자가 임의로 일을 하고 그 시간에 대해 임금 지급을 요구하면 사용자 입장에서는 불필요한 일로 인해 예상외의 비용을 지출하게 되어 부당한 결과가 됩니다.

14 사용자 지시에 의해 자택에서 사이버 교육을 이수한 경우

K회사 소속 근로자 A는 회사의 지시에 따라 퇴근 후 자택에서 사이버 교육을 받았습니다. 이 교육은 법에 의해 사업주가 근로자에게 이수토록 조치해야 할 대상입니다. A가 이 교육시간에 대한 수당을 청구했으나 거절당하여 진정을 제기하였습니다.

회사측은 해당 교육은 사용자의 지휘·감독을 벗어난 상태에서 수강한 것이므로 근로시간으로 인정할 수 없다고 합니다. A는 쉬어야 할 시간에 교육을 받느라 쉬지도 못하였으므로 근로시간으로 봐야 한다고 주장합니다.

어떻게 처리해야 할까요?

•답 변•

교육시간이 근로시간으로 인정되기 위해서 그 장소가 사업장 내이거나 그 시간이 소정근로시간 이내일 필요는 없습니다. 사용자의 지시에 의해 사업장 밖의 타 기관에서 집체교육이 행해지는 경우에 근로시간으로 인정할 수 있는 것과 마찬가지입니다. 사이버교육도 사용자의 지시에 의해 자택에서 행해질 수 있습니다. 타 기관이나 자택이나 사업장 내가 아니라는 점에서 차이가 없습니다. 타 기관에서 행해지는 교육에 대해서 근로시간으로 인정할 수 있는 것과 마찬가지로 자택에서 행해지는 교육에 대해서도 근로시간으로 인정할 수 있다고 봅니다.

이와 같이 자택에서 이수한 사이버교육시간을 근로시간으로 인정할 경우 이에 대하여 평소 업무에 종사한 시간과 차별할 이유가 없습니다. 따라서 소정근로시간을 초과한 시간에 사이버교육을 받았다면 연장근로시간으로 인정하는 것이 타당합니다.

15 출장으로 인해 귀가시간이 더 소요된 경우

근로자 A가 K회사를 상대로 진정을 제기하였습니다. A는 거래처인 L회사에 출장하여 업무 종료 후 집으로 퇴근하였습니다. 평소 퇴근시간인 18:00 이전에 업무는 종료되었습니다. 그런데 평소에 회사에서 퇴근하는 경우에 비해 출장지에서 퇴근하는 시간이 3시간 정도 더 소요되었습니다. A는 이 3시간에 대하여 임금을 받아야 한다고 주장하고 있습니다. 회사는 3시간은 근로시간이 아니므로 임금을 지급할 수 없다고 합니다.

이 경우에 어떻게 처리해야 하나요?

답 변

사례의 경우는 출장으로 인한 근로시간 산정문제이므로 근로기준법 제58조에 의해 처리하는 것이 타당합니다. 동 법조에 의하면 출장 등 사업장 밖 근로의 경우에 근로시간 산정이 곤란하면 소정근로시간을 근로한 것으로 간주하되, 해당 업무를 수행하는데 통상 소정근로시간을 초과하여 근로할 필요가 있는 경우에는 이 시간으로 산정합니다. 만약 노사가 통상 필요한 시간으로 서면 합의하면 그것이 최우선 적용됩니다.

사례의 경우 노사가 통상필요시간을 합의한 증거는 없으므로 평소 회사에서 퇴근할 때에 비해 더 소요된 시간이 객관적으로 증명된다면 그 시간으로 산정하는 것이 타당합니다.

16 연장근로시간 산정(1일 기준, 1주 기준 비교)

K회사의 근로자 A의 경우 월요일부터 금요일까지 1일 8시간 근무하고, 토요일은 휴무일, 일요일은 주휴일로 정해졌습니다. A가 아래와 같이 근무한 경우 연장근로시간을 어떻게 산정합니까?

[사례 1] 월, 화, 수 각 10시간, 목, 금 각 6시간, 토, 일 휴무

[사례 2] 월, 화, 수, 목, 금 각 9시간, 토 4시간, 일 휴무

••답 변••

연장근로시간은 1일 기준(1일 8시간 초과하는 시간의 1주분 합계)과 1주 기준(1주 총 근로시간 중 40시간 초과분)으로 산정한 후 양자를 비교하여 많은 쪽을 선택합니다.

[사례 1]

1일 기준 : 6시간(=2시간×3일), 1주 기준 : 2시간(=42-40)

1일 기준 〉 1주 기준 ⇨ 따라서 연장근로시간은 6시간입니다.

[사례 2]

1일 기준 : 5시간(1시간×5일), 1주 기준 : 9시간(=49-40)

1일 기준 〈 1주 기준 ⇨ 따라서 연장근로시간은 9시간입니다.

17 연장근로시간 산정(1일 근로시간을 측정하기 곤란한 경우)

A는 화물운전기사로 근무하다 퇴직하였습니다. 근로조건에 대하여 「월급 400만원, 근무시간 1일 12시간 정도 소요」로 구두로 약정하였습니다.

A는 매일 부산에서 화물을 상차하여 충북, 강원도 일대를 거쳐 되돌아오는 방식으로 근무했습니다. 화물의 양, 날씨, 도로사정, 몸 상태 등으로 인해 매일의 근로시간은 일정치 않았습니다.

A는 1일 12시간 이상 근무하였다며 초과근로수당을 추가로 지급받아야 한다고 주장하고 있습니다.

••답 변••

사례는 근로계약 해석에 관한 문제입니다. A가 종사하는 업무는 사업장 밖 근로로서 근로시간 측정이 어렵습니다. A도 이와 같은 특성을 알고 있는 상태에서 임금액수를 약정했다고 추정할 수 있습니다. 「12시간 정도 소요된다」는 말은 1일 근무시간이 대략 그 정도라는 의미이며, 정확히 12시간이라는 의미는

아니라고 말할 수 있습니다. 또한 A가 주장하는 시간 자체를 신뢰할 수도 없습니다.

따라서 초과근로수당 청구는 타당하지 않습니다.

18 연장근로하지 않아 임금을 공제한 경우

K회사와 근로자 A 간에 아래와 같이 연봉계약을 체결하였습니다.

「근무시간은 월~금 매일 10시간, 토요일 격주 8시간,

임금은 연봉 75,000,000원으로 한다.」

그런데 회사는 A가 일부 날짜에 계약대로 연장근무를 하지 않았기 때문에 그만큼 임금에서 공제하여 지급하였습니다. 이에 A가 진정을 제기하였습니다. A는 회사의 지시가 없어서 연장근무를 하지 않았다고 주장합니다.

답 변

근로계약 자체에서 연장근로(법정근로시간을 초과하는 근로)하기로 하였으므로 계약대로 연장근로를 하면 되는 것이고, 새삼스럽게 사용자가 연장근로를 지시할 필요가 없습니다. 따라서 A의 주장은 타당성이 없습니다.

사례의 연봉액은 연장근로시간까지 포함하여 산정한 것입니다. 따라서 연장근로를 하지 않을 경우 임금을 공제할 수 있습니다.

연장근로를 하지 않아 공제한 임금이 정확한지 확인하기 위해서는 시간급 통상임금을 구해야 합니다. 시간급 통상임금을 구하기 위해서는 연봉을 연 통상임금 산정기준시간수로 나누어야 합니다.

① 연 통상임금 산정기준시간수

=(제1주의 유급시간수+제2주의 유급시간수)÷14×365

② 제1주의 유급시간수

=실근로시간수+연장근로가산시간수+주휴시간수=58+18×0.5+8=75

해설 제1주 토요일에 근무한 것으로 가정함, 18은 58-40으로 주 기준 연

장근로시간수

③ 제2주의 유급시간수=50+10×0.5+8=63

④ 따라서 연 통상임금 산정기준시간수=(75+63)÷14×365=3,598

⑤ 시간급 통상임금
=연봉÷연 통상임금 산정기준시간수=75,000,000÷3,598=20,845

19 탄력적 근로시간제에서 연장근로시간 임금 산정

K회사는 3주 단위 탄력적 근로시간제를 시행 중입니다. 이 회사의 상시근로자 수는 400명이고, 업종은 제조업입니다. 탄력적 근로시간제의 내용은 다음과 같습니다. 주 5일제(월~금 근무, 토 휴무, 일 휴일)입니다.

「제1주 : 주 소정근로시간 35시간, 1일 7시간
제2주 : 주 소정근로시간 40시간, 1일 8시간
제3주 : 주 소정근로시간 45시간, 1일 9시간」

근로자 A가 아래와 같이 근무한 경우 연장근로시간에 대한 임금 산정은 어떻게 하나요?

「제1주 월요일에 17시간 근무
제3주 일요일에 10시간 근무
여타 근로일은 위 소정근로시간대로 근무」

••답 변••

(1) 임금이 가산되는 연장근로시간은 법정기준시간을 초과한 근로시간을 의미합니다. 일반적인 경우 1일 8시간, 1주 40시간이 법정기준시간이고 이를 초과하는 시간이 연장근로시간입니다(근로기준법 제50조 제1항·제2항, 제53조 제1항).

(2) 탄력적 근로시간제는 특정일의 근로시간이나 특정주의 근로시간을 연장시키는 대신에 다른 근로일이나 다른 주의 근로시간을 단축시켜 일정 기간의 평균 근로시간을 법정기준근로시간(1주 40시간) 내로 맞추는 제도입니다. 즉,

일정 기간을 단위로 그 기간을 평균하여 1주간 근로시간이 40시간 이내인 경우에는, 특정일의 근로시간이 8시간을 초과하거나 특정주의 근로시간이 40시간을 초과하더라도 연장근로수당 지급의무나 형사책임이 발생하지 않는 제도입니다.

(3) 탄력적 근로시간제에서는 1일 8시간, 1주 40시간은 법정기준시간이 아니므로 단순히 이를 초과한다고 해서 바로 연장근로시간이 되지는 않습니다. 탄력적 근로시간제에서 법정기준시간은 1일, 1주, 단위기간으로 구분됩니다.

① 2주 이내 탄력적 근로시간제의 경우 1주 48시간, 단위기간 평균 주당 40시간이 법정기준시간이고(1일 법정기준시간은 없음) 이를 초과하는 시간이 연장근로시간입니다(근로기준법 제51조 제1항, 제53조 제2항).

② 3개월 이내 및 3개월 초과 6개월 이내 탄력적 근로시간제의 경우 1일 12시간, 1주 52시간, 단위기간 평균 주당 40시간이 법정기준시간이고 이를 초과하는 시간이 연장근로시간입니다(근로기준법 제51조 제2항, 제51조의2, 제53조 제2항).

(4) 탄력적 근로시간제에서도 일반적인 경우와 마찬가지로 연장근로시간 산정 시 다음 세 가지 원칙이 적용됩니다.

① 소정근로시간이 법정기준시간에 미달할 경우에 법정기준시간을 초과하는 시간이 연장근로시간입니다. 즉, 소정근로시간을 초과해도 법정기준시간 이내이면 연장근로시간에 해당하지 않습니다. 이를 법내초과근로시간이라고 합니다.

② 연장근로시간이 중복하여 발생할 경우 많은 쪽을 선택합니다.

③ 연장근로시간에 대한 임금 산정 시 휴일근로시간은 연장근로시간에 포함되지 않습니다. 휴일근로시간에 대해서는 별도로 임금을 산정하기 때문입니다(근로기준법 제56조 제2항). 1주 12시간 연장근로 한도 위반 여부 판단 시에는 휴일근로시간이 연장근로시간에 포함되는 경우(근로기준법 제2조 제1항 제7호)와 구별해야 합니다.

(5) 사례는 3개월 이내 탄력적 근로시간제로서 단위기간이 3주인 경우에 해당합니다.

① 1일 법정기준시간(12시간)을 초과한 경우는 제1주 월요일 17시간 근로

입니다. 12시간을 초과한 5시간(=17-12)이 연장근로시간입니다. 이 경우 소정근로시간(7시간)을 초과한 시간 전체(10시간) 중에서 12시간 이하 시간(5시간)은 법내초과근로시간이므로 연장근로시간에 포함되지 않습니다.

② 1주 법정기준시간(52시간)을 초과하는 주는 없습니다. 제3주의 경우 일요일(휴일)까지 포함하면 55시간이지만 휴일근로시간은 연장근로시간 임금 산정 시 제외됩니다. 따라서 이 주의 경우 주중 근로시간인 45시간으로 연장근로시간 발생 여부를 판단해야 하나, 이 시간은 52시간에 미달하므로 연장근로가 발생하지 않습니다.

③ 단위기간(3주) 평균 주당 40시간을 단위기간 전체시간으로 환산하면 120시간(=40×3)이 됩니다. 휴일을 제외한 실제 근로시간은 130시간이므로 10시간(=130-120)이 단위기간 평균 주당 40시간을 초과하는 연장근로시간입니다.

④ 이상 연장근로시간이 두 가지(① 및 ③) 발생하는바, 이 중 많은 쪽인 10시간을 선택하고 이 시간에 대하여 통상임금 50% 이상을 가산하여 지급해야 합니다.

(6) 참고로 휴일근로에 대해서는 연장근로시간 임금과는 별도로 임금을 산정해야 합니다(8시간에 대해 통상임금 50% 이상, 8시간 초과시간에 대해 통상임금 100% 이상 가산).

20 2주 단위 탄력적 근로시간제 도입 시 근로자에 대한 유불리 판단

K회사에서 2주 단위 탄력적 근로시간제 도입을 추진 중입니다. 현행 취업규칙에는 탄력적 근로시간제에 관한 규정이 없는 상태입니다. 이 경우 취업규칙 변경과 관련하여 근로자측의 동의를 받아야 하는지 아니면 의견청취로 충분한지 궁금합니다.

••답 변••

2주 이내 탄력적 근로시간제 도입 시 취업규칙 변경이 필요한바, 그 도입이 불리하면 근로자측의 동의를 받아야 하고, 불리하지 않으면 의견청취로 충분합니다. 이에 대해서는 학설이 대립합니다. 불리하다는 학설은 근로시간 변경에 따른 생체리듬 변화, 피로증대, 연장근로수당의 지급축소에 따른 실질 임금의 감소 등을 그 이유로 들고 있습니다. 불리하지 않다는 학설은 실근로시간 단축, 출퇴근일수의 감소 및 휴일의 증가로 여가활용이 쉬워지는 장점을 그 이유로 들고 있습니다.

고용노동부는 제도 도입의 취지와 경위, 실근로시간 및 근로시간대의 변동 정도, 임금보전의 수준, 기타 복리후생 등 근로조건 등을 종합적으로 판단해야 한다는 입장입니다(유연근로시간제 가이드, 2019.8. 33페이지).

탄력적 근로시간제 도입 시 근로자에게 불리한 점도 있지만 유리한 점도 있기 때문에 일률적으로 유불리를 논하는 것은 타당하지 않다고 봅니다. 고용노동부의 입장이 타당하지만 제반 상황을 종합해서 판단한다는 것이 용이하지는 않습니다. 탄력적 근로시간제를 도입하면서 연장근로수당 감소 부분을 보완할 경우 특별한 사정이 없다면 실무적으로는 불리하지 않은 것으로 처리해도 무방하다고 봅니다.

21 근로자대표와 합의에 의한 2주 단위 탄력적 근로시간제 도입 가능 여부

K회사는 최근에 2주 단위 탄력적 근로시간제를 도입하였습니다. 이와 관련하여 취업규칙을 변경하지는 않았고 근로자대표와 합의하였을 뿐입니다. 이에 대해서 취업규칙 변경 절차를 거쳐야 한다는 주장이 제기되고 있습니다.

••답 변••

사례는 탄력적 근로시간제를 도입하면서 그 단위기간을 2주 이내로 하되 그 근거는 3개월 이내 탄력적 근로시간제 방식(제51조 제2항)을 채택한 경우입니다. 만약 탄력적 근로시간제를 도입할 경우 그 단위기간이 2주 이내이면 반드시 근로기준법 제51조 제1항을 적용해야 한다면 취업규칙을 변경해야 합니다.

그런데 논리적으로 2주는 그 길이가 3개월 이내에 포함됩니다. 또한 법에서 3개월 이내 탄력적 근로시간제에 대해 2주 초과 3개월 이내라고 규정하고 있지도 않습니다. 따라서 2주 단위 탄력적 근로시간제를 도입하면서 3개월 이내 탄력적 근로시간제 방식을 채택해도 문제 될 것이 없습니다. 그러므로 취업규칙을 변경할 필요 없이 근로자대표와 합의를 하면 가능합니다. 다만, 이 경우에 3개월 이내 탄력적 근로시간제가 적용되므로 그에 따른 규제(1주 52시간 및 1일 12시간 한도 등)에 유의해야 합니다.

정리하면 탄력적 근로시간제를 도입하면서 단위가 2주 이내일 경우 근로기준법 제51조 제1항이나 제51조 제2항에 의한 방식 중 하나를 선택할 수 있는바, 사례의 경우는 후자에 해당한다고 볼 수 있습니다.

22 근로시간 특례 적용 시 연장근로의 대가

K회사 소속 근로자 A는 트럭운전수로서 근로시간 특례(근로기준법 제59조) 적용 업체에서 근무하고 있습니다. 노사 서면합의에 의해 특례를 도입하여 시행 중입니다. A가 주 40시간, 1일 8시간 이상 근무한 경우 연장근로수당을 받을 수 있나요?

답 변

근로기준법 제59조 제1항은 「통계법 제22조 제1항에 따라 통계청장이 고시하는 산업에 관한 표준의 중분류 또는 소분류 중 다음 각 호의 어느 하나에 해당하는 사업에 대하여 사용자가 근로자대표와 서면으로 합의한 경우에는 제53조제1항에 따른 주(週) 12시간을 초과하여 연장근로를 하게 하거나 제54조에 따른 휴게시간을 변경할 수 있다」고 규정하고 있습니다. 육상운송업은 제1호에 해당합니다.

사례의 경우 근로자대표와 서면합의하여 근로시간 특례를 적용받고 있습니다. 이 경우에는 일반적인 경우에 비해 「연장근로시간 한도」를 완화하여 주 12시간을 초과할 수 있다는 점에서 특별할 뿐이고, 연장근로에 대한 대가는 일반적인 경우(특례가 적용되지 않는 경우)와 차이가 없습니다. 따라서 연장근로시간에 대해서 일반적인 경우와 동일하게 임금 및 가산수당을 지급해야 합니다.

23 월급제하의 감시적 근로자에 대한 야간근로가산수당 발생 여부

K회사(건물관리업)는 소속 근로자 A에 대해 감시적 근로자 적용제외 승인을 받았습니다. 근로계약서(2024년)에 아래와 같이 명시되어 있습니다.

「1. 근무형태는 격일제(24시간 교대제)로 한다. 1일 휴게시간은 8시간(야간시간대 4시간 포함)으로 한다.

2. 임금은 월급제로 매월 3,000,000원을 지급한다.」

A가 퇴직 후 야간근로가산수당 지급 요구 진정을 제기하였습니다. A는 감시적 근로자 적용제외 승인을 받은 경우에도 야간근로가산수당은 지급되어야 하는 것으로 알고 있다고 주장합니다.

이 경우 어떻게 처리해야 하나요?

••답 변••

위 계약내용에 의하면 1일 근로시간 내에 야간근로시간대가 포함되어 있습니다. 이를 전제로 임금이 책정된 것으로 볼 수 있습니다. 임금형태는 월급제입니다. 격일로 정상적으로 근로할 경우 매월 일정한 액수를 지급합니다. 이것은 포괄임금제에 해당합니다(제5장 6번 사례 참조). 월급에 야간근로가산수당이 포함되어 있습니다. 따라서 A의 주장을 인정할 수 없습니다.

다만, 주의할 점은 위 월급금액이 최저임금법에 위반하지 않는다는 전제하에 타당합니다. 따라서 이를 확인해야 합니다.

월급금액을 월 최저임금 적용기준시간수로 나누어 시급을 산정하여 시간급 최저임금과 비교해야 합니다.

월 최저임금 적용기준시간수=(16+4×0.5)÷2×365÷12=274

해설 16은 실근로시간수, 4×0.5는 야간근로가산시간수, 감시적 근로자이므로 연장근로가산 및 주휴일은 해당 없음

시급=3,000,000÷274=10,949

시급이 최저임금 9,860원(2024년)에 미달하지 않으므로 적법합니다.

> **보충설명**
>
> **시급제의 경우 야간근로가산수당 산정**
>
> 시급제에서는 월급제와 달리 매월의 근로시간수에 따라 임금을 산정하므로 야간근로가산수당을 매일 산정해야 합니다. 따라서 시급제에서 매월 정상적으로 근로하더라도 야간근로일수 차이로 인해 야간근로가산수당이 월별로 차이가 있을 수 있고, 결국 월 임금액수도 차이가 있을 수 있습니다.

24 주 소정근로시간 산정(간헐적으로 주중에 근로한 경우)

K회사는 근로자 A와 주말(토, 일)에 14시간 근로하는 것으로 계약을 체결하였습니다. 그런데 간헐적으로 주중에 근로하는 경우도 있어서 주 근로시간이 15시간 이상이 되는 경우도 있습니다.

이와 같은 경우 주 소정근로시간은 어떻게 되는지 궁금합니다.

답 변

소정근로시간과 실제근로시간이 반드시 일치하는 것은 아닙니다. 소정근로시간 외의 근로는 연장근로에 해당합니다. 일단 계약한 소정근로시간에 대해서는 근로를 제공해야 할 의무가 있습니다. 그러나 연장근로에 대해서는 필요시 별도로 합의하여야 근로를 제공해야 할 의무가 발생합니다.

사례의 경우 주중에 간헐적으로 근로하는 경우는 소정근로시간 외의 근로

로서 연장근로에 해당합니다. 이와 같이 소정근로시간과 연장근로시간은 구분되기 때문에 연장근로시간이 소정근로시간에 포함될 수 없습니다. 연장근로로 인해 소정근로시간 자체가 변경되지는 않습니다. 따라서 사례의 경우 주 소정근로시간은 14시간으로 보는 것이 타당합니다.

25 주휴시간수 산정(복격일제의 경우)

아래와 같은 경우에 유급주휴시간수를 어떻게 산정해야 하는지 알려 주시기 바랍니다.

「근로자 A가 1일 17시간 복격일제(1일 근무, 2일 휴무)로 근무하는 경우」

답 변

(1) 주휴수당은 「시간급 통상임금×1일 소정근로시간수」로 산정합니다. 여기의 「1일 소정근로시간수」를 「주휴시간수」로 표현할 수 있습니다. 1일 소정근로시간수가 매일 균등한 경우에는 해당 소정근로시간수를 주휴시간수로 보는 것이 원칙입니다. 그러나 소정근로시간수가 매일 균일한 경우가 아니면 이 원칙을 적용할 수 없습니다. 사례는 매주 근로시간이 일정한 경우가 아니므로 주별로 주휴시간수를 산정해야 합니다.

(2) 사례의 경우 아래와 같이 3주를 주기로 근로형태가 반복됩니다.

제1주 : 근무, 휴무, 휴무, 근무, 휴무, 휴무, 근무

제2주 : 휴무, 휴무, 근무, 휴무, 휴무, 근무, 휴무

제3주 : 휴무, 근무, 휴무, 휴무, 근무, 휴무, 휴무

(3) 주별 주휴시간수는 아래와 같이 산정할 수 있습니다.

① 제1주의 경우 : 약정근로시간의 합이 51시간(=17×3)으로서 법정시간(주 40시간)을 초과하므로 주휴시간수를 8시간으로 보는 것이 타당함

② 제2주 및 제3주의 경우 : 약정근로시간의 합이 34시간(=17×2)으로 법정시간에 미달하므로 비례하여 주휴시간수를 산정하면 (34/40)×8=6.8

보충설명

약정근로시간은 법정용어는 아니고 노사간에 근로하기로 약정한 시간을 의미합니다. 소정근로시간은 약정근로시간 중에서 법정근로시간(1일 8시간) 범위 내에 있는 시간을 의미합니다. 사례의 경우 1일 약정근로시간은 17시간이며 1일 소정근로시간은 8시간입니다.

26 주휴시간수 산정 (상시근로자수 4명 이하, 1일 근로시간이 8시간 초과)

K업체(개인기업)는 상시근로자수 4명인 사업장입니다. 근로자 A가 아래와 같은 조건으로 근무할 경우 주휴시간을 어떻게 산정해야 하나요?

「주 5일 근무 2일 휴무, 1일 근무시간 12시간, 시급제」

당해 사업장에 근로기준법 제50조가 적용되지 않으므로 12시간을 1일 소정근로시간으로 볼 수 있으므로 주휴시간도 12시간으로 볼 수 있다는 주장이 있습니다.

위 주장이 타당합니까?

••답 변••

주휴수당은 「시간급 통상임금×1일 소정근로시간수」로 산정합니다. 여기의 「1일 소정근로시간수」를 「주휴시간수」로 표현할 수 있습니다.

소정근로시간이 매일 일정한 경우에는 그 시간을 주휴시간수로 보면 됩니다. 상시근로자수 5명 이상인 사업장에서 1일 약정근로시간이 12시간인 경우에 1일 소정근로시간은 8시간입니다. 1일 소정근로시간은 법정근로시간(제50조 제2항) 범위 내에서 정해진 시간이므로(제2조 제1항 제7호) 법정근로시간인 8시간을 초과할 수 없기 때문입니다. 8시간을 초과하는 4시간은 연장근로시간에 해당합니다. 이와 같이 매일 약정근로시간이 일정하게 12시간인 경우 주휴시간수는 8시간입니다. 따라서 주휴수당액수는 8시간분의 통상임금입니다.

한편 상시근로자수 4명 이하인 사업장에는 제50조 제2항이 적용되지 않으므로(따라서 제2조 제1항 제7호도 논리적으로 적용할 수 없음) 형식논리로는 위의 상시근로자수 5명 이상인 사업장에 적용되는 이론이 여기에 적용된다고 말할 수는 없습니다. 따라서 상시근로자수 4명 이하인 사업장에서 1일 약정근로시간이 8시간을 초과할 경우 약정근로시간 전부에 대한 통상임금을 주휴수당으로 볼 수 있다는 의견이 있을 수 있습니다.

그러나 상시근로자수 4명 이하인 사업장에 근로기준법의 일부 규정이 적용되지 않는 예외를 둔 목적 중의 하나는 영세 사업주 보호입니다. 그런데 상시근로자수 4명 이하인 사업장에서 1일 약정근로시간이 8시간을 초과할 경우 그 시간 전부에 대한 통상임금을 주휴수당으로 볼 경우 상시근로자수 5명 이상인 경우에 비해 영세 사업주에게 불리합니다. 이는 위 목적에 반할 뿐만 아니라 형평성 차원에서도 문제가 있습니다. 따라서 상시근로자수 4명 이하인 사업장에서 1일 약정근로시간이 8시간을 초과한 경우에도 상시근로자수 5명 이상인 사업장의 경우처럼 주휴수당액수는 8시간분의 통상임금으로 보는 것이 타당합니다.

27 주휴시간수 산정(주 6일 근무, 그중 1일의 근로시간이 짧은 경우)

K회사 소속 근로자 A의 주휴수당과 관련하여 주휴시간수를 어떻게 산정할 것인지에 대하여 논란이 있습니다.

A는 주 6일(주 33시간) 근무를 하고 있는데 월~금요일은 각 6시간씩, 토요일은 3시간 근무합니다. 동종 근로자 전부 A와 동일하게 근무합니다.

답 변

주휴시간수는 매일의 소정근로시간이 균일한 경우에는 그 시간을 기준으로 하고, 매일의 소정근로시간이 균일하지 않을 경우에는 주(主)로 근무하는 날의 근로시간을 기준으로 하는 것이 일반적인 방식입니다. 과거 주 44시간제(주중에 매일 8시간, 주말에 4시간 근로하는 경우)에서 주휴시간수를 8시간으로 간주하여 월 통상임금 산정기준시간수를 226시간으로 산정할 때 적용하던 방식입니다. 이에 의하면 사례의 경우 주휴시간수는 6시간입니다.

보충설명

다른 산정 방법

주휴시간수 산정 방식에 대해 법에서 규정하고 있지 않으므로 위와 같은 일반적인 방식이 절대적인 것은 아닙니다. 1일 평균시간수(1주 총근로시간수÷1주 총근로일수)를 적용하는 방식도 가능합니다. 이 방식을 적용하면 사례의 경우 주휴시간수는 5.5시간(33시간÷6일)입니다. 다른 예로 월~금요일 매일 7시간, 토요일 5시간 근로하는 경우에는 6시간 40분(40시간÷6일)이 주휴시간수입니다.

주의할 점은 주휴시간수 산정 방식은 여타 유급시간수 산정 시에도 일관성을 유지해야 한다는 것입니다. 주휴시간수 산정 시 1일 평균시간수를 적용했으면 예컨대 통상임금 산정기준시간수를 구할 때도 1일 평균시간수를 적용해야 하며 일반적인 방식을 적용해서는 안 된다는 것입니다. 일반적인 방식을 적용하는 경우에도 마찬가지로 일관성을 유지해야 함은 물론입니다.

28 주휴시간수 산정(격일제인 경우)

각 회사별로 근로자들이 아래와 같은 조건으로 근무하고 있습니다.

「K회사 : 1일 8시간, 격일제

L회사 : 1일 10시간, 격일제

M회사 : 1일 24시간, 격일제」

공통적으로 상시근로자수 5명 이상이고, 근로기준법 적용제외에 해당하지 않는 경우입니다.

이 경우 주휴시간수 산정을 어떻게 해야 합니까? 노사간에 주휴시간수에 대하여 특별히 정한 바는 없습니다.

•답 변•

사례의 경우 소정근로시간이 일반적인 경우(1주 40시간, 1일 8시간)와 상이합니다. 이 경우에는 일반적인 경우에 비례하여 산정하는 것이 타당합니다.

[K회사의 경우]

주당 평균 약정근로시간수가 28시간(예, 제1주에 4일×8시간, 제2주에 3일×8시간 근로하면 주당 평균 28시간)이므로 일반적인 40시간에 비례하여 주휴시간수를 구하면 5.6시간[=8×(28/40)]입니다.

[L회사의 경우]

주당 평균 약정근로시간수가 35시간(예, 제1주에 4일×10시간, 제2주에 3일×10시간 근로하면 주당 평균 35시간)이므로 일반적인 40시간에 비례하여 주휴시간수를 구하면 7시간[=8×(35/40)]입니다.

[M회사의 경우]

주당 평균 약정근로시간수가 84시간(예, 제1주에 4일×24시간, 제2주에 3일×24시간 근로하면 주당 평균 84시간)이므로 일반적인 경우(40시간)에 비례하여 주휴시간수를 구하면 16.8시간[=8×(84/40)]입니다. 그러나 주휴시간수가 1일 법정시간을 초과할 수는 없으므로 8시간을 주휴시간수로 보는 것이 타당합니다.

보충설명

단시간근로자에 대한 주휴시간수 산정방법을 유추적용하는 방식으로 설명할 수 있습니다.

K, L회사의 경우 1주 동안의 근로시간이 짧기 때문에 단시간근로자와 유사합니다. 그러나 전체 근로자가 동일한 조건으로 근로하므로 비교 대상인 통상근로자가 존재하지 않아 단시간근로자로 볼 수는 없습니다. 따라서 사례에 대하여 근로기준법 시행령 [별표 2](단시간근로자의 근로조건 결정기준 등에 관한 사항) 제2항 나목(단시간근로자의 1일 소정근로시간수는 4주 동안의 소정근로시간을 그 기간의 통상근로자의 총 소정근로일수로 나눈 시간수로 한다)을 바로 적용할 수는 없습니다. 그러나 일반적인 경우에 비례하여 1일 소정근로시간수를 구한다는 점에서 차이가 없습니다.

한편 「단시간근로자에 대한 근로기준법 적용 방법」(고용차별개선정책과-1548, 2009.10.13.)에 의하면 「주휴수당은 1일 소정근로시간수에 시간급 임금을 곱하여 산정

※ 1일의 소정근로시간수는 4주간의 소정근로시간을 그 기간의 통상근로자

의 총 소정근로일수로 나누어 산출된 시간수로 함」이라고 설명하고 있습니다.

K, L회사에 단시간근로자가 존재한다고 가정할 경우 위 시행령에 의해 아래와 같이 주휴시간수를 구할 수 있습니다.

[K회사의 경우]

4주간의 소정근로시간수는 112시간이고 4주간의 통상근로자의 총 소정근로일수는 20일이므로 주휴시간수는 5.6시간(=112/20)입니다.

[L회사의 경우]

4주간의 소정근로시간수는 140시간이고 4주간의 통상근로자의 총 소정근로일수는 20일이므로 주휴시간수는 7시간(=140/20)입니다.

※ M회사의 경우에는 1주간의 약정근로시간이 짧지 않기 때문에 위 방식을 적용하는 것은 적절하지 않습니다.

29 주 소정근로시간 및 주휴수당 산정(단시간근로자)

근로자 A는 아래와 같은 조건으로 근무합니다.

「근무시간 : 주 24시간 한도(실제근무시간은 21시간에서 24시간 사이)

임금 : 시간당 17,000원」

이 경우 A의 주 소정근로시간과 주휴수당 산정방법이 궁금합니다. 사용자측은 간혹 주 15시간 미만으로 근무하는 경우가 있는데 해당 주에는 주휴수당이 발생하지 않는다고 주장합니다.

답 변

(1) 주 소정근로시간

소정근로시간은 근로자가 사용자에게 의무적으로 근로를 제공하기로 정한 시간을 말합니다. 사례에서 주당 근무시간을 24시간 한도로 한다는 것은 주당 24시간까지는 A가 근로를 제공해야 할 의무가 있다는 의미입니다. 따라서 주 소정근로시간은 24시간으로 보는 것이 타당합니다.

(2) 주휴수당 산정

주 소정근로시간이 24시간으로서 근로시간이 짧으므로 주 40시간제에 비례하여 주휴수당을 산정하는 것이 합리적입니다.

주휴수당=시급×(24/40)×8=17,000×4.8=81,600원

(3) 주 15시간 미만 근로하는 경우 주휴수당 발생 여부

소정근로시간은 근로하기로 정해진 시간이므로 반드시 실제 근로한 시간과 일치하는 것은 아닙니다. 위에서 설명한 바와 같이, 사례의 경우 주 소정근로시간은 24시간이며, 실제로 어떤 주에 15시간 미만 근로했다고 해도 소정근로시간이 변경되는 것은 아닙니다. 따라서 실제로 15시간 미만 근로한 주에 대해서도 근로기준법 제18조 제3항(주 15시간 미만 근로하는 경우 주휴일이 적용되지 않는다는 규정)이 적용되지 않으므로 그 주에 개근했다면(예, 사업장 사정으로 휴업한 날을 제외한 날을 전부 근무한 경우) 주휴수당을 지급해야 합니다.

30 주휴수당 발생 여부(주중 소정근로일을 전부 결근한 경우)

근로자 A는 월요일부터 금요일까지 매일 8시간 근로하기로 하고, 토요일은 무급휴무일, 일요일은 유급휴일로 정하였습니다. 그런데 어떤 주에 5일 전부 결근하였습니다. 이 경우 주휴수당 발생 여부는 어떻게 되나요?

또한 위와 같이 주중에 결근하고 토요일이나 일요일에 각각 10시간 주간(晝間)에 근무한 경우 임금계산은 어떻게 해야 하나요?

답 변

(1) 주휴수당 발생 여부

1주 동안의 소정근로일을 개근하여야 유급주휴일이 발생하므로(근로기준법 시행령 제30조) 사례의 경우 유급주휴일이 발생하지 않습니다. 다만, 고용노동부 행정해석(근로조건지도과-3102, 2008.8.8.)과 대법원 판례(아래 참조)에 의하면 이와 같은 경우에 유급주휴일을 부여할 필요는 없으나 무급으로라도 휴일은 부여해야

합니다. 따라서 주휴수당은 발생하지 않지만 휴일에 근로한 경우에 휴일근로가산수당은 발생합니다.

(2) 토요일 근로 시 임금 산정

사례의 토요일은 소정근로일이 아니지만 휴일로 볼 필요는 없습니다. 근로기준법 제55조에 의해 1주에 1일의 휴일 부여가 요건인바, 일요일을 휴일로 부여할 경우 토요일까지 휴일로 볼 필요는 없기 때문입니다. 토요일같은 날을 휴무일이라고 부릅니다. 휴무일은 휴일이 아니므로 논리필연적으로 휴무일 근로에 대해서는 휴일 가산이 필요하지 않습니다. 휴무일에 대해서는 주중의 근로일과 마찬가지로 연장근로에 해당할 경우 가산할 수 있습니다. 따라서 토요일 근로시간이 8시간을 초과하거나 주중의 근로시간과 합하여 주 40시간을 초과하면 통상임금의 50%를 가산합니다. 사례의 경우에는 주중 근로가 전무하므로 가산시간 산정 시 토요일 8시간 초과한 경우만 문제됩니다.

임금은 다음과 같이 산정합니다.

① 당일 근로 임금 : 10시간분 통상임금

② 연장근로가산수당 : 1시간분 통상임금(2시간분 통상임금의 50%)

③ 합계 11시간분 통상임금

(3) 일요일 근로 시 임금 산정

(1)에서 설명한 바와 같이 무급휴일이므로 주휴수당은 발생하지 않고 휴일근로에 대한 임금 및 가산수당은 지급해야 합니다.

임금은 다음과 같이 산정합니다.

① 주휴수당 : 없음

② 당일 근로 임금 : 10시간분 통상임금

③ 휴일근로가산수당(8시간 이내) : 4시간분 통상임금(8시간 통상임금의 50%)

④ 휴일근로가산수당(8시간 초과) : 2시간분 통상임금(2시간분 임금의 100%)

⑤ 합계 16시간분 통상임금

판례 — 대법원 2002두 2857, 2004.6.25.

근로자가 소정의 근로일수를 모두 근무하지 아니하였다 하더라도 사용자에게 유급휴일로 처리하여 줄 것을 청구할 수 없을 뿐 휴일 자체가 보장되지 않는다고 볼 수 없다.

근로기준법 주휴일 제도는 근로자의 피로를 회복시킴으로서 노동의 재생산을 꾀하고 생산성을 유지하기 위하여 정신적·육체적 휴식을 취하는 데서 그치지 않고 나아가 근로자로 하여금 근로제공의무를 벗어나 사업장 이외의 장소에서 자유로운 시간을 갖도록 하려는 데에 그 취지가 있는 만큼 근로기준법 제54조 및 같은 법 시행령 제25조에서 사용자로 하여금 1주간의 소정근로일수를 개근한 근로자에게 1주에 평균 1회 이상의 유급휴일을 주도록 한 규정은 1주에 1회 이상의 휴일을 의무화하는 한편 성실근로를 유도·보상하기 위하여 소정의 근로일수를 개근하는 경우에 유급으로 할 것을 정한 것으로 해석하여야 할 것이므로 근로자가 소정의 근로일수를 모두 근무하지 아니하였다 하더라도 사용자에 대하여 유급휴일로 처리하여 줄 것을 청구할 수 없을 뿐 휴일 자체가 보장되지 않는다고 볼 수는 없다 할 것이어서 휴일 전후의 근로일을 결근하였다고 하여 휴일을 결근으로 처리할 수는 없다.

31 주휴수당 발생 여부 (소정근로일의 일부 시간에 대해 근로제공이 없는 경우)

K회사의 취업규칙에 의하면 근로자의 개인질병으로 병가를 사용한 기간에 대해서는 결근으로 본다고 규정하고 있습니다. 근로자 A가 2024년 5월 20일에 오전에는 병가를 사용했고, 오후에는 우천으로 인한 공장 천장 누수로 기계가 고장나는 바람에 근무를 하지 못하였습니다.

A가 회사를 상대로 유급주휴일 미부여를 이유로 진정을 제기하였습니다. 회사는 위 날짜에 병가시간이 포함되어 있어 개근했다고 볼 수 없으므로 유급주휴일 요건을 충족하지 않았다고 주장하고 있습니다. 조사 결과 해당 주의 여타 소정근로일은 정상적으로 근로한 것으로 확인되었습니다.

이 경우 유급주휴일 요건을 충족했다고 볼 수 있나요?

••답 변••

유급주휴일은 1주간의 소정근로일을 개근한 경우에 발생하는바(근로기준법 시행령 제30조), 개근 여부 판단 시 지각·조퇴 등으로 소정근로일의 일부 시간에 대해 근로하지 못한 경우에도 결근으로 처리할 수 없습니다.

한편 개근 여부 판단 시 사용자의 귀책사유로 휴업한 시간은 근로한 것으로 간주합니다.

사례의 경우 해당 일의 일부(오전)는 근로하지 않았지만, 오후는 근로한 것으로 간주하므로 해당 일에 대해 결근한 것으로 볼 수 없습니다. 그러므로 유급주휴일 요건을 충족했다고 보아야 합니다.

32 주휴수당 발생 여부(1주 미만 근무하고 퇴직한 경우)

A는 K회사에 근로계약기간 1년으로 약정하였으나 입사일인 2024년 8월 1일(목)부터 2024년 8월 6(화)까지 근무하고 퇴직하였습니다. 임금형태는 월급제입니다. 근로형태는 주 5일제(월요일부터 금요일까지)이고 1일 소정근로시간은 8시간입니다. 취업규칙에서 매주 일요일을 정기휴일로 한다고 규정하고 있습니다.

A가 주휴수당 지급을 요구하는 진정을 제기하였습니다. 회사측은 A가 1주 미만으로 근무했으므로 주휴수당이 발생하지 않는다고 주장하고 있습니다.

••답 변••

주휴수당은 1주를 개근한 경우 부여하는 유급휴일에 대하여 지급하는 수당을 의미합니다(근로기준법 제55조, 시행령 제30조). 지난 1주의 근무 실적에 따라 주휴일의 유급 여부가 결정됩니다. 사례의 경우 매주 일요일이 주휴일이므로 월요일부터 토요일까지의 소정근로일을 개근한 경우에 당해 토요일 다음 날인 일요일에 주휴일이 부여된다고 말할 수 있습니다. 따라서 당해 일요일 다음 날인 월요일 이후 근무실적은 당해 일요일(즉, 월요일 전일)에 대해 유급주휴일을 부여할 것인지 여부와 관계없다고 보아야 합니다.

A에게 8월 4일(일요일)에 대하여 유급주휴일을 부여할 것이냐는 문제와 관련하여, 소정근로일이 2일(8월 1일, 8월 2일)에 불과하다는 점이 논란의 발단입니다. 위 시행령 제30조에서 명시한 바와 같이 주휴일은 1주 동안의 근로를 전제합니다. 사례처럼 근무기간이 1주에 미달한 것은 당해 주가 취업한 첫째 주라는 특수성에 기인합니다. 주휴일 처리도 이런 특수성을 감안하는 것이 타당합니다.

위 법령에서는 1주를 온전히 근무한 경우를 전제로 주휴일을 규정하고 있다고 보아야 합니다. 사례와 같은 특수한 경우에 대해서는 규정하고 있지 않습니다. 특수성을 감안한 주휴일의 처리는 해석에 의해야 합니다. 이런 점을 감안하면 사례의 경우 해당 주의 소정근로일은 2일이고 이를 전부 근로하였으므로 개근한 것으로 보아 주휴일 요건을 충족했다고 보아야 합니다.

위 법령에서 규정한 일반적인 주휴일에 대해서는 1일 소정근로시간을 유급으로 부여합니다. 이 유급시간은 1주간 온전한 근무를 전제하므로, 사례처럼 온전한 근무에 미치지 못하는 경우에는 그것에 비례하여 주휴일의 유급시간을 감축하는 것이 타당합니다.

사례에서 입사일이 속한 주의 소정근로일수는 2일이므로, 주휴수당은 온전한 경우(5일)에 비례하여 3.2시간(=8×2÷5)분의 통상임금으로 보는 것이 타당합니다.

사례의 경우는 전체 근무기간이 1주 미만이지만, 이와 달리 전체 근무기간이 1주 이상인 경우에도 첫째 주 근무에 대한 주휴수당은 위 설명과 같이 산정합니다.

둘째 주 이후부터는 일반적인 방식에 따라 1주 단위로 주휴수당 발생 여부를 판단하므로, 사례의 경우 둘째 주에는 근무기간이 1주에 미달하므로 주휴수당이 발생하지 않습니다.

보충설명

사례의 경우는 당초 근로계약기간이 1주 이상이지만 이와 달리 당초 근로계약기간이 1주 미만인 경우에는 첫째 주를 포함하여 주휴수당이 발생하지 않는다고 봐야 합니다.

33 주휴수당 발생 여부(주 소정근로시간)

근로자 A는 약정한 1주 근로시간이 15시간 미만이나 가끔 15시간을 초과하여 근로하는 경우가 있습니다. 근로자 B는 당초 약정한 1주 근로시간이 15시간 미만이었으나 일정 시점부터는 상시적으로 15시간을 초과하여 근로하고 있습니다.

이 경우 주휴수당이 발생하는지 여부에 대해 설명해주시기 바랍니다.

••답 변••

주휴수당은 주 소정근로시간이 15시간 이상이어야 발생할 수 있습니다. 이와 같이 주휴수당은 소정근로시간을 기준으로 발생 여부가 결정되므로 실제 근로시간을 기준으로 하지는 않습니다. 미리 근로하기로 약정한 시간이 소정근로시간입니다. 따라서 때때로 약정한 시간보다 더 근무하는 경우에는 연장근로시간으로 볼 수 있습니다. 연장근로시간을 포함한 실제 근로시간이 주 15시간 이상이라고 하더라도 소정근로시간 자체가 변경되는 것은 아니므로 원칙적으로 주휴수당은 발생하지 않는다고 보아야 합니다.

그러나 일정한 시간을 근로하기로 약정했으나 상시적으로 연장근로를 하는 경우에는 그 시간까지 포함하여 소정근로시간으로 볼 수 있습니다. 이 경우에는 소정근로시간 변경에 관해 당사자간에 묵시적으로 합의한 것으로 볼 수 있습니다. 따라서 변경된 소정근로시간을 기준으로 주휴수당 발생 여부를 판단해야 합니다.

정리하면 근로자 A의 경우에는 주휴수당이 발생하지 않고, 근로자 B의 경우에는 주휴수당이 발생할 수 있습니다.

34 주휴수당 산정(주당 근무일수가 제1주 6일, 제2주 7일인 경우)

근로자 A는 아래와 같은 조건으로 근무하고 있습니다.

「주 6일 근무(월~토), 격주 일요일 근무, 1일 근무시간 6시간, 시급제」

다른 근로자들도 A와 동일 조건으로 근무합니다.

A는 회사가 주휴수당 지급 시 시간을 제대로 산정하지 않아 손해를 보았다고 주장합니다. A는 법정근로시간(주 40시간, 1일 8시간)에 비례하여 아래와 같이 주휴시간을 산정해야 한다고 주장합니다.

「6일 근무하는 주 : (36/40)×8=7.2시간
7일 근무하는 주 : (42/40)×8=8.4시간이나 법정근로시간 한도인 8시간
이를 평균하면 7.6시간」

이 경우에 어떻게 주휴수당을 산정해야 하나요?

답 변

일반적으로 주휴수당은 「1일 소정근로시간수×시간급 통상임금」으로 산정합니다. 사례의 경우 1일 소정근로시간수는 6시간입니다. 일요일에 근로하는 경우에 그 시간은 소정근로시간을 초과하는 시간이므로, 일요일에 근로했다고 하더라도 1일 소정근로시간수가 변하지는 않습니다. A가 주장하는 법정근로시간에 비례하여 주휴시간을 산정하는 방법은 1주의 소정근로일이 적은 경우에 적용합니다. 그러나 사례의 경우 1주의 근로일이 적은 경우가 아니므로 매일 근로시간인 6시간을 소정근로시간수로 보아야 합니다.

따라서 사례의 경우 주휴수당은 「6×시간급 통상임금」으로 산정하는 것이 타당합니다.

35 주휴수당 산정(근로시간이 짧지만 단시간근로자가 아닌 경우)

K, L회사의 전체 근로자가 아래와 같은 조건(2024년)으로 근무하고 있습니다.

「K회사 : 1일 5시간, 주 3일 근무, 시급 10,000원
L회사 : 1일 3시간, 주 5일 근무, 시급 10,000원」

이 경우 주휴수당을 어떻게 산정해야 하는지 궁금합니다.

답 변

(1) K회사의 경우

주휴수당액수는 「시간급 통상임금×1일 소정근로시간수」입니다. 사례의 경우 1주간의 소정근로시간수가 일반적인 경우(1주 40시간)에 비해 짧습니다. 이 점을 감안하여 비례적으로 1일 소정근로시간수를 산정하는 것이 타당합니다. 이에 따라 주휴수당액수를 산정하면 다음과 같습니다.

주휴수당액수=8×(15/40)×10,000=30,000(원)

해설 8은 주 40시간제하에서 1일 소정근로시간수, 15는 1주 소정근로시간수

(2) L회사의 경우

1일 3시간씩 주 5일을 근무하므로 소정근로시간수는 의문의 여지 없이 3시간이므로 주휴수당액수=10,000×3=30,000(원)입니다.

보충설명

다른 방식

K회사의 경우에는 주 근로일수가 일반적인 경우(5일)에 비해 적습니다. 그러나 단시간근로자에 해당하지는 않습니다. 전체 근로자가 동일하게 근로하므로 비교대상인 통상근로자가 없기 때문입니다. 비록 단시간근로자는 아니지만 단시간근로자에 대한 비례 적용 방식에 준해서 일급 통상임금을 구하는 것이 타당합니다. 이 방식에 의하면 1주의 근로시간수를 1주의 일반근로일수로 나눠서 구한 시간에 시급을 곱합니다. 따라서 일급 통상임금=15÷5×10,000=30,000원입니다. 결과는 위 답변과 같습니다.

※ L회사의 경우에는 주간 근로일수가 일반적인 경우(5일)와 차이가 없으므로 K회사처럼 구할 필요가 없습니다.

36 주휴수당 산정(시간제 임금 산정방식이 아닌 경우)

근로자 A가 K회사를 상대로 진정을 제기하였습니다. A는 화물배송 업무에 종사하였습니다. 회사에서 지정하는 거래처에 화물을 배송하는 횟수에 따라 임금을

지급하였습니다. 1회당 6만원을 지급하며 월 40회를 보장하기로 약정하였습니다(2024년). 월요일부터 금요일까지 근무하고 주말에는 휴무하기로 하였습니다. 출퇴근 시간을 정하지 않았고 1일 배송횟수도 일정하지 않았습니다.

이 경우 주휴수당을 어떻게 산정해야 하나요?

답 변

「주휴수당=시간급 통상임금×1일 소정근로시간수」입니다. 「시간급 통상임금=월급금액÷월 통상임금 산정기준시간수」입니다. 사례의 경우 월 240만원(=6×40)을 보장하기로 하였으므로 이 금액을 월급금액으로 간주할 수 있습니다. 소정근로시간을 정하지 않았으므로 법정근로시간(1일 8시간, 1주 40시간)을 기준으로 하는 것이 타당합니다(통상임금 산정지침 제3조 참조).

따라서 주휴수당액수를 다음과 같이 산정할 수 있습니다.

주휴수당액수=시간급 통상임금×8=11,483×8=91,864

해설 11,483은 2,400,000÷209

다만, 특별한 사정이 없는 한 월 240만원을 지급하면 별도로 주휴수당을 지급할 필요는 없습니다. 일반적으로 월급제에서 월급에 주휴수당이 포함되어 있다고 해석하고 있는바, 사례의 경우 월급제는 아니지만 240만원을 월급금액으로 간주할 수 있으므로 월급제의 경우를 유추하여 적용할 수 있기 때문입니다.

37 주휴수당 산정(시급제와 월급제가 혼합된 형태)

근로자 A는 아래와 같은 조건(2024년)으로 근무합니다.

「주 40시간, 5일 근무, 1일 소정근로시간 8시간
월 고정으로 110만원, 시급 5천원 지급」

이 경우에 주휴수당을 어떻게 산정해야 하나요?

답 변

사례의 경우 월 고정으로 110만원을 지급하는 부분은 월급제이고, 시급 5천원을 지급하는 부분은 시급제라고 볼 수 있습니다. 이는 월급제와 시급제가 혼합된 형태의 임금체계라고 말할 수 있습니다.

일반적으로 월급제에서 월급에는 주휴수당이 포함되어 있다고 봅니다. 따라서 월급제에서는 월급 외에 별도로 주휴수당을 지급할 필요가 없습니다. 사례의 경우에도 월급에 해당하는 110만원에 주휴수당이 포함되어 있다고 보아야 합니다. 110만원 외에 별도로 주휴수당을 산정할 필요가 있는 부분은 시급제에 해당하는 부분입니다. 이 부분에서 4만원(=5,000원×8)이 주휴수당에 해당한다고 볼 수 있습니다.

이 경우에 임금 전체(월급 및 시급)를 기준으로 산정한 주휴수당액수는 다음과 같습니다.

주휴수당=월급제 부분 주휴수당+시급제 부분 주휴수당
=월급제의 시급×8+시급제의 시급×8
=5,263×8+5,000×8
=42,104+40,000
=82,104

해설 5,263은 1,100,000÷209

결론적으로 A가 1개월을 정상적으로 근로한 경우 110만원을 지급하고 이와 별도로 1주당 4만원을 지급하면 주휴수당 문제는 해결됩니다.

38 주휴수당 산정(일급제와 월급제가 혼합된 형태)

근로자 A는 아래와 같은 조건(2024년)으로 근무합니다.

「주 40시간, 5일 근무, 1일 소정근로시간 8시간
월 고정으로 30만원, 1일 8만원을 근무일수에 곱한 금액을 지급」

이 경우에 주휴수당을 어떻게 산정해야 하나요?

답 변

사례의 경우 월 고정으로 30만원을 지급하는 부분은 월급제이고, 1일 8만원을 지급하는 부분은 일급제라고 볼 수 있습니다. 이는 월급제와 일급제가 혼합된 형태의 임금체계라고 말할 수 있습니다.

일반적으로 월급제에서 월급에는 주휴수당이 포함되어 있다고 봅니다. 따라서 월급제에서는 월급 외에 별도로 주휴수당을 지급할 필요가 없습니다. 사례의 경우에도 월급에 해당하는 30만원에 주휴수당이 포함되어 있다고 보아야 합니다. 30만원 외에 별도로 주휴수당을 산정할 필요가 있는 부분은 일급제에 해당하는 1일 8만원 부분입니다. 이 부분에서 1일 8만원이 주휴수당에 해당한다고 볼 수 있습니다.

이 경우에 임금 전체(월급 및 일급)를 기준으로 산정한 주휴수당액수는 다음과 같습니다.

주휴수당=월급제 부분 주휴수당+일급제 부분 주휴수당
=11,480+80,000
=91,480

해설 11,480은 1,435×8, 1,435=300,000÷209

결론적으로 A가 1개월을 정상적으로 근로한 경우 30만원을 지급하고 이와 별도로 1주당 8만원을 지급하면 주휴수당 문제는 해결됩니다.

39 주휴수당 별도 지급 필요 여부(시간급 통상임금과 주휴수당을 명백히 구분하여 시간당 임금을 정한 경우)

근로자 A와 회사 간에 아래와 같이 근로계약(2024년)이 체결되었습니다.

「근로시간 : 주 5일 근무, 1일 8시간 근무
급여 기준 : 시간당 12,000원
급여의 구성 : 시간급 통상임금 10,000원, 주휴수당 2,000원」

이 경우 12,000원은 시급이므로 여기에 주휴수당을 포함하는 것은 위법이므로

별도로 주휴수당을 지급해야 한다는 주장과 위법이 아니므로 주휴수당을 지급할 필요 없다는 주장이 대립합니다.

어느 쪽 주장이 타당한지 문의합니다.

••답 변••

사례의 근로계약에 의하면 시간당 임금에서 시간급 통상임금과 주휴수당이 명백히 구분되는 것으로 규정하였습니다. 근로계약 체결 당시 A가 이와 같이 구분된 사실을 인식하고 있었다면 근로계약은 유효하다고 볼 수 있습니다.

주휴수당 명목의 금액(2,000원)을 1주에 40시간분 지급하기로 약정한 것으로 볼 수 있고, 이는 80,000원(=2,000×40)이 됩니다. 이것이 주휴수당에 해당합니다(제5장 66번 사례 참조).

한편 「주휴수당=시간급 통상임금×1일 소정근로시간수」인바, 이를 산정하면 80,000원(=10,000×8)이 됩니다. 이는 위에서 산정한 주휴수당과 일치합니다.

따라서 위와 같이 지급하면 별도로 주휴수당을 지급할 필요가 없습니다.

40 주휴일 미부여(3교대제)

K회사는 3교대제를 시행하고 있습니다. 아래와 같이 세 종류의 근로시간대가 정해져 있고, 각 시간대별로 5일씩 근무하는 체제입니다.

「A(07:00~15:00), B(15:00~23:00), C(23:00~07:00)」

취업규칙에 일요일이 휴일이라고 규정되어 있으나, 실제로 일요일에 쉬지 못하고 쉬려면 연차휴가를 사용하였습니다. 다만, 한 달에 두 번 정도 교대하는 과정에서 32시간을 쉬었습니다. 근로계약서에 휴일근로에 동의한다는 문구가 있습니다. 휴일근로에 대한 대가는 적법하게 지급하였습니다.

이 경우 주휴일 미부여로 볼 수 있는지 궁금합니다.

••답 변••

해당 사업장의 경우 3교대제이므로 일요일에 정기적으로 쉴 수 있는 체제가 아닙니다. 우연히 일요일이 비번인 경우가 아닌 한 일요일에 쉬려면 별도로 휴가를 사용해야 합니다. 일요일을 주휴일로 정했다고 볼 수 없습니다. 따라서 취업규칙의 주휴일 관련 규정은 효력이 없습니다.

한편 교대하는 과정에서 32시간 휴무가 보장되는 것은 주휴로 보아도 무방할 것입니다. 그러나 사례의 경우 최소한 1주에 1일의 유급휴일을 부여해야 한다는 요건(근로기준법 제55조)을 충족하지 못하였습니다. 따라서 근로기준법 제55조 위반으로 볼 수 있습니다.

41 적법한 휴일대체 여부

K회사는 주 5일제(월~금요일 근무, 토요일 무급휴무, 일요일 유급휴일)를 시행하고 있습니다. 회사는 일요일인 2024년 9월 8일에 근무하는 대신 9월 10일(화)을 휴일로 대체하기로 근로자대표와 서면합의를 하고 시행하였습니다. 이에 대해 근로자 A가 주휴일을 법대로 부여하지 않았다고 신고하였습니다. 조사 결과 2024년 9월 2일(월)부터 9월 6일(금)까지 주중에 정상적으로 근무하였으며 이 기간 중 별도의 휴일은 없었던 것으로 확인되었습니다. 회사는 법에 따라 휴일대체를 한 것이라고 주장합니다.

이 경우 적법한 휴일대체로 볼 수 있나요?

••답 변••

근로기준법 제55조 제1항은 「사용자는 근로자에게 1주에 평균 1회 이상의 유급휴일을 보장하여야 한다」고 규정하고 있습니다. 주휴일은 반드시 1주에 1일 이상 부여해야 합니다. 예컨대 월단위로 4주간을 통틀어 4일의 휴일이 부여되었다고 하더라도 매주마다 휴일이 정하여져 있지 않고 어느 주에는 휴일이 2일 이상 지정되어 있고 어느 주에는 휴일이 지정되어 있지 않은 경우에는 휴일이 없는 주는 근로기준법상 주휴제를 위반한 것이 됩니다.

사례의 경우 2024년 9월 2일(월)부터 9월 8일까지가 1주인데 휴일대체로 인해 해당 주에 휴일을 전혀 부여하지 않은 결과가 되었습니다. 따라서 이는 적법한 휴일대체로 볼 수 없습니다.

42 약정유급휴일에 대한 임금 등 지급 문제

K회사(택시운송업) 단체협약에 다음과 같은 규정이 있습니다.

「회사는 야유회일에 대하여 통상임금을 지급한다. 야유회일에는 전차량 운휴하며, 차량은 회사에 입고한다.」

다음 세 가지 경우에 어떻게 처리해야 하나요?

(1) 야유회 때 운휴를 하지 않고 정상근무 시 정상근무임금 외에 별도로 단협에 규정된 통상임금을 지급하여야 하는지

(2) 노동조합에서 야유회를 취소하고 전조합원이 정상근무했다면 정상근무임금 외에 통상임금 또는 휴일근로가산수당을 지급하여야 하는지

(3) 올해 야유회 미사용 시 유급으로 책정한 1일분의 통상임금을 지급하여야 하는지

답 변

사례의 야유회일은 약정유급휴일로 파악됩니다. 약정유급휴일에 대해서는 휴무하더라도 휴일수당을 지급해야 하며, 근로한 경우에는 휴일수당 외에 근로임금 및 가산수당을 지급해야 합니다.

(1)은 야유회에 참여하지 않은 일부 근로자가 근로한 경우로 보입니다. 해당 근로자에 대해서는 휴일수당(통상임금 100%)과 근로임금 및 가산수당을 지급해야 합니다.

(2)는 당초 정한 야유회일에는 정상근로하고 향후 별도로 정한 날을 야유회일로 대체하기로 한 경우로 보입니다. 이 경우에는 당초 야휴회일은 휴일이

아니고 근로일이 되었으므로 특별히 처리할 이유가 없습니다. 이 경우에는 해당 근로에 대한 임금을 지급하면 됩니다.

(3)은 야유회를 개최하지 않고 사용권이 소멸한 경우로 보입니다. 이 경우는 1일분의 휴일을 사용하지 않고 근로한 것입니다. (1)의 경우와 같습니다. 다만, 차이점이라면 (1)의 경우에는 일부 근로자가 근로했지만 이 경우에는 전체 근로자가 근로했다는 것입니다.

43 일요일 근로에 대한 휴일근로 가산수당 발생 여부

K회사에 재직 중인 근로자 A가 회사를 상대로 휴일근로가산수당 지급 요구 진정을 제기하였습니다. A는 일요일에 근무한 경우 가산수당을 받아야 하나 실제로 받지 못했다고 주장합니다. 조사 결과 A는 순번제로 근무하기 때문에 반드시 일요일과 휴일이 일치하지는 않은 것으로 확인되었습니다.

이 경우 일요일 근로에 대하여 휴일근로가산수당을 지급해야 하나요?

답 변

휴일근로에 대해서는 가산수당이 발생합니다. 가산수당이 발생하는 휴일에는 법정휴일(주휴일, 근로자의 날, 공휴일)과 약정휴일이 있습니다.

일요일은 관공서의 휴일이지만 일반사업장에서 자동으로 휴일이 되는 것이 아니라(근로기준법 시행령 제30조 제2항 참조) 취업규칙 등으로 휴일로 정해야 휴일이 됩니다.

사례의 경우 일요일이 휴일로 정해져 있지 않으며 어떤 일요일이 우연히 휴일이 되는 경우가 있을 뿐입니다. 따라서 이와 같이 우연히 일요일이 휴일이 되는 경우가 아니면 이날 근로한 경우 휴일근로가산수당이 발생하지 않습니다.

44 구두 합의에 의한 휴일근로 대체 시 가산수당 발생 여부

K회사 취업규칙에 일요일을 휴일로 규정하고 있습니다. 회사는 근로자 전원으로부터 구두로 동의를 얻어 8월 5일(일요일) 근로하는 대신 8월 3일(금요일)에 쉬도록 하였습니다. 근로자 A가 8월 5일 근무에 대한 추가 임금 지급 요구 진정을 제기하였습니다. A는 휴일에 근로하였으므로 가산수당을 지급해야 한다고 주장하고 있습니다. 근로자대표와 서면합의하지 않았으므로 휴일대체가 법적으로 효력이 없기 때문이라고 합니다.

이 경우 어떻게 처리해야 하나요?

••답 변••

사례는 휴일대체 문제입니다. 휴일대체란 특정 휴일을 근로일로 하고 대신 통상의 근로일을 휴일로 대체하는 것을 말합니다. 휴일대체를 하면 휴일은 근로일이 되므로 이날 근로하면 휴일근로가산수당이 발생하지 않습니다.

행정해석(근로기준정책과-6550, 2015.12.7.)과 대법원 판례(99다7367, 2000.9.22.)는 휴일대체를 하기 위해서 「단체협약 및 취업규칙 등에서 정하고 있거나 근로자의 동의를 얻어야 한다」고 하였습니다.

그런데 개정 근로기준법 제55조 제2항은 「사용자는 근로자에게 대통령령으로 정하는 휴일을 유급으로 보장하여야 한다. 다만, 근로자대표와 서면으로 합의한 경우 특정한 근로일로 대체할 수 있다」고 규정하고 있고, 동법 시행령 제30조 제2항은 「법 제55조 제2항 본문에서 '대통령령으로 정하는 휴일'이란 관공서의 공휴일에 관한 규정 제2조 각 호(제1호는 제외한다)에 따른 공휴일 및 같은 영 제3조에 따른 대체공휴일을 말한다」고 규정하고 있습니다. 동법 제55조 제2항 단서는 본문에 따른 것이므로 형식상으로 휴일대체 대상은 관공서의 공휴일(일요일 제외)입니다. 여기에서 주휴일이나 약정휴일에 대해서 동법 제55조 제2항 단서를 유추하여 적용할 수 있는지 의문이 제기됩니다.

만약 유추적용할 수 있다면 근로자대표와 서면합의 없이 개별 근로자와 합의하여 휴일대체한 경우 불법입니다. 근로기준법 제55조 위반에 대해서는 근로기준법 제110조 제1호에서 처벌대상으로 규정하고 있습니다. 죄형법정주의에 의해 유추해석은 금지됩니다. 죄형법정주의에 의하면 주휴일이나 약정휴일에 대해서는 근로기준법 제55조 제2항을 적용할 수 없으므로 판례나 행정해석에 따라 휴일대체한 경우 문제 되지 않습니다. 따라서 사례의 경우 휴일근로에 해당하지 않으므로 가산수당을 지급할 필요가 없습니다.

45 월급제에서 근로자의 날이 휴무일과 중복되는 경우 임금 계산 방법

K회사는 주 5일근무제(월~금요일 근무, 토요일 무급휴무, 일요일 유급휴일)**를 시행하고 있습니다. 근로자 A의 임금형태는 월급제이고, 근로자의 날**(5월 1일)**이 토요일인 경우 5월 월급을 어떻게 산정해야 하나요?**

답 변

월급제는 월의 소정근로일을 개근하면 일정액을 지급하는 방식입니다. 월급제에서는 소정근로일 중 결근일에 대해서 일정액에서 공제하고, 추가 근로하면 일정액에 추가합니다. 즉, 월급제에서는 매월의 소정근로일수의 차이에도 불구하고 결근이나 연장근로 등 없이 소정근로일을 정상적으로 근로하면 일정한 금액이 지급되는 것입니다.

휴무일인 토요일은 소정근로일이 아니므로 이날 근로하지 않아도 일정액에서 공제하지 않으며, 이날 근로하면 일정액에 추가합니다. 근로자의 날이 토요일과 중복되는 경우 이날은 어차피 소정근로일이 아니므로 이날 근로하지 않아도 일정액에서 공제하지 않으며, 이날 근로하면 일정액에 추가합니다.

따라서 근로자의 날이 어떤 날에 해당하는 것과 무관하게 그날 쉬었다면 월급액수에 변동은 없습니다.

46 월급제인 경우 근로자의 날 수당을 별도로 지급해야 하는지

K회사의 근로자 A가 근로자의 날 수당 지급 요구 진정을 제기하였습니다. A는 5교대제(3일 근무, 2일 휴무)로 매월 300만원을 받는 조건으로 근무하였습니다. 조사 결과 A는 근로자의 날 근무하지 않았습니다. 회사는 당일 근무한 근로자들에 대해서는 통상임금의 1.5배를 지급하였으나 근로하지 않은 경우에는 지급하지 않은 것으로 확인되었습니다. A는 근로자의 날은 유급이므로 월급 외에 별도로 수당을 받아야 한다고 주장하고 있습니다.

이 경우에 어떻게 처리해야 하나요?

답 변

월급제는 결근, 조퇴, 연장근로, 휴일근로 등 없이 소정근로일에 정상적으로 근로하면 정해진 월급을 지급하는 방식입니다. 즉, 월급제는 매월 소정근로일수가 상이하더라도 정상적으로 근로하면 월급액수에는 차이가 없다는 것이 특징입니다.

5월이 다른 달과 비교하여 근로자의 날이라는 휴일이 하루 더 있다고 하더라도 이로 인해 월급액수에 차이가 발생하지는 않습니다. 5월에 결근, 조퇴, 연장근로, 휴일근로 등 없이 정상 근로했다면 근로자의 날에 쉰 경우 다른 달처럼 정해진 월급을 지급하면 문제 될 것이 없습니다.

47 일용근로자에 대한 근로자의 날 수당 지급 필요 여부

K회사가 시공하는 건설현장에서 철근공으로 근로한 근로자 A가 근로자의 날(5월 1일)에 대한 휴일수당 지급 요구 진정을 제기하였습니다.

A는 L노동조합 조합원이고 K회사와 L노동조합 간에 임금협약이 체결되어 1년간 적용할 직종별 임금단가가 정해진 상태입니다. 현장에 인력이 투입되는 과정은 K회사측이 L노동조합 작업반장에게 근무 전날 직종별 필요 인원을 통지하면 작업

반장이 작업자를 지정하여 현장에 보내는 방식입니다.

A는 4월부터 7월까지 약 4개월 근무하였으며 월별 근무일수는 균일하지 않고 많으면 20일 적으면 5일 정도였습니다. 해당 현장에 투입되지 않은 날은 타 건설현장에서 근무하기도 하였습니다.

5월 1일은 현장이 가동되지 않았습니다. A는 이날에 대하여 유급으로 처리하여 휴일수당을 지급해야 한다고 주장하고 있습니다.

•답 변•

특정일이 휴일로 인정되려면 그날에 근로관계가 존재해야 합니다. 예컨대 정년퇴직으로 근로관계가 종료한 이후에는 휴일이 인정될 수 없는 것과 같은 이치입니다.

사례의 경우 매일 필요한 인원수에 맞춰 투입될 사람이 정해지므로 일일 단위로 근로관계가 성립한다고 볼 수 있습니다. 다음 날 근로 여부는 매일 구체적으로 확정해야 하므로 이렇게 근로자로 특정되지 않으면 다음 날 근로 여부를 알 수 없습니다. 이런 경우는 전형적인 일용근로관계입니다. 행정해석(임금 68207-526, 1994.8.25.)에 의하면 일용근로자라 함은 「근로계약을 1일 단위로 체결하고 그날의 근로가 끝남에 따라 사용종속 관계가 끝나 계속 고용이 보장되지 않는 자」를 말합니다. 일용근로는 일일 단위로 근로관계가 성립하고 종료합니다. 각 일의 근로관계는 각각 존재할 뿐 서로 영향을 주지 않습니다. 근로자의 날 전일에 근로관계가 성립했다고 하더라도 근로자의 날에 투입하는 것으로 확정하지 않는 한 근로관계가 성립하지 않습니다. 그런데 사례의 경우 근로자의 날 가동하지 않기로 하면서 이날 근로할 근로자를 특정할 필요가 없게 되었습니다. 따라서 근로자의 날에는 근로관계가 성립할 수 없고 논리필연적으로 그날이 휴일이 되지도 않습니다.

따라서 A가 근로자의 날에 대하여 유급휴일을 주장하는 것은 타당하지 않습니다.

보충설명

A가 5월 1일 이전에 상당기간 근무를 하였고 그 근무 추세로 볼 때 5월 1일이 근로자의 날이 아니었다면 당연히 근로했을 것이라고 가정할 수 있을 정도가 되어야 A가 근로자의 날 유급수당을 받을 수 있습니다. 5월 1일 이전에 A가 장기간 근무하였고 노사 간에 특별한 말이 없으면 다음 날 당연히 근로할 정도가 되어야 한다는 것입니다.

그런데 사례 설명에 의하면 다음 날 누가 근로할지를 매일 구체적으로 정해야 합니다. A가 5월 1일이 근로자의 날이 아니라고 하더라도 근로할지 여부를 미리 알 수 없는 것입니다. A가 4월 30일에 근로했다고 가정하더라도 근로관계는 4월 30일로 일단 종료하고 5월 1일은 휴업일로 하고 5월 2일에 근로하는 인원으로 정해지면 그때 다시 근로관계가 시작합니다. 따라서 A는 근로자의 날 유급수당 청구권이 없는 것입니다.

48 무급휴가기간 중 유급휴가 사유 발생 시 처리

K회사 소속 근로자 A는 10일간 병가를 사용하던 중 부친상을 당했습니다. 회사 취업규칙에 의하면 병가는 무급이고 부친상으로 인한 휴가(5일)는 유급입니다. 부친상으로 인한 휴가(5일) 처리에 대하여 당사자 간에 다툼이 있습니다. A는 유급이라고 주장하고, 회사는 무급이라고 주장합니다. 이와 같이 무급휴가기간 중 유급휴가 사유가 발생한 경우 어떻게 처리할 것인지 취업규칙에 규정하고 있지는 않습니다.

어떻게 처리하는 것이 타당합니까?

•답 변•

만약 A가 병가기간 중이 아닌 상태에서 부친상을 당했다면 5일간을 유급으로 처리하게 됩니다. 그런데 병가는 우연한 사정에 불과한바, 이런 사정을 이유로 근로자에게 불이익을 주는 것은 형평성에 문제가 있습니다. 따라서 5일간을 유급으로 처리하는 것이 타당합니다.

49 출산전후휴가일에 대한 유급 처리 방법

K회사는 주 5일근무제(월~금요일 근무, 토요일 무급휴무, 일요일 유급휴일)를 시행하고 있습니다. 근로기준법 제74조 제4항에 의하면 출산전후휴가 중 최초 60일(한 번에 둘 이상 자녀를 임신한 경우에는 75일)은 유급으로 한다고 규정하고 있습니다. 월급제 근로자 A가 첫째를 출산하여 출산전후휴가를 사용한 경우 최초 60일 중에서 무급휴무일인 토요일을 제외한 일수에 대하여 유급으로 처리해야 하나요? 참고로 이 회사는 대규모기업입니다.

답 변

근로기준법 제74조 제4항에서 유급 대상으로 규정한 60일은 단순한 일수에 불과하고 달력상의 몇 월 며칠과 관계가 없습니다. 출산전후휴가기간에 들어있는 무급휴무일은 고려할 필요가 없습니다. 따라서 회사는 60일분의 통상임금을 지급해야 합니다.

50 휴게시간을 예측할 수 없는 내용의 근로계약

K회사의 취업규칙에는 휴게시간을 12:00부터 13:00까지로 한다고 규정하고 있습니다. 근로자 A가 진정을 제기하였습니다. 취업규칙과 다르게 실제로는 쉬지 못하였으므로 1시간 임금을 추가로 지급하라는 내용입니다.

조사 결과 A는 매표원으로 근무했는데 업무 특성상 매표소를 비울 수 없어서 12:00부터 13:00 사이에 매표소 내에서 점심을 먹으면서 대기했다는 사실이 확인되었습니다. 회사측은 근로계약서에 「휴게시간은 회사 사정에 따라 탄력적으로 운영할 수 있으며, 근로시간 중 자유롭게 1시간을 이용한다」고 명시하였고, A 등 근로자들이 퇴직 시 「본인은 K회사 근로자로서 점심은 자율적으로 탄력성 있게 먹었으며, 휴게시간도 개인 자율적으로 근로시간 중 1시간 이용하였음을 확인합니다」라는 확인서에 서명하였기 때문에 A의 주장을 인정할 수 없다고 합니다.

이 경우 근로계약서나 확인서를 근거로 A의 주장을 인정하지 않아도 문제가 없는지요?

답 변

취업규칙에 의하면 휴게시간대가 명확합니다. 취업규칙대로 시행했다면 휴게시간을 부여했다고 볼 수 있습니다. 반면에 근로계약 내용은 휴게시간대가 명확하지 않아 무효입니다.

실제로 A 등 근로자들은 업무특성상 점심시간에 휴게시간을 사용하지 못했다고 볼 수 있습니다. 휴게시간이라 함은 사용자의 지휘·감독으로부터 벗어나 자유롭게 사용할 수 있는 시간을 의미하는바, 사례의 경우는 매표소 내에서 대기한 시간으로 보아야 하기 때문입니다. 이런 시간은 근로시간으로 봅니다(근로기준법 제50조 제3항).

근로자들이 서명한 확인서의 내용은 사실과 다르기 때문에 인정할 수 없습니다. 따라서 휴게시간을 부여하지 않았으므로 추가 임금을 지급하는 것이 타당합니다.

51 근로시간, 휴게시간, 대기시간의 구별

A는 찜질방에서 19:00부터 07:00까지 단독으로 카운터 업무를 담당하기로 하고 임금은 시급제로 계약하여 근무하였습니다. 사장은 03:00부터 05:00 사이에는 한가하다는 이유로 그 시간을 제외하고 임금을 계산하였습니다. 반면에 A는 근무시간 동안 계속 카운터를 지켜야 했기 때문에 휴식이 불가능했다고 하면서, 전체 시간에 대하여 임금을 계산해야 한다고 주장합니다.

답 변

사례는 근로시간과 휴게시간의 구별 기준에 관한 문제입니다.

근로시간은 사용자의 지휘·감독 아래 있는 시간을 의미합니다. 휴게시간은 사용자의 지휘·감독으로부터 벗어나 자유롭게 이용할 수 있는 시간을 의미합니다(근로기준법 제54조 제2항). 따라서 근로시간은 휴게시간을 제외한 시간을 말합니다.

사용자는 한가한 시간대를 휴게시간이라고 주장합니다. 해당 근로자가 담당한 업무는 카운터에서 손님을 상대하는 것입니다. 손님을 수시로 상대하여야 하므로 누군가는 카운터를 지켜야 합니다. 동 업무 담당자가 A 단독이므로 A가 카운터를 계속 지켜야 할 상황이었다고 보아야 합니다. 이런 상황에서는 한가한 시간대라고 해도 A가 자유롭게 이용할 수 있는 시간은 없었다고 보아야 합니다. 손님이 없어서 쉬고 있는 시간도 자유롭게 이용하는 시간이 아니고, 다음 손님을 상대하기 위해 대기하는 시간이라고 보아야 합니다. 따라서 그 시간은 법적으로 휴게시간은 아닙니다. 그 시간은 근로자가 사용자의 지휘·감독 아래에 있는 대기시간이므로 근로시간으로 보아야 합니다(근로기준법 제50조 제3항).

따라서 전체 시간에 대해 임금을 지급해야 합니다.

52 특례규정상 휴게시간 변경을 실제로 적용하는 방법

K회사는 화물운송업체로서 근로자대표와 서면합의하여 근로기준법 제59조(근로시간 및 휴게시간의 특례)에 따른 특례를 도입하였습니다. 이 경우 휴게시간 변경이 가능한바, 구체적인 예를 들어 설명하여 주시기 바랍니다.

답 변

사례의 경우 근로기준법 제54조(근로시간 4시간인 경우 30분 이상, 8시간인 경우 1시간 이상 휴게시간 부여)에 구애받지 않으므로 다양한 방법으로 휴게시간을 부여할 수 있습니다.

사례와 같이 특례가 적용될 경우에 휴게시간 변경은 가능하나 전체적으로 부여하지 않거나 단축할 수는 없습니다(법제처, 15-0068, 2015.3.27.).

예컨대 1일 근로시간이 12시간인 경우라면 일반적으로는 8시간까지 1시간 이상의 휴게시간을 부여하고, 8시간을 초과하는 4시간에 대해 30분 이상의 휴게시간을 부여해야 합니다. 그러나 특례가 적용될 경우 전체 휴게시간 90분을 적절히 분배하여 부여할 수 있으므로 예컨대 8시간까지 50분, 이후 시간에 대해 40분의 휴게시간을 부여하더라도 상관없습니다.

53 휴게시간 증가로 인한 업무 공백으로 문제가 발생한 경우 책임 부담

K용역회사는 L아파트입주자대표회의로부터 건물관리를 위탁받았습니다.

최저임금이 인상되었으나 입주자대표회의에서 전년도 수준으로 인건비를 동결함에 따라 용역회사는 부득이 경비원의 휴게시간을 늘리기로 결정하였습니다. 이와 같이 휴게시간이 늘어난 관계로 사고 현장 출동이 지연되는 등 문제가 발생한 경우 입주자대표회의, 용역회사, 경비원 중 누가 책임을 져야 하나요?

답 변

근로자는 휴게시간에 사용자의 지휘·감독으로부터 벗어나 자유롭게 쉴 수 있으므로 휴게시간 사용으로 인해 사고현장 출동이 불가능했다면 근로자에게는 책임이 없습니다. 설사 용역회사가 입주자대표회의의 의사에 반하여 휴게시간을 부여했다고 하더라도 마찬가지입니다. 근로자는 정당하게 휴게시간을 사용했기 때문입니다.

입주자대표회의와 관리회사 중 어느 쪽에 책임이 있는지는 민사문제이고 노동법문제가 아닙니다.

54 경비원의 휴게시간 인정 여부

근로자 A가 K회사(용역업)를 상대로 진정을 제기하였습니다. A는 경비원이고 근무한 장소는 L대학교입니다. A의 근무형태는 24시간 격일제인데, 근로계약서에 야간 4시간(01:00~05:00) 휴식을 할 수 있는 것으로 명시되어 있습니다. 그러나 실제로는 그 시간에 순찰을 했기 때문에 쉬지 못했다고 주장합니다. 증거로 제출한 근무일지에 그 시간대에 순찰한 기록이 있습니다. 회사는 그 시간대에 순찰하라고 지시한 바 없으므로 임금을 지급할 수 없다고 합니다. A는 회사의 지시를 받지 않은 것은 사실이지만 대학교 행정실장의 지시에 따라 순찰을 했다고 진술합니다.

이 경우에 어떻게 처리해야 하나요?

••답 변••

K회사가 순찰을 지시한 바 없이 L대학교측이 지시한 경우 K회사의 임금 지급 책임 여부는 K회사의 연관성 여부에 의해 결정해야 합니다. 연관이 있으면 책임이 있고 연관이 없으면 책임이 없습니다.

연관 여부는 제반 상황을 종합해서 판단해야 할 것입니다. 예컨대 K회사와 L대학교 간에 체결한 용역계약에서 해당 시간대도 경비시간에 포함한다고 규정하였거나, L대학교측의 근무지시 사실을 K회사가 알고도 묵인한 경우에는 K회사의 연관성이 인정될 수 있을 것입니다.

55 감시적 근로자에 대한 약정 휴게시간 미부여의 경우 적용 법조

근로자 A가 K회사를 상대로 진정을 제기하였습니다. A는 감시적 근로자(경비직)로 근무하였습니다. A는 근로계약서상의 휴게시간만큼 쉬지 못하였으니 임금을 추가로 지급하라고 주장하고 있습니다.

이 경우 휴게시간을 근로계약대로 부여하지 않았으므로 근로기준법 제54조(휴게)를 적용하여 처벌할 수 있나요?

••답 변••

감시적 근로자에게는 휴게시간에 관한 규정(근로기준법 제54조)이 적용되지 않습니다(제63조 제3호). 이것은 감시적 근로자에게는 제54조에 의한 휴게시간을 부여하지 않아도 위법이 아니라는 의미입니다. 따라서 동조를 적용하여 처벌할 수 없습니다.

그러나 당초 부여하기로 했던 휴게시간을 실제로는 부여하지 않고, 그 시간에 근로하도록 했다면 그 시간에 대해서 임금을 산정하여 지급해야 하고, 이를 미지급한 경우에는 임금 미지급 관련 규정(제36조, 제43조) 위반으로 처벌할 수 있습니다.

56 위탁자의 통제로 인해 근로계약상의 휴게시간만큼 쉬지 못한 경우

근로자 A 등이 K회사(건물관리용역업)를 상대로 임금 지급 요구 진정을 제기하였습니다. A 등의 임금형태는 월급제입니다. A 등은 K회사 소속으로 S아파트에서 경비원으로 근무하고 있습니다.

K회사와 S아파트입주자대표회의 간에 용역위탁계약을 체결하였습니다. 휴게시간에 대하여 용역위탁계약에서는 6시간으로 약정했으나, K회사와 경비원들 간에 체결한 근로계약에서는 6시간 30분으로 약정하였습니다. 근로계약 내용을 모르는 입주자대표회의측은 용역위탁계약에 의거 경비원들에 대하여 6시간 이상의 휴게를 제한함으로써 실제로는 6시간만 휴게를 하였습니다. 이에 경비원들이 30분의 임금을 추가로 지급하라고 요구하고 있습니다.

이 경우 임금 지급지시를 하는 것이 타당한지 궁금합니다. 또한 사례가 불법파견에 해당하는지 궁금합니다.

답 변

A 등은 근로계약의 당사자이나 용역위탁계약의 당사자는 아니므로 유효한 휴게시간은 6시간 30분으로 보아야 합니다. 따라서 30분 근로에 대하여 추가로 임금을 지급해야 합니다.

만약 입주자대표회의측이 부당하게 휴게시간 사용을 제한했다면 K회사에게 책임을 묻기 곤란하나, 사례의 경우 입주자대표회의측의 지시는 휴게시간을 6시간으로 정한 용역위탁계약을 근거로 한 것이므로 K회사에게 책임이 있다고 보아야 합니다.

한편 불법 파견이 거론되나 사례는 파견과 관계없습니다. 파견의 경우 파견사업주가 자신이 고용한 근로자를 사용사업주에게 파견하여 사용사업주의 지휘·감독을 받게 하는 관계입니다. 그러나 사례의 경우 K회사가 위탁받은 건물관리 업무를 직접 수행하는 것이며, 입주자대표회의가 사용사업주로서 경비원을 지휘·감독한다고 볼 수 없습니다. 입주자대표회의측이 경비원에 대하여 일정 부분 지시하는 경우가 있으나 이는 사용사업주로서 지휘·감독하는 것이 아니라 위탁자의 지위에서 행하는 것으로 볼 수 있습니다.

57 법정근로시간을 상회하여 근로하기로 계약한 경우 연장근로수당 발생 여부(포괄임금제)

근로자 A는 상시근로자수 5명 이상인 사업장에서 주중 매일 8시간, 토요일 4시간 근무, 일요일 휴무하는 조건으로 월급 260만원을 받기로 근로계약(2024년)을 체결하였습니다.

A가 임금차액 지급 요구 진정을 제기하였습니다. A는 법정시간을 초과하여 토요일에 4시간 근무하기로 계약한 것은 위법이며 또한 이 시간에 대하여 연장근로수당을 받아야 한다고 주장하고 있습니다.

어떻게 처리해야 할지 알려 주시기 바랍니다.

답 변

사례의 경우 1주에 실제 근로하는 시간이 44시간이라는 조건하에 월 260만원을 지급하기로 약정한 것으로 볼 수 있습니다.

소정근로시간은 법정근로시간 한도 내에서 당사자 간에 정한 근로시간이므로(근로기준법 제2조 제7호), 사례처럼 실제 근로하기로 정한 시간이 법정근로시간을 초과할 경우 법정근로시간을 소정근로시간으로 보아야 합니다. 따라서 주 소정근로시간은 40시간이 되며, 4시간은 연장근로시간이 됩니다. 그런데 이 연장근로시간까지 포함하여 월급을 약정하였으므로(포괄임금제) 이 약정대로 근로하는 한 추가로 임금을 지급할 필요가 없습니다(제5장 6번 사례 참조). 따라서 A의 주장은 부당합니다.

만약 이 약정시간(44시간)을 초과하여 근로한 경우라면 추가 임금을 지급해야 하는바, 이런 경우를 대비해서 시간급 통상임금을 산정할 필요가 있으며 그 방법은 아래와 같습니다.

월 통상임금 산정기준시간수=(44+4×0.5+8)÷7×365÷12=235

해설 44는 1주간 실근로시간수, 4×0.5는 연장근로가산시간수, 8은 주휴시간수

시간급 통상임금=2,600,000÷235=11,064

참고로 시간급 통상임금이 시간급 최저임금 9,860원(2024년)을 상회하므로 최저임금법 위반 문제도 발생하지 않습니다.

한편 사례의 경우처럼 근로계약 체결 시 연장근로에 대해 포괄적으로 약정하는 것도 가능하므로 위법으로 볼 수 없습니다.

58 15세 미만자에 대하여 1일 근로시간 한도 규정을 적용할 수 있는지

근로기준법 제69조에 의하면 15세 이상 18세 미만인 자의 1일 근로시간 한도는 7시간입니다. 15세 미만자에 대해서도 이 한도를 적용해야 하나요?

답 변

근로기준법은 근로시간을 제한하여 근로자를 보호하고 있는바, 제50조 제2항(1일 8시간 기준)은 일반규정이고 제69조(1일 7시간 기준)는 특별규정이라고 볼 수 있습니다. 제50조 제2항은 성인을 대상으로 하고 제69조는 연소자를 대상으로

하고 있습니다. 후자는 신체적으로 약한 자를 보호하기 위해 전자에 비해 근로시간을 단축하고 있습니다.

제69조에서 「15세 이상」으로 규정하고 있으므로 「15세 미만」은 동조 적용대상이 아니냐는 의문이 제기될 수 있습니다. 그러나 15세 미만자가 신체적으로 더 약하므로 당연히 제69조를 적용하여 보호해야 합니다(물론해석).

제69조에서 「15세 이상」으로 규정한 것은 제64조 본문에서 「15세 미만」을 근로자로 사용할 수 없다고 규정하고 있는 것과 체계를 맞추기 위한 목적에서 비롯된 것으로 짐작합니다. 그러나 동조 단서에서 「15세 미만」을 사용할 수 있는 예외를 규정하고 있기 때문에 제69조 규정은 논리적으로 타당하지 않습니다. 따라서 제69조에서 「15세 이상」부분을 삭제하는 쪽으로 개정할 필요가 있습니다.

59 18세 이상 고등학생에 대한 근로시간 제한 여부

A는 18세인 고등학생입니다. A에 대하여 근로시간 제한이 있나요?

답 변

18세 미만자에게는 1일의 소정근로시간을 7시간으로 제한합니다(근로기준법 제69조). 그러나 18세 이상이면 학생과 일반인을 구분하지 않으므로 A에 대해서 일반규정(1일 8시간)이 적용됩니다(동법 제50조 제2항).

60 선택적 근로시간제의 경우 임금산정

K회사 소속 근로자 A는 아래와 같은 조건으로 근무하고 있습니다.

「1주 40시간, 1일 8시간, 월~금요일 근무, 토요일 무급휴무, 일요일 주휴, 월급제(월 300만원)」

K회사는 2023년 9월에 근로자 A를 포함한 근로자 10명에 대해 선택적 근로시간제를 시행하였습니다.

A는 회사의 승인하에 해당 월에 180시간 근로하였습니다. 휴일 및 야간근로는 없으며, 추석연휴기간(9월 28일~30일)에는 쉬었습니다.

이 경우 월 임금을 산정하는 방법을 알려주시기 바랍니다.

〈2023년 9월〉

일	월	화	수	목	금	토
					1	2
3	4	5	6	7	8	9
10	11	12	13	14	15	16
17	18	19	20	21	22	23
24	25	26	27	28	29	30

답 변

선택적 근로시간제란 1개월(신상품 또는 신기술의 연구개발 업무의 경우에는 3개월) 이내의 정산기간의 총 근로시간만 정하고 각 일, 각 주의 출퇴근시간을 자유롭게 결정하여 기준근로시간의 범위에서 근로자가 근로시간을 임의로 선택할 수 있는 제도입니다. 즉, 1개월(신상품 또는 신기술의 연구개발 업무의 경우에는 3개월) 이내의 총 근로시간만 정하고 업무의 시작 및 종료시각을 근로자의 결정에 맡기는 제도입니다.

선택적 근로시간제에서는 각 근로일별 근로시간이나 각 주별 근로시간을 미리 정할 수 없으며, 정산기간 전체의 총 법정근로시간 이내의 범위에서 총 근로시간만 정하여야 합니다. 총 근로시간을 정하게 되면 정산기간의 총 근로시간 범위 내에서 일·주단위로는 법정근로시간을 초과하여 근로하더라도 연장근로가 되지 않습니다.

월 임금

=(실근로시간수+유급휴일시간수+연장근로가산시간수)×시간급 통상임금

① 실근로시간수=180

② 유급휴일시간수=주휴시간수+공휴일시간수(추석연휴)=32+16=48

해설 주휴일은 4일, 추석연휴 중 9월 30일(토)은 원래 무급휴무일이므로 공휴일과 중복되더라도 무급으로 처리하므로 2일(9월 28일 및 9월 29일)만 유급으로 처리함

③ 연장근로가산시간수=(실근로시간수−법정근로시간수)×0.5

=(180−171.4)×0.5=4.3

해설 법정근로시간수=1주 법정근로시간수×(정산기간의 총일수÷7)

=40×30÷7=171.4

④ 시간급 통상임금=3,000,000÷209=14,354

⑤ 월 임금=(180+48+4.3)×14,354=3,334,434

보충설명 위의 법정근로시간수 산정 공식 「1주 법정근로시간수×(정산기간의 총일수÷7)」에서 「정산기간의 총일수÷7」은 주수를 의미합니다. 40시간이 「1주 법정근로시간수」이므로 이에 대응하는 주수를 구하여 곱하는 것입니다.

61 1일 소정근로시간의 일부만 근로할 경우 휴게시간 부여 필요 여부

근로자 A는 평소 09:00부터 18:00까지 근무합니다. 12:00부터 13:00까지는 휴게시간입니다. 동일 부서에 근무하는 동료 근로자들도 A와 동일한 방식으로 근무하고 있습니다.

어느 날 A가 오전에 연차휴가를 사용하고 13:00에 출근하여 18:00까지 5시간을 쉬지 않고 계속 근무하고 퇴근하였습니다.

이 경우 30분 이상 휴게시간 없이 4간 이상 계속 근무하였으므로 위법이라는 주장이 제기되고 있습니다. 이 주장이 타당한지 의문입니다.

답 변

만약 근로자 A가 평소에 매일 5시간을 휴게시간 없이 계속 근무한다면 근로기준법 위반에 해당합니다. 그런데 사례의 경우 근로자 A는 오전에 연차휴가를 사용하고 오후에 출근했다는 특수한 사정이 있습니다.

휴게시간을 부여하는 것은 피로회복이 그 목적입니다. A가 사례의 경우처럼 특정한 날에 휴게시간 없이 5시간 계속 근무한다고 하여 평소보다 피로도가 가중된다고 볼 수 없습니다. 또한 정상적으로 근로한 동료 근로자들에게도 13:00 이후 별도로 휴게시간을 부여하지 않으므로 A가 특별히 부당한 대우를 받은 것도 아닙니다.

따라서 A에 대해 휴게시간을 부여하지 않은 것은 우연한 사정에 기인하므로 사용자가 근로기준법을 위반했다고 볼 수 없습니다.

제13장

근로시간 적용제외

1 감시적 근로자 적용제외 승인(주간에 12시간 이내 근무)

K회사에서 감시적 근로자 적용제외 승인 신청을 하였습니다. 근로자들은 경비원으로서 주 6일 근무하며 1일 근무시간은 09:00~17:00(휴게 1시간)입니다.

이 경우 해당 근로자들은 주간에만 근무한다는 특징이 있습니다. 사용자의 지배하에 있는 시간이 1일 12시간 이내로서 승인이 가능한지 궁금합니다.

답 변

근로감독관집무규정 제68조 제1항(아래 참조)에 의하면 5개호의 요건을 모두 충족해야 감시적 근로자 적용제외 승인이 가능하다고 규정하고 있습니다. 사례의 경우 제3호 요건 충족 여부에 관해 문의하고 있습니다. 제3호는 「사업주의 지배하에 있는 1일 근로시간이 12시간 이내인 경우」와 「격일제(24시간 교대) 근무의 경우」로 구분하고, 후자의 경우에는 가목 또는 나목의 요건까지 충족해야 한다고 규정하고 있습니다. 전자의 경우에는 그 자체로 충분하며 후자와 같은 추가요건을 충족할 필요가 없습니다.

따라서 사례의 경우 여타 각 호의 요건을 충족한다고 가정하면 사용자의 지배하에 있는 시간이 1일 12시간 이내이므로 승인이 가능합니다.

참고 — 근로감독관집무규정 제68조

감시적 · 단속적 근로에 종사하는 자에 대한 적용제외 승인

① 「근로기준법」 제63조제3호 및 같은 법 시행규칙 제10조제2항에 따른 "감시적근로에 종사하는 자"의 적용제외 승인은 다음 각 호의 기준을 모두 갖춘 때에 한한다.

1. 수위 · 경비원 · 물품감시원 또는 계수기감시원 등과 같이 심신의 피로가 적은 노무에 종사하는 경우. 다만, 감시적 업무이기는 하나 잠시도 감시를 소홀히 할 수 없는 고도의 정신적 긴장이 요구되는 경우는 제외한다.
2. 감시적인 업무가 본래의 업무이나 불규칙적으로 단시간동안 타 업무를 수행하는 경우. 다만, 감시적 업무라도 타 업무를 반복하여 수행하거나 겸직하는 경우는 제외한다.

3. 사업주의 지배 하에 있는 1일 근로시간이 12시간 이내인 경우 또는 다음 각 목의 어느 하나에 해당하는 격일제(24시간 교대) 근무의 경우

가. 수면시간 또는 근로자가 자유로이 이용할 수 있는 휴게시간이 8시간 이상 확보되어 있는 경우

나. 가목의 요건이 확보되지 아니하더라도 공동주택(주택법 시행령 제2조제1항 및 건축법 시행령 [별표 1] 제2호 가목부터 라목까지 규정하고 있는 아파트, 연립주택, 다세대주택, 기숙사) 경비원에 있어서는 당사자간의 합의가 있고 다음 날 24시간의 휴무가 보장되어 있는 경우

4. 근로자가 자유로이 이용할 수 있는 별도의 수면시설 또는 휴게시설이 마련되어 있는 경우

5. 근로자가 감시적 근로자로서 근로시간, 휴게, 휴일에 관한 규정의 적용이 제외된다는 것을 알 수 있도록 근로계약서, 확인서 등에서 명시하고 있는 경우

2 감시적 근로자 적용제외 승인 (승인이 존재하나 근로형태가 변경될 경우)

A, B, C, D는 K아파트에서 근무하고 있습니다. 현재 A, B에 대해서 감시적 근로자 적용제외 승인을 받았고, 이들은 24시간 격일제로 근무하고 있습니다. 그러나 C, D에 대해서는 승인을 받지 않았고(승인 대상이 아님), 이들은 주간 근무를 하고 있습니다.

향후 근무형태 변경을 검토하고 있습니다. 즉, 한 달을 A, B는 격일제로, C, D는 주간제로 근무하고, 다음 달은 A, B는 주간제로 C, D는 격일제로 근무하는 형태로 변경하는 것입니다.

이 경우에 추가로 승인이 필요한지 궁금합니다.

답 변

변경하고자 하는 근로형태에 의하면 4명의 근로자 모두 지금까지 하지 않

던 형태의 근로를 하게 됩니다. 주간 근로는 본래 승인대상이 아니므로 A, B가 주간제로 근무하더라도 승인이 필요 없습니다. 그러나 격일제 근로는 승인대상이므로 C, D가 격일제로 근로하게 될 경우 승인이 문제 될 수 있습니다.

감시·단속적 근로자에 대한 근로시간 적용제외 승인은 근로자수를 대상으로 합니다(근로개선정책과-2448, 2014.4.22.). 따라서 종전에 승인받은 해당 업무의 적용제외 근로자수보다 증가된 경우에는 별도 승인을 받아야 하지만(근기 68207-3297, 2000.10.25.), 근로자수·업무성격·근로형태의 변경없이 담당자만 변경되면 승인을 받을 필요가 없습니다(근로개선정책과-3369, 2014.6.13.).

사례의 경우 근로시간 적용제외 승인을 받은 업무(24시간 격일제) 종사자가 A, B에서 C, D로 변경되는 것 외에는 변경되는 것이 없습니다. 즉, 근로자수·업무성격·근로형태의 변경없이 담당자만 변경되는 경우입니다. 따라서 별도로 승인을 받을 필요가 없다고 봅니다. 다만, 개정 근로감독관집무규정 제68조 제1항 제5호는 「근로자가 감시적 근로자로서 근로시간, 휴게, 휴일에 관한 규정의 적용이 제외된다는 것을 알 수 있도록 근로계약서, 확인서 등에서 명시하고 있는 경우」를 승인요건 중 하나로 규정하고 있는 점을 고려하여 C, D를 해당 업무에 종사시키기 전에 확인서 등을 작성할 필요가 있다고 봅니다.

3 감시적 근로자 적용제외 승인(중량측정 업무 종사자)

K회사로부터 감시적 근로자 적용제외 승인 신청이 들어왔습니다. 근로 내용은 다음과 같습니다.

「24시간 격일제 근무를 하고 있으며, 전반부(07:00~21:00)에는 중량측정 업무 및 경비 업무를 하고 있으며, 후반부(21:00~07:00)에는 주로 자유로운 휴식이 보장됨. 전반부에도 식사시간 및 휴게시간이 4시간이 보장되어 있어 24시간 중 총 8시간의 휴식이 보장되어 있음. 수시로 입·출입하는 차량의 중량을 측정한 후에 출고증을 발급하는 업무를 하고 있음. 중량측정 업무를 소홀히 하여 발생한 손해에 대해서는 손해배상책임을 부담한다고 근로계약서에 명시함」

이 경우 중량측정 업무가 근로감독관집무규정 제68조 규정상 계수기 감시 업무와 유사하여 승인 가능한지 궁금합니다.

답 변

근로감독관집무규정 제68조 제1항에서 감시적 근로자 적용제외 승인요건을 규정하고 있는바, 사례와 관련된 부분을 발췌하여 요약 정리하면 「심신의 피로가 적거나 경미한 업무(수위·경비원·물품감시원 또는 계수기감시원 등)에 종사하는 경우로서 격일제(24시간 교대)로 근무할 경우 수면시간 또는 휴게시간이 8시간 이상 확보되어 있을 것」입니다.

계수기는 지폐 등을 세는 기계를 말합니다. 근로감독관집무규정상 계수기 감시원은 문자 그대로 계수기를 감시하는 사람이며 계수기를 사용하여 지폐 등을 세는 업무를 수행하지는 않습니다. 사례의 중량측정 업무는 저울을 사용하여 물건의 무게를 재는 일입니다. 따라서 계수기 감시와 중량측정 업무는 전혀 다릅니다. 사례의 경우 중량측정 업무는 수시로 행해지며 소홀할 경우 손해배상책임이 발생한다고 하므로 심신의 피로가 적거나 경미한 업무에 해당한다고 볼 수 없습니다.

사례의 경우 근로시간과 휴게시간 부분은 승인요건 충족에 문제가 없으나, 종사하는 업무 자체가 심신의 피로가 적거나 경미한 업무에 해당하지 않아 승인요건을 충족하지 못했다고 보는 것이 타당합니다.

4 감시적 근로자 적용제외 승인 효력의 소급 여부, 승인 신청 기한

K회사에서 감시적 근로자 적용제외 승인 신청서를 제출하였습니다. 그런데 해당 근로자들의 입사일은 약 1년 전입니다.

이 경우에 승인의 효력이 입사일로 소급하나요? 승인 신청서에 근로자들의 동의서가 첨부되어 있습니다.

또한 입사일부터 언제까지 적용제외 신청을 해야 한다는 기한이 있는지 궁금합니다.

••답 변••

근로기준법 제63조 제3호에 의하면 「감시 또는 단속적으로 근로에 종사하는 자로서 사용자가 고용노동부장관의 승인을 받은 자」에 대해서 근로기준법상의 근로시간, 휴게, 휴일에 관한 규정을 적용하지 않습니다. 즉, 고용노동부장관의 승인을 조건으로 근로기준법의 일부를 적용하지 않는 것입니다.

위와 같이 근로기준법의 일부를 적용제외하는 것은 예외므로 엄격하게 처리해야 합니다. 다시 말하면 예외의 요건을 충족하지 않는 한 쉽게 예외를 인정해서는 안됩니다. 따라서 근로형태가 원래 감시 또는 단속적이라 하더라도 승인을 받지 않는 한 원칙에 따라 근로기준법상의 근로시간, 휴게, 휴일에 관한 규정이 적용됩니다. 승인 이후 장래를 향하여 근로시간 등 적용제외 효력이 발생합니다. 소급할 수 없습니다.

개정 근로감독관집무규정 제68조 제5항도 승인기간을 신청일 이전으로 소급하여서는 아니된다고 규정하고 있습니다.

승인을 받는 것은 사용자의 이익을 위해서 필요한 것이고 의무는 아니므로 신청 기한을 정할 이유가 없습니다.

5 감시적 근로자 적용제외 승인 (1일 근로시간이 여타 근무일과 상이한 근무일이 혼합된 경우)

K회사가 경비원에 대하여 감시적 근로자 적용제외 승인 신청을 하였는데 근무조건은 아래와 같습니다.

「한 주는 주간근무(1일 근로시간 12시간 이내), 한 주는 야간근무(1일 근로시간 12시간 이내) 형태로 근무하는데, 토요일에 주간근무하고 그 다음 주 월요일에 야간근무로 넘어가는 사이의 일요일은 24시간 근무를 함」

근로감독관집무규정 제68조에서 승인요건을 규정하고 있는바, 이를 쉽게 정리하면 「사업주의 지배하에 있는 1일 근로시간이 12시간 이내인 경우 또는 휴게시간이 8시간 이상 확보되어 있는 격일제(24시간 교대) 근무의 경우」를 승인요건으로 규정하고 있습니다.

이 경우 주중의 근무시간은 12시간 이내이므로 문제가 없다고 봅니다. 일요일 24시간이 문제입니다. 일요일을 격일제 근무일로 보고 이날 8시간 이상 휴게시간이 확보된다면 승인 가능한지 궁금합니다.

답 변

근로기준법은 근로자 보호를 목적으로 하므로 동법 적용제외에 해당할 경우 보호받지 못하는 불이익을 당하게 됩니다. 또한 근로기준법은 모든 근로자에게 적용되는 것이 원칙이고 적용이 제외되는 경우는 예외적인 것입니다. 따라서 적용제외 대상으로 처리하려면 엄격해야 하며 쉽게 적용제외 대상으로 처리해서는 안 됩니다.

근로기준법 제63조에 의하면 승인받은 경우에 한해 감시적 근로 종사자에 대해서 동법 일부 적용을 제외하고 있으며, 근로감독관집무규정 제68조 제1항에서 승인요건을 규정하고 있습니다.

사례의 경우 일요일 외의 날이 격일제가 아닌 것은 분명합니다. 일요일에 대해서 24시간 격일제로 간주한다고 하는 것은 근거 없는 주장입니다. 따라서 「휴게시간이 8시간 이상 확보되어 있는 격일제(24시간 교대) 근무의 경우」에 해당될 수 없고, 「사업주의 지배하에 있는 1일 근로시간이 12시간 이내인 경우」만 문제 될 뿐입니다. 따라서 적용제외 승인을 하기 위해서는 매일의 근로시간이 12시간 이내여야 하나, 일요일의 근로시간이 12시간을 초과하므로 승인요건을 충족하지 못한다고 보는 것이 타당합니다.

6 단속적 근로자 적용제외 승인(장례지도사)

K회사가 장례지도사의 단속적 근로자 적용제외 신청을 하였습니다. 조사 결과 장례지도사는 격일제(24시간 교대제)로 월평균 15건 정도 장례행사에 참여하며, 건당 4시간 정도 소요되는 것으로 파악됩니다. 사무실에서 대기하다 장례행사 발생 시 참여합니다. 사무실에 휴게시설이 확보되어 있습니다.

노사 간에 합의한 문서가 신청서에 첨부되어 있습니다.

이 경우 승인요건을 충족한다고 볼 수 있나요?

••답 변••

근로감독관집무규정 제68조 제2항(아래 참조)에 의하면 단속적 근로자 적용제외 승인요건 3개 항목을 모두 충족해야 합니다.

각 호의 요건충족 여부를 검토하겠습니다.

장례의 특성상 돌발적이고 행사 발생에 참여하기 위해 대기한다고 하므로 제1호 요건을 충족합니다. 격일제이므로 제2호 단서의 요건을 충족합니다. 제3호 및 제4호의 요건도 충족합니다. 따라서 전체 요건을 충족한다고 볼 수 있습니다.

참고 • 근로감독관집무규정 제68조

감시적 · 단속적 근로에 종사하는 자에 대한 적용제외 승인

② 「근로기준법」 제63조제3호 및 같은 법 시행규칙 제10조제3항에 따른 "단속적 근로에 종사하는 자"의 적용제외 승인은 다음 각 호의 기준을 모두 갖춘 때에 한한다.

1. 평소의 업무는 한가하지만 기계고장 수리 등 돌발적인 사고발생에 대비하여 간헐적 · 단속적으로 근로가 이루어져 휴게시간이나 대기시간이 많은 업무인 경우
2. 실근로시간이 8시간 이내이면서 전체 근무시간의 절반 이하인 업무의 경우. 다만, 격일제(24시간 교대) 근무인 경우에는 이에 대한 당사자 간 합의가 있고, 실근로시간이 전체 근무시간의 절반 이하이면서 다음 날 24시간의 휴무

가 보장되어야 한다.
3. 대기시간에 근로자가 자유로이 이용할 수 있는 별도의 수면시설 또는 휴게 시설이 마련되어 있는 경우
4. 근로자가 단속적 근로자로서 근로시간, 휴게, 휴일에 관한 규정의 적용이 제외된다는 것을 알 수 있도록 근로계약서, 확인서 등에서 명시하고 있는 경우

7 단속적 근로자 적용제외 승인(선박 고정 업무 종사자)

K회사에서 단속적 근로자 적용제외 승인 신청을 하였습니다. 검토 결과 승인 요건을 규정한 근로감독관집무규정 제68조 제2항 중 제2호 내지 제4호의 요건은 충족한 것으로 판단됩니다. 그런데 제1호의 충족 여부가 문제입니다.

해당 근로자들은 대기하고 있다가 선박 입항 시 선박을 고정하고 출항 시 해박(줄을 풀어줌)하는 업무에 종사합니다. 소요시간은 입항 시 20분, 출항 시 10분 정도입니다. 24시간 격일제이며, 근무시간은 1일 8시간, 휴게 및 대기시간은 16시간입니다.

이 경우 해당 근로자들이 수행하는 업무가 동 규정 제68조 제2항 제1호에 해당하는지 궁금합니다.

답 변

단속적 근로의 특징에 대해서 근로기준법 시행규칙 제10조 제3항은 「단속적으로 근로에 종사하는 자는 근로가 간헐적·단속적으로 이루어져 휴게시간이나 대기시간이 많은 업무에 종사하는 자로 한다」고 규정하고 있습니다. 근로감독관집무규정 제68조 제2항 제1호는 「평소의 업무는 한가하지만 기계고장 수리 등 돌발적인 사고발생에 대비하여 간헐적·단속적으로 근로가 이루어져 휴게시간이나 대기시간이 많은 업무인 경우」라고 규정하고 있습니다.

「단속적」이라 함은 「끊어졌다 이어졌다 하는 것」을 의미하고, 「간헐적」이

라 함은 「얼마 동안의 시간 간격을 두고 되풀이하여 일어나는 것」을 의미하고, 「돌발적」이라 함은 「뜻밖의 일이 갑자기 일어나는 것」을 의미합니다.

사례의 경우 선박을 고정하거나 분리하는 일은 지속적이지 않고 선박 입·출항 시에 간헐적으로 하는 것이므로 단속적이라고 할 수 있습니다. 따라서 사례의 업무는 근로감독관집무규정 제68조 제2항 제1호에 해당한다고 볼 수 있습니다.

8 단속적 근로자 적용제외 승인취소 사유 여부(일시적 변칙근무)

K회사(건물관리업)에서 2021년에 단속적 근로 종사자 적용제외 승인을 받은 바 있습니다. 승인 조건은 24시간 격일제, 인원은 2명이었습니다. 근로자 중 한 명이 갑자기 사직하는 바람에 2024년에 아래와 같이 사업장 내에서 숙직을 하며 변칙근무를 하였습니다.

「1월 1일부터 1월 15일까지 연속근무」

A가 진정을 제기하였습니다. A는 승인조건을 벗어나 근무를 시켰으므로 승인 취소 사유에 해당하므로 근로시간, 휴일·휴게 규정을 소급 적용하여 임금 차액을 지급하여야 한다고 주장하고 있습니다. 회사측은 근로자 사직으로 인한 일시적인 조치이고 근로자 충원 이후에는 정상적으로 근무시키고 있다고 주장합니다.

어떻게 처리하는 것이 타당합니까?

답 변

근로감독관집무규정 제67조 제3호는 「인·허가 이후에 근로형태의 변경이 있거나 인·허가 기준에 미달하게 된 때에는 해당 인·허가를 취소하여야 한다」고 규정하고 있습니다. 사례의 경우 근로자 중 한 명이 사직한 시기와 변칙 근로 시기가 일치하고, 변칙 근로 시 근로자의 동의를 받았고, 그 시기 이후에는 정상적으로 근로한 사실이 확인된다면 취소하지 않는 것이 타당합니다. 이와 같은 사실이 확인되면 위 규정상의 취소사유에 해당된다고 보기 어렵기 때문입니다.

참고로 승인취소 시 그 효력이 사유발생 시점으로 소급한다는 것이 고용노동부 행정해석(근기 68207-589, 2002.2.14. ; 근기 68207-779, 2003.6.26.)입니다.

9 감시·단속적 근로자 적용제외 승인 대상이 아닌 내용으로 업무가 변경된 경우 승인취소 신청 필요 여부

K회사는 감시적 근로자 적용제외 승인을 받은 바 있습니다. 그런데 최근에 승인받은 인원 전체의 업무 내용이 변경되어 승인이 필요 없게 되었습니다. 이 경우에 승인취소 신청을 해야 하는지 문의가 있습니다.

어떻게 지도해야 하나요?

답 변

감시·단속 적용 제외 승인을 받을 경우 근로기준법 일부 규정이 적용되지 않으므로 근로자에게 불리합니다. 이를 반대로 말하면 사용자에게 유리합니다. 사용자의 이익을 위해서 감시·단속 적용 제외 승인을 받는다고 말할 수 있습니다. 따라서 사례와 같은 경우에 승인취소가 없더라도 사용자가 일방적으로 근로기준법을 확대 적용해도 문제가 없습니다.

그런데 행정해석(근로개선정책과-3369, 2014.6.13.)에 의하면 「감시·단속적 근로로 볼 수 없는 경우에는 적용제외 승인권한이 있는 관할 지방노동관서에 적용제외 승인 취소를 요청할 수 있는바, 승인 취소 시 당해 근로자는 근로기준법상 근로시간·휴게·휴일 및 최저임금에 관한 조항이 적용된다」고 합니다. 이것은 사용자가 원할 경우 승인취소 신청을 할 수 있다는 의미로 이해합니다. 따라서 승인취소가 필수적인 것은 아니라고 볼 수 있습니다.

10 기후의 영향을 받지 않는 근로자에게 근로기준법 제63조가 적용되는지

근로자 A는 버섯재배 농장에서 포장하는 일을 하였습니다. A는 연장근로가산수당 지급 요구 진정을 제기하였습니다. 사장은 근로기준법 제63조에 따라 연장근로 관련 규정이 적용되지 않는다고 주장합니다. 그러나 A는 기후에 영향을 받지 않는 일을 하였으므로 자신은 근로기준법 제63조가 적용되지 않는다고 주장합니다.

이 경우 어느 쪽 주장이 타당합니까?

••답 변••

고용노동부 행정해석(「근로기준법상 '농림 사업 등'에 대한 해석 기준」, 근로기준과-27, 2010.1.5.)에 의하면 「해당 사업이 근로기준법 제63조 제1호 및 제2호에 해당하면 해당 사업의 근로자는 직무와 관계없이 모두 근로기준법 제63조 제1호 및 제2호를 적용한다」고 합니다. 따라서 A에 대해서는 연장근로가산 관련 규정이 적용되지 않아 그 주장을 수용할 수 없습니다.

참고로 농림·축산·수산업종사자라도 배송 업무나 경리 업무처럼 기후·기상 등 자연조건에 크게 영향을 받지 않으면 적용제외대상이 아니라는 반대 의견이 있습니다(하갑래, 근로기준법 제32판, 451페이지).

11 관리·감독 업무에 종사하는 근로자 해당 여부

K법인에서 팀장으로 근무하는 근로자 A가 진정을 제기하였습니다. 이 법인은 보수규정에 따라 A에게 연장근로수당과 휴일근로수당을 지급하지 않았습니다. 이 법인은 A가 관리·감독직에 해당하므로 연장근로수당 등을 지급할 의무가 없다고 주장합니다.

동 법인의 조직체계는 「원장-본부장-센터장-팀장-팀원」으로 되어 있습니다.

조사 결과 관리·감독직 판단 요소는 아래와 같습니다.

[관리직으로 볼 수 있는 요소]

팀장급 이상은 직책수당을 지급받고, 노사협의회의 사측으로 분류되며, 직원 채용 시 면접위원으로 참석하고, 간부회의에 참석함

[실무자로 볼 수 있는 요소]

팀장은 상담직원 관리 외 상담전화 수신, 민원처리, 외부 교육 등을 수행함. 팀장은 전결권이 없고 최소한 센터장까지 결재를 받음. 팀장의 출퇴근 및 휴가 사항은 본부장까지, 팀원의 출퇴근 사항은 센터장까지 결재를 받음. 팀장도 근태관리는 지문등록을 하는데 지각하거나 하면 지각 사유를 제출해야 함

••답 변••

근로기준법 제63조 제4호 및 동법 시행령 제34조에 의한 관리·감독직에 대해서는 근로시간, 휴게와 휴일에 관한 규정이 적용되지 않습니다.

고용노동부는「관리·감독 업무에 종사하는 근로자라 함은 사업의 종류와 관계없이 근로조건의 결정 기타 노무관리에 관하여 경영자와 일체적인 입장에 있는 자를 말하는 것으로, 노무관리 방침의 결정에 참여하거나 노무관리상의 지휘·감독 권한을 가지고 있는지 여부, 자신의 근로에 대하여 자유재량권을 가지고 있는지 여부, 그 지위에 따른 특별수당을 받고 있는지 여부 등을 종합적으로 검토하되, 공장장, 지점장, 부장 등 그 명칭 여하에 불구하고 근무실태에 따라 구체적으로 판단되어야 할 것으로 본다」라고 해석하고 있습니다(근로기준과-2326, 2004.5.10.).

사례의 경우 A가 팀원에 대한 채용이나 감독에 관한 일부 권한이 있는 것은 사실입니다. 그러나 채용 시에도 협의하는 정도이고 결정적인 권한이 있다고 볼 수 없고, 팀원의 출퇴근 사항에 대하여 센터장의 결재를 받아야 하므로 A의 권한은 제한적입니다. 또한 A 자신의 출퇴근, 휴가, 근태관리 등에 재량권이 없습니다. 따라서 A를 관리·감독직에 해당한다고 볼 수 없습니다.

이와 같이 A가 관리·감독직에 해당하지 않아 근로시간, 휴게와 휴일에 관한 규정이 적용되므로 A에 대해 연장근로수당과 휴일근로수당을 산정하여 지급해야 합니다.

제14장

연차휴가

1 상시근로자수 변경으로 연차휴가 규정 적용 시 연차휴가일수

근로자 A는 2021년 1월 1일에 K업체(개인기업)에 입사하였습니다. 이 업체의 상시근로자수는 2022년까지는 4명이었으나 2023년 1월 1일부터 5명으로 되었습니다. A가 2023년 1년간 80% 이상 출근한 경우 2024년 1월 1일에 발생하는 연차휴가일수는 며칠이 되나요?

A의 입사일부터 근속기간을 산정하여 휴가일수를 가산해야 한다는 주장과 가산할 수 없다는 주장이 대립하고 있습니다.

답 변

연차휴가 규정(근로기준법 제60조~제62조)은 상시근로자수 4명 이하인 경우에는 적용되지 않습니다(동법 시행령 [별표 1]). 따라서 상시근로자수 4명 이하인 기간은 연차휴가 산정 시 고려할 필요가 없습니다. 즉, 상시근로자수 5명 이상인 기간만 고려해야 합니다. 월 단위로 근로자 수를 산정한 결과 1년 동안 계속하여 5명 이상인 경우에 연차휴가가 발생합니다(근로기준법 시행령 제7조의2 제3항). 가산휴가도 상시근로자수 5명 이상인 기간을 기준으로 산정해야 합니다.

사례의 경우 2023년 1월 1일부터 1년간 계속하여 상시근로자수 5명 이상이면 2024년 1월 1일에 연차휴가 15일이 발생합니다(출근율 80% 이상 충족할 경우). 또한 2023년 1월 1일부터 상시근로자수 5명 이상인 상태로 3년 이상 근무한 경우에 연차휴가일수가 가산됩니다.

행정해석 근로기준정책과-7714, 2016.12.1.

> 근로기준법 제11조에 따라 같은 법 제60조의 연차유급휴가는 사업장의 상시근로자 수가 5인 이상인 경우에 적용되며, 제60조 제1항은 사용자는 1년간 80퍼센트 이상 출근한 근로자에게 15일의 유급휴가를 주도록 하고 있다.
>
> 따라서 상시근로자 5인 미만과 이상의 기간이 혼재되는 경우의 연차유급휴가 산정을 위한 기산일은 같은 법 시행령 제7조의2에 따라 산정한 결과 상시근로자 5인 이상이 된 때부터 제60조가 적용되는 시점으로 보아야 할 것이다.

2 연차휴가수당을 포괄임금의 대상으로 계약했다는 주장을 인정할 수 있는지

K회사에 입사한 A의 근로계약서에 다음과 같은 내용이 명시되어 있습니다.

「임금은 포괄임금제(제 법정수당 포함)로서 월 300만원을 매월 지급한다. 위 포괄임금은 법정근로시간인 주 40시간을 초과하여 발생되는 연장 · 야간 · 휴일근로수당 모두 그 대상으로 한다.」

회사측은 근로계약 체결 당시에 연차휴가 미사용수당이 포괄임금의 대상이 된다는 설명을 하였고, 급여명세서에도 연차휴가 미사용수당 항목이 있으므로 별도로 연차휴가 미사용수당을 지급할 필요 없다고 주장합니다. 반면에 A는 급여명세서에 항목이 있는 것은 사실이나 근로계약 체결 시 그런 설명을 들은 바 없다고 합니다.

이 경우 어느 쪽 주장이 타당한가요?

답 변

특정 수당을 포괄임금의 대상으로 하려면 근로계약 체결 시 해당 수당을 명시해야 합니다. 막연하게 설명했다는 주장은 인정하기 곤란합니다. 그런데 사례의 경우 연차휴가 미사용수당에 대해서 명시한 바 없습니다. 임금명세서에 해당 항목이 있지만 이는 사용자측이 일방적으로 작성한 것이므로 계약으로 인정할 수 없습니다.

따라서 위의 사실을 종합하면 연차휴가 미사용수당을 포괄임금의 대상으로 했다는 사용자측 주장은 인정할 수 없습니다.

보충설명

연차휴가 미사용수당을 포괄임금의 대상으로 명시했어도 항상 유효한 것은 아닙니다. 연차휴가 미사용수당을 포괄임금의 대상으로 명시하면서 연차휴가를 사용할 수 없도록 하였다면 이는 연차휴가를 사전에 매수하는 것이 됩니다. 이는 연차휴가 사용권을 박탈하는 것이므로 위법입니다. 연차휴가 미사용수당을 포괄임금 대상으로 명시했다 하더라도 연차휴가 사용을 제한하지 않는 선에서 유효하다고 보아야 합니다.

3 파업에 참가한 근로자의 연차휴가일수 산정

K회사 소속 근로자 A는 2024년에 다음과 같이 근무하였습니다.

「2024년 소정근로일수 240일, 소정근로일 중 적법 파업 참가기간 40일, 업무상 재해로 인한 휴업기간 30일, 개인사정으로 인한 결근일 10일」

A의 입사일은 2018년 1월 1일입니다.

이 경우 2025년 1월 1일에 발생하는 연차휴가일수는 며칠입니까?

답 변

(1) 연차휴가일수를 구하기 위해서는 먼저 출근율을 산정해야 합니다.

(2) 출근율 산정방식에 대해서 규정한 「연차유급휴가 등의 부여 시 소정근로일수 및 출근 여부 판단기준(임금근로시간정책팀-3228, 2007.10.25.)」을 대법원 판례(2015다66052, 2019.2.14.)와 고용노동부 행정해석(임금근로시간과-636, 2021.3.19. ; 임금근로시간과-906, 2021.4.15.)을 반영하여 정리하였습니다.

(가) 법령 또는 약정에 의한 휴일(주휴일, 근로자의 날, 공휴일, 약정휴일), 기타 이에 준하는 경우

출근하지 않은 날을 소정근로일수에서 제외하고 출근일수에서도 제외함(분모, 분자에서 제외)

(나) 개인사정으로 인한 결근일, 기타 이에 준하는 경우

출근하지 않은 날을 소정근로일수에 포함하되 출근일수에서는 제외함(분모에 포함, 분자에서 제외)

(다) 법령상 또는 그 성질상 출근한 것으로 보아야 하는 날 또는 기간(업무상 재해로 인한 휴업기간, 출산전후휴가기간, 육아휴직기간, 예비군훈련기간, 민방위훈련 또는 동원기간, 공민권행사를 위한 휴무일), 기타 이에 준하는 경우

출근하지 않은 날을 소정근로일수에 포함하고 출근일수에도 포함함(분모, 분자에 모두 포함)

(라) 당초 소정근로일에 해당하나 특별한 사정으로 근로제공 의무가 정지되는 날 또는 기간(사용자의 귀책사유로 인한 휴업기간, 적법한 쟁의행위기간), 기타 이

에 준하는 경우

① 1단계

출근하지 않은 날을 소정근로일수에 포함하되 출근일수에서는 제외(분모에 포함, 분자에서 제외)하여 출근율을 산정하고 그 출근율이 80% 이상이면 일반적인 방식으로 연차휴가를 산정함(보충설명 참조)

② 2단계

1단계에서 산정한 출근율이 80% 미만이면 적법한 쟁의행위기간 등을 제외한 나머지 소정근로일수를 기준으로 출근율을 재산정함(계산식1). 재산정한 출근율이 80% 이상이면 비례적으로 감축하여 최종 연차휴가일수를 산정함(계산식2).

재산정한 출근율이 80% 미만이면 연차휴가가 발생하지 않은 것으로 처리함. 다만, 개근한 달에 대해 1일의 연차휴가는 부여함(보충설명 참조)

〈계산식1〉

출근율=(연간 소정근로일수-적법한 쟁위행위기간 등-개인사정 결근일 등)/(연간 소정근로일수-적법한 쟁의행위기간 등)

〈계산식2〉

연차휴가일수=일반 연차휴가일수×[(연간 소정근로일수-적법한 쟁의행위기간 등)/연간 소정근로일수]

해설 「일반 연차휴가일수」는 평상 시에 출근율 80% 이상이면 발생하는 연차휴가일수(15일+가산일수)를 의미함

(3) 사례의 경우 아래와 같이 연차휴가일수를 구할 수 있습니다.

(가) 1단계

출근율=(연간 소정근로일수-파업일수-개인사정 결근일수)/연간 소정근로일수

=(240-40-10)/240

=0.79(79%)

해설 출근율 산정시 「업무상 재해로 인한 휴업기간」은 소정근로일수

와 출근일수에 모두 포함하기 때문에 분모 및 분자에서 별도로 명시할 필요는 없음

(나) 2단계

① 1단계로 산정한 출근율이 80% 미만이므로 아래와 같이 출근율을 재산정함

출근율=(연간 소정근로일수-파업일수-개인사정 결근일)/(연간 소정근로일수-파업일수)
=(240-40-10)/(240-40)
=0.95(95%)

② 재산정한 출근율이 80% 이상이므로 연차휴가일수를 비례적으로 감축하여 산정함

연차휴가일수=일반 연차휴가일수×(연간 소정근로일수-파업일수)/연간 소정근로일수
=18×(240-40)/240
=15

해설 18은 기본휴가 15일과 가산휴가 3일을 합산한 것임

보충설명

(1) 1단계 출근율이 80% 이상인 경우

예컨대 파업참가기간이 20일이고 나머지 조건은 본 사례와 동일할 경우, 출근율은 88%[=(240-20-10)/240]로서 법정 출근율을 충족하므로 연차휴가일수를 비례적으로 감축하지 않고 18일을 부여해야 합니다.

만약 이 경우에 연차휴가일수를 비례적으로 감축한다면 근로자에게 법상 보장된 정당한 쟁의행위 등으로 근로제공 의무가 면제되었음에도 불구하고 같은 기간 동안 위법한 쟁의행위를 하거나 무단결근한 경우보다 휴가일수가 더 적어지게 되는 불합리한 결과가 초래될 수 있기 때문입니다.

(2) 2단계 출근율이 80% 미만인 경우

예컨대 개인사정으로 인한 결근일수가 50일이고 나머지 조건은 본 사례와 동일할 경우, 1단계로 산출한 출근율은 63%[=(240-40-50)/240]이고, 2단계

로 산정한 출근율은 75%[=(240-40-50)/(240-40)]가 됩니다. 이 경우에는 연차휴가가 발생하지 않으므로 비례적으로 감축할 필요도 없습니다. 다만, 개근한 달에 대해서 1일씩의 연차휴가는 부여해야 합니다.

4 통상근로자의 1일 소정근로시간이 8시간 미만인 경우 단시간근로자의 연차휴가일에 대한 시간 산정방법

단시간근로자의 근로조건은 통상근로자의 근로시간에 비례하여 결정되어야 하며(근로기준법 제18조 제1항), 동법 시행령 [별표 2] 제4호 나목에 의하면 아래와 같이 단시간근로자의 연차휴가를 산정하도록 규정하고 있습니다.

「통상근로자의 연차휴가일수×(단시간근로자의 소정근로시간/통상근로자의 소정근로시간)×8시간」

이 경우 통상근로자의 1일 소정근로시간이 8시간 미만인 경우에도 항상 8시간을 적용해야 하나요?

답 변

예컨대 단시간근로자의 1일 소정근로시간이 3시간이고 출근율이 80% 이상이며, 통상근로자의 1일 소정근로시간이 6시간이고 연차휴가일수가 15일이라고 가정하면, 단시간근로자의 연차휴가시간은 45시간[=15×(3/6)×6)]입니다. 이를 일로 환산하면 15일(=45÷3)입니다. 즉, 단시간근로자는 1일 3시간에 해당하는 휴가를 15일 사용할 수 있습니다. 통상근로자의 연차휴가일수는 1일 6시간에 15일을 의미합니다. 양자를 비교하면 단시간근로자의 1일 소정근로시간이 통상근로자의 소정근로시간의 1/2이기 때문에 연차휴가에서도 1일 소정근로시간이 1/2이라는 사실을 알 수 있습니다. 이것은 단시간근로자의 근로조건은 통상근로자의 근로시간에 비례하여 결정되어야 한다는 근로기준법 제18조 제1항의 규정과 일치합니다.

반면에 항상 8시간을 적용해야 한다면 단시간근로자의 연차휴가시간은 60시간[=15×(3/6)×8)]입니다. 이를 일로 환산하면 20일(=60÷3)입니다. 즉, 단시간근로자는 1일 3시간에 해당하는 휴가를 20일 사용할 수 있다는 것이 됩니다. 이것은 근로기준법 제18조 제1항에서 규정한 시간비례 보호 원칙에 어긋납니다.

따라서 근로기준법 시행령 [별표 2] 제4호에서 8로 표현한 것은 입법 오류라고 봅니다. 다만, 보편적으로 1일 소정근로시간이 8시간이므로 그것을 예시했다고 이해할 수는 있습니다.

개별 사례에 따라 당해 사업장의 통상근로자의 1일 소정근로시간을 8의 자리에 대입해서 처리하는 것이 타당합니다.

5 연차휴가 산정과 관련하여 재택대기기간이 사용자의 귀책사유로 휴업한 기간에 해당하는지

근로자 A는 현장감리원으로 근무하고 있습니다. 연차휴가 산정과 관련하여 재택대기기간이 휴업에 해당하는지 논란이 있습니다. 근로계약서에 아래와 같은 내용이 있습니다.

「현장감리원은 업무 특성상 위 근로계약기간 중 근로제공의무가 있는 기간은 현장에 투입되는 기간으로 하며, 현장 투입 전 또는 현장 종료 후 재택대기기간은 근로기준법상의 휴업이 아닌 근로계약상 처음부터 근로제공의무가 없는 기간으로 한다. 다만, 근로의 제공이 없는 대기기간은 감리용역 업무의 특성을 고려하여 근로계약만 유지되고 위 기간 지급되는 임금은 제5조에 정한 연봉 월할액의 70%로 상호 협의 후 적용하여 지급하는 것으로 한다.」

답 변

고용노동부 행정해석(연차유급휴가 등의 부여 시 소정근로일수 및 출근 여부 판단기준, 임금근로시간정책팀-3228, 2007.10.2.)에 의하면 「사용자의 귀책사유로 인한 휴업기간」

을「특별한 사유로 근로제공의무가 정지되는 날 또는 기간」에 해당된다고 규정하고 있습니다.

사용자의 귀책사유로 인한 휴업(근로기준법 제46조 제1항 참조)이라 함은 당초 근로제공의무가 있지만 사용자의 귀책사유로 인해 근로제공을 할 수 없는 경우입니다. 여기에서 사용자의 귀책사유라 함은 사용자의 세력범위 또는 지배영역 안에서 발생한 경영장애를 의미합니다(통설).

사례의 근로계약서에 의하면 재택대기기간은 처음부터 근로제공의무가 없는 기간이라는 전제하에 이는 휴업기간이 아니라고 명시하고 있습니다. 그러나 근로계약서 작성 당시에 재택대기기간이 예정되었다고 볼 수 없습니다. 어떤 기간이 재택대기기간에 해당될지 여부는 장래에 결정됩니다. 장래에 현장에 투입되지 않는 기간이 재택대기기간이 되는데 현장 투입 여부는 사전에 정해지지 않았습니다. 결국 재택대기기간은 당초부터 근로제공의무기간에서 제외되는 것이 아닙니다. 계약서 내용은 사실과 배치됩니다.

현장 투입 여부는 사용자가 결정하므로 사용자의 세력범위 또는 지배영역에 속합니다. 따라서 현장 투입에서 제외되어 재택대기하는 기간은 경영장애로 근로제공을 할 수 없는 기간입니다.

위의 사실을 종합하면 재택대기기간은「사용자의 귀책사유로 인한 휴업기간」에 해당한다고 보는 것이 타당합니다.

행정해석 근기 68207-1840, 2001.6.7.

근로기준법 제46조에 의한 사용자의 귀책사유로 감리업무 수행이 불가능한 기간에 대해서는 휴업수당을 지급해야 하며, 현장종료 시 타현장으로 전환배치하거나 작업량의 적절한 배분 등의 방법으로 업무를 수행토록 할 수 있음에도 정당한 이유 없이 특정근로자를 계속 본사대기시키는 것은 근로기준법 제23조 위반소지가 있다.

6 연차 가산휴가 발생 요건

근로자 A는 2020년 1월 1일 K회사에 입사하여 2025년 현재 5년 이상 계속근무 중입니다.

2020년 1월 1일부터 2023년 12월 31일까지 4년간 매년 출근율이 80% 미만이었고, 2024년 1월 1일부터 2024년 12월 31일까지 1년간 출근율은 80% 이상이었습니다.

연차휴가 산정과 관련하여 다툼이 있습니다. A는 만 5년 근무하였으므로 2일의 가산휴가가 발생한다고 주장하고, 회사는 가산휴가가 발생하려면 5년간 계속하여 출근율이 80% 이상이어야 한다고 주장합니다.

어느 쪽 주장이 타당합니까?

답 변

가산휴가가 발생하려면 계속근로기간이 3년 이상이어야 하지만, 그 기간 전체를 계속하여 매년 출근율이 80% 이상일 필요는 없습니다. 직전 1년간(산정기간) 출근율이 80% 이상이면 됩니다. 사례의 경우 2024년도 출근율이 80% 이상이므로 가산휴가가 발생합니다. 2025년 1월 1일에 17일(=기본휴가 15일+가산휴가 2일)의 연차휴가가 발생합니다.

반면에 2023년도의 경우에는 출근율이 80% 미만이므로 2024년 1월 1일에는 기본휴가가 발생하지 않으므로 가산휴가도 발생하지 않습니다. 이 경우 1개월 개근 시 연차휴가가 발생할 수 있을 뿐입니다.

보충설명

위와 같이 기본휴가가 발생하지 않으면 가산휴가도 발생하지 않는데, 이 경우 기본휴가와 가산휴가는 주종관계입니다. 즉, 주권리인 기본휴가 청구권이 발생하지 않으면 종권리인 가산휴가 청구권도 발생하지 않는 것입니다.

7 소정근로시간이 짧은 날 연차휴가를 사용한 경우

근로자 A는 아래와 같이 근무하고 있습니다.

「평일 : 09:00~17:00(실근로시간 7시간)

토요일 : 09:00~13:00(실근로시간 4시간)」

이 경우 A가 토요일에 연차휴가를 사용할 경우 1일분(7시간)의 연차휴가를 사용한 것으로 봐야 하나요?

답 변

사례의 경우 평일의 소정근로시간은 7시간이고 토요일의 소정근로시간은 4시간입니다. 토요일에 정상적으로 근로할 경우 4시간분의 임금을 지급하게 됩니다. 따라서 토요일에 연차휴가를 사용한 경우 4시간분의 연차휴가를 사용한 것으로 처리하는 것이 타당합니다.

8 단체협약에서 연차휴가수당에 대해 유리하게 규정한 경우 당해 규정의 적용 범위

근로자 A가 K회사를 상대로 연차휴가수당과 관련하여 진정을 제기하였습니다. 단체협약에 연차휴가에 관해 다음과 같이 규정하고 있습니다.

「근로기준법에 의한 연차휴가 중 1년간 소정근로일을 개근할 경우 10일, 90% 이상 출근할 경우 8일에 대하여 각각 연차휴가수당으로 통상임금의 50%를 가산하여 지급한다.」

A의 지난 1년간 출근율은 85%입니다. A는 근로기준법 제60조 제1항에 의해 15일의 연차휴가가 발생하고 이 일수에 대하여 위 단체협약을 적용하여 통상임금의 50%를 가산하여 지급해야 한다고 주장합니다.

이 경우에 어떻게 처리해야 하나요?

••답 변••

근로기준법은 근로조건에 관한 최저기준을 규정한 것으로서 단체협약에 규정하지 않은 부분에 대해서는 동법이 적용됩니다.

사례의 단체협약에 의하면 출근율 80% 이상 90% 미만인 경우에 대하여 규정하고 있지 않습니다. 이 경우에는 근로기준법에 의해 연차휴가가 발생하고 이에 대해서는 통상임금 100%만 적용하는 것이 타당합니다. 따라서 A의 주장 중 연차휴가일수가 15일이라는 부분은 타당하나 통상임금 50% 가산 부분은 타당하지 않습니다.

9 1년 전체를 근무하지 않은 경우 연차휴가가 발생하는지

근로자 A가 K회사를 상대로 진정을 제기하였습니다. A는 근무 중 업무상 재해로 2년 정도 입원 치료를 받고 퇴원하여 현재는 정상적으로 근무 중입니다. A는 입원 치료기간 중 연차휴가를 전혀 사용하지 않았으므로 미사용수당을 지급받아야 한다고 주장합니다.

이 경우 어떻게 처리해야 하나요?

••답 변••

이에 대해 과거에 판례(대법원 2014다232296, 232302, 2017.5.17.)와 고용노동부 행정해석(연차유급휴가 등의 부여 시 소정근로일수 및 출근 여부 판단기준, 임금근로시간정책팀-3228, 2007.10.25.)이 불일치하였습니다. 판례는 사례의 경우에 연차휴가가 발생한다고 보았으나 행정해석은 발생하지 않는다고 보았습니다. 즉, 종전의 행정해석은 업무상 재해로 연차휴가의 부여 기준이 되는 해당 연도(산정기간)의 총 일수 전부를 출근하지 않은 경우에는 연차휴가를 부여하지 않아도 되고, 일부라도 출근한 경우에는 연차휴가를 부여하여야 한다고 보았습니다.

그러나 고용노동부는 대법원 판례에 부합하게 종전 행정해석을 변경하였습니다. 즉, 1년(산정기간) 전체를 출근하지 않은 경우에도 연차휴가가 발생한다고 변경한 것입니다(임금근로시간과-30, 2019.4.25.).

따라서 현재는 판례 및 행정해석에 따라 사례의 경우에 연차휴가가 발생하고 이를 미사용한 것이므로 수당을 지급해야 한다고 말할 수 있습니다.

판례 ● 대법원 2014다232296, 232302, 2017.5.17.

근로기준법 제60조 제1항이 규정한 유급 연차휴가는 1년간 80% 이상 출근한 근로자에게 부여된다. 이 경우 근로자가 1년간 80% 이상 출근하였는지는, 1년간의 총 역일(曆日)에서 법령·단체협약·취업규칙 등에 의하여 근로의무가 없는 것으로 정해진 날을 뺀 일수(이하 '소정근로일수'라고 한다) 중 근로자가 현실적으로 근로를 제공한 출근일수의 비율, 즉 출근율을 기준으로 판단하여야 한다.

한편 근로기준법 제60조 제6항 제1호는 위와 같이 출근율을 계산할 때 근로자가 업무상의 부상 또는 질병(이하 '업무상 재해'라고 한다)으로 휴업한 기간은 출근한 것으로 간주하도록 규정하고 있다. 이는 근로자가 업무상 재해 때문에 근로를 제공할 수 없었음에도 업무상 재해가 없었을 경우보다 적은 연차휴가를 부여받는 불이익을 방지하려는 데에 취지가 있다. 그러므로 근로자가 업무상 재해로 휴업한 기간은 장단(長短)을 불문하고 소정근로일수와 출근일수에 모두 포함시켜 출근율을 계산하여야 한다. 설령 그 기간이 1년 전체에 걸치거나 소정근로일수 전부를 차지한다고 하더라도, 이와 달리 볼 아무런 근거나 이유가 없다.

10 1년 이상 계속근로기간 중 연단위를 초과한 1년 미만 기간에 대한 연차휴가 발생 여부

K회사 소속 근로자 A는 2년 6개월 근무 후 퇴직하였습니다. A가 계속근로기간 중 2년을 초과하는 6개월분 연차휴가 미사용수당 지급 요구 진정을 제기하였습니다. 조사 결과 2년분의 연차휴가는 정상적으로 처리되어 문제가 없습니다.

이 경우 어떻게 처리해야 하나요?

답 변

연차휴가 산정기간은 두 가지입니다. 계속근로기간이 1년 미만인 경우에는 연차휴가 산정기간이 1개월 단위이고, 계속근로기간이 1년 이상인 경우에는 연차휴가 산정기간이 1년 단위입니다. 전자의 경우에는 1개월 개근 시 1일씩 최대 11일이 발생하고(근로기준법 제60조 제2항), 후자의 경우에는 1년간 출근율 80% 이상이면 기본적으로 15일이 발생하고(근로기준법 제60조 제1항), 1년간 출근율이 80% 미만이면 개근한 달에 1일씩 연차휴가가 발생합니다(근로기준법 제60조 제2항).

이와 같이 계속근로기간이 1년 이상인 경우 연단위로 연차휴가를 산정하므로 연 단위를 초과한 1년 미만 기간에 대해서는 연차휴가가 발생하지 않습니다. 따라서 6개월분에 대해서는 연차휴가가 발생하지 않습니다. 반면에 퇴직금의 경우에는 계속근로기간이 1년 이상인 경우 연 단위를 초과한 1년 미만 기간에 대해서도 비례적으로 산정합니다(즉, 예컨대 1년을 초과하는 6개월분에 대해 평균임금 15일분의 법정퇴직금이 발생함).

11 회계연도 기준으로 연차휴가를 산정한 경우

근로자 A가 K회사를 상대로 연차휴가 미사용수당 지급 요구 진정을 제기하였는데 당사자 간에 연차휴가일수 산정과 관련하여 의견이 대립하고 있습니다.

A는 2020년 9월 1일부터 2024년 10월 31일까지 근무하였습니다. 회사는 취업규칙에 의해 회계연도 기준으로 연차휴가를 산정했습니다. 회사는 입사 연도 근무기간(2020년 9월 1일부터 2020년 12월 31일까지)에 대해서는 비례적으로 연차휴가일수를 산정하여 5일의 연차휴가를 2021년에 사용하도록 조치하였고, 2021년 1월 1일 이후 2023년 12월 31일까지 근무기간에 대해서는 1년 단위로 연차휴가를 부여하였습니다. 회사는 마지막 근무 연도인 2024년 1월 1일부터 2024년 10월 31일까지의 근무기간에 대해서는 1년에 미달한다는 이유로 연차휴가가 발생하지 않는 것으로 처리하였습니다.

조사 결과 입사 연도 1년 미만 근무기간 중 1개월 개근 시 발생한 연차휴가에 대해서는 정상적으로 처리하여 당사자 간에 다툼이 없고, 매년 출근율은 80% 이상인 것으로 확인되었습니다. 또한 취업규칙 등에 연차휴가 산정에 관한 특별한 규정은 없습니다.

A는 위와 같이 부여된 연차휴가를 전부 사용하였는데 추가로 연차휴가 미사용 수당을 요구하고 있습니다.

이 경우 어떻게 처리해야 하나요?

••답 변••

연차휴가는 개인별 입사일부터 1년 단위로 산정하는 것이 원칙입니다. 다만, 노무관리 편의상 회계연도 단위로 산정할 수도 있습니다. 이 경우에도 입사일 기준으로 산정하는 경우에 비해 근로자에게 불리하지 않아야 합니다.

(1) 입사일 기준으로 산정(산정기간/발생일수)

① 2020년 9월 1일 ~ 2021년 8월 31일 / 15일

② 2021년 9월 1일 ~ 2022년 8월 31일 / 15일

③ 2022년 9월 1일 ~ 2023년 8월 31일 / 16일

④ 2023년 9월 1일 ~ 2024년 8월 31일 / 16일

⑤ 2024년 9월 1일 ~ 2024년 10월 31일 / 0일

⑥ 총 휴가일수 : 62일

(2) 회계연도 기준으로 산정(산정기간/발생일수).

① 2020년 9월 1일 ~ 2020년 12월 31일 / 5일

② 2021년 1월 1일 ~ 2021년 12월 31일 / 15일

③ 2022년 1월 1일 ~ 2022년 12월 31일 / 15일

④ 2023년 1월 1일 ~ 2023년 12월 31일 / 16일

⑤ 2024년 1월 1일 ~ 2024년 10월 31일 / 0일

⑥ 총 휴가일수 : 51일

(3) 근로자에게 불리하지 않게 하려면 11일분(=62-51)의 연차휴가 미사용수당을 추가로 지급해야 합니다.

보충설명

본 사례에서는 연 단위 연차휴가에 대해 입사일 기준과 회계연도 기준을 비교하였습니다. 그런데 계속근로기간 1년 미만 동안 1개월 개근 시에 연차휴가가 발생하므로 이 부분도 비교해야 하지 않느냐는 의문이 제기될 수 있습니다.

그러나 계속근로기간 1년 미만 동안 발생하는 연차휴가는 입사일 기준으로만 산정합니다. 즉, 회계연도 기준으로 연차휴가를 산정하더라도 계속근로기간 1년 미만 연차휴가 산정 방식에는 차이가 없습니다. 따라서 위 사례에서 계속근로기간 1년 미만 연차휴가에 대해서는 양자(입사일 기준과 회계연도 기준)를 비교하는 작업을 할 필요가 없는 것입니다.

12 정년 이후 계속 근무한 경우 연차휴가 산정

K회사 취업규칙에 정년을 60세로 규정하고 있습니다. 근로자 A가 60세일 때 회사에서 특별한 조치가 없었기 때문에 63세까지 계속 근무하였습니다. A가 최종 퇴직하면서 연차휴가 미사용수당 내역서를 보니 최초 입사 시부터 근속기간을 인정하지 않고 정년 이후 새로 입사한 것으로 처리한 사실을 발견하였습니다. 이에 A는 회사를 상대로 연차휴가 미사용수당 차액 지급 요구 진정을 제기하였습니다. 회사 측은 취업규칙에 정년을 규정하고 있으므로 정년이 되면 당연히 근로관계는 단절된다고 주장합니다.

이 경우 어떻게 처리해야 하나요?

답 변

정년에 관해 근로기준법이 규정하고 있지 않습니다. 일반법인 민법을 적용할 수 있습니다. 민법 제662조 제1항은 「고용기간이 만료한 후 노무자가 계속하여 그 노무를 제공하는 경우에 사용자가 상당한 기간 내에 이의를 하지 아니한 때에는 전 고용과 동일한 조건으로 다시 고용한 것으로 본다」고 규정하고 있습니다.

정년 도달 시점까지를 근로기간(고용기간)으로 정한 것으로 볼 수 있고, 정년 도달로 그 기간이 만료하였으나 사용자의 이의 없이 계속근로(노무)를 제공한 경우이므로 위 조항을 적용할 수 있습니다. 동 조항에서 「다시 고용한 것으로 본다」는 것은 고용관계(근로관계)를 계속 유지한다는 의미라고 볼 수 있습니다.

따라서 최초 입사 시부터 계속근로기간을 적용하여 연차휴가를 산정하는 것이 타당합니다.

보충설명

사례의 경우와 달리 정년퇴직자를 재고용하는 경우가 있습니다. 이 경우에는 정년퇴직으로 일단 근로관계가 종료하고 새로 근로관계가 시작하는 것으로 처리하는 것이 일반적입니다.

위와 같이 정년퇴직자를 재고용하는 것과 관련하여 고용상 연령차별금지 및 고령자고용촉진에 관한 법률 제21조 제2항은 「사업주는 고령자인 정년퇴직자를 재고용할 때 당사자 간의 합의에 의하여 근로기준법 제34조에 따른 퇴직금과 같은 법 제60조에 따른 연차유급휴가일수 계산을 위한 계속근로기간을 산정할 때 종전의 근로기간을 제외할 수 있으며 임금의 결정을 종전과 달리할 수 있다」라고 규정하고 있습니다.

위 법률 규정에 의하여 퇴직금이나 연차휴가 산정 시 재입사 시점부터 계속근로기간이 새로 시작하는 것으로 약정하는 것은 불법이 아닙니다.

13 연차휴가 사용촉진 제도에 의해 휴가일로 지정된 날 근로한 경우

K회사에서 연차휴가 사용촉진 제도에 따라 휴가 사용 시기를 지정하여 통지한 후 이행토록 하였는데, 일부 근로자가 휴가지정일에 임의 출근하여 근무하였습니다. 근로자들은 당일 12시간(소정근로시간 8시간+연장근로시간 4시간) 근무하였습니다. 회사에서 아래 사항을 문의하였습니다.

「이 경우 4시간분의 연장근로수당을 지급하여야 하는지, 업무지시 불이행을 이유로 징계조치 가능한지」

••답 변••

(1) 연차휴가 사용촉진 제도에 의한 휴가일 지정에 대한 근로자의 행위 유형을 다음과 같이 세 가지로 나눌 수 있습니다.

① 지정일에 휴가를 사용한 경우[A유형]

이 경우는 정상적인 휴가사용이므로 특별히 문제 될 것이 없고, 당일에 대하여 연차휴가수당으로 일급 통상임금을 지급해야 합니다(월급제의 경우 월급에서 연차휴가일의 임금을 공제하지 않으면 되고 월급 외 별도로 지급할 필요는 없음).

② 사용자의 명확한 노무수령거부 의사표시에도 불구하고 휴가 지정일에 근로한 경우[B유형]

이 경우에는 휴가를 사용하지 않았지만 연차휴가 청구권은 소멸하며 연차휴가 미사용수당 청구권도 발생하지 않습니다. 다만, 당일 근로에 대한 임금은 지급해야 합니다. 연장근로시간에 대한 임금 및 가산수당도 포함하여 지급해야 합니다.

③ 사용자의 명확한 노무수령거부 의사표시가 없는 상태에서 휴가 지정일에 근로한 경우[C유형]

이 경우에는 연차휴가 청구권이 소멸하지 않습니다. 당일 근로에 대해서는 [B유형]과 마찬가지로 임금을 지급해야 합니다.

(2) 사례는 [A유형]에 속하지 않는 것이 명백하고 [B유형]이나 [C유형] 중 하나에 속할 것인바, 질문 내용만으로는 어느 쪽인지 파악할 수 없습니다. 어느 쪽에 속하건 당일 근로시간 전체에 대하여 임금을 지급해야 합니다. 즉, 8시간분의 임금과 4시간분의 연장근로 임금 및 가산수당도 지급해야 합니다.

(3) 한편 휴가 지정일 근로에 대한 징계는 타당하지 않습니다. [B유형]에 속할 경우 근로자가 연차휴가 청구권 소멸 및 연차휴가 미사용수당 청구권 불발생의 불이익을 당하기 때문에 별도로 징계까지 하는 것은 가혹하고, [C유형]에 속할 경우에는 사용자가 당초 당일 근로를 문제삼지 않았음에도 후에 이를 문제삼는 것은 금반언칙(禁反言則)에 배치되기 때문입니다. 금반언칙이란 자기가 과거에 한 행위와 모순되는 행위를 해서는 안 된다는 원칙입니다.

14 1년 미만 근로자의 연차휴가 미사용수당 청구권

1년 미만 근로한 자가 연차휴가를 사용하지 않은 경우 미사용수당을 받을 권리가 있나요?

••답 변••

근로기준법에서 연차휴가 미사용분에 대한 보상의무를 직접적으로 규정하고 있지는 않습니다. 다만, 동법 제61조 제1항에서 사용자는 연차휴가 사용을 촉진할 수 있고 정상적으로 사용촉진조치를 한 경우에는 미사용 휴가에 대하여 보상할 의무가 없다고 규정함으로써, 연차휴가 미사용분에 대하여 보상의무가 원칙이라는 것을 간접적으로 표현하고 있습니다. 즉, 연차휴가 미사용분에 대해서는 보상을 원칙으로 하되, 예외적으로 휴가사용촉진조치를 한 경우에는 보상의무를 면한다고 볼 수 있습니다.

근로기준법 개정(2020.3.31. 시행)으로 연차휴가 사용 촉진 대상이 확대되었습니다. 즉, 종전에는 연차휴가 사용 촉진 대상을 「계속근로기간 1년 이상으로서 출근율 80% 이상인 경우」로 한정하였으나, 「계속근로기간 1년 이상으로서 출근율 80% 미만인 경우」 및 「계속근로기간 1년 미만인 경우」도 그 대상에 포함시켰습니다(제61조 제1항, 제2항).

또한 동법 개정으로 「계속근로기간 1년 미만인 경우」에 발생하는 연차휴가의 소멸시기가 변경되었습니다. 즉, 종전에는 각 월별 발생일부터 1년이 경과하면 순차적으로 소멸하였으나, 개정 후에는 입사일부터 1년이 경과하면 일괄적으로 소멸합니다(제60조 제7항).

따라서 「계속근로기간 1년 미만인 경우」를 포함하여 모든 종류의 연차휴가의 경우에 사용 촉진을 하지 않고 소멸한 경우 미사용 수당을 지급해야 합니다.

15 연차휴가 미사용수당 산정기준 시점

2023년 12월 1일 K회사의 임금체계가 변경되면서 임금이 대폭 인상되었습니다. 근로자 A는 2021년 10월 22일에 입사하여 2024년 3월 10일에 퇴직하였습니다. A가 연차휴가 미사용수당 지급 요구 진정을 제기하였습니다. 이 회사는 근로자의 입사일 기준으로 연차휴가를 산정하고 있습니다. A는 임금수준이 높은 2023년 12월 이후 임금을 기준으로 동 수당을 산정해야 한다고 주장하고 있습니다. 언제를 기준으로 동 수당을 산정해야 합니까?

답 변

사례에서 문제 되는 연차휴가 미사용수당은 두 가지가 있을 수 있습니다.

2022년 10월 22일에 발생하여 1년간(2022년 10월 22일부터 2023년 10월 21일까지) 사용하고 남은 연차휴가에 대한 수당과 2023년 10월 22일에 발생하여 퇴직할 때까지 사용하고 남은 연차휴가에 대한 수당입니다.

연차휴가 미사용수당은 휴가청구권이 있는 마지막 달의 임금지급일의 임금을 기준으로 산정해야 합니다(근기 01254-3999, 1990.3.19.). 따라서 전자의 경우에는 2023년 10월 임금(인상 전)을 기준으로, 후자의 경우에는 2024년 3월 임금(인상 후)을 기준으로 각각의 연차휴가 미사용수당을 산정해야 합니다.

16 연차휴가 미사용수당을 매월 미리 지급하는 경우

K회사는 매월 기본급과 별도로 연차휴가 미사용수당 명목으로 일정액을 지급하고 있습니다. 이와 같이 지급해도 문제가 없는지 궁금합니다.

답 변

연가휴가 미사용수당이라 함은 1차년도 근무 실적에 따라 발생한 연차휴가 일수 중 2차년도에 미사용한 일수에 대하여 3차년도에 금전으로 지급하는 것을 말합니다. 이를 정상적인 연차휴가 미사용수당 지급이라고 한다면 기타 방식은 비정상적인 연차휴가 미사용수당 지급 방식이라고 말할 수 있습니다. 비정상적인 연차휴가 미사용수당 지급 방식은 다음과 같이 두 가지 유형이 있을 수 있습니다.

① 금년도 근무 결과에 따라 발생이 예상되는 연차휴가를 사용하지 않는 조건으로 매월 연차휴가 미사용수당 명목으로 지급하는 방식

② 작년도 근무 결과에 따라 발생한 연차휴가를 금년도에 사용하지 않는 조건으로 매월 연차휴가 미사용수당 명목으로 지급하는 방식

연차휴가 사용권을 침해하지 않는 선에서 유효하다고 보아야 합니다. 만약 계약 조건이 연차휴가를 사용할 수 없고 금전으로 보상하는 것이라면 이는 연차휴가를 사전에 매수하는 것이 됩니다. 이는 연차휴가 사용권을 박탈하는 것이므로 위법입니다. 이와 같은 경우에는 근로자는 합의를 무시하고 연차휴가 사용권을 주장할 수 있습니다. 이에 따라 연차휴가를 사용한 경우에는 연차휴가 미사용수당 명목으로 수령한 금전을 반환해야 합니다. 부당이득이기 때문입니다.

만약 근로자가 퇴직한 상태라면 연차휴가 사용이 불가능하므로 연차휴가 사용권은 더 이상 문제 되지 않습니다. 또한 이 경우에는 연차휴가 미사용수당 반환 문제도 발생하지 않습니다. 연차휴가 미사용수당 반환 문제는 연차휴가를 사용한 경우에 문제 되기 때문입니다.

보충설명

매월 연차휴가 미사용수당 명목으로 지급한 금액이 법정금액에 미달하면 차액을 추가로 지급해야 합니다.

예컨대 특정 연도에 사용할 수 있는 연차휴가일수가 17일이고, 연차휴가 사용 기한이 당해 연도 12월 31일이라고 하면, 연차휴가를 전혀 사용하지 않고 1년 동안 수당을 받았을 경우, 1년간 지급한 수당 액수가 12월 임금을 기준으로 산정한 17일분의 수당 액수에 미달하면 그 차액을 추가로 지급해야 합니다.

본문 답변은 이와 같은 차액이 발생하지 않는다는 것을 전제로 하고 있습니다.

17 연차휴가 대체 시 근로자대표와 서면합의 없이 개별 근로자 동의를 받은 경우

K회사는 2024년 8월 중 1주간 휴무하면서 그 기간에 대하여 연차휴가로 대체하였습니다. 근로자대표와 서면합의는 하지 않고 근로자별로 동의서를 받았습니다. 근로자들이 연차휴가 대체가 무효라고 주장하며 진정을 제기하였습니다. 조사 결과 연차휴가 대체기간에 대하여 유급으로 처리(월급에서 공제하지 않음)한 사실은 확인되었습니다.

이 경우에 어떻게 처리해야 하나요?

답 변

연차휴가의 대체는 특정일에 단체로 휴무하고 이를 연차휴가로 간주하여 각 근로자의 연차휴가일수에서 공제하는 제도를 말합니다. 원칙적으로 연차휴가는 각 근로자별로 원하는 시기를 지정할 수 있는바, 연차휴가 대체의 경우에는 그렇게 할 수 없으므로 근로자에게 불리(불편)한 제도입니다. 따라서 근로자를 보호하는 수단이 필요합니다. 이와 같은 수단으로서 근로자대표와 서면 합의하도록 규정하고 있습니다(근로기준법 제62조).

일반적으로 개별 근로자는 사업주에 비해 열세이나 근로자대표는 상대적으로 덜 열세하므로 근로자대표와의 서면 합의가 근로자 보호에 유리합니다.

이와 같은 법 취지를 고려하면 근로자대표와의 서면 합의는 연차휴가의 대체 시 필수적인 요건이라고 볼 수 있습니다(근로자대표와 서면 합의로 족하고 개별 근로자의 동의는 불필요함).

따라서 사례의 경우 연차휴가 대체는 무효이므로 재직 근로자에 대해서는 별도로 연차휴가를 부여해야 합니다. 이에 따라 연차휴가를 사용할 경우 이미 일주일에 대하여 유급처리한 부분은 부당이득이므로 반환해야 합니다. 그러나 퇴직자에게는 더 이상 연차휴가를 부여할 기회가 없으므로 이것은 문제가 되지 않고, 연차휴가 대체일에 대해서 유급으로 처리했으므로 별도로 미사용수당을 지급해야 하는 문제도 없습니다.

18 취업규칙을 근거로 연차휴가 대체 가능 여부

K회사는 취업규칙에 하계휴가(5일)를 연차휴가로 대체한다고 규정하고 있으며, 실제로 그렇게 시행하고 있습니다. 이와 같은 방식으로 연차휴가를 대체해도 문제가 없나요?

답 변

근로기준법 제62조는 근로자대표와의 서면합의에 따라 연차휴가를 대체할 수 있다고 규정하고 있습니다. 그런데 종전에 고용노동부는 취업규칙을 정당하게 변경하여 연차휴가 대체를 규정하면 별도의 서면합의 없이 대체제도를 운영할 수 있다고 해석하였습니다(근기 68207-1585, 2000.5.24.). 그러나 고용노동부는 연차휴가 대체 시 근로자대표와 서면합의가 필요하다고 견해를 변경하였습니다(임금근로시간과-687, 2019.7.9.). 이는 근로기준법 제62조의 규정을 충실하게 따른 것이라고 볼 수 있습니다.

따라서 사례의 경우는 적법한 연차휴가 대체로 볼 수 없습니다.

19 연차휴가 대체 시 연차휴가일수가 부족한 경우

K회사에서 근로자대표와 서면합의하에 연차휴가 대체를 실시하였습니다. 그런데 2024년에 연차휴가로 대체한 일수가 17일인데 근로자 A의 경우에는 사용가능한 연차휴가일수가 15일에 불과합니다.

이 경우에 부족한 2일에 대하여 어떻게 처리해야 하나요?

답 변

연차휴가 대체는 소정근로일에 휴무하고 그날에 대하여 연차휴가를 사용한 것으로 처리하여 개인별 연차휴가일수에서 공제하는 제도입니다. 따라서 휴무일 당시 사용 가능한 연차휴가일수가 부족하여 공제할 연차휴가일수가 없는 근로자에 대해서 이 제도를 어떻게 적용할 것인지 논란이 있을 수 있습니다.

동 제도는 집단적으로 휴무하는 특성이 있어서 연차휴가일수가 부족한 근로자의 개인 의견과 관계없이 실시하게 되므로 동 근로자를 배려할 필요가 있습니다. 따라서 ① 연차휴가일수가 부족한 근로자에 대하여 해당 휴무일을 무급으로 처리하는 방안, ② 유급으로 처리하되 추후 발생한 연차휴가일수에서 공제하는 방안 중 근로자가 선택할 수 있도록 하면 무난할 것입니다.

20 취업규칙에서 규정한 일수를 초과하여 연차휴가를 대체한 경우

K회사를 퇴직한 근로자 A가 연차휴가 미사용수당 지급 요구 진정을 제기하였습니다. K회사의 취업규칙에 의하면 연차휴가 대체일을 6일로 규정하고 있습니다. 그러나 실제로는 매년 15일(하계휴가 등)을 대체하였습니다. A는 대체일수가 취업규칙에 정한 일수를 초과하므로 무효라고 주장합니다. 회사측은 근로자대표와 서면합의하였고, 근로계약서에도 명시하였다고 주장하고 있습니다. 조사 결과 근로자대표와 서면합의 및 근로계약서 명시는 사실인 것으로 확인되었습니다.

이 경우 어떻게 처리해야 하나요?

답 변

근로기준법 제62조에 의해 연차휴가 대체 시 근로자대표와의 서면합의가 필요합니다. 그런데 사례의 경우 취업규칙에서 규정한 대체일수를 초과했습니다. 근로자대표와의 서면합의가 취업규칙에 저촉할 경우 동 합의를 유효하다고 볼 수 있느냐는 의문이 발생합니다.

취업규칙의 작성 주체는 사용자입니다. 서면합의의 작성 주체는 노사입니다. 취업규칙의 경우 근로자의 의사를 청취하거나 동의를 얻어서 작성하기 때문에 완전히 독단적이라고 말할 수는 없지만, 그 주체는 사용자 일방이라는 점에서 주체 자체가 쌍방인 근로자대표와의 합의에 비해 근로자 참여 정도가 더 높다고 말할 수는 없습니다. 취업규칙이 상위규범이고, 노사대표와의 합의가 하위 규범이라고 말할 수 없습니다. 근로자대표와의 합의가 취업규칙에 저촉하더라도 상위규범 우선의 원칙에 어긋난다고 말할 수 없습니다. 따라서 사례의 경우 유효한 연차휴가 대체라고 보는 것이 타당합니다.

21 무급휴일을 연차휴가로 대체할 수 있는지

K회사 취업규칙에 회사창립일을 무급휴일로 규정하고 있습니다. 회사측은 매년 근로자대표와 서면합의로 회사창립일을 연차휴가로 대체했습니다.

근로자 A가 회사를 상대로 진정을 제기하였습니다. 근로기준법상 연차휴가 대체는 소정근로일에 한정하므로 휴일은 대체 대상이 될 수 없다고 주장하고 있습니다.

이 경우에 어떻게 처리해야 하나요?

답 변

근로기준법상 연차휴가로 대체할 수 있는 날을 「특정한 근로일」로 규정하고 있습니다(제62조). 「특정한 근로일」은 소정근로일을 의미합니다. 따라서 원칙적으로 연차휴가로 대체할 수 있는 날은 소정근로일이라고 볼 수 있습니다. 그러나 연차휴가 대체 대상을 소정근로일로 한정할 필요는 없습니다. 그 대상을 무급휴일로 확대해도 근로자에게 불이익이 없으므로(보충설명 참조) 무급휴일을 연차휴가로 대체해도 문제가 없습니다.

따라서 A의 주장을 인정할 수 없습니다.

보충설명

무급휴일을 연차휴가로 대체한다는 것의 구체적인 의미

무급휴일을 사용할 경우 해당 일은 무급으로 처리합니다. 즉, 월급제인 경우 소정월급액수에서 해당 휴일분의 액수를 공제하고, 시급제인 경우 해당 휴일분의 임금을 계산하지 않게 됩니다. 그런데 무급휴일을 연차휴가로 대체하면 해당 휴일은 유급일로 변경됩니다. 따라서 월급제의 경우 소정 월급액수에서 해당 휴일분의 액수를 공제하지 않고, 시급제인 경우 해당 휴일분의 시급을 계산하게 됩니다. 무급휴일을 연차휴가로 대체하면 연차휴가일수에서 해당 일수만큼 공제하게 됩니다.

무급휴일을 연차휴가로 대체함으로써 근로자에게 무급일이 유급일로 변경되는 금전상 이익이 발생하는 반면에 연차휴가일수 공제로 휴가일수가 줄어드는 불이익이 발생합니다. 종합적으로 보면 무급휴일의 연차휴가 대체로 인해 근로자에게 불이익이 발생한다고 말할 수 없습니다.

한편 유급휴일의 경우에는 당초에 유급일을 다시 유급일로 할 필요는 없으므로 이날을 연차휴가로 대체한다는 문제가 발생할 수 없습니다. 즉, 유급휴일을 연차휴가로 대체하면 불법이므로 무효입니다.

22 연차휴가 대체 관련 적법한 근로자대표 선출 여부 확인 방법

근로자 A가 K회사를 상대로 진정을 제기하였습니다. 연차휴가 대체와 관련하여 근로자대표에 대하여 논란이 있습니다. 회사는 근로자대표와 서면으로 합의했다고 주장하면서 합의서를 제출하였습니다. A는 합의에 대하여 들어보지 못했다고 주장합니다.

적법하게 근로자대표와 합의한 것인지 밝히려면 어떻게 해야 하나요?

참고로 해당 사업장에 근로자의 과반수로 조직된 노동조합은 없습니다.

••답 변••

다음과 같은 과정으로 근로자대표를 선출했는지 조사하기 바랍니다.

① 선출 과정에서 근로자들에게 자유로운 의사표현이 보장되어야 함

② 대표가 수행할 임무(사례의 경우 연차휴가 대체에 관한 서면합의)가 주지되어야 함

③ 근로자의 과반수가 지지하는 대표여야 함(근로기준법 제24조 제3항 참조)

23 연차휴가 신청기한 미준수로 인한 징계

K회사 취업규칙에 의하면 근로자가 연차휴가를 사용하려면 3주 전에 신청하여야 한다고 규정하고 있습니다. 그런데 근로자 A는 1주 전에 연차휴가를 신청하였습니다. 회사측은 취업규칙을 준수하지 않았다는 이유로 연차휴가를 불허한다고 통보하였습니다. 그럼에도 불구하고 A는 신청 시 지정한 날에 연차휴가를 사용하겠다고 알리고 출근하지 않았습니다. 회사측은 무단결근하였다는 이유로 징계하겠다는 방침을 천명했습니다.

이 경우 과연 정당하게 징계가 가능한지 궁금합니다.

답 변

연차휴가는 근로자가 원하는 시기를 정하여 사용할 수 있는 것이 원칙입니다. 다만, 그 시기에 휴가를 부여할 경우 사업에 막대한 지장을 줄 경우 사용자는 시기를 변경할 수 있습니다. 사업에 막대한 지장이 있다는 사실은 사용자가 증명해야 합니다.

사례의 경우처럼 3주 전에 휴가를 신청하지 않았다는 이유로 연차휴가 사용을 제한하는 것은 불법입니다. 사용자가 사업에 막대한 지장이 있다는 사실을 들어 시기변경권을 행사했어야 합니다. 그럼에도 불구하고 회사측은 정당하게 시기변경권을 행사하지 않았습니다.

따라서 사례와 같은 사유로 징계한다면 부당합니다.

24 입사 초년도 출근율 80% 미만인 경우 연차휴가 산정

근로자 A는 2024년 1월 1일 K회사에 입사하여 근무하다 2025년 2월 20일에 퇴직하였습니다. 2024년도 출근율은 80% 미만입니다. 2024년에 6개월(1월~5월, 12월) 개근하였습니다.

이 경우 발생한 연차휴가일수는 며칠입니까?

•답 변•

계속근로기간 1년 미만 동안 1개월 개근 시 1일의 연차휴가가 발생합니다(전부 개근하면 11일). 사례의 경우 이에 해당하는 연차휴가일수는 5일입니다. 연차휴가 발생일은 2024년 2월 1일, 3월 1일, 4월 1일, 5월 1일, 6월 1일입니다. 12월에 개근한 부분에 대해서는 연차휴가가 발생하지 않습니다. 12월 31일까지 근무하면 계속근로기간이 1년이 되기 때문입니다. 이와 같이 발생한 연차휴가는 바로 사용할 수 있고, 계속근로기간 1년이 되는 날(사례의 경우 2024년 12월 31일)까지 사용하지 않으면 일괄하여 소멸하며, 2025년 1월 1일에 미사용수당 청구권이 발생합니다.

한편 1년간 출근율 80% 미만인 경우에 기본휴가 15일은 발생하지 않지만 개근한 달에 대해 1일씩 연차휴가가 발생합니다. 사례의 경우 이에 해당하는 연차휴가일수는 6일입니다. 이 경우 1월부터 5월까지에 대해서는 계속근로기간 1년 미만의 경우와 마찬가지이지만 12월의 경우에도 연차휴가가 발생합니다. 2025년 1월 1일에 일괄하여 연차휴가가 발생합니다. 이와 같이 발생한 6일의 연차휴가 중 퇴직 시까지 미사용한 일수에 대해서는 수당을 받을 수 있습니다.

보충설명

연차휴가 산정에 관한 고용노동부 행정해석 변경

(1) 대법원 판결(2021다227100, 2021.10.14.)에 따라 고용노동부는 연차휴가 산정에 관한 행적해석을 변경하였습니다(2021.12.16. 시행).

(2) 종전에는 입사 후 1년간만 근무하고 바로 퇴직할 경우 출근율이 80% 이상이었다면 15일의 연차휴가가 발생하고 이를 사용하지 못하였으므로 15일분의 미사용수당을 청구할 수 있다고 보았습니다. 이 경우 계속근로기간 1년 미만 동안 1개월 개근 시 1일씩 연차휴가(전부 개근하면 11일)가 별도로 발생하는데, 이를 전부 사용하지 않았다면, 위의 15일분과 합하여 최대 26일분의 미사용수당을 청구할 수 있었습니다.

(3) 변경된 행정해석에 의하면 아래와 같이 연차휴가를 산정해야 합니다.

① 연단위로 산정하는 연차휴가(근로기준법 제60조 제1항 및 제3항)

1년간의 근로를 마친 다음 날 근로관계가 있어야 연차휴가 및 그 미사용수당 청구가 가능합니다. 1년 근무하고 바로 퇴직할 경우 15일의 연차휴가는 발생하지 않습니다. 즉, 1년 1일 이상 근무해야 연차휴가가 발생합니다. 따라서 1년 1일 근무하고 퇴직하면 15일의 연차휴가 미사용수당을 청구할 수 있습니다. 근무기간이 2년 이상인 경우에도 마찬가지입니다. 예를 들어 3년 근무하고 바로 퇴직하면 마지막 연도에 대한 연차휴가는 발생하지 않으나, 3년 1일 근무하고 퇴직하면 16일(=기본휴가 15일+가산휴가 1일)의 연차휴가가 발생하고 미사용수당을 청구할 수 있습니다(출근율 80% 이상 충족을 전제로 함).

② 계속근로기간 1년 미만 동안 1개월 개근 시 발생하는 연차휴가(근로기준법 제60조 제2항)

1개월 근무 후 바로 퇴직하면 연차휴가가 발생하지 않습니다. 1개월 1일 근무 후 퇴직하면 연차휴가가 발생합니다. 2개월 이상 근무하는 경우에도 마찬가지입니다. 예를 들어 6개월 근무 후 바로 퇴직할 경우 전부 개근했다면 발생한 연차휴가일수 합계는 5일입니다. 이 경우 마지막 달에 대한 연차휴가는 발생하지 않는 것입니다. 반면에 6개월 1일을 개근하고 퇴직할 경우 마지막 달에도 연차휴가가 발생하므로 발생한 연차휴가일수 합계는 6일이 됩니다.

25 연차휴가 발생 기준이 되는 소정근로시간이 변경된 경우

단시간근로자 A는 소정근로시간이 1일 4시간, 1주 20시간인 상태에서 1년간 출근율 80% 이상 근무하여 연차휴가 15일이 발생하였습니다. 그런데 이후 소정근로시간이 1일 8시간, 1주 40시간으로 증가한 상태에서 며칠간의 연차휴가를 사용할 수 있는지 궁금합니다.

답 변

단시간근로자의 경우 연차휴가는 시간단위로 계산합니다(근로기준법 시행령 [별표 2] 4. 나. 참조). 사례에서 발생한 연차휴가일수 15일을 시간으로 환산하면 60

시간(=4시간×15일)입니다. 이 60시간을 소정근로시간 8시간을 기준으로 일수로 환산하면 7.5일(=60÷8)이 됩니다. 따라서 변경된 소정근로시간을 기준으로 하면 최대 7.5일을 연차휴가로 사용할 수 있습니다. 1일 4시간씩 연차휴가를 사용할 경우(소위 반차)에는 반일씩 최대 15일을 쉴 수 있습니다.

보충설명

반대로 소정근로시간이 1일 8시간, 1주 40시간인 상태에서 15일의 연차휴가가 발생하였는데, 이후 소정근로시간이 1일 4시간, 1주 20시간으로 단축된 경우에는, 1일 4시간씩 15일을 연차휴가로 사용하고 나머지는 60시간분은 미사용수당으로 받을 수 있습니다. 이 경우에 나머지 60시간에 대해 노사합의로 연차휴가로 사용하는 것은 상관없습니다.

26 미사용 연차휴가의 다음 연도 이월 협약의 효력

K회사와 노동조합은 이미 발생한 연차휴가 미사용수당을 지급하는 대신 다음 연도로 이월하여 연차휴가를 사용하기로 하고 단체협약에 명시하였습니다. 이에 따라 회사가 연차휴가 미사용수당을 지급하지 않을 경우 법적으로 문제가 없는지 궁금합니다.

••답 변••

발생한 연차휴가를 1년간 사용하지 않으면 수당으로 지급해야 합니다. 이와 같이 발생한 수당 청구권은 개별 근로자의 권리이므로 노동조합은 해당 권리를 처분할 권한이 없습니다.

따라서 사례처럼 연차휴가 미사용수당 청구권을 행사하지 않고 다음 연도로 연차휴가 사용권을 이월한다고 단체협약에 명시했어도 무효입니다. 다만, 개별 근로자와 사용자가 연차휴가 이월에 합의하는 것은 유효합니다.

27 촉탁직 연차휴가 산정

K회사의 취업규칙에 정년을 60세로 규정하고 있습니다. K회사는 정년퇴직자가 원할 경우 1년 단위로 계약기간을 정하여 촉탁직으로 고용해왔습니다.

근로자 A는 정년퇴직한 후 촉탁직으로 1년간 근무한 후 계약기간을 1년간 연장하여 만 2년 근무하고 퇴직하였습니다. A는 촉탁직으로 근무하면서 연차휴가를 전혀 사용하지 않았습니다. 이 경우 며칠분의 연차휴가 미사용수당을 지급해야 합니까?

정상적으로 근무하여 연차휴가 발생에 필요한 출근율은 충족하였습니다.

답 변

사업주는 고령자인 정년퇴직자를 재고용할 때 당사자 간의 합의에 의하여 연차휴가일수 계산을 위한 계속근로기간을 산정할 때 종전의 근로기간을 제외할 수 있습니다(고용상 연령차별금지 및 고령자고용촉진에 관한 법률 제21조 제2항).

사례의 경우 정년퇴직자를 촉탁직으로 새로 채용하면서 근로관계가 새로 시작되는 것으로 약정한 것으로 볼 수 있습니다. 따라서 최초 1년 동안에는 매월 개근 시 1일씩 최대 11일의 연차휴가 발생하였고(근로기준법 제60조 제2항), 만 1년 근무일의 다음 날 15일의 연차휴가가 발생하였습니다(근로기준법 제60조 제1항). 그러나 2차년도 근무에 대해서는 연차휴가가 발생하지 않습니다. 따라서 총 26일의 연차휴가가 발생했고 이를 사용하지 않았으므로 수당으로 지급해야 합니다.

28 퇴직한 경우 연차휴가 사용촉진의 효력

K회사는 연차휴가 사용촉진제를 시행하고 있습니다. 2021년 1월 1일에 입사한 근로자 A에 대해 2024년 7월 5일에 연차휴가 사용계획서 제출을 요구했습니다. 이에 따라 A는 당시 미사용 연차휴가일수 전체에 대한 사용계획서를 제출했습니다. 사용계획서에 의하면 미사용 연차휴가일수는 총 5일이며, 그중 2일은 9월 4일부터

9월 5일까지 사용할 계획이고, 3일은 11월 6일부터 11월 8일까지 사용할 계획으로 명시되어 있습니다.

9월 중에 사용하기로 계획한 날에 A가 출근하였고 회사는 노무수령 거부 의사를 명백히 표시했음에도 불구하고 A는 근로를 했습니다.

A는 10월 31일까지 근무하고 퇴직하였습니다.

이 경우 며칠분의 연차휴가 미사용수당을 지급해야 하나요?

답 변

근로기준법 제61조 제1항은 사용자가 연차휴가 사용촉진을 하였음에도 불구하고 근로자가 사용하지 아니하여 소멸한 경우에는 미사용수당을 지급할 의무가 없다는 취지로 규정하고 있습니다. 이에 의하면 연차휴가 미사용수당 지급의무 여부는 사용 가능성 여부에 있다고 볼 수 있습니다.

9월에 사용하기로 계획한 연차휴가는 회사의 노무수령 거부 의사표시에도 불구하고 근로한 것이므로 미사용수당을 지급할 의무가 없습니다. 그러나 11월 중에 사용하기로 계획한 연차휴가는 퇴직한 이후의 기간에 속하므로 사용이 불가능합니다. 따라서 이 3일분에 대해서는 미사용수당을 지급해야 합니다.

제15장

취업규칙

1 근로계약과 동일한 내용의 취업규칙을 불리하게 변경한 경우

K회사는 경영난을 이유로 상여금 지급률을 인하하는 내용으로 취업규칙을 변경하였습니다. 취업규칙 변경에 대하여 근로자 전원(30명)이 동의하였으며, 이와 관련하여 사용자측 개입 등 불법 사실은 전혀 없었던 것으로 확인되었습니다.

상여금 지급률에 대해 당초 취업규칙과 근로계약이 동일한 내용이었으나 취업규칙 변경 후 근로계약을 변경 체결한 조치는 없었습니다.

변경된 취업규칙에 따라 인하된 상여금을 계속 지급했으며 이에 대해 이의를 제기하는 근로자는 없었습니다. 그런데 최근에 퇴직한 근로자 A가 상여금 차액 지급 요구 진정을 제기하였는데 A는 취업규칙 변경과 별도로 근로계약은 변경 체결하지 않았으므로 근로계약에 따라 상여금을 지급했어야 한다고 주장하고 있습니다.

이 경우에 근로자에게 유리한 근로계약을 적용해야 하나요?

답 변

법령, 단체협약, 취업규칙, 근로계약 등에 의해 근로관계가 규율되는바, 법령 등을 규범이라고 부릅니다. 동일 사항에 대한 규범 간 규정 내용이 상이할 경우(규범 간 충돌) 「상위규범 우선의 원칙」과 「유리한 조건 우선의 원칙」에 의해 해결합니다.

「상위규범 우선의 원칙」은 예컨대 상위규범인 법령이 하위규범인 단체협약에 우선한다는 것입니다. 규범 간 위계는 위 기재 순서와 같습니다. 취업규칙이 근로계약에 대해서 상위규범입니다.

「유리한 조건 우선의 원칙」은 근로자에게 유리한 규범이 우선한다는 원칙입니다. 이 원칙은 「상위규범 우선의 원칙」의 예외로서 하위규범이 근로자에게 유리할 경우 하위규범이 상위규범에 우선합니다.

사례의 경우 상위규범인 취업규칙은 유효하게 변경되었지만 근로계약은 변경되지 않았습니다. 형식적으로는 근로계약이 유리하므로 근로계약을 적용해야 한다는 주장이 있을 수 있습니다. 그러나 취업규칙 변경 당시 동일한 내용의 근로계약도 변경하는 데 근로자 전원이 묵시적으로 동의했다고 볼 수 있습니다.

취업규칙 변경에 동의하면서 근로계약 변경에 반대한다는 것은 모순이기 때문입니다. 따라서 근로계약은 묵시적 동의에 의해 취업규칙과 동일한 내용으로 변경되었다고 볼 수 있습니다. 이 상황에서는 근로계약과 취업규칙은 상여금 지급률에서 동일하므로 상호 충돌하지 않아 「유리한 조건 우선의 원칙」이 문제 될 수 없습니다. 따라서 A의 주장을 수용할 수 없습니다.

취업규칙 불이익 변경 시 근로자 과반수 동의로 충분하고 전원 동의는 필수적인 요건이 아닙니다. 일반적인 경우라면 근로계약과 취업규칙 내용이 동일한 상황에서 취업규칙이 불이익하게 변경되었을 경우 이와 별도로 근로계약을 변경하지 않는 한 근로계약은 여전히 유효합니다. 따라서 「유리한 조건 우선의 원칙」에 의해 근로계약을 적용해야 합니다.

사례의 경우는 취업규칙 변경 전 그 내용이 근로계약과 동일하다는 점과 근로자 전원이 동의하였다는 특수한 상황에서 발생하는 문제라는 점을 유의할 필요가 있습니다.

보충설명

(1) 근로계약과 단체협약 간의 「유리한 조건 우선의 원칙」 적용 문제

근로계약이 단체협약에 비해 유리할 경우 「유리한 조건 우선의 원칙」에 따라 근로계약을 적용할 것인지 여부에 대해 긍정설과 부정설이 대립하고 있습니다. 긍정설은 단체협약은 최저기준이므로 근로계약이 더 유리하면 적용 가능하다고 주장하며, 부정설은 단체협약은 절대기준이므로 근로계약이 유리하더라도 단체협약을 적용해야 한다고 주장합니다.

(2) 취업규칙과 단체협약 간의 「유리한 조건 우선의 원칙」 적용 문제

이 경우에도 긍정설과 부정설이 대립하고 있습니다. 판례는 부정설입니다. 판례에 의하면 단체협약과 취업규칙에서 매년 상여금을 지급하기로 정하였는데 이후 단체협약으로 회사의 경영이 정상화될 때까지 상여금을 반납하기로 한 사안에서 단체협약에는 당연히 취업규칙상의 유리한 조건을 배제하는 합의가 포함된 것이라고 해석하여 「유리한 조건 우선의 원칙」을 부정한 사례가 있습니다(대법원 2000다30516, 2001.1.19.).

2 취업규칙 변경으로 재직자와 신규입사자 간에 퇴직금 규정 적용이 상이할 경우 취업규칙 불이익 변경 해당 여부, 퇴직금 차등금지 해당 여부

K회사는 취업규칙에서 퇴직금에 대하여 누진제를 규정하고 있었는데, 최근에 이를 변경하여 재직자에게는 종전대로 누진제를 유지하되 신규입사자에 대해서는 단수제(법정퇴직금)를 적용하는 것으로 하였습니다. 회사가 이와 같이 취업규칙을 변경한 이유는 최근에 경영이 악화되었기 때문입니다. 취업규칙 변경 시 근로자 과반수 동의를 받아 절차적으로는 문제가 없습니다. 이와 같은 경우는 취업규칙 불이익 변경에 해당하는지, 퇴직금 차등 금지를 규정한 근로자퇴직급여 보장법 제4조 제2항에 위반되지 않는지 궁금합니다.

••답 변••

누진제를 규정한 취업규칙을 단수제로 변경할 경우 불이익 변경에 해당합니다. 다만, 변경된 취업규칙은 변경 이후 입사자에게만 적용하고, 종전 취업규칙은 재직자에게만 적용함으로써 동일 사업장에 두 종류의 퇴직금제도가 존재하는 결과가 발생합니다. 이로 인해 퇴직금 산정방법 차등 적용을 금지한 근로자퇴직급여 보장법 제4조 제2항 위반이 문제 될 수 있습니다. 이에 대해서 대법원은 퇴직금 차등이 아니라고 판시하였습니다(91다45165, 1992.12.22.). 동 판결에서 그 이유를 밝히고 있지는 않습니다. 이에 대하여 김형배 교수는 「퇴직금제도를 설정할 때 그 전제가 되는 행위기초가 다른 경우에는 일정한 시점을 기준으로 결과적으로 퇴직금이 유리하게도 또는 불리하게도 될 수 있다. 따라서 제도설정 시점과 그 배경을 달리하는 신입사원인 근로자에게는 새 제도가 적용되므로, 이로 인하여 하나의 사업장에 두 개의 제도가 병존하더라도 근로기준법 제34조 제2항(근로자퇴직급여 보장법 제4조 제2항으로 개정되기 전 조항)이 적용될 여지는 없다고 판단된다」고 설명하고 있습니다(노동법 신판 제3판 624페이지 참조).

경기의 악화 등으로 기존의 취업규칙의 변경이 불가피한 경우에는 기득권을 침해하지 않는 선에서 취업규칙 변경이 가능하다고 보아야 합니다. 취업규칙 변경 후 입사자는 변경된 조건을 수용한 것이므로 부당하다고 주장할 수 없습니다. 만약 모든 근로자에게 절대적으로 평등한 제도를 유지해야 한다는 이유로 취업규칙 변경을 절대적으로 인정하지 않는다면 기업의 재정이 더욱 악화되어 고용불안이 가중될 수 있습니다.

따라서 사례와 같이 취업규칙 변경으로 인한 퇴직금 차등은 합리적인 이유가 있는 것으로서 부당하다고 볼 수 없습니다.

보충설명

취업규칙 불이익 변경 여부는 변경 시점을 기준으로 판단해야 하므로 변경 시점에 기존 근로자들이 불이익을 당하지 않았으면 불이익 변경이 아니라는 반론이 있을 수 있습니다.

취업규칙 불이익 변경 여부는 변경 전후 취업규칙을 내용상 비교하여 판단할 문제입니다. 사례의 경우 변경된 취업규칙이 내용상 근로자에게 불이익한 것은 사실입니다. 다만, 변경된 취업규칙을 재직 근로자에게 적용하지 않아서 결과적으로 불이익을 당하지 않았을 뿐입니다. 취업규칙 변경과 적용은 차원이 다른 문제입니다.

3 연차휴가 부여 기준 관련 취업규칙 변경의 적법 여부

K회사에서 아래와 같이 취업규칙을 개정하려고 합니다.

「회계연도 기준으로 연차휴가를 부여하되, 퇴사 시점에서 입사일 기준이 더 유리하면 입사일 기준으로 부여하나, 회계연도 기준이 입사일 기준보다 더 유리한 경우에는 이를 인정하지 않고 정산한다.」

이 경우 문제가 없는지 궁금합니다.

답 변

취업규칙 내용은 「회계연도 기준으로 연차휴가를 부여하되, 퇴사 시점에서 입사일 기준이 더 유리하면 입사일 기준으로 부여한다」는 부분(전반부)과 「회계연도 기준이 입사일 기준보다 더 유리한 경우에는 이를 인정하지 않고 정산한다」는 부분(후반부)으로 구분할 수 있습니다.

전반부는 「원칙적으로 회계연도 기준을 적용하고 예외적으로 입사일 기준을 적용한다」고 해석할 수 있고, 후반부는 「예외가 적용될 수 없는 경우에 원칙을 적용한다」고 해석할 수 있습니다. 결국 전반부와 후반부는 동일한 의미입니다. 전반부가 근로기준법에 위반되지 않으므로 전후반부를 합한 문구 전체적으로 근로기준법에 위반되지 않는다고 볼 수 있습니다.

4 취업규칙의 작성과 변경

K회사가 취업규칙을 신고하였습니다. 이 회사에는 이미 노조원을 적용대상으로 하는 취업규칙이 존재하지만, 이번에 신고한 취업규칙은 비노조원을 적용대상으로 합니다.

이 경우 이번에 신고한 취업규칙을 작성으로 보아야 하는지 변경으로 보아야 하는지 궁금합니다. 만약 작성에 해당할 경우 항상 근로자측의 의견청취로 충분한지 궁금합니다.

답 변

「작성」은 새로 취업규칙을 만드는 것이고 「변경」은 기존 취업규칙을 바꾸는 것입니다. 사례는 비노조원을 적용 대상으로 하는 취업규칙을 새로 만든 경우이므로 작성에 해당한다고 볼 수 있습니다.

취업규칙의 변경은 세부적으로는 개정(조항의 내용을 바꾸는 경우), 삭제(조항을 없애는 경우), 신설(조항을 새로 만드는 경우)로 구분할 수 있습니다. 취업규칙의 작성은 전체 조항을 신설하는 경우입니다. 변경에서 신설 범위는 일부 조항에 국한되지만 작성에서는 신설 범위가 전체에 해당한다는 점에서 상이합니다.

근로기준법 제94조 제1항 본문은 취업규칙의 작성 또는 변경 시 근로자측 의견청취에 관해 규정하면서 단서는 취업규칙의 불이익 변경 시 근로자측 동의에 관해 규정하고 있습니다. 취업규칙 변경 중 개정과 삭제의 경우에는 기존 조항과 비교하여 불이익 여부를 판단할 수 있습니다. 그런데 신설의 경우에는 비교 대상인 기존 조항이 없습니다. 따라서 불이익 변경에 해당할 수 있는지 의문이 제기될 수 있습니다. 그러나 불이익 여부 판단 시 기존 취업규칙 조항만을 비교 대상으로 할 것은 아닙니다. 예컨대 종래 관행적으로 기본급의 200%를 상여금으로 지급하던 사업장에서 보수규정(취업규칙의 일종)을 변경하면서 그 지급 기준을 기본급의 100%로 규정하는 조항을 신설한 경우 근로자측 입장에서는 취업규칙 조항 신설로 인해 불이익을 당하게 됩니다. 따라서 이 경우는 취업규칙의 불이익 변경으로서 근로자측의 동의를 받아야 한다고 보아야 합니다.

한편 근로기준법 제94조 제1항 단서는 취업규칙 불이익 「변경」에 관해 규정하고 있으므로 「작성」에는 적용되지 않으므로 의견청취로 충분하고 동의는 불필요하다는 주장이 제기될 수 있습니다. 위에서 설명한 바와 같이 취업규칙 작성은 전체 조항의 신설에 해당하는바, 변경의 신설에서 불이익 변경이 있을 수 있는 것과 마찬가지로 작성의 경우에도 불이익 변경에 해당하는 경우가 있을 수 있다고 보아야 합니다. 예컨대 종래 관행적으로 기본급의 200%를 상여금으로 지급하던 사업장에서 보수규정(취업규칙의 일종)을 작성하면서 그 지급 기준을 기본급의 100%로 규정한 경우 불이익 변경에 해당하므로 근로자측의 동의가 필요합니다.

5 법개정에 맞춰 취업규칙을 변경한 경우 불이익 변경 해당 여부

근로자 A가 K회사를 상대로 생리휴가수당 및 월차수당 지급 요구 진정을 제기하였습니다. 회사측은 2012년 근로기준법 개정에 맞춰 취업규칙을 변경하였으므로 수당을 지급할 이유가 없다고 주장합니다. 조사 결과 2012년에 취업규칙을 변경하면서 생리휴가수당 및 월차수당 조항을 삭제한 사실이 확인되었습니다. 변경 당시 근로자과반수의 의견을 들었으나 고용노동지청에 신고하지는 않았습니다.

이 경우 취업규칙 불이익 변경에 해당하는지 궁금합니다.

••답 변••

고용노동부 행정해석(문서번호 없음-171, 2002.1.1.)에 의하면 「사용자가 개정법 내용에 맞게 취업규칙을 변경하는 것은 사회통념상 합리성이 있다. 근로시간을 단축하고 휴가 등을 합리적으로 조정한 것은 근로자에게 불이익하다고 볼 수 없다. 따라서 사용자가 취업규칙 중 종전 법에 따라 규정된 근로시간·휴가 등에 관한 사항을 개정법에 따라 변경하는 것은 근로자 과반수로 조직된 노조나 근로자 과반수의 동의를 필요로 하는 불이익변경으로 볼 수 없을 것이다」라고 합니다(요지).

동 행정해석에 의하면 사용자는 취업규칙 변경과 관련하여 근로자 과반수의 동의를 받을 필요가 없고 의견청취만으로 가능한바, 의견청취는 한 것으로 판단되므로 이 부분에서는 문제가 없습니다.

취업규칙을 지방고용노동관서에 신고해야 한다는 규정은 단속규정이므로 미신고한 경우에도 효력에는 영향이 없습니다(통설).

6 취업규칙 불이익 변경 시 동의의 주체

K회사에서 취업규칙 변경신고를 하였습니다. 이 회사에는 두 종류의 취업규칙이 있습니다. 하나는 노조원을 대상으로 하고, 하나는 연봉제직원을 대상으로 하는데, 연봉제직원은 전부 비노조원입니다. 이번에 변경신고한 취업규칙은 연봉제직원을 대상으로 하는 것입니다. 불이익 변경에 해당하여 연봉제직원의 과반수의 동의를 받았습니다.

이 경우 추가로 노동조합의 동의를 받아야 하는지 궁금합니다.

••답 변••

취업규칙 불이익 변경 시 근로자측 동의를 얻도록 한 이유는 근로자 보호에 있습니다. 불이익 여부는 변경된 취업규칙 적용 여부와 직결됩니다. 설사 변경된 취업규칙이 그 내용상 객관적으로 불리하더라도 그 적용 대상이 아닌 근로자에게는 전혀 불리하다고 말할 수 없는 것입니다. 만약 적용 대상이 아닌 근로자가 동의의 주체에 포함될 수 있다면 적용 대상 근로자가 피해를 당하는 경우가 발생할 수 있습니다. 예컨대 특정 취업규칙을 적용받는 근로자가 10명이고 적용받지 않는 근로자가 30명이라고 가정할 경우, 해당 취업규칙 변경에 대해 전자의 10명이 전부 반대해도 후자의 21명 이상이 찬성하면 과반수 동의에 해당할 수 있습니다. 이렇게 되면 취업규칙 변경에 전혀 이해관계가 없는 제3자가 타인의 이해관계에 개입하는 결과가 발생합니다. 이것은 타당하지 않습니다. 따라서 불이익 변경 시 동의 주체는 해당 취업규칙 적용 대상 근로자로 한정된다고 보아야 합니다.

다만, 취업규칙 변경 당시에는 해당 취업규칙 적용 대상이 아니지만 장래 적용 대상이 될 가능성이 있는 근로자는 동의의 주체에 포함시켜야 합니다. 이 근로자도 취업규칙 변경에 이해관계가 있기 때문입니다.

사례의 경우 변경된 취업규칙은 연봉제직원이 그 적용 대상이므로 이 사람들이 동의의 주체가 된다고 보아야 합니다. 다만, 연봉제직원이 아닌 사람 중에 장래 연봉제직원이 될 가능성이 있는 사람도 동의의 주체에 포함시켜야 합니다.

판례도 위와 같은 입장입니다(대법원 2009두2238, 2009.5.28.). 행정해석은 불이익 변경 대상 근로자의 과반수의 동의를 얻어야 하고 근로자대표(과반수 노조, 근로자의 과반수)의 의견을 청취하면 된다고 합니다(근로기준팀-300, 2006.1.18.). 이 경우 근로자대표 의견청취 부분은 논리적으로 합당하지 않아 논란의 소지가 있다고 봅니다.

7 호봉제를 연봉제로 변경하는 내용의 취업규칙 변경이 불이익한지

K회사는 최근에 취업규칙을 변경하여 임금체계를 호봉제에서 연봉제로 변경하였습니다. 이것이 불이익 변경인지 논란이 있습니다.

••답 변••

호봉제의 경우에는 매년 호봉 승급에 따라 임금인상 효과가 발생합니다. 그러나 연봉제로 변경하면 장래 연봉액이 호봉제 임금액을 미달하는 연도가 있을 수 있습니다. 따라서 연봉제로 변경하는 것은 불이익하다고 볼 수 있습니다.

8 단체협약이 효력을 상실한 경우 기존 취업규칙이 부활하는지

근로자 A가 K회사를 상대로 진정을 제기하였습니다. A는 업무상 재해기간 중의 임금 산정이 잘못되었다고 주장합니다.

조사 결과 업무상 재해기간에 대하여 종전에는 취업규칙(업무상 재해에 대한 보상은 법령에 따름)에 따라 처리해오다 새로 체결된 단체협약(법령 규정 외 평균임금의 30% 별도 지급함)에 따라 처리해왔습니다. 이후 해당 단체협약이 효력을 상실하였습니다. A는 단체협약이 효력을 상실한 이후에 업무상 재해를 당했는데, 회사는 단체협약 효력 상실로 기존 취업규칙이 부활했다는 이유로 평균임금의 30%를 더 지급하지 않았습니다.

이 경우에 어떻게 처리해야 하나요?

••답 변••

기존 취업규칙은 새로 체결된 단체협약에 저촉되어 효력을 상실하였습니다(근로기준법 제96조 제1항 참조). 회사측은 이렇게 효력을 상실한 취업규칙이 추후 단체협약 효력 상실과 동시에 자동으로 효력을 회복했다는 취지의 주장을 하고 있습니다.

단체협약이 효력을 상실하더라도 근로조건에 관한 부분(규범적 부분)은 계속 효력을 유지합니다. 이를 「규범적 효력」이라고 합니다. 사례의 경우 단체협약의 해당 부분은 규범적 부분으로서 계속 효력을 유지합니다.

한편 이미 효력을 상실한 취업규칙이 자동으로 효력을 회복하지는 않으므로 효력을 회복시키려면 취업규칙을 변경해야 합니다.

이를 종합하면 현재 유효한 것은 단체협약 규정 내용입니다. 따라서 평균임금의 30%를 더 지급해야 합니다.

9 용역업체가 변경되면서 정년에 대하여 기존 업체의 단체협약상 규정과 신규 업체의 취업규칙상 규정이 불일치하는 경우

K대학교와 L회사 간의 청소용역계약기간이 만료하고 M회사와 새로운 용역계약이 체결되었습니다. M회사가 기존 근로자들의 고용을 승계하였습니다. L회사의 단체협약에 의하면 정년이 65세이나 M회사의 취업규칙에 의하면 정년이 60세입니다.

이 경우 고용승계된 근로자들의 정년은 몇 세로 보아야 하는지 궁금합니다.

답 변

사례에서 용역업체가 변경되면서 고용승계가 이루어졌다고 표현하고 있습니다. 원래 고용승계는 종전의 근로조건을 그대로 승계하는 것을 말합니다. 용역업체 간에 사업양도계약이 존재한다면 원래 의미의 고용승계가 원칙입니다. 그러나 사업양도계약이 존재하지 않는다면 원래 의미의 고용승계가 이루어질 가능성은 희박합니다.

사례처럼 용역업체가 변경되는 경우 일반적으로는 위탁자(사례의 경우 K대학교)와 새로운 업체(사례의 경우 M회사) 간에 용역계약이 체결될 뿐, 용역업체(사례의 경우 L, M회사) 간에 사업양도계약이 체결되지 않습니다.

일반적인 예에 비추어 사례의 경우는 원래 의미의 고용승계가 아니라 고용보장(기존 근로자들을 새로 고용한다는 의미)일 것으로 추측합니다. 이것이 사실이라면 M회사와 근로자들 간에 새로운 근로관계가 형성됩니다. 따라서 종전의 단체협약 규정이 승계된다는 문제는 발생할 수 없습니다. 결과적으로 M회사의 취업규칙에 의해 정년 60세로 보는 것이 타당합니다.

10 취업규칙보다 유리한 관행이 있는 경우

K회사는 3년 전부터 취업규칙에서 규정한 정근수당액수보다 10만원이 많은 금액을 매월 지급하였습니다. 퇴직한 A가 임금 및 퇴직금 지급 요구 진정을 제기했는데 마지막 달의 임금이 미지급된 상태입니다. 회사측은 정근수당을 착오로 지급했다고 하면서, 이미 지급한 것은 어쩔 수 없다고 하더라도 마지막 달 정근수당을 취업규칙대로 지급하겠다고 합니다. 또한 퇴직금 계산 시에도 취업규칙에서 규정한 정근수당액수에 부합하게 평균임금을 산정해야 한다고 주장하고 있습니다.

회사측의 주장이 타당합니까?

답 변

수년간 정근수당을 지급했으므로 관행이 성립했다고 볼 수 있습니다. 설사 사용자측의 주장대로 착오에 의해 관행이 성립했다고 하더라도 이 착오는 사용자측의 중대한 과실에 기인하므로 무효라고 볼 수 없습니다. 관행이 근로자에게 유리하므로 관행이 우선합니다(유리한 조건 우선의 원칙).

따라서 관행적으로 지급한 정근수당액수가 유효하며, 마지막 달 정근수당도 관행대로 지급해야 하고, 퇴직금 계산도 관행대로 지급한 액수를 기준으로 해야 합니다.

11 취업규칙보다 유리한 관행을 폐지할 경우 위법 여부

K회사는 취업규칙에 의해 연차휴가 한도를 25일로 규정하고 있습니다. 그러나 실제로는 한도와 관계없이 연차휴가를 부여하였고, 이 연차휴가 중 미사용일수에 대한 수당을 지급해왔습니다. 회사가 금년도부터 취업규칙에 따라 제한된 휴가일수를 기준으로 미사용수당을 지급하겠다는 방침을 공고하였습니다.

이 경우 임금전액지급 원칙에 위배되지 않나요?

••답 변••

관행이 취업규칙(근로기준법과 동일한 수준)에 비해 근로자에게 유리합니다. 이 경우 관행이 유효하므로 취업규칙은 무효입니다(유리한 조건 우선의 원칙). 무효인 취업규칙을 적용하는 것은 위법입니다. 따라서 근로기준법 제43조(임금전액지급 원칙) 위반이 됩니다.

12 인사규정 해석

근로자 A가 K회사에 경력직으로 입사할 당시 호봉 산정에 관해 인사규정에서 「1호봉에 경력을 가산하여 정한다」고 명시하고 있었습니다. A의 입사 당시 경력은 5년이었습니다. 회사는 A의 호봉을 5호봉으로 산정하였습니다. A는 6호봉으로 산정하는 것이 타당하다고 주장했으나, 회사는 당시 인사규정에 의하면 내부직원 승진 시 1호봉을 낮추는 내용이 있었고, 이를 경력직 호봉 산정 시에 준용하는 관행에 따랐다고 하였습니다.

3년 후 호봉정정 규정 신설에 따라 A의 경력이 반영되어 1호봉이 승급되었으나 소급 적용한다는 내용은 없었습니다. 이에 A는 입사 시부터 1호봉을 반영하여 호봉승급에 따른 임금차액을 지급하라는 진정을 제기하였습니다.

이 경우 A의 주장은 타당합니까?

답 변

당사자의 주장 대립은 입사 당시의 인사규정 해석 차이에 기인합니다. 해당 인사규정에 의하면 경력직을 채용하는 경우 1호봉에 경력을 가산하는 방식으로 호봉 산정을 하도록 규정하고 있습니다. 그런데 회사측은 경력직을 승진에 준한다고 간주하여 내부직원 승진 시 호봉을 1단계 낮추는 방식을 적용하였습니다. 승진은 채용된 후 일정 기간 근무 후에 이루어지는 것이 상식이므로 채용을 승진으로 본 회사측 주장은 인정할 수 없습니다.

따라서 채용 당시부터 A에 대하여 1호봉에 경력을 가산하는 방식으로 호봉 산정을 했어야 합니다. 호봉 산정오류로 인해 발생한 차액분을 지급하는 것이 타당합니다. 차액분 지급 문제는 호봉정정 규정 신설과 관계없습니다. 호봉정정 규정은 기존 인사규정을 재확인한 것에 불과하고 새로운 제도를 도입한 것은 아니기 때문입니다.

13 복무규정이 취업규칙에 속하는지

K회사의 취업규칙에서 징계사유 중 하나로 「회사가 정한 복무규정을 위반한 자」가 규정되어 있을 경우, 복무규정 내용을 근로자에게 불이익하게 변경하려면 취업규칙 변경과 동일한 절차를 거쳐야 하나요?

답 변

취업규칙 여부는 명칭에 의해 형식적으로 판단하는 것이 아니고, 그 내용이 다수 근로자에게 적용되는 것으로서 근로조건과 복무규율에 관한 사항을 규정하고 있으면 취업규칙으로 봅니다.

사례의 복무규정도 다수 근로자에게 적용되는 복무규율에 관해 규정하고 있으므로 취업규칙에 해당한다고 볼 수 있습니다. 따라서 취업규칙 변경 절차를 거쳐야 합니다.

14 취업규칙 미게시, 미신고 시 효력

근로자 A와 K회사 간에 작성된 근로계약서에 의하면「상여금을 1년에 기본급의 200%를 지급하되, 구체적인 사항은 취업규칙에 정한다」고 규정하였습니다. 취업규칙에 의하면「상여금을 추석에 100%, 설에 100% 지급하되, 근속기간 1년 이상자에 한한다」고 규정하고 있습니다. A는 퇴직 후 상여금 미지급을 이유로 진정을 제기하였습니다.

A는 회사측이 취업규칙 내용을 알려 주지 않아서 그 내용을 잘 알지 못했고, 회사측이 취업규칙을 열람이 용이한 장소에 게시하지도 않았으며, 고용노동부에 신고하지도 않았으므로 무효라고 주장하고 있습니다. 회사측은 근로계약서 작성 시에 취업규칙 내용을 구두로 알려주었고, 취업규칙을 총무과에 비치하여 관리하면서 근로자들이 원하면 언제든지 보여준다고 주장합니다. 다만, 지방고용노동관서에 신고하지 않은 것은 사실이라고 시인하였습니다.

조사 결과 A는 입사 후 첫 번째 추석과 설에 근속기간 1년 미만으로 상여금을 받지 못한 것으로 확인되었습니다. 취업규칙은 A 입사 전 근로자 과반수의 의견을 들어 작성되었고, 총무과에 비치하여 관리하는 사실이 확인되었습니다.

이 경우 A의 주장이 타당한지 궁금합니다.

답 변

A가 취업규칙 내용을 잘 몰랐다고 주장하나 근로계약서에 명시되어 있으므로 최소한 그 존재 자체는 알고 있었을 것입니다. 또한 첫 번째 추석과 설에 상여금이 미지급되었을 때 취업규칙 내용을 확인할 필요가 있었다고 봅니다.

취업규칙 미게시의 경우 효력에 대해서는 유효설과 무효설이 첨예하게 대립하고 있어 무효라고 단언할 수 없습니다.

취업규칙 미신고의 경우 효력에 대해서도 견해 대립이 있으나 유효설이 다수설입니다. 판례(대법원 2001다63599, 2004.2.12.)와 고용노동부 행정해석(근기 68207-790, 1996.6.11.)도 다수설과 같습니다.

위의 사실을 종합하면 근로자의 주장을 인정하지 않는 것이 타당합니다.

15 회사 폐업 후 개업하면서 변경한 취업규칙의 효력

K회사는 노조와 갈등문제로 폐업하고 회사명칭과 회사대표를 변경하여 3주 후에 개업하였습니다. 기존 근로자들에 대해서는 재고용하는 방식으로 계약서를 새로 작성하였습니다. 이 과정에서 퇴직금을 지급하는 등 고용관계를 단절하는 조치를 한 바는 없습니다.

취업규칙을 제정하는 형식을 취하면서 근로자의 과반수 의견을 청취했는데 해당 취업규칙 중 일부 조항은 종전에 비해 근로자에게 불리합니다.

제정된 취업규칙을 적용할 수 있나요?

••답 변••

사례의 경우처럼 회사를 폐업한 후 회사명칭과 회사대표를 변경한 후 개업했다고 하더라도 회사의 동일성이 계속 유지되고 있다고 보아야 합니다. 즉, 형식적으로만 회사가 변경된 것처럼 보일 뿐 실질적으로는 변경되지 않았습니다. 또한 기존 근로자들의 고용관계도 계속 유지되고 있다고 보아야 합니다.

따라서 취업규칙을 제정하는 형식을 취했다고 하더라도 이는 변경에 해당합니다. 따라서 해당 취업규칙이 종전 취업규칙에 비해 근로자에게 불리하다면 근로자 과반수의 동의를 얻었어야 유효합니다. 그런데 동의 없이 의견청취만 하였으므로 무효입니다. 따라서 종전 취업규칙이 계속 유효하므로 이를 적용해야 합니다.

제16장

징 계

1 수개월에 걸친 감급제재 시 1임금 지급기의 임금총액이 일정하지 않을 경우 기준월을 정하는 방법

K회사는 근로자 A에 대하여 징계규정에 의해 감봉 3개월 처분을 하였습니다. 감봉액은 1임금 지급기의 임금 총액의 10분의 1이라고 합니다. A는 시급제이고 매월 초일부터 말일까지를 임금계산기간으로 하여 다음 달 10일에 지급합니다. A에 대한 감봉 처분일은 2024년 1월 10일이고, 1월분 임금부터 감봉하기로 하였습니다.

시급제이므로 A의 매월 임금은 일정하지 않습니다. 이 경우 어느 달 임금을 기준으로 하여 감급액을 정해야 정당한지 궁금합니다.

답 변

근로기준법 제95조는 「취업규칙에서 근로자에 대하여 감급(減給)의 제재를 정할 경우에 그 감액은 1회의 금액이 평균임금의 1일분의 2분의 1을, 총액이 1임금 지급기의 임금 총액의 10분의 1을 초과하지 못한다」고 규정하고 있습니다.

동 규정에 대해 행정해석(근로기준팀-462, 2008.1.25.)은 「근로기준법 제95조는 감액의 범위에 대한 제한을 하고 있을 뿐 감급의 횟수나 그 기간에 대한 제한을 하고 있지 않다. 따라서 위 1회 및 총액에 대한 제한 규정을 준수하는 한, 1개월 동안 수회 또는 수개월 동안 수회의 감급을 할 수 있을 것이다. 예컨대 1일 평균임금이 10만원이고 1임금 지급기의 임금총액이 300만원인 경우라면 1회 5만원, 총액 30만원의 한도 내에서 기간의 제한 없이 수회에 걸쳐 감급을 할 수 있다」고 설명합니다(필자가 요지를 정리함).

금지되는 감급을 정리하면 다음과 같습니다(하갑래, 근로기준법 제32판, 910페이지 참조).

① 1회의 사범이 평균임금의 1일분의 반액을 초과하는 경우

② 1회의 사범이 1임금 지급기의 임금 총액의 10분의 1을 초과하는 경우

③ 여러 번의 사범이 1임금 지급기에 발생한 경우로서 각각의 사범에 대한 감급의 합계액이 1임금 지급기의 임금 총액의 10분의 1일 초과하는 경우

④ 1회의 사범에 대하여 여러 개월에 걸쳐 나누어 감급을 하더라도 그 금액을 모두 합한 금액이 1임금 지급기의 임금 총액의 10분의 1일 초과하는 경우

사례의 경우는 1회의 사범에 대하여 3개월간 총 3회에 걸쳐 감급을 하되 그 합계액이 1임금 지급기의 임금 총액의 10분의 1이므로 적법합니다. 여기에서 1임금 지급기를 어떻게 볼 것이냐는 문제가 있습니다. 위 행정해석(근로기준팀-462, 2008.1.25.)은 「임금의 계산을 일급으로 한다고 하여도 임금을 매월 1회 지급한다면 월급제로 볼 수 있어 1임금 지급기는 1개월이 될 것이다」라고 설명하고 있습니다. 여기에서 월급제로 볼 수 있다는 표현은 문제가 있지만(매월 1회 지급한다고 해도 일급제임), 1임금 지급기를 1개월로 보는 것은 타당합니다. 사례는 시급제이지만 위 행정해석의 취지를 고려하면 1임금 지급기는 1개월로 보는 것이 타당합니다.

그런데 시급제의 경우 매월 임금액수가 일정하지 않습니다. 시급제의 경우 매월 지급하는 임금은 시급에 월 근로시간(소정근로시간+유급시간)을 곱하여 산정하는바, 매월 근로시간이 일정하지 않기 때문입니다. 사례의 경우에는 3개월에 걸쳐 감급을 하게 되므로 어느 달의 임금액수를 기준으로 감급을 할 것이냐는 의문이 제기되는 것입니다. 감급의 제재의 또 다른 기준인 「평균임금의 1일분의 2분의 1」의 경우에 평균임금 산정이 문제 되는바, 이 경우에는 그 사유가 발생한 날을 확정해야 합니다. 이 경우 그 사유가 발생한 날은 일반적으로 감급 제재의 의사표시가 근로자에게 도달한 날로 봅니다. 따라서 사례의 경우에도 이를 유추하여 감급을 결정할 당시의 해당 월의 임금액수를 기준으로 감급을 하는 것이 타당하다고 봅니다.

예컨대 감급 제재를 결정할 당시(2024년) 시급 10,000원, 월 근로시간이 208시간, 월 임금액수가 2,080,000원일 경우, 감급액수의 합계액은 208,000이고 이 금액의 1/3을 3개월에 걸쳐 매월 1회 감액할 수 있습니다.

2 이중징계 해당 여부

K회사는 취업규칙에 다음과 같이 규정하고 있습니다.

「1. 징계의 종류 : 경고, 감봉, 정직, 강등, 해고

2. 회사의 결정에 따라 위 징계에 더하여 일정 기간 승진을 제한할 수 있다.」

위 규정에 따라 회사는 근로자 A에 대하여 다음과 같은 내용의 징계 통지를 하였습니다.

「징계 통지 : 감봉 및 6개월간 승진 대상자에서 제외」

A는 노동위원회에 부당징계 구제신청을 하였습니다. A는 이중징계이므로 부당하다고 주장합니다.

이 경우 이중징계에 해당하는지요?

답 변

이중징계라 함은 하나의 사건에 대하여 징계한 후에 동일 사건에 대하여 다시 징계하는 경우를 말합니다. 이중징계는 일사부재리의 원칙 위반입니다.

취업규칙에서 승진제한은 징계의 종류에 포함되어 있지 않지만 징계에 부수하는 제재조치로 볼 수 있습니다. 즉, 사례의 승진제한은 감봉에 부수하는 제재이고 감봉과 별도로 행해진 징계는 아닙니다. 따라서 이중징계로 볼 수 없습니다.

다만, 동 징계가 적법한지 여부는 별개의 문제로 정당성 여부에 의해 결정됩니다.

3 정직기간에 출근한 경우

근로자 A는 회사로부터 20일간 정직처분을 받았습니다. 회사 취업규칙은 「정직기간은 무급으로 한다」고 규정하고 있습니다. 회사는 A에게 정직기간에 평소의 출근시간에 맞춰 출근하여 특정 사무실 내에서 근신하고 평소의 퇴근시간에 맞춰

퇴근하도록 지시하였습니다. 이에 따라 A는 출근하였으나 특정 사무실 내에 있지는 않고 인근 사무실에 머물렀습니다. 회사 취업규칙에 정직기간 중 출근 여부에 대해서 규정한 바는 없습니다.

A는 회사를 상대로 정직기간에 대한 임금 지급을 요구하는 진정을 제기하였습니다.

답 변

정직은 일정 기간 직무에 종사하지 못하게 하는 징계행위입니다. 정직기간에는 근로제공 의무가 면제됩니다.

사례의 경우 사용자는 A에 대하여 평소처럼 출퇴근하고, 특정 장소에서 근신하도록 지시하였습니다. 위에서 설명한 바와 같이 정직기간에는 근로제공 의무가 면제되므로 A는 출근할 의무가 없다고 보아야 합니다. 따라서 사용자의 지시는 정직의 목적 달성에 불필요한 과잉 조치라고 볼 수 있습니다. 또한 이 지시는 취업규칙 등에 근거규정도 없이 행해진 것입니다.

A는 지시에 따라 출근하였고, 다만, 특정 장소에서 근신하라는 지시에는 따르지 않고 사업장 내에서 대기하였습니다.

이와 같은 사업장 내 대기시간에 대하여 근로시간으로 인정할 수 있는지 논란이 되고 있습니다. 근로기준법 제50조 제3항은 「작업을 위하여 근로자가 사용자의 지휘·감독 아래에 있는 대기시간 등은 근로시간으로 본다」고 규정하고 있습니다. 그러나 사업장의 대기시간이라는 명칭이 위 법조항의 대기시간과 항상 일치하는 것은 아니기 때문에 이른바 대기시간을 근로시간으로 인정할 수 있는지 여부는 근로자가 그 시간을 자유롭게 이용할 수 있는지 여부에 따라 결정합니다. 근로자가 자유롭게 이용할 수 없는 시간은 사용자의 지휘·감독하에 있는 시간으로서 근로제공 시간으로 볼 수 있습니다. 또한 근로제공 여부는 평소 수행하는 근로계약상 업무에 한정되지 않습니다.

A는 평소의 출퇴근시간을 준수해야 하고, 사업장을 마음대로 벗어날 수 없었다는 점에서 활동의 제약이 있었다고 보아야 합니다. 즉, 대기시간을 자유롭게 이용할 수 없었다고 보아야 합니다. 또한 사용자가 근거도 없이 지시한 부당

성도 고려해야 합니다. 따라서 위 대기시간은 사용자의 지휘·감독하에 있는 시간에 해당하므로 이에 대하여 임금 청구권이 발생한다고 보아야 합니다.

한편 특정 장소에서 근신하라는 지시에 따르지 않은 점이 임금 청구권 발생 여부에 영향을 미칠 수 있는지도 논란이 될 수 있습니다. 특정 장소에서 근신하는 것과 사업장 내에서 대기하는 것은 본질적으로 차이가 없습니다. A가 머문 장소의 광협에 차이는 있으나 사용자의 영향권 내에 있는 한정된 장소라는 점에 차이가 없고, 근신하는 것이나 대기하는 것이나 특별히 하는 일 없이 시간을 보낸다는 점에서 차이가 없기 때문입니다. 따라서 이 점이 임금 청구권 발생 여부에 영향을 미칠 수는 없습니다.

4 시말서 제출 요구

K회사는 근로자 A에 대해 업무태만 등을 이유로 징계의 일종인 견책 처분을 하였습니다. 견책에 대해 취업규칙에는 아래와 같이 규정되어 있습니다.

「견책 : 본 규칙 또는 사규에 위반된 정도가 경미하다고 인정되는 자에 대하여는 시말서를 받고 장래를 훈계한다」

회사는 위와 같이 견책 처분한 이후에 A에게 시말서 제출을 지시하였습니다. A는 부당한 요구라고 반발하며 시말서 제출을 거부하였습니다. A의 주장에 의하면 그는 견책 처분 전에 회사의 지시에 의해 경위서를 제출하였는데 그 경위서에는 견책 처분과 관련된 사실이 상세히 기재되었으므로 재차 시말서를 제출할 이유가 없다는 것입니다. 조사 결과 A가 제출한 경위서에 견책 처분과 관련된 사실이 상세히 기재된 사실이 확인되었습니다.

그러나 회사는 시말서 제출을 지시한 것은 취업규칙에 근거하고 있고, 경위서와 시말서는 별개라고 주장하고 있습니다.

급기야 회사는 시말서 제출 지시 거부를 이유로 A에 대해 다른 징계를 추진하고 있습니다.

이 경우 회사가 A에 대해 시말서 제출을 지시한 것이 정당한지 여부가 궁금합니다.

답 변

A가 제출한 경위서에는 견책과 관련된 사실이 상세히 기재되어 있습니다. 견책처분 전에 해당 경위서에 의해 사실관계 파악이 가능하므로 새삼스럽게 경위 파악 목적의 시말서 제출을 요구할 필요가 없습니다. 그럼에도 불구하고 시말서 제출을 요구한 것은 그 목적이 경위 파악에 있다고 볼 수 없습니다. A로 하여금 사과나 반성을 표현하도록 하는 것이 그 목적이었다고 추정할 수 있습니다. 이와 같은 목적의 시말서 제출 요구는 헌법 제19조에서 규정한 양심의 자유를 침해하는 것입니다. 대법원 판례도 동일한 취지로 판시하고 있습니다. 위와 같은 추정을 부정하려면 회사가 합리적인 이유를 제시해야 합니다.

회사는 경위서와 시말서는 다르다고 주장하지만 양자는 명칭상 차이가 있을 뿐 사건의 전말을 기술한 문서라는 점에서 성질상 차이가 없습니다. 시말서를 순화하여 경위서라고 부르는 것이 일반적입니다.

따라서 회사가 시말서 제출의 합리적인 이유를 제시하지 않고 단지 취업규칙에 규정되어 있다는 이유만으로 징계를 추진하는 것은 부당하다고 볼 수 있습니다.

판례 **대법원 2009두6605, 2010.1.14.**

취업규칙에서 사용자가 사고나 비위행위 등을 저지른 근로자에게 시말서를 제출하도록 명령할 수 있다고 규정하는 경우, 그 시말서가 단순히 사건의 경위를 보고하는 데 그치지 않고 더 나아가 근로관계에서 발생한 사고 등에 관하여 '자신의 잘못을 반성하고 사죄한다는 내용'이 포함된 사죄문 또는 반성문을 의미하는 것이라면, 이는 헌법이 보장하는 내심의 윤리적 판단에 대한 강제로서 양심의 자유를 침해하는 것이므로, 그러한 취업규칙 규정은 헌법에 위배되어 근로기준법 제96조 제1항에 따라 효력이 없고, 그에 근거한 사용자의 시말서 제출명령은 업무상 정당한 명령으로 볼 수 없다.

제17장

해 고

1 그만두라는 말에 대하여 알았다고 한 경우 해고의 성립 여부

근로자 A가 K업체(개인기업) 대표 B를 상대로 해고예고수당 지급 요구 진정을 제기하였습니다. A는 이 업체에 입사한 지 약 6개월째 근무하던 중 사장 B로부터 「가게 사정이 어려우니 내일부터 나오지 마세요. 밀린 임금은 오늘 저녁에 계좌로 입금하겠습니다」라는 말을 들었고(조사 당시 B는 위와 같은 말을 한 사실을 인정하였음), A는 「알았습니다」라고 말하고 짐을 정리하여 퇴근하였다고 진술하였습니다. 다음 날 A는 B에게 해고예고수당을 요구했으나 B가 거절하자 진정을 제기하게 된 것입니다.

B는 A가 이의를 제기하지 않고 동의했으므로 해고가 아니라 권고사직이라고 주장합니다. A는 어차피 이의를 제기해봐야 소용이 없을 것 같아서 이의를 제기하지 않았을 뿐이라고 주장합니다.

이 경우에 어떻게 처리해야 하나요?

•답 변•

근로관계가 종료하는 사유는 크게 「당사자의 의사」와 「사건」으로 구분할 수 있습니다.

당사자의 의사에 의한 경우는 해고, 사직(임의퇴직), 합의퇴직(권고사직, 의원면직)으로 세분할 수 있습니다.

사건은 당사자의 의사와 무관하게 근로관계가 종료하는 것으로서 계약기간 만료, 정년의 도래, 근로자의 사망 등이 있습니다.

사례는 해고와 권고사직의 구별에 관한 문제입니다. 해고는 사용자의 일방적인 의사표시에 의해 근로관계가 종료하는 것을 말합니다. 이에 반해 권고사직은 사용자의 권유에 기한 근로자의 의사표시에 의해 근로관계가 종료하는 것을 말합니다.

양자는 사용자의 의사표시가 있다는 점에서 공통점이 있지만 그 성질은 상이합니다. 권고사직의 경우 근로관계 종료 여부에 대하여 근로자에게 선택의 기회를 준다는 점에서 근로관계 종료에 관한 사용자의 의사표시는 불확정적입니다. 즉, 권고사직의 경우 사용자가 사직을 권고할 때까지는 근로관계 종료는 불확정적이고 근로자가 근로관계 종료를 선택해야 근로관계가 종료합니다. 만약 근로자가 계속근로를 선택하면 근로관계는 종료하지 않습니다. 그러나 해고의 경우에는 근로관계 종료에 관한 사용자의 의사표시는 확정적입니다.

사례의 경우 B가 A에게 선택의 기회를 주지 않고 확정적으로 근로관계를 종료시키겠다는 의사표시를 했습니다. 이 상태에서 근로관계 종료는 기정사실이 되었으므로 A가 어떤 말을 해도 근로관계 종료 효과에 영향을 미칠 수 없습니다. A가 「알았습니다」라고 한 말은 동의가 아닙니다. 이 말이 동의에 해당하려면 그 전제로 B가 A에게 동의를 구했어야 합니다. 그러나 B는 근로관계를 종료시키겠다고 일방적으로 통지하였을 뿐 동의를 구한 사실이 없습니다. A의 말은 근로관계 종료를 원하는 의사표시가 아니라 이미 근로관계 종료가 확정된 사실을 인식하고 있다는 표시에 불과합니다. A의 말은 「그렇다면 어쩔 수 없다. 더 다니겠다고 하지는 않겠다」는 의미를 내포하고 있다고 해석할 수 있습니다. 그러나 이 말이 해고예고수당 청구권까지 포기하는 의미라고 확대하여 해석할 수는 없습니다.

따라서 사례는 해고에 해당하므로 A는 해고예고수당을 청구할 수 있습니다.

위 설명은 사실이 확정된 것을 전제로 한다는 점에 유의해야 합니다. 즉, 사용자가 위와 같이 말한 사실이 증명된 경우를 전제로 하는 것입니다. 사례의 경우 B가 해당 사실을 자백했습니다. 그러나 실제로 진정사건 등이 제기된 경우 사용자가 해고사실을 부정하는 경우가 많습니다. 즉, 해고한 것이 아니고 사직을 권고하였을 뿐이라고 주장하는 경우가 많습니다. 이와 같이 당사자 간의 주장이 불일치할 경우에는 사실관계 파악이 우선되어야 합니다. 근로자 입장에서 권고사직으로 오해받지 않으려면 사용자가 그만두라고 말할 때 이의제기, 해고통지서 교부 요구 등을 하는 것이 좋습니다.

보충설명

(1) 해고 또는 권고사직과 법률행위의 관계

해고는 법률행위입니다. 법률행위는 의사표시를 필수적인 요소로 합니다. 의사표시는 「일정한 법률효과의 발생을 원하는 의사를 외부에 나타내는 행위」를 말합니다. 해고에서 「일정한 법률효과」는 근로관계의 종료입니다. 해고에서는 사용자가 근로관계 종료의 발생을 원하는 의사를 외부에 나타내는 것입니다. 해고의 경우에는 사용자의 일방적인 하나의 의사표시만 필요합니다. 따라서 해고의 경우 근로자의 의사표시는 불필요합니다.

의사표시는 상대방에게 도달하면 효력이 발생합니다(민법 제111조 제1항). 해고의 경우 사용자의 의사표시가 근로자에게 도달하면 근로관계 종료라는 법률효과가 발생합니다. 이와 같이 근로관계 종료 효과가 발생한 상태에서 근로자가 「알았다」고 한 말은 의사표시가 아닙니다. 위에서 언급한 바와 같이 의사표시는 「일정한 법률효과의 발생을 원하는 의사」의 표시이고, 여기에서 「일정한 법률효과」는 근로관계의 종료인바, 근로자가 이 말을 하기 전에 근로관계 종료 효과는 이미 발생한 상태입니다. 따라서 근로자가 근로관계의 종료를 원하는 의사표시를 할 필요가 없습니다.

권고사직도 법률행위입니다. 권고사직의 경우에는 의사표시가 둘입니다. 사용자의 사직을 권고하는 의사표시와 근로자의 사직의 의사표시입니다. 이 경우에는 사용자의 의사표시만으로 근로관계 종료 효과가 발생하지 않고 근로자의 사직의 의사표시가 있어야 근로관계 종료 효과가 발생합니다. 이 경우에는 사용자의 의사표시와 근로자의 의사표시라는 2개의 의사표시의 합치에 의해 근로관계 종료 효과가 발생하므로 이것은 합의퇴직의 일종입니다.

(2) 사직과 권고사직의 차이

사직은 근로자의 일방적인 의사표시에 의해 근로관계가 종료하는 것입니다. 예컨대 근로자가 사직서에 사직 희망일을 기재하고 그날까지만 근로하고 출근하지 않는 경우입니다. 해고와 대칭되는 개념입니다. 이를 임의퇴직이라고 칭하기도 합니다. 이에 반해 권고사직은 사용자와 근로자의 의사표시의 합치에 의해 근로관계가 종료하는 것입니다. 합의퇴직의 일종입니다.

(3) 사직과 의원면직의 차이

또 다른 합의퇴직의 일종으로서 사직서에 사직을 허락해달라는 내용을 기재하고 사용자가 이를 수리함으로써 근로관계가 종료하는 경우가 있습니다. 이를 의원면직이라고 칭하기도 합니다. 이 경우에는 근로자의 일방적인 의사표시에 의해 근로관계가 종료하는 것이 아닙니다. 근로자의 청약(허락 요청)과 사용자의 승낙(수리)이라는 2개의 의사표시의 합치에 의해 근로관계가 종료합니다.

근로자가 사직서를 제출한 경우 사직(임의퇴직)의 통고인지 합의퇴직의 청약인지는 사직서의 기재내용, 사직서의 작성・제출의 동기 등 제반 상황을 종합해서 판단해야 할 문제입니다. 그러나 근로자의 퇴직의 자유가 보장되어야 하므로 사직서 제출은 특별한 사정이 없는 한 사직(임의퇴직)의 통고로 보는 것이 타당합니다(대법원 99두8657, 2000.9.5. 참조).

(4) 근로관계 종료 관련 명칭 해석 시 주의할 점

위에서는 근로관계 종료와 관련하여 다수의 명칭을 동원하였으나 그중 해고를 제외하고는 법정명칭은 아닙니다. 즉, 근로기준법 등에서 해고라는 명칭을 규정하고 있을 뿐입니다. 이런 이유로 학계나 법원, 행정부 등에서 통일된 명칭을 사용하고 있지 않은 실태입니다. 예컨대 어떤 사람이 「사직」이라고 표현했을 때 그 사람은 이를 「권고사직」의 의미로 사용할 수도 있습니다. 따라서 사례별로 사용된 명칭이 어떤 의미인지 주의해서 검토할 필요가 있습니다.

2 해고일 도래 전에 출근을 거부한 경우 해고예고수당 발생 여부

K식당에서 6개월째 근무하는 근로자 A에게 사장 B가 일주간 기간을 줄 테니 계속 근무하면서 다른 일자리를 알아보라고 하였습니다. A가 해고예고수당을 요구하였으나 B는 거절하였습니다. 이에 A는 다음 날부터 출근하지 않겠다고 말하고 출근하지 않았습니다. 10일 후 A는 해고예고수당 지급 요구 진정을 제기하였습니다. B는 자기가 부여한 일주간의 기간이 도래하기 전에 A가 그만둔 것이므로 사직이라고 주장합니다.

이 경우에 어떻게 처리해야 하나요?

••답 변••

사례는 근로관계 종료 원인에 관한 문제입니다. 구체적으로는 근로관계가 누구의 의사표시에 의해 종료했다고 볼 수 있냐는 문제입니다.

의사표시에 의한 근로관계 종료 원인은 해고, 사직(임의퇴직), 합의퇴직(권고사직, 의원면직)이 있습니다. 이는 의사표시의 주체를 기준으로 한 구분입니다.

해고의 경우 근로관계 종료의 의사표시의 주체는 사용자입니다. 여기의 의사표시는 근로관계를 종료시키겠다는 사용자의 확정적인 의사표시입니다. 사용자가 근로자의 동의를 구하는 것이 아니라는 의미입니다. 따라서 사용자의 의사표시에 대하여 근로자가 어떤 말을 한다고 하더라도 근로관계 종료에 영향을 미치지 않습니다. 의사표시는 상대방에게 도달하면 효과가 발생하는바, 해고의 경우에는 사용자의 의사표시가 근로자에게 도달하면 근로관계 종료의 효과가 발생합니다. 다만, 즉시해고가 아닌 경우에는 해고일이 도래할 때 근로관계가 종료한다는 기한부 효과가 발생한다고 볼 수 있습니다. 즉, 사용자의 의사표시에 의해 근로관계가 종료한다는 사실은 확정되고 그 시기가 해고일까지 유보된다고 말할 수 있습니다.

사직(임의퇴직)의 경우 근로관계 종료의 의사표시의 주체는 근로자입니다. 이 경우에도 의사표시는 확정적이므로 사용자의 동의를 구하는 것이 아닙니다. 또한 의사표시가 사용자에게 도달하면 근로관계 종료효과가 발생합니다. 다만, 민법 제660조에 의해 일정 기간 그 효과 발생이 유보됩니다.

합의퇴직의 경우 근로관계 종료의 의사표시의 주체는 근로자와 사용자입니다. 이 경우에는 일방의 의사표시만으로 근로관계가 종료하지 않고 상대방이 동의해야 근로관계가 종료합니다. 이 점에서 해고와 상이합니다. 해고의 경우에는 사용자의 의사표시만으로 근로관계가 종료하고 이에 대하여 근로자가 어떤 말을 하더라도 근로관계 종료에 영향을 미치지 않으나, 합의퇴직의 경우에는 노사가 합의하지 않으면 근로관계는 종료하지 않습니다. 권고사직이 여기에 속합니다. 근로자가 사직의 허락을 구하는 사직서를 제출하고 사용자가 이를 수리하는 방식인 의원면직의 경우도 합의퇴직에 속합니다.

사례의 경우 사용자의 의사표시에 의해 일주 후 근로관계가 종료한다는 사실이 확정된 상태에서 근로자가 근로제공을 거부한 것입니다. 이 근로제공 거부를 사직(임의퇴직)으로 볼 수는 없습니다. 사직(임의퇴직)이란 정상적으로 근로관계가 계속되는 상태에서 근로자의 의사표시에 의해 근로관계를 종료시키는 것입니다. 사례의 경우 사용자에 의해 이미 근로관계 계속이 불가능해진 상태에서 근로자가 근로제공을 거부한 것입니다. 근로자가 근로제공을 거부할 당시에 근로관계 종료일이 도래하지 않았으므로 근로관계가 종료한 상태는 아니지만, 이것은 잠정적인 상태에 불과하고, 일주 후에 근로관계가 종료한다는 사실은 확정적입니다. 이를 기한부 법률행위라고 합니다.

따라서 근로자의 근로제공 거부는 결근으로 보아야 하고 이를 사직(임의퇴직)으로 볼 수 없습니다. 당초 사용자가 근로관계를 종료시키겠다는 의사표시를 하지 않았다면 근로자가 근로제공을 거부하지 않았을 것이므로 근로제공 거부 자체에 대하여 문제시할 수도 없습니다. 오히려 충분한 여유를 주지 않고 근로관계를 종료시키겠다는 의사표시를 했으면서 수당도 지급하지 않겠다고 하는 사용자가 문제입니다.

이상을 종합하면 사례의 경우 30일 전에 예고하지 않은 해고이므로 해고예고수당 청구가 가능합니다.

3 소매 배송 업무를 못하겠으면 그만두라는 말을 한 경우

근로자 A가 K업체(개인기업) 대표 B를 상대로 해고예고수당 지급 요구 진정을 제기하였습니다.

A는 입사 시 도매 배송 업무를 담당하기로 하였고 초기에는 그렇게 근무하였는데 입사한 지 6개월경 어느 날 B가 소매 배송 업무도 시켰습니다. 이에 A는 불만을 표시하며 3월 10일 B에게 일주 뒤에 그만두겠다고 하였습니다. B는 5월 말까지 일해 달라고 사정하였습니다. A는 그렇게 하기로 하고 근무를 계속하였습니다. 3월 20일 B가 또 소매 배송 업무를 시키자 A는 반발하였고, B는 A에게 「소매 배송 업무를 못하겠으면 그만둬라」라고 말하였습니다.

A는 그만두라고 하였으므로 해고라고 주장합니다. B는 A가 소매 배송 업무를 못하겠다고 그만둔 것이므로 해고가 아니라 권고사직이라고 주장합니다.

이 경우에 어떻게 처리해야 하나요?

••답 변••

A는 당초 사직하겠다는 의사를 표시했으나 B와 5월 말까지 근로하기로 합의함으로써 사직 의사표시를 철회했다고 볼 수 있습니다. 따라서 당초의 사직 의사표시는 더 이상 문제 되지 않은 상태가 되었고, 근로관계는 정상적인 상태로 복원되었습니다. 이제 이 상태에서 근로관계를 종료시킨 사유가 무엇인지를 밝혀야 합니다. 이 상태에서 근로관계 종료와 관련된 의사표시를 한 사람은 B입니다. B의 말을 어떻게 해석할 것이냐가 관건입니다.

B는 권고사직이라고 주장합니다. 권고사직은 사용자가 사직을 권고하고 근로자가 이를 수용하는 형식으로 근로관계가 종료하는 것입니다. 이 경우에는 근로자에게 선택의 여지가 있습니다. 만약 B의 말을 「소매 배송 업무를 할 것인지 말 것인지 선택해라. 만약 소매 배송 업무를 못하겠다면 그만둬라」라는 의미로 해석할 수 있다면 이 말은 사직을 권고한 것으로 볼 수 있습니다.

그러나 B가 위 말을 할 당시에 A가 소매 배송 업무에 대해 불만을 갖고 있다는 사실을 인식하고 있습니다. 새삼스럽게 소매 배송 업무에 대해 선택하라고 할 상황이 아니었습니다. 따라서 B의 위 말은 「당신이 소매 배송 업무를 못하겠다고 하니 그만둬라」라는 의미로 해석하는 것이 타당합니다. 이는 근로관계를 종료시키겠다는 확정적인 의사표시입니다. 이와 같이 근로관계를 종료시키겠다는 확정적인 의사표시에 의해 근로관계가 종료하는 것을 해고라고 합니다. 따라서 사례는 해고에 해당한다고 보는 것이 타당합니다.

4 해고의 의사표시를 하지 않은 상태

화물운송기사인 근로자 A와 거래처 직원 간에 분쟁이 발생했고, 이 사실을 알게 된 사업주 B는 사실관계를 규명하기 위해 당분간 A에 대한 배차를 중지하기로 하였습니다. A가 B에게 전화하여 항의하였고, B가 만나서 얘기하자고 하였습니다. 이에 A는 자기 집 앞으로 오라고 하였고 B는 그럴 수 없다고 하였습니다. 이와 같은 상태에서 배차중지가 계속되자 A는 다시 B에게 전화하여 현재 자기가 해고된 상태냐고 물었으나 B는 만나서 얘기하자고만 하였습니다. A는 만남을 거부하고 해고예고수당 지급 요구 진정을 제기하였습니다.

이 경우 해고문제로 처리할 수 있나요?

답 변

해고는 사용자의 일방적인 의사표시에 의해 근로관계가 종료하는 것을 말합니다. 해고는 근로관계를 종료시키겠다는 확정적인 의사표시가 있을 경우에 성립합니다.

A는 B에 대하여 해고 여부 확인을 요구했으나 B는 확답을 하지 않았습니다. B의 마음속에 모종의 계획이 있는 것 같기는 하나 이를 표시하지는 않았습니다. 표시하지 않고 마음속으로 유보한 생각은 법률적으로 효력이 없습니다. 이 단계에서는 해고의 의사표시가 있다고 볼 수 없습니다. 또한 배차중지는 일시적으로 근로제공의 기회를 부여하지 않은 것에 불과하므로 그 자체를 근로관계를 종료시킨 조치라고 해석할 수 없습니다. 따라서 사례의 경우 해고가 성립했다고 볼 수 없습니다.

5 내심으로 해고의 의사가 없었다고 주장하는 경우

근로자 A가 K학원 원장 B를 상대로 해고예고수당 지급 요구 진정을 제기하였습니다. 조사 결과 A와 B 간에 언쟁이 있었고 이 과정에서 B가 나가라는 말을 하자

A는 「지금 저를 해고하신 겁니까?」라고 하였고, B는 「그래요. 짐 싸서 나가세요」라고 하였습니다. 이에 A는 「알겠습니다」라고 말한 후 짐을 정리하고 나가 다음 날부터 출근하지 않았습니다. A가 출근하지 않은 것에 대하여 B가 출근을 독려하지는 않았습니다.

B는 당시 화가 나서 위와 같이 말하기는 하였으나 계약기간이 세 달이나 남아 있고, 대체강사를 구하지 못한 상태에서 A를 해고하게 되면 자신이 강의를 해야 되기 때문에 A에 대한 해고 의사가 없었다고 주장하고 있습니다.

이 경우에 해고로 볼 수 있나요?

답 변

해고는 사용자가 일방적으로 근로관계를 종료시키겠다는 의사표시를 함으로써 이루어집니다. 사례에서 사용자가 「짐 싸서 나가세요」라고 한 말은 더 이상 근로관계를 유지하지 않겠다는 의미이므로 해고로 판단할 수 있습니다. 홧김에 이 말을 했다고 해서 해고가 아닌 것으로 해석할 수 없습니다. 오히려 화난 상태에서 해고가 이루어질 가능성이 더 많습니다.

사용자는 해고할 의사가 없었다고 주장합니다. 이는 내심으로는 해고할 의사가 없었다는 취지입니다. 그러나 해고 여부는 외부로 표현된 행위에 의해서 판단해야 합니다(표시주의, 외관주의). 내심에 반하더라도 표시한 이상 해고로 인정할 수밖에 없습니다.

6 변경된 근로개시일 당일 그만두라고 한 경우

3월 20일 구직자 A는 개업을 앞두고 있는 사장 B를 만나 4월 2일부터 근무하기로 구두로 약정하였습니다. 그런데 3월 25일 B로부터 4월 1일 청소를 해야 하니 나와 달라는 연락을 받았습니다. A는 4월 1일 출근하여 청소하였습니다. B는 A의 근무태도가 마음에 들지 않는다며 내일부터 나올 필요 없다고 하였습니다. A는 해고를 당했다고 주장하나 B는 정식 개업 이전에 그만두라고 한 것이므로 해고가 아니라고 주장합니다.

이 경우 해고가 성립한 것으로 볼 수 있나요?

••답 변••

당초 근로개시일이 4월 2일로 예정되었으나 A가 B의 지시에 따라 청소를 하였고 청소는 근로제공으로 볼 수 있습니다. 따라서 근로개시일을 4월 1일로 하는 것에 대해 당사자 간에 묵시적인 합의가 있었다고 볼 수 있습니다. 즉, 근로개시일이 4월 2일에서 4월 1일로 변경되는 쪽으로 근로계약 내용이 변경된 것으로 볼 수 있습니다. 그러므로 4월 1일부터 근로관계가 성립했다고 볼 수 있습니다. 이 상태에서 B가 근로관계를 종료시키겠다는 확정적인 의사표시를 했으므로 해고로 볼 수 있습니다.

한편 근로개시일 변경이 없는 상태에서 근로개시일 전에 나올 필요 없다는 말을 했다고 하더라도 해고는 성립한 것으로 볼 수 있습니다. 4월 2일부터 근로하기로 확정되어 있었고 이것은 A의 기득권입니다. 기득권은 보호되어야 합니다.

참고로 사례의 경우 계속근로기간이 3개월 미만인 상태에서 해고가 성립하였으므로 해고예고수당 지급 대상에서 제외됩니다(근로기준법 제26조 제1호, 2019. 1.15. 시행). 다만, 상시 근로자수 5명 이상인 경우 노동위원회에 부당해고구제신청은 가능합니다.

7 명시적인 근로계약 체결이 없는 상태에서 교육 참석 이후 그만두라고 한 경우

3월 20일 구직자 A는 구인자 B와 면접하였습니다. 이 자리에서 4월 1일이 개업 예정일인데 3월 31일 다시 만나 채용 여부를 최종적으로 결정하기로 하였습니다. 그런데 3월 25일 프랜차이즈 본사로부터 종업원에 대한 교육을 실시해야 한다는 통지를 받은 B는 A에게 3월 27일부터 3월 31일까지 5일간 교육에 참석할 것을 요구하였습니다. A는 B의 요구에 따라 5일간 교육에 참석하였습니다. 3월 31일 저녁 프랜차이즈 본사로부터 A의 교육 태도가 불량하다는 통지를 받은 B는 A에게 전화로 채용 건은 없었던 것으로 하자고 통보하였습니다. A는 해고를 당했다고 주장하고 B는 근로계약이 체결되지 않았으므로 해고가 아니라고 주장합니다.

이 경우 해고가 성립한 것으로 볼 수 있나요?

••답 변••

해고는 사용자의 일방적인 의사에 의해 근로관계가 종료하는 것이므로 해고는 근로관계의 성립을 전제로 합니다. 근로관계는 근로계약에 의해 성립합니다. 근로계약은 명시적이거나 묵시적으로 체결될 수 있습니다. 사례의 경우 당사자 간에 명시적으로 근로계약이 체결된 바 없습니다. 계약은 청약과 승낙으로 성립합니다. 사례의 경우 B의 교육 참석 요구는 묵시적인 근로계약의 청약으로 볼 수 있습니다. 사용자의 지시에 따른 교육 참석은 근로제공으로 볼 수 있는바, 근로제공은 근로계약을 전제로 하므로 교육 참석 요구는 그 전제가 되는 근로계약의 청약을 포함하고 있다고 볼 수 있는 것입니다. 연장선에서 A의 교육 참석은 묵시적인 근로계약의 승낙으로 볼 수 있습니다. 따라서 묵시적으로 근로계약이 체결되었다고 볼 수 있습니다.

그러므로 교육 참석일에 근로관계가 성립하고 이 상태에서 사용자가 근로관계를 종료시키겠다는 의사표시를 하였으므로 해고가 성립한 것으로 볼 수 있습니다.

권리구제 방안은 위 사례 6번과 동일합니다.

8 1일 약정 근로일의 도중에 해고한 경우 임금 계산 방법

근로자 A가 K회사를 상대로 임금 지급 요구 진정을 제기하였습니다. A는 일당 10만원에 8시간 근무하기로 하고 3시간 동안 일했는데 회사측이 근로자의 기술을 문제삼아 3시간분의 임금을 지급하면서 더 이상 일하지 말라고 하여 현장을 떠났습니다. A는 부당해고이므로 당초 받기로 한 일당을 전부 받아야 한다고 주장하고 있습니다.

이에 대하여 세 가지 의견이 있습니다. 3시간분 지급으로 충분하다는 의견, 일당을 전부 지급해야 한다는 의견, 휴업수당을 지급해야 한다는 의견이 그것입니다.

답 변

진정인이 3시간 근무 이후 더 이상 근무하지 못한 이유는 피진정인이 해고했기 때문입니다. 해고 이후 시간에 대해서는 근로제공이 없었으므로 임금은 발생할 수 없고, 해고가 부당할 경우 근로제공이 있었더라면 발생할 수 있는 임금상당액이 발생할 수 있습니다. 해고의 정당성 여부 판단은 쉽지 않은 문제입니다. 또한 근로감독관에게 임금상당액 지급 명령 권한도 없습니다. 그러나 사건을 원활히 처리하기 위해서 해고의 정당성 여부를 조사하고 부당하다고 판단하면 임금상당액 지급을 권고할 수 있습니다.

근로자의 기술을 문제삼아 해고했다고 하므로 그 부분을 중점적으로 조사해야 해고의 정당성 여부를 알 수 있습니다. 만약 면접 시 근로자가 어떤 기술이 있다고 말해서 이를 신뢰하고 채용했는데 실제로 일을 시켜보니 그런 기술이 없어서 도저히 더 이상 일을 시킬 수 없었다고 하면 정당한 해고에 해당될 수 있습니다.

한편 휴업수당은 사용자의 귀책사유로 근로제공을 하지 못한 경우에 청구할 수 있는바(근로기준법 제46조), 해고가 부당하다면 사용자의 귀책사유에 해당하므로 휴업수당이 발생할 수 있습니다. 따라서 사례의 경우에 부당해고에 해당하면 휴업수당 문제로 처리할 수도 있습니다(아래 판례 참조).

판례 **대법원 90다18999, 1991.12.13.**

근로기준법 제38조(현행 제46조)는 근로자의 최저생활을 보장하려는 취지에서 사용자의 귀책사유로 인하여 휴업하는 경우에는 사용자는 휴업기간 중 당해 근로자에게 그 평균임금의 100분의 70 이상의 수당을 지급하여야 한다고 규정하고 있고, 여기서의 휴업에는 개개의 근로자가 근로계약에 따라 근로를 제공할 의사가 있음에도 불구하고 그 의사에 반하여 취업이 거부되거나 또는 불가능하게 된 경우도 포함되므로 근로자가 사용자의 귀책사유로 인하여 해고된 경우에도 위 휴업수당에 관한 근로기준법이 적용될 수 있다.

9 사업양도일 이후 양도인이 해고의 의사표시를 한 경우

K업체(개인기업) 사장 A는 사업을 B에게 양도하였습니다. 양도일자는 7월 1일입니다. 재직 근로자들에 대한 고용승계에 대하여 특별한 조치는 없었습니다. 근로자 C가 7월 1일 아침에 출근하자 A가 C에게 자동차(C가 평소 운행하는 업무용 차량)의 키를 달라고 하면서 집에 들어가라고 했습니다. A에게 그 이유를 물었더니 B가 시켰다고 말했습니다. C는 해고예고수당 지급 요구 진정을 제기하였습니다. 조사 결과 위 차량은 B에게 양도되었으며, B가 A에게 위와 같이 하도록 시킨 사실이 확인됩니다.

이 경우 해고예고수당 지급 책임을 누가 부담해야 하나요?

답 변

사업양도 시 특별한 경우가 아니면 근로자의 고용이 양수인에게 승계됩니다. 사례의 경우에 고용승계를 부인할 만한 증거는 없습니다. 따라서 7월 1일부터 C는 B에게 고용이 승계되므로 B와 C 간에 근로관계가 자동으로 성립합니다. 따라서 이날부터 B가 사용자로서 해고권한을 갖습니다. 이날부터 A는 사용자가 아니므로 해고권한이 없습니다.

B가 A를 시켜 근로관계를 종료시키겠다는 확정적인 의사표시를 했으므로 해고에 해당합니다. A는 사자(使者)에 해당합니다. 구체적으로는 표시자로서의 사자입니다. 사자의 행위의 결과는 사자에게 행위하도록 시킨 본인(B)에게 발생합니다. 따라서 해고예고수당 지급 책임자는 B입니다.

10 사용자의 측근이 근로자의 측근에게 해고의 통지를 한 경우

근로자 A가 개인질병으로 휴가를 받아 집에서 쉬고 있는데 사업주의 처 B가 A의 처 C(B의 친구)에게 전화하여 「다른 사람을 구할 것이니 A에게 그렇게 전해달라」고 말하였습니다. C는 들은 말을 A에게 전해주었습니다.

이 경우에 해고가 성립했다고 볼 수 있나요?

••답 변••

해고는 사용자의 일방적인 의사표시에 의해 근로관계가 종료하는 것을 말합니다. 근로관계를 종료시키겠다는 의사를 표시하는 자는 사용자이고 이를 수령하는 자는 근로자인 것이 전형적인 해고 성립 방식입니다.

사례는 전형적인 경우와 다릅니다. 처가 어떤 경위로 그와 같은 의사표시를 한 것인지는 알 수 없습니다. 사용자인 남편의 부탁으로 그런 의사표시를 했으리라고 추정할 수 있습니다. 만약 이것이 사실이라면 처(B)는 사자(使者)로서 의사표시를 했다고 보아야 합니다. B의 의사표시는 사용자의 의사표시와 동일한 효과를 발생합니다.

한편 근로자(A)는 직접 의사표시를 수령하지는 않았지만 자신의 처(C)를 통해서 의사표시를 전해 들었습니다. C 역시 사자(使者)라고 보아야 합니다. 상대방 있는 의사표시가 효력을 발생하려면 상대방에게 도달해야 하는바(민법 제111조 제1항), 의사표시가 상대방에게 직접 행해지지 않고 제3자를 거쳐서 도달해도 법적인 도달로 보아야 합니다.

따라서 사례의 경우에 근로관계를 종료시키겠다는 사용자의 의사표시가 근로자에게 도달했다고 보아야 하므로 법적인 효력에서는 전형적인 해고의 경우와 차이가 없습니다.

11 고용보험 상실통지를 받은 경우 해고의 효력 발생 여부

K회사 소속 근로자 A는 산재를 당하여 약 3년간 요양을 하였습니다. 이에 대해서는 산재보험 처리를 하였습니다. 요양기간이 끝날 무렵 회사측은 근로복지공단에 고용보험 피보험자격 상실신고를 하였습니다. A는 근로복지공단으로부터 신고사실을 통지받았습니다.

A는 해고예고수당 지급을 요구하는 진정을 제기하였습니다. 회사측은 위와 같은 신고를 했을 뿐 해고한 사실은 없다고 주장하고 있습니다.

해고 여부가 불분명합니다. 과연 해고가 존재한다고 볼 수 있는지 궁금합니다.

답 변

질문 사례는 해고 여부가 쟁점입니다. 해고는 사용자의 일방적인 의사표시에 의해 장래에 향하여 근로관계가 종료하는 것을 말합니다. 이 의사표시는 근로자를 상대방으로 하는 의사표시로서 상대방에게 도달해야 효력을 발생합니다(민법 제111조 참조).

사례의 경우 사용자가 근로자에 대하여 직접 해고통지를 한 사실은 없습니다. 다만, 고용보험 피보험자격 상실신고를 하였는데 이것의 해석에 관해서 노사 간에 다툼이 있는 상태입니다. 해고통지와 동 신고를 비교형량하여 판단할 문제입니다. 즉, 양자의 공통점과 차이점을 비교하여 판단해야 합니다.

해고통지와 동 신고는 그 효과면에서 근로관계가 종료한다는 공통점이 있습니다. 반면에 해고통지와 동 신고는 의사도달 경로면에서 차이점이 있습니다. 해고통지는 직접 근로자를 상대로 하는 데 반하여 동 신고는 근로복지공단을 상대로 합니다. 다만, 동 신고 이후 근로복지공단의 상실통지에 따라 사용자의 의사(근로관계를 종료시키려는 의사)가 근로자에게 전달되었습니다. 결국 사용자의 의사가 근로자에게 도달되었다는 점에서 양자 간에 차이가 없습니다. 의사표시(해고통지)에서는 그 도달 여부가 중요하고 그 도달 경로는 부차적인 문제입니다.

위와 같이 해고통지와 동 신고가 두 가지 점에서 본질적으로 차이가 없다는 사실을 알 수 있습니다. 따라서 동 신고를 해고통지로 평가해도 무리가 없을 것입니다. 또한 사용자가 동 신고가 해고통지와 무관한 것처럼 주장하는 것은 금반언칙(禁反言則)에 반하므로 수용할 수 없습니다. 금반언칙이란 자기가 과거에 한 행위와 모순되는 주장을 해서는 안 된다는 원칙입니다. 사용자가 과거에 근로관계를 종료시키는 효과가 발생하는 신고를 했음에도 불구하고, 후에 동일한 효과가 발생하는 해고통지가 없었다고 주장하는 것은 모순입니다.

위의 사실을 종합하면 근로자가 위 신고 사실을 알게 된 시점에 해고통지의 효력이 발생했다고 보는 것이 타당합니다.

12 그만두라고 하자 이의를 제기하여 합의에 의해 근로관계가 종료한 경우

근로자 A는 K회사 대표 B로부터 회사 사정이 어려우니 내일부터 그만두라는 말을 들었습니다. A는 「최소한 일주 정도는 기간을 주어야 일자리를 구할 수 있습니다」라고 하였습니다. 이에 B가 「그러면 일주분 임금을 주겠습니다」라고 하여 A는 「알겠습니다」라고 하였습니다. A는 다음 날부터 출근하지 않았습니다. 며칠 후 A는 해고예고수당 지급 요구 진정을 제기하였습니다.

이 경우 해고예고수당을 지급해야 하는지 궁금합니다.

••답 변••

근로관계 종료 원인이 해고인지 아니면 합의퇴직인지가 쟁점입니다.

해고는 사용자의 일방적인 의사표시에 의해 근로관계가 종료하는 경우입니다. 합의퇴직은 사용자와 근로자의 의사표시의 합치에 의해 근로관계가 종료하는 경우입니다.

사례에서 사용자가 내일부터 그만두라고 한 말은 해고의 통지에 해당합니다. 이에 대하여 근로자가 이의를 제기하면서 조건(일주간의 유예)을 제시하였고, 이에 대하여 사용자가 다시 조건(일주분 임금 지급)을 제시하였고 이를 근로자가 수용함으로써 당초의 해고의 의사표시는 철회되었다고 볼 수 있습니다. 최종적으로 근로관계 종료는 당사자 간의 합의의 결과라고 볼 수 있습니다. 사용자의 일방적인 의사표시에 의해 근로관계가 종료했다고 볼 수 없습니다. 따라서 합의퇴직으로 보는 것이 타당합니다.

13 해고통지 후 근로자의 의사를 수용하여 해고를 철회하고 근로관계 종료일을 합의한 경우

근로자 A는 3월 20일에 K업체 대표 B로부터 3월 말까지 근무하고 그만두라는 말을 들었습니다. A는 월급날인 4월 10일까지 근무하고 그만두겠다고 하였습니다. B는 그렇게 하자고 하였습니다. A가 퇴직 후 해고예고수당 지급 요구 진정을 제기하였습니다.

이 경우 해고에 해당하는지 궁금합니다.

답 변

해고는 사용자의 일방적인 의사에 의해 근로관계를 종료시키는 것입니다. 사례에서 B가 A에게 그만두라고 한 것은 해고의 통지라고 해석할 수 있습니다. 이 말을 할 당시의 사용자의 의사는 3월 말을 경과하면 근로관계가 종료하는 효과발생을 목적으로 하였습니다. 이 통지에 대하여 A가 이의를 제기하고 A의 요구대로 4월 10일까지 근로관계가 계속됨으로써 당초 B가 목적으로 한 근로관계 종료 효과는 발생하지 않았습니다. A의 이의 제기에 의해 B가 해고의사를 철회했다고 볼 수 있습니다.

B의 해고의사 철회에 의해 3월 말 경과 시에 근로관계가 종료되지 않고 계속되는 결과가 발생하였습니다. 근로관계가 종료되는 시점은 4월 10일이 경과하는 때입니다.

근로관계 종료는 B의 일방적인 의사에 의해 확정된 것이 아니고 A의 이의를 B가 수용하는 방식에 의해 확정되었습니다. 따라서 이것은 해고가 아니고 노사의 합의에 의한 근로관계 종료라고 보아야 합니다.

14 사업주가 업무를 맡기지 않으면서 알아서 하라고 한 경우 해고 성립 여부

근로자 A의 업무처리에 평소 불만이 많던 K업체(개인기업) 대표 B는 5월 27일 A의 업무를 다른 근로자에게 맡겼습니다. A에게는 어떤 업무도 맡기지 않고 알아서 하라고 하였습니다. 이에 A는 해고의 의미로 파악하고 B에게 언제까지 나오면 되느냐고 묻자 5월 말까지만 다니라고 하여 그때까지 근무하고 그만두었습니다. A는 해고예고수당 지급 요구 진정을 제기하였습니다.

이 경우에 해고예고수당이 발생한다고 볼 수 있는지 궁금합니다.

답 변

해고는 사용자의 일방적인 의사표시(해고의 통지)에 의해 법률관계(근로관계)가 종료하는 현상입니다. 이와 같이 의사표시에 의해 법률관계의 변동(발생, 변경, 소멸)이라는 법률효과가 발생하는 것을 법률행위라고 합니다. 법률행위에서 의사표시는 명시적으로 행하는 것이 원칙이나 묵시적으로 행할 수도 있습니다. 해고에서 명시적인 의사표시는 「그만두라」고 말하거나 문서로 통지하는 것입니다. 묵시적인 의사표시는 그만두라고 직접적으로 표현하지는 않았지만, 상황을 종합할 때 그런 의미의 말이나 행동을 한 경우에 해당합니다.

사례에서 5월 27일에 B가 「알아서 하라」고 한 말이 명시적인 해고의 의사표시가 아닌 것은 분명합니다. 묵시적인 해고의 의사표시로 보기도 애매합니다. 경우에 따라서 「스스로 알아서 그만두라」는 의미로 해석할 수도 있기 때문입니다. 이 상태에서 근로관계 종료일을 확정하도록 A가 먼저 요구하였고 이에 따라 B가 날짜를 선택했습니다. 이에 대하여 A가 이의를 제기하지 않아 근로관계 종료일이 확정되었습니다. 이로써 근로관계 종료도 확정되었습니다. 이는 사용자의 일방적인 의사표시에 의한 근로관계 종료라고 보기 곤란하고, 합의에 의한 근로관계 종료로 보는 것이 타당합니다.

따라서 해고예고수당 청구를 인정할 수 없습니다.

보충설명

사례의 경우 해고에 해당하지는 않지만 직무배제 조치 자체가 문제 되지 않는다는 의미는 아닙니다. 만약 근로관계 종료 상태에 이르기 전에 A가 직무배제 조치에 대해 이의를 제기하였다면 해당 조치의 정당성 여부가 문제가 될 수 있는 사안입니다.

15 공사종료 시까지 근무하라고 한 경우 해고 해당 여부

K회사가 시공하는 건설공사가 당초 9월 말에 준공예정이었으나 계속 연기되는 상황에서 11월 중순에 현장소장이 형틀목공팀원 5명을 소장실로 불러 공사가 12월 중에 종료될 것으로 예상된다고 하면서 「일이 끝나면 그만두세요」라고 말하였습니다. 이에 대하여 이의를 제기한 사람은 없었습니다.

당초 위 팀원들은 공사 종료 시까지만 근무하기로 약정했었습니다. 당시 형틀목공팀원들도 12월경에 공사가 종료될 것으로 알고 있었던 것으로 확인되었습니다. 실제로 공사는 12월 20일에 종료되었고 위 팀원들도 그때까지만 근무하였습니다.

이 경우 K회사측이 30일 전에 해고예고를 했다고 볼 수 있는지요?

••답 변••

해고는 사용자의 일방적인 의사표시에 의해 근로관계를 종료시키는 것을 말합니다. 예정된 계약기간이 종료하여 근로관계가 종료하는 경우는 해고가 아닙니다.

사례의 경우 당초 계약기간은 공사 종료 시까지로 정해져 있었습니다. 회사측이 「일이 끝나면 그만두세요」라고 한 말은 계약기간 만료로 근로관계가 종료한다는 사실을 상기시킨 것이라고 보아야 합니다. 다만, 당초 근로계약 당시에는 공사 종료시기를 확정된 날짜로 정하지 않아서 근로관계 종료시기를 사전에 명확히 예측할 수 없는 문제가 발생할 수 있습니다. 이것은 건설공사의 특성에 기인한다고 볼 수 있습니다. 공사 종료시기는 공사가 진행되면서 막바지에 확정될 수 있다고 볼 수 있습니다. 그런데 회사측이 위와 같이 말할 당시에는 공사 종료시기가 사실상 확정되어 있었고 근로자들도 그것을 알고 있었으므로 이런 문제가 해소되었다고 볼 수 있습니다.

따라서 사례는 해고로 처리하지 않는 것이 타당합니다.

16 출근하지 말라고 하면서 막연히 기다리라고 하는 경우 해고 해당 여부

K업체(개인기업)에서 퇴직한 근로자 A가 업체 대표 B를 상대로 해고예고수당 지급 요구 진정을 제기하였습니다. A는 덤프트럭 운전원으로 근무했는데 3월 10일 B가 A에게 해당 차량이 매각되었다며 신차 구입 시까지 당분간 출근하지 말라고 하였습니다. A는 계속 기다려도 소식이 없자 언제부터 출근이 가능하냐고 B에게 묻자 신차 구매하면 연락할 테니 우선 다른 데 가서 일하라고 하였습니다. 그래도 계속 연락이 없자 A는 해고로 여기고 진정을 제기하게 되었습니다. B는 해고가 아니라고 하면서 신차를 구매하면 복직시킬 것이라고 합니다.

이 경우에 어떻게 처리해야 하나요? 만약 해고라면 해고통지일과 해고일은 언제로 보아야 하나요?

답 변

B는 A를 복귀시킬 의사가 있었다고 주장하면서 동시에 타 사업장에 취업하라고 권유하였다고 말하고 있습니다. 진실로 복귀시킬 의사가 있었다면 타 사업장에 취업하지 말고 당분간 기다려달라고 해야 논리적으로 타당합니다. 이런 측면에서 보면 B의 주장은 그 자체로 모순입니다.

만약 B의 주장이 진실이라고 가정하더라도 복귀시키는 데 장기간이 예상되어 부득이 타 사업장에 임시로 취업을 해야 할 상황이라면 최소한 휴직기간이 어느 정도가 될 것인지를 명시했어야 합니다. 그렇게 해야 A가 타 사업장에 취업할 때 그 기간을 고려해서 근무기간을 약정할 수 있기 때문입니다. 그러나 실제로는 막연히 기다리라고 했을 뿐 기간에 대해서 명확히 한 바 없습니다. 또한 휴직기간에 대해서는 원칙적으로 휴업수당을 지급해야 하나 실제로는 B가 이에 대하여 언급한 바도 없습니다.

위의 사실을 종합하면 B가 A를 복귀시킬 의사가 있었다고 볼 수 없습니다. 따라서 해고로 보아야 하고, 해고통지일은 3월 10일이고, 해고일은 3월 11일이라고 보는 것이 타당합니다.

17 폐업을 가장하여 근로자에게 근로관계 종료에 대한 선택권을 주지 않은 경우

근로자 A가 K업체(개인기업) 대표 B를 상대로 해고예고수당 지급 요구 진정을 제기하였습니다. 조사 결과 B가 A에게 「사업이 어려워 곧 폐업할 계획이니 내일까지만 근무하고 그만두면 좋겠습니다」라고 말하자 「알았습니다」라고 대답한 사실이 확인되었습니다.

한 달 후 A는 B가 자신을 나가게 하기 위해 폐업한다고 거짓말한 사실을 알게 되었습니다. A가 이를 따지자 「사실은 고객들로부터 당신에 대한 항의가 많이 들어와서 그만두라고 한 것이며, 사실대로 말하면 당신이 기분 나쁠까 봐 그랬던 것입니다」라고 말하였습니다. A는 폐업한다고 했기 때문에 그만두라는 말에 이의를 제기하지 않았던 것이고, 만약 사실을 알았다면 그만두지 않았을 것이라고 주장합니다. B는 당시 A가 이의를 제기하지 않았으므로 권고사직이고 해고가 아니라고 주장합니다.

이 경우에 어떻게 처리해야 할까요?

•답 변•

사례에서는 A가 이의를 제기하지 않았다는 이유로 권고사직이 거론되고 있습니다. 권고사직은 사용자가 사직을 권고하고 근로자가 이를 수용하여 사직의 의사표시를 하는 경우를 말합니다. 권고사직이 되려면 근로자에게 근로관계 종료 여부에 대한 선택권이 부여되어야 합니다. 사용자가 근로관계 종료 방침을 통지하면서 근로자에게 선택권을 부여하지 않았다면 설사 근로자가 이의를 제기하지 않았다고 해도 이는 해고이며 권고사직이 아닙니다.

사례에서 B는 폐업을 가장하여 A에게 선택의 여지를 주지 않았습니다. 따라서 권고사직이 아니라 해고라고 보아야 합니다. 해고예고수당 지급 문제가 발생합니다.

18 폐업예정 통지를 해고예고로 볼 수 있는지

A 등 근로자들이 K업체(개인기업) 대표 B를 상대로 해고예고수당 지급 요구 진정을 제기하였습니다. B는 5월 14일에 근로자들에게 일주 후에 그만두라고 말하였습니다. B는 2개월 전부터 경영난으로 폐업할 것이라고 근로자들에게 말했다고 주장합니다. 근로자들도 그 말을 들은 사실은 인정합니다. B는 건물 임대차와 관련하여 건물주와 협의가 완료되지 않아 폐업시기가 지연되었다고 말합니다.

이 경우에 2개월 전에 해고예고를 했다고 볼 수 있나요?

답 변

해고일을 특정하여 통지해야 해고예고로 인정될 수 있습니다. 해고일을 특정하지 않고 막연히 해고할 것이라고 말하면 근로자 입장에서는 새로운 직장을 알아보는 데 지장이 있습니다.

사례의 경우 막연히 폐업할 예정이라고 말한 것이므로 해고예고로 볼 수 없습니다. 5월 14일이 해고예고일에 해당합니다.

19 일정 기간 근무 후 평가를 거쳐 재고용 계약서를 작성한 경우

K회사와 A 등 10명의 근로자들 간에 6개월을 기간으로 하여 근로계약서를 작성하였습니다. 근로계약서에 의하면 6개월간 근무실적을 평가한 후 다시 근로계약 체결 여부를 결정하기로 되어 있습니다. 회사는 6개월이 경과할 무렵 A 등 근로자들에게 계약기간 만료로 근로관계가 일단 종료되었으므로 더 이상 출근할 필요가 없다고 통보하면서, 평가 결과에 따라 재계약 대상이 확정되면 개별적으로 재계약 여부를 통보하겠다고 하였습니다. 회사는 10일 후 개별적으로 재계약 대상 여부를 통보하였고, 재계약 대상자들과 근로계약서를 다시 작성하였습니다. A 등 일부 근로자들은 재계약 대상에서 제외되었습니다.

이에 A 등이 해고예고수당 지급 요구 진정을 제기하였습니다. 회사측은 당초 근로관계는 6개월의 기간 만료로 종료되었고 재계약에 의해 근로관계가 새로 시작되는 것이므로 해고에 해당하지 않는다고 주장하고 있습니다.

이 경우에 어떻게 처리해야 합니까?

답 변

당초 근로계약에 의하면 단순히 6개월의 기간 만료로 인해 근로관계가 종료되지는 않습니다. 평가 결과에 따라 계속근로 여부가 결정될 예정이었습니다. 실제로 일부 근로자에 대해서는 계속근로를 의미하는 계약을 체결하였고 일부에 대해서는 탈락시켰습니다. 결국 근로관계 단절 여부는 사용자의 의사에 좌우되었다고 볼 수 있습니다. 이것은 사용자의 일방적인 의사에 의해 근로관계가 단절된 경우로 볼 수 있습니다.

위의 사실을 종합하면 사례의 경우는 해고에 해당하므로 해고예고수당을 지급해야 합니다.

20 최대한 한 달을 준다는 말이 30일 전 해고예고에 해당하는지

근로자 A는 3월 10일에 회사측으로부터 「최대한 한 달을 줄 테니 일자리를 구하면 나가시면 됩니다」라는 말을 들었습니다.

이 경우 해고의 날짜를 확정하지 않고 막연히 한 달 후라고 하였으므로 30일 전 예고가 아니라고 보아 해고예고수당 지급 대상으로 보아야 하는지 궁금합니다.

답 변

사용자의 말은 「지금부터 최대 한 달간 근로할 수 있고, 그 전에 일자리를 구하면 언제든지 그만두어도 좋습니다」라는 의미로 해석됩니다. 이 말을 구체적으로 설명하면 4월 10일까지 근로할 수 있고 4월 11일부터는 근로할 수 없다는 의미로 해석됩니다. 즉, 사용자는 4월 10일을 경과하면 근로관계는 종료한다는 말을 한 것이라고 해석할 수 있습니다. 따라서 사용자는 해고통지를 했다고 볼 수 있습니다.

법정해고예고기간은 최소한 30일이고(근로기준법 제26조) 해고예고로 인정되려면 해고일을 명시해야 합니다. 사례의 경우 3월 10일을 기준으로 한 달 후인 4월 11일을 해고일로 명시했다고 볼 수 있습니다.

해고예고기간 30일 부여 여부는 해고통지일과 해고일은 제외하고 그 사이의 일수로 계산합니다. 해고예고기간은 3월 11일부터 4월 10일까지라고 볼 수 있습니다. 이를 일수로 환산하면 31일이므로 30일 전 해고예고요건을 충족했다고 볼 수 있습니다.

따라서 해고예고수당 지급 대상이 아닌 것으로 판단합니다.

참고로 1개월의 기간이 짧은 2월 중에 위와 같이 말했다면 해고예고기간이 30일 미만이 되므로 해고예고수당 지급 대상이 됩니다.

21 해고예고기간 중 대기명령을 한 경우

근로자 A가 K회사를 상대로 진정을 제기하였습니다. 회사측이 A에 대하여 30일 전에 해고예고를 한 상태에서 회사 사정으로 자택대기명령을 하여 10일간 대기한 사실이 있습니다.

이 경우 대기명령기간에 대하여 어떻게 처리해야 하나요?

••답 변••

해고예고기간 중에도 근로관계는 계속됩니다. 따라서 이 기간 중에도 근로자는 근로를 제공할 수 있습니다. 그런데 대기명령에 의해 근로제공을 하지 못했습니다.

사용자의 귀책사유로 근로제공을 하지 못한 경우 휴업수당 청구가 가능합니다(근로기준법 제46조 제1항). 사용자의 귀책사유라 함은 불가항력적이거나 근로자의 귀책사유가 아닌 경우로서 사용자의 세력범위 내에서 발생한 경영장애를 말합니다. 사례에서 대기명령은 사용자의 방침에 의해 결정된 것이고 불가피한 것도 아니므로 사용자의 귀책사유에 해당합니다. 따라서 대기명령으로 근로제공을 하지 못한 날에 대하여 휴업수당 청구가 가능합니다.

또한 A는 민법 제538조(채권자귀책사유로 인한 이행불능) 제1항에 의해 민사절차로 사용자에게 임금상당액을 청구할 수 있습니다.

휴업수당과 민사상 임금상당액의 관계는 전자를 받은 경우 후자 청구 시 전자의 금액을 공제해야 합니다.

22 고용허가취소로 인해 30일 전 예고하지 않고 해고한 경우

외국인근로자 A가 K회사를 상대로 진정을 제기하였습니다. A는 회사가 30일 전에 해고예고를 하지 않았으므로 해고예고수당을 지급하라고 요구합니다. 회사는 30일 전에 예고하지 못한 것은 사실이나 고용허가취소에 따라 불가피했다고 주장합니다.

이 경우 기타 부득이한 사유로 사업계속이 불가능하여 30일 전 예고하지 않아도 되는지(근로기준법 제26조 단서) 궁금합니다.

••답 변••

외국인근로자의 고용 등에 관한 법률 제19조 제2항에 의해서 사용자는 고용허가가 취소된 날부터 15일 이내에 외국인근로자와의 근로계약을 종료하여야 합니다. 이를 위반하여 근로계약을 종료하지 아니한 사용자에 대해서는 1년 이하의 징역 또는 1천만원 이하의 벌금형에 처합니다(동법 제29조).

위 제19조 제2항에 따라 근로계약을 종료하는 방법은 2가지입니다. 근로자와 합의하거나 해고할 수 있습니다. 전자의 경우에는 근로자와 사용자의 합의라는 2개의 의사표시가 존재하고, 후자의 경우에는 사용자의 일방적인 의사표시가 존재합니다. 사례의 경우에는 사용자의 일방적인 의사표시에 의해 근로관계가 종료한 것이므로 해고에 해당합니다.

위 제19조 제2항과 근로기준법 제26조를 동시에 준수하는 것은 불가능합니다. 이와 같이 법이 충돌하는 경우에는 특별법이 우선하여 적용됩니다. 위 제19조 제2항이 우선 적용되고 근로기준법 제26조 적용은 배제되어야 한다고 보는 것이 타당합니다. 근로기준법 제26조 전체가 적용되지 않으므로 단서 부분은 검토할 필요도 없습니다.

23 구두 해고통지가 무효이므로 해고예고수당을 지급할 필요 없다고 주장하는 경우

근로자 A에 대하여 K회사 대표 B는 30일간 여유를 주지 않고 구두로 해고통지를 하였습니다. 이에 A는 해고예고수당 지급 요구 진정을 제기하였습니다. 그러자 B는 당초 해고통지를 구두로 했기 때문에 무효이므로 해고예고수당을 지급할 수 없으니 복직해서 근무하라고 B에게 문서를 보냈습니다.

B의 주장이 타당합니까?

답 변

사례의 경우 당초에 구두에 의해 해고의 통지가 이루어졌습니다. 해고의 통지는 서면으로 하지 않으면 효력이 없습니다(근로기준법 제27조 제2항). 동 조항은 근로자 보호를 목적으로 합니다. 즉, 해고통지가 문서에 의해 행해지지 않은 경우에 근로자가 해고 무효를 주장할 수는 있으나 사용자가 무효라고 주장할 수는 없습니다. 사용자가 무효라고 주장하는 것은 자신이 한 말을 부정하는 셈이 되는바, 이는 금반언칙(禁反言則)에 어긋납니다. 금반언칙이란 자기가 과거에 한 행위와 모순되는 주장을 해서는 안 된다는 원칙입니다. 따라서 구두 해고통지도 근로자가 무효를 주장하지 않는 한 유효합니다.

이와 같은 상태에서는 해고가 존재하므로 B가 A에게 복직하라고 통지한 것은 해고를 취소한 것으로 해석할 수 있습니다. 해고는 사용자의 일방적인 의사표시가 근로자에게 도달하면 효력이 발생하므로 추후에 근로자의 동의 없이 사용자가 일방적으로 취소하더라도 효력이 없습니다.

따라서 A는 해고예고수당 지급 요구를 할 수 있습니다.

보충설명

위와 같이 해고통지가 문서에 의해 행해지지 않은 경우에 근로자가 해고 무효를 주장할 수는 있으나 사용자가 무효라고 주장할 수는 없습니다. 즉, 당사자 일방에게는 무효이고 다른 일방에게는 유효가 됩니다. 일반적으로 동일한 사실에 대해서 당사자에게 동일한 효력이 발생합니다. 사례는 특수한 예에 속한다고 볼 수 있으며 이를 굳이 명명하자면 편면적 효력 관계라고 할 수 있을 것입니다.

24 부당해고 판정 시 해고예고수당 청구 가능 여부

근로자 A가 예고 없이 해고당한 후 노동위원회에 부당해고구제 신청을 하였고, 노동위원회에서 부당해고로 판정했습니다. 해고 당시 A는 해고예고수당을 지급받지 못했습니다. 이 경우 사용자는 해고예고수당을 지급해야 하나요?

••답 변••

판례는 사용자가 근로자를 해고하면서 30일 전에 예고를 하지 아니한 경우, 해고가 유효한지와 관계없이 근로자에게 해고예고수당을 지급하여야 한다고 판시하였습니다(대법원 2017다16778, 2018.9.13.).

따라서 사례처럼 부당해고로 인해 해고의 효력이 없는 경우에도 해고예고수당을 지급해야 합니다.

25 복직 이후 해고예고수당 반환청구 가능 여부

근로자 A는 노동위원회의 부당해고 구제명령에 따라 복직하였습니다. 회사는 해고 당시 해고예고수당 명목으로 계좌입금한 바 있습니다. 회사측은 동 수당에 대하여 부당이득이라고 주장하며 향후 임금에서 공제하겠다고 주장합니다.

회사의 주장은 타당합니까?

••답 변••

판례는 해고가 부당해고에 해당하여 효력이 없다고 하더라도 근로자가 해고예고수당을 지급받을 법률상 원인이 없다고 볼 수 없다는 이유로 근로자가 해고예고수당 상당액을 부당이득으로 반환하여야 하는 것이 아니라고 판시하였습니다(대법원 2017다16778, 2018.9.13.).

따라서 회사의 주장은 인정할 수 없습니다.

26 경영난으로 폐업하는 경우 해고예고 예외사유 해당 여부

근로자 A가 K회사를 상대로 해고예고수당 지급 요구 진정을 제기하였습니다. 이 회사 대표 B는 경영난으로 폐업하기로 하고 5월 15일에 근로자들에게 5월 말까지만 다니라고 통지하였습니다.

B는 폐업의 경우에는 기업의 물적 요소가 없어지는 것으로서 특별한 조치를 취함이 없이 근로관계는 자동적으로 소멸하므로 해고라고 볼 수 없고, 설사 해고라고 하더라도 근로기준법 제26조에서 규정한 부득이한 사유로 사업을 계속하는 것이 불가능한 경우에 해당하여 해고예고의 적용 예외에 해당한다고 주장합니다.

이 경우 어떻게 처리해야 하나요?

답 변

근로기준법 제26조는 「천재 · 사변, 그 밖의 부득이한 사유로 사업을 계속하는 것이 불가능한 경우」를 해고예고의 예외로 규정하고 있습니다. 이것은 「사업을 계속하는 것이 불가능한 경우」를 원칙적으로 해고예고를 해야 하는 경우로 전제하면서 특별히 「천재 · 사변, 그 밖의 부득이한 사유」에 한정하여 예외를 둔 것이라고 볼 수 있습니다. 이 예외 사유는 돌발적이고 불가항력적인 상황에서 예고하기 곤란하기 때문에 특별히 규정한 것이라고 볼 수 있습니다. 따라서 폐업이라는 이유만으로 해고예고 예외에 해당한다고 말할 수 없습니다.

또한 폐업의 경우는 사업장의 소멸이기 때문에 해고가 있을 수 없다는 주장도 타당하지 않습니다. 해고라 함은 사용자의 일방적인 의사에 의한 근로관계 종료를 의미합니다. 사용자가 근로관계를 종료시키겠다는 의사를 표시하는 이유는 다양하고, 폐업을 이유로 근로관계를 종료시키겠다고 할 수도 있습니다. 즉, 폐업은 해고를 하게 된 동기(이유) 중의 하나에 불과할 뿐이므로 폐업과 해고가 양립할 수 없는 것은 아닙니다.

위의 사실을 종합하면 사례는 「천재 · 사변, 그 밖의 부득이한 사유」로 해고하는 경우에 해당하지 않으므로 30일 전에 예고할 수 있는 여유가 있었다고 보아야 함에도 사용자가 이를 준수하지 않았으므로 해고예고수당을 지급해야 합니다.

27 거래처로부터 갑자기 계약해지 통지를 받고 해고한 경우 해고예고 예외사유 해당 여부

K회사는 L회사와 도급계약을 체결하고 부품을 납품하던 중 5월 10일경 L회사로부터 갑자기 계약해지 통지를 받았습니다. K회사는 L회사가 유일한 거래처이기 때문에 폐업이 불가피하였습니다. 5월 20일에 K회사는 근로자들에게 5월 31일 자로 폐업하게 되어 부득이 동일 자로 해고한다고 통지하였습니다. 이에 근로자들이 해고예고수당 지급 요구 진정을 제기하였습니다. 회사측은 사업을 계속할 수 없는 상황에서 예고할 여유가 없었다고 주장하고 있습니다.

이 경우에 어떻게 처리해야 하나요?

••답 변••

사례의 해고 사유가 근로기준법 제26조 단서에 해당하느냐는 문제입니다. 근로기준법 제26조 단서에 의하면 「천재・사변, 그 밖의 부득이한 사유로 사업을 계속하는 것이 불가능한 경우」에는 해고 시 예고가 필요 없습니다. 동 해고예고 예외 사유는 돌발적이고 불가항력적인 경우를 의미합니다.

사례의 경우 도급인의 갑작스런 계약해지 통지로 인한 경영난이 해고의 사유라고 볼 수 있습니다. 도급인의 갑작스런 계약해지 통지에 대하여 사용자는 이의를 제기하거나 최소한의 여유기간을 부여해주도록 요구했어야 합니다. 이 사유는 천재・사변에 준하는 돌발적이고 불가항력적인 경우로 볼 수 없습니다. 따라서 사례는 해고예고의 예외 사유에 해당하지 않으므로 해고예고수당 문제가 발생합니다.

28 해고통지에 대해 실업급여 수급 협조를 요청한 경우

K업체에서 근무하던 근로자 A는 사장 B로부터 「경영난이 심하니 이번 주까지만 근무하고 그만두세요」라는 말을 들었습니다. B는 「알았습니다. 다만, 실업급여

를 받을 수 있게 해주세요」라고 대답하였습니다. 이후 A는 실업급여를 받던 중 B를 상대로 해고예고수당 지급 요구 진정을 제기하였습니다.

B는 A가 실업급여를 받는 조건으로 권고사직한 것이므로 해고에 해당하지 않는다고 주장하고 있습니다.

이 경우에 어떻게 처리해야 하나요?

••답 변••

사례는 해고와 권고사직의 구분 문제로 파악됩니다. 해고는 사용자의 의사에 의해 근로관계를 종료시키는 것이고, 권고사직은 사용자의 권고에 의해 근로자가 근로관계를 종료시키는 것입니다.

사례에서 B가 확정적으로 그만두라고 하였으므로 해고에 해당합니다. A가 실업급여 수급 협조를 요청했다는 이유로 권고사직으로 볼 수 없습니다. 권고사직이 되려면 A에게 계속 근로할 것인지 여부에 대한 선택권이 있어야 합니다. 그러나 당시 A에게는 그런 선택권이 없었고, A의 말은 실업급여를 받게 해주면 더 이상 계속 다니겠다고 주장하지는 않겠다는 취지로 이해하는 것이 타당합니다. 해고예고수당 청구권 주장까지 포기한다는 취지로 해석할 수는 없습니다.

29 근로자 귀책사유가 농후한 경우 해고예고수당 사건 처리

근로자 A가 K회사를 상대로 해고예고수당 지급 요구 진정을 제기하였습니다. 회사는 A가 횡령했다는 이유로 즉시해고하였고, 경찰에 횡령죄로 고소하여 경찰에서 기소의견으로 검찰에 송치한 상태입니다.

이 경우에 어떻게 처리해야 하나요?

••답 변••

경찰에서 기소의견으로 송치했다는 것은 범죄혐의가 있다는 의미입니다. 즉, 사용자의 주장이 신빙성이 있습니다.

근로자가 횡령한 경우 즉시해고가 가능합니다(근로기준법 시행규칙 [별표] 제5호). 이와 같은 상황에서 사용자에 대하여 범죄인지하는 것은 무리입니다. 내사 종결하거나 횡령죄 확정 시까지 보류하는 방안이 타당합니다.

30 묵시적인 해고

근로자 A는 K입시학원에서 강사로 5년간 근무했습니다. A는 최초 계약기간 1년으로 근로계약을 체결한 이후 별도의 갱신 절차 없이 계속 근무해왔다고 합니다. A는 관행에 따라 1월 초에 전산 시스템에 의해 다음 학기 강의계획서를 등록하였고 개설 강의 목록에서 자신의 이름도 확인했다고 합니다. 그런데 1월 중순경 전산 사이트에서 A가 담당하기로 한 강의 목록이 사라지고 강의 시간표에서 A의 이름도 삭제되었다고 합니다. 이 조치에 대해 학원측으로부터 어떤 통보도 받지 못했다고 합니다.

A는 강의를 못하게 되었으니 해고라고 주장합니다. 이에 반해 학원측은 해당 강의가 폐지되었을 뿐이고 해고는 아니라고 주장합니다.

이 경우 어느 쪽 주장이 타당합니까?

답 변

해고는 사용자의 일방적인 의사표시에 의해 근로관계가 종료하는 것을 말합니다. 해고의 의사표시는 명시적으로 할 수 있고(그만두라고 말하거나 그런 내용의 문서를 보내는 것) 묵시적으로 할 수도 있습니다. 묵시적인 해고는 명시적인 해고에 해당하지는 않지만 그것과 같은 의미(가치)를 가지는 행위를 말합니다.

사례의 경우 사용자측이 그만두라고 한 바 없으므로 명시적인 해고의 의사표시는 없었다고 보아야 합니다. 다만, 학원측의 조치가 묵시적인 해고에 해당하느냐가 문제입니다. 만약 학원측의 조치에 의해 A가 더 이상 강의를 할 수 없는 상태가 되었다면 묵시적인 해고에 해당할 수 있습니다. 그러나 해당 강의만 폐지되었을 뿐 다른 강의가 가능하도록 조치할 수 있다면 해고에 해당하지 않습니다. 구체적으로 조사해서 판단할 문제입니다.

31 중간관리자의 해고권한 여부

K회사의 생산부에서 근무하던 근로자 A는 생산부장으로부터 「내일부터 나오지 마시오」라는 말을 들었습니다. 이에 A는 회사를 상대로 해고예고수당 지급 요구 진정을 제기하였습니다.

회사측은 인사권이 없는 생산부장이 행한 조치이므로 해고에 해당할 수 없으므로 해고예고수당을 지급할 수 없다고 주장합니다.

이 경우에 어떻게 처리해야 합니까?

••답 변••

해고는 사용자의 일방적인 의사표시에 의해 근로관계가 종료하는 것을 말합니다. 사례의 경우 사용자인 생산부장이 근로관계를 종료시키는 의사표시를 했으므로 해고는 성립합니다. 다만, 이 해고가 유효해야 근로자의 주장을 인정할 수 있습니다. 해고가 유효하려면 생산부장에게 해고권한이 부여되었거나 부여된 것으로 간주할 만한 경우이어야 합니다. 결국 이는 대리 이론으로 해결해야 할 문제입니다. 대리는 유권대리와 무권대리로 구분됩니다. 무권대리는 표현대리와 협의의 무권대리로 세분됩니다(통설). 다음 순서로 확인하기 바랍니다.

(1) 유권대리 여부

업무분장 등으로 생산부장에게 해고권한이 부여되어 있으면 유권대리로서 유효하게 해고한 것으로 볼 수 있습니다(민법 제114조).

(2) 표현대리 여부

유권대리에 해당하지 않아도 표현대리에 해당하면 유효한 해고로 볼 수 있습니다. 표현대리라 함은 대리권이 없음에도 불구하고 대리권이 있는 것과 같은 외관을 나타내는 경우에 본인에게 일정한 법률상의 책임을 지우는 제도입니다(민법 제125조, 제126조, 제129조). 대리권이 없는 자가 행한 대리행위는 원칙적으로 무효이지만 표현대리의 경우에는 예외적으로 본인은 무효를 주장할 수 없습니다. 표현대리는 다음의 세 가지 경우에 성립합니다.

① 대리권 수여의 표시에 의한 표현대리

본인(회사)이 대리권(해고권한)을 수여하지 않았음에도 본인이 특정인(표현대리인, 생산부장)에게 대리권을 수여했다는 뜻을 제3자(A)에게 표시한 경우입니다. 이 경우 표현대리인(생산부장)이 표시된 대리권의 범위 내에서 제3자(A)와 법률행위를 했을 때에는 본인(회사)에게 책임이 있습니다(제125조 본문). 그러나 제3자(A)가 대리권 없음을 알았거나 알 수 있었을 때에는 예외입니다(제125조 단서).

해설 회사가 실제로는 생산부장에게 해고권한을 부여하지 않았음에도 불구하고 근로자 A에 대하여 생산부장에게 해고권한이 있다는 내용의 문서(사실과 다른 내용을 기재한 문서)를 보여주었거나 그렇게 말한 경우, 해고가 유효합니다. 그러나 A가 생산부장에게 실제로 해고권한이 없다는 사실을 알았거나 알 수 있었다면 해고의 효력이 없습니다.

② 권한을 넘은 표현대리

대리권이 부여되었지만 대리인(생상부장)이 권한 외의 행위를 행한 경우입니다. 이 경우에 권한이 있다고 믿을 만한 정당한 사유가 제3자(A)에게 있을 때에는 본인(회사)에게 책임이 있습니다(제126조).

해설 회사가 생산부장에게 해고권한은 부여하지 않았지만 다른 권한(대리권)을 부여하였는데 생산부장이 해고한 경우, 근로자 A 입장에서 생산부장에게 해당 권한이 있으므로 해고권한도 있다고 믿을 만한 정당한 사유가 있다면 해고가 유효합니다.

③ 대리권 소멸 후의 표현대리

대리인(생산부장)이 대리권 소멸 후에 대리행위를 한 경우입니다. 이 경우에 상대방(A)이 선의이면 상대방은 본인(회사)에게 대리의 효과를 주장할 수 있습니다(제129조 본문).

해설 당초에 회사가 생산부장에게 해고권한을 부여하였고 후에 그 권한이 소멸하였음에도 불구하고 생산부장이 해고권한을 행사한 경우, 근로자 A가 생산부장에게 여전히 해고권한이 있다고 믿었다면 회사에 대해 해고의 효력을 주장할 수 있습니다.

(3) 협의의 무권대리 여부

유권대리나 표현대리에 해당하지 않는 경우를 협의의 무권대리라 하며, 협의의 무권대리에 해당하면 해고가 유효한 경우가 있습니다. 해고는 상대방 있는 단독행위에 해당합니다. 대리인이 대리권 없이 대리행위를 하는 데 상대방이 동의하거나 그 대리권을 다투지 아니한 때에는 계약의 경우와 동일한 효과가 발생합니다(민법 제136조 전단). 따라서 민법 제130조 내지 제135조가 준용됩니다. 무권대리행위에 대해 본인(회사)에게는 추인권(민법 제130조) 혹은 추인거절권(민법 제132조)이 있습니다.

해설 생산부장이 권한 없이 해고를 한 경우 회사는 해고를 추인하거나 추인을 거절할 수 있습니다. 회사측이 생산부장의 월권행위(권한 없는 해고)를 안 이후에 해고를 부인하고 진정인에게 계속 근무하도록 조치했다면 추인을 거절한 것으로 볼 수 있습니다. 이 경우에는 해고의 효력이 발생하지 않습니다. 그러나 생산부장의 월권행위를 안 이후에 해고를 부인하지 않고 진정인에게 계속 근무하도록 조치하지 않았다면 해고를 추인한 것으로 볼 수 있습니다. 이 경우에는 해고의 효력이 발생합니다.

보충설명

권한 없는 해고에 대한 민사상 권리구제 방안

생산부장이 권한 없이 해고를 한 경우 회사측이 이를 안 이후 해고를 부인하고 진정인에게 계속 근무하도록 조치했다면 해고의 효력은 발생하지 않습니다. 그러나 이 경우에도 생산부장이 권한 없이 해고를 한 것은 불법행위에 해당하므로 A는 생산부장에 대해 민사상 손해배상을 청구할 수 있습니다(민법 제750조). 또한 A는 회사에 대해서도 사용자 책임을 근거로 민사상 손해배상을 청구할 수 있습니다(민법 제756조).

32 일용근로자에 대한 해고예고

A는 K회사에서 시공하는 건설공사현장에 단순노무직으로 채용되었습니다. A는 작업이 있는 날만 근무하였습니다. 임금은 일당제이고 일당을 합하여 매월 1회 지급받았습니다. 이렇게 6개월 정도 일하다 어느 날 현장소장으로부터 내일부터 나올 필요가 없다는 말을 들었습니다. 이에 A는 해고예고수당 지급 요구 진정을 제기하였습니다.

이 경우에 해고예고수당 지급 대상이 되는지 궁금합니다.

답 변

근로기준법 제26조 제1호에 의하면 「계속근로기간이 3개월 미만인 경우」에는 30일 전에 해고예고하지 아니하여도 해고예고수당을 지급할 필요가 없습니다.

사례의 경우 A는 작업이 있을 때 근로하고 작업이 없을 때는 쉬었다는 취지로 설명하고 있습니다. 이는 작업 필요성 여부에 따라 각각의 날의 고용 여부가 결정되는 방식입니다. 즉, 1일 단위로 고용됩니다. 이와 같은 방식으로 고용되는 자를 일용근로자라고 합니다. 행정해석(임금 68207-526, 1994.8.25.)에 의하면 일용근로자는 「근로계약을 1일 단위로 체결하고 그날의 근로가 끝남에 따라 사용종속 관계가 끝나 계속 고용이 보장되지 않는 자」입니다.

사례에서는 해고예고와 관련하여 3개월 이상을 계속 근로했는지 여부가 문제 되고 있습니다. 위의 행정해석에 따르면 일용근로자의 경우 당일의 근로 종료로 근로관계(고용관계)가 종료되므로 익일에는 새로운 근로관계가 시작된다고 볼 수 있습니다. 따라서 공백 없이 매일 근로를 하더라도 각각의 날은 근로관계 측면에서 계속되지 않는다고 볼 수 있습니다. 사례의 경우처럼 작업이 없어 쉬는 날이 있는 경우에는 근로관계는 더욱 더 계속되지 않는다고 볼 수 있습니다.

한편 해고는 현재 계속되는 근로관계를 사용자가 일방적으로 종료시키는 것을 말합니다. 위와 같이 행정해석에 따라 일용근로자의 경우에 근로관계가 계속되지 않는다고 본다면 일용근로자에 대해서는 해고 자체가 문제 될 수 없습니다. 즉, 당일 근로 종료로 근로관계가 종료되므로 익일 사용하지 않더라도 해고 없이 근로관계는 종료되는 것입니다.

이런 기조를 유지할 경우 일용근로자는 항상 계속근로기간 3개월 미만인 자에 해당된다고 볼 수 있습니다. 그러므로 일용근로자에 대해서 「계속근로」는 위 행정해석과 같은 방식으로 이해할 수 없습니다. 일용근로자에 대한 「계속근로」는 「일용근로 계약에 따라 정상적인 근로가 계속되는 상태」를 의미한다고 이해해야 한다고 봅니다. 사례의 경우에는 당초 약정에 따라 「작업이 있을 때 근로하고 작업이 없을 때 쉬는 상태」가 「일용근로 계약에 따라 정상적인 근로가 계속된 상태」라고 볼 수 있습니다. 만약 더 이상 일용근로관계를 유지하지 않겠다는 의사표시가 있었다면 일용근로관계는 단절되고 계속되지 않게 됩니다. 일용근로관계가 단절되는 경우에는 그에 수반되는 조치를 취하게 됩니다. 사례의 경우에는 매월 일정 시기에 임금을 지급하였으므로 일용근로관계가 단절되는 경우에는 당시 잔존 임금을 청산하는 조치를 취하게 됩니다. 따라서 이와 같은 조치를 한 사실이 있다면 일용근로관계가 단절되었다는 유력한 증거가 될 수 있습니다. 그러므로 이와 같은 조치가 없었다면 근로가 계속되었다고 추정할 수 있습니다. 사례의 경우 과거 6개월 동안 이와 같은 조치는 없었던 것으로 보입니다. 따라서 3개월 이상 계속 근로한 것으로 보아야 하므로 해고예고가 필요하나 예고 없이 해고했으므로 해고예고수당을 지급해야 합니다.

보충설명

개정 전 근로기준법 제35조(2019년 1월 15일 삭제)는 해고예고의 적용 예외 사유에 대해 여러 유형별로 근무기간(2개월, 3개월, 6개월)을 구분하여 규정하였습니다. 현행 근로기준법 제26조는 해고예고의 적용 예외 사유를 「계속근로한 기간이 3개월 미만인 경우」로 일원화하였습니다.

구법에서 해고예고의 적용 예외 사유의 하나로서 「일용근로자로서 3개월을 계속 근무하지 아니한 자」를 규정하고 있었습니다. 이와 같은 입법례에 비추어 보더라도 일용근로자의 경우에도 계속근로의 개념이 적용될 수 있습니다.

33 건설현장 근로자에 대한 해고예고 처리 시 처벌 대상

K건설현장에서 근로한 근로자 A는 현장소장 B로부터 해고를 당했습니다. A는 회사 대표이사 C를 상대로 해고예고수당 지급 요구 진정을 제기하였습니다. C는 현장에서 이루어지는 일을 알 수 없었다고 주장합니다. 이 경우 C를 해고예고수당 미지급으로 처벌할 수 있나요?

답 변

사례의 경우 현장소장은 사용자로서 해고행위자가 될 수 있습니다. 해고행위자와 해고예고수당 지급책임자가 반드시 일치하지는 않습니다.

해고예고수당을 지급해야 할 책임은 금전 지급책임의 일종으로서 임금 지급책임과 차별할 이유가 없습니다. 따라서 일반적인 금전 미지급 사건의 처리 방식에 따라 대표이사를 해고예고수당 미지급으로 처벌할 수 있습니다.

보충설명

현장소장은 사용자이므로 대표이사와 공동정범으로 처벌이 가능한지 의문이 제기될 수 있습니다.

대표이사 단독범으로 보는 것이 타당합니다. 금품지급 책임은 대표이사 한 사람에게 있고 현장소장에게는 그 책임이 없으므로 현장소장에게 해고예고수당 미지급에 대해서 그 책임을 물을 수 없기 때문입니다.

34 그만두겠다고 말한 상태에서 사용자가 출근정지시킨 경우

근로자 A가 3월 15일에 사장 B에게 「3월 말일까지 다니고 그만두겠습니다」라고 말했는데, 3월 20일에 B가 A에게 「3월 말일까지 다닐 필요 없고, 내일부터 나오지 마세요」라고 말했습니다. 이 경우 해고로 볼 수 있나요?

답 변

해고는 근로자가 계속 근로할 의사가 있는 상태에서 사용자의 일방적인 의사에 의해 근로관계가 종료하는 것을 말합니다. 반면에 근로자의 의사에 의해 근로관계가 종료하는 것을 사직이라고 합니다.

사례에서는 A가 3월 말일까지만 근로하겠다는 의사를 표시하였으므로 사직의 의사를 표시한 것으로 보아야 합니다. 이에 따라 근로관계가 이미 종료하는 것으로 확정된 상태가 되었으므로 해고 문제가 발생하지 않습니다. 다만, A에게는 3월 말일까지 근로할 수 있는 권리가 있으나 사용자가 이의 수령을 거절함으로써 발생한 손해를 배상하는 문제만 남게 됩니다. 손해를 배상하는 방법은 원칙적으로 민사상 손해배상 책임 문제로 해결해야 되는데 손해를 배상하는 기준은 임금 상당액이나 휴업급여액 등이 될 것입니다. 구체적인 액수는 만약 소송이 제기된다면 법원에서 결정할 문제입니다.

따라서 사례의 경우는 해고로 볼 수 없으므로 해고예고수당, 부당해고구제신청 등이 문제 되지 않고, 실업급여 부분에서도 이직사유를 해고로 보아 수급자격을 부여할 수 없습니다.

결론적으로 사례의 경우를 해고로 처리하는 것은 법이론적으로도 불합리하고 현실적으로도 이상한 현상이 야기될 것입니다. 사례의 경우 근로자에게는 근로수령 거부로 인해 발생한 손해만큼만 배상하면 되고 그 이상의 보호는 과잉보호가 될 것입니다.

35 조건부 사직 의사표시 상태에서 해고 성립 여부

근로자 A는 사장 B에게 임금인상을 요구하면서 인상해주지 않으면 그만두겠다는 말을 하였습니다. B는 생각할 시간을 달라고 하였습니다. 열흘 정도 지났지만 B로부터 임금인상에 대한 확답이 없자 A는 개인사정을 이유로 하루 휴가를 냈습니다. 그날 저녁 A는 B로부터 「그동안 수고하셨습니다」라는 휴대폰 문자를 받았습니다. A는 해고라고 간주하고 다음 날부터 출근하지 않았으며 5일 후에 해고예고수당 지급 요구 진정을 제기하였습니다.

이 경우 어떻게 처리해야 하나요?

답 변

사례에서는 해고와 사직이 문제 되는바, 해고는 사용자의 일방적인 의사에 의해 근로관계가 종료하는 것이며, 사직은 근로자의 일방적인 의사에 의해 근로관계가 종료하는 것입니다.

사례의 경우 A가 먼저 근로관계를 종료시키겠다는 의사를 표시하였습니다. 따라서 사직의 의사표시가 있었다고 보아야 합니다. 다만, 이는 확정적인 의사표시가 아니고 임금인상 요구가 거절되면 사직한다는 조건부 의사표시라고 볼 수 있습니다.

만약 B가 임금인상 요구를 거절한다고 표시하면 조건이 성취되어 근로관계 종료 효과가 발생합니다. B의 「그동안 수고하셨습니다」라는 표현은 A의 요구를 거절한 결과를 의미한다고 볼 수 있습니다. 조건이 성취되어 근로관계가 종료한 것으로 볼 수 있습니다.

따라서 사직이며 해고로 볼 수 없습니다.

36 사직서 제출 상태에서 사직 희망일 도래 전에 노사합의로 근로관계가 종료한 경우

K회사 소속 근로자 A는 3월 10일에 회사에 사직서를 제출하였습니다. 사직서의 내용에 의하면 3월 25일까지 근무하고 퇴직하겠다는 것이었습니다.

3월 11일 A와 부장 B 간에 면담이 있었는데 그 자리에서 B는 A에게 3월 25일까지 근무할 필요 없이 3월 15일까지 근무하고 퇴직하는 것이 좋겠다고 말하였습니다. 이에 대하여 A는 특별히 이의를 제기하지 않았습니다.

4월 1일 A는 회사를 상대로 해고예고수당 지급 요구 진정을 제기하였습니다. A는 회사가 그만두라고 하여 자기가 원하는 날까지 근무를 하지 못하였으므로 해고라고 주장합니다. 회사측은 만약 A가 이의를 제기했다면 원하는 날까지 다니라고 했을 것이라고 주장합니다.

이 경우 어떻게 처리해야 하나요?

답 변

근로관계 종료 사유는 크게 당사자의 의사에 의한 경우와 기타로 구분되는 바, 사례의 경우는 전자에 해당합니다. 구체적으로 누구의 의사에 의한 경우인지가 문제입니다.

당사자의 의사에 의한 근로관계 종료 사유는 해고, 사직(임의퇴직), 합의퇴직(권고사직, 의원면직)으로 세분됩니다. 해고는 사용자 일방의 의사, 사직은 근로자 일방의 의사, 합의퇴직은 노사 쌍방의 의사가 근로관계 종료 사유입니다.

사례의 경우 근로자가 먼저 근로관계 종료를 원하는 의사표시를 했고 사용자는 근로자가 제시한 근로관계 종료일을 변경하는 의사표시를 하였습니다. 사용자의 변경 의사표시에 대해 A가 이의를 제기하지 않아 변경된 날짜로 근로관계 종료가 합의된 것으로 보아야 합니다. 따라서 당사자 쌍방의 의사에 의해 근로관계가 종료했다고 볼 수 있습니다. 이는 합의퇴직에 해당하므로 해고가 아닙니다.

37 사직서 제출 후 사용자가 고용보험 상실신고를 한 경우 해고 해당 여부

K회사 소속 근로자 A는 4월 5일에 4월 말까지 근무하고 그만두겠다는 내용의 사직서를 회사에 제출하였습니다. 이후 근무하던 중 4월 26일에 팩스로 진단서를 보내고 당일부터 출근하지 않았습니다. 회사에서 알아서 병가처리해 줄 것으로 믿었다고 합니다.

회사는 5월 10일에 4월 26일을 상실일로 하여 고용보험 피보험자격 상실신고를 하였습니다. A는 5월 31일에 퇴원하였고 그 무렵 근로복지공단으로부터 고용보험 상실통지서를 받았고 상실일이 위 날짜로 신고된 사실을 알게 되었습니다. A는 회사가 일방적으로 고용보험 상실신고를 했으므로 해고에 해당한다고 주장합니다. 회사는 어차피 A는 그만둘 생각으로 사직서를 제출한 상태였으므로 해고가 아니라고 주장합니다.

이 경우에 어떻게 처리해야 하나요?

••답 변••

해고는 사용자의 일방적인 의사에 의해 근로관계가 종료하는 경우를 말합니다. 사례의 경우에는 근로자가 먼저 사직의 의사표시를 했으므로 사용자의 일방적인 의사에 의해 근로관계가 종료했다고 볼 수 없습니다. 따라서 해고에 해당하지 않습니다.

근로관계 종료일(퇴직일, 상실일)에 대해서는 검토할 필요가 있습니다. 사직서에 의하면 근로자는 4월 30일까지 근로할 의사가 있었다고 해석할 수 있습니다. 따라서 이날까지는 근로제공 의무가 있으므로 4월 26일부터 출근하지 않은 것은 결근에 해당합니다. A의 입장도 4월 26일에 근로관계를 종료시키겠다는 의도는 아닌 것으로 추정할 수 있습니다. 만약 이날에 근로관계를 종료시킬 의사가 있었다면 진단서를 제출할 필요가 없었기 때문입니다.

따라서 근로관계 종료일(퇴직일, 상실일)을 5월 1일로 보는 것이 타당합니다(상실일 정정이 필요함).

38 사직 철회와 해고

3월 10일 근로자 A는 인사담당자에게 사직서를 제출하였습니다. 사직서상 사직일은 3월 말로 기재되어 있었습니다. 회사는 새로운 직원을 구하기 위해 다음 날부터 적임자를 물색하여 몇 사람을 면접하였습니다. 3월 15일 A는 인사담당자에게 사직을 철회한다는 문서를 제출하였습니다. 그런데 사직 철회 문서 제출 당시 새로 채용할 직원이 거의 확정된 상태였습니다. 3월 17일 부장 B(A의 직속 상사)가 A에게 새로운 사람을 채용했으니 업무인계인수를 하고 3월 말까지만 근무하라고 하였습니다.

A는 사직을 철회했으므로 회사측의 행위는 해고에 해당한다고 주장하고 있습니다. 회사측은 사직 철회에 동의한 바 없으므로 해고가 아니라고 주장합니다.

답 변

사례는 근로자 A의 일방적인 의사표시에 의해 근로관계가 종료하는 경우에 해당합니다. 이런 경우를 사직(임의퇴직)이라고 합니다.

사직의 의사표시는 특별한 사정이 없는 한 근로관계를 종료시키는 형성권적 효력을 가진 일방적 해약고지(해지)이므로 합의해지의 청약이 아닙니다. 따라서 그 의사표시가 상대방(사용자)에게 도달한 때에는 사용자의 동의 없이는 철회할 수 없다고 보아야 합니다(대법원 99두8657, 2000.9.5.). 여기에서 근로자가 사직을 희망하는 날(사례의 경우 3월 말)이 도래하기 전까지는 사직 철회가 가능하지 않느냐는 의문이 제기될 수 있습니다. 그러나 사직의 경우에는 그 의사표시가 사용자에게 도달하면 근로관계 종료는 확정적인 사실이 됩니다. 다만, 그 효력발생시기가 장래에 도래할 뿐입니다. 다시 말하면 사직서 제출 당시에 근로관계 종료는 기정사실이 되는 것입니다.

사례의 경우 A의 사직서 제출로 인해 사용자가 신규채용자 물색 중인 상태에서 동의한 바 없으므로 사직철회는 효력이 없어 사직은 유효하므로 해고에 해당하지 않는다고 보아야 합니다.

39 사직서를 일괄 제출받아 일부만 재고용한 경우 해고 해당 여부

근로자 A는 회사(용역업체)로부터 아래 내용의 사직서 제출을 종용받았습니다.

「상기 본인은 계약만료로 인하여 금년 12월 31일 자로 사직코자 하오니 재가하여 주시기 바랍니다」

회사는 용역계약기간이 12월 말에 만료될 예정인데 재계약 여부가 불확실하므로 이에 대비하여 사직서를 받아두는 것이라고 하였습니다. 당시 A를 포함하여 6명이 같은 이유로 사직서를 제출하였습니다.

이후 용역계약이 재체결되었고 사직서를 제출한 6명 중 A를 제외한 경비원들은 재고용되었습니다. A는 해고라고 주장합니다. 회사는 사직이라고 주장합니다.

이 경우에 근로관계 종료 사유를 무엇으로 보아야 하나요?

답 변

사직서를 제출한 경우 근로자의 의사에 의해 근로관계가 종료하는 것으로 보는 것이 원칙입니다. 그러나 사직서 제출이 근로자의 진의(眞意)에 의한 것이 아니고 사용자가 이를 알고 있는 경우에는 무효로서 근로관계가 종료하지 않습니다. 이와 같은 경우를 비진의(非眞意) 의사표시라고 합니다(민법 제107조 제1항).

사례의 경우 A는 근로관계를 종료시킬 의사가 없었고 단지 사용자의 종용에 의해 형식적으로 사직서를 제출한 것으로 파악할 수 있습니다. 사용자가 사직서 제출을 종용하면서 용역계약관계로 사직서를 받아두는 것이라고 말하였으므로 사용자도 비진의 의사표시를 인식하고 있었다고 보아야 합니다. 따라서 당해 사직서 제출은 무효이므로 이로 인해 근로관계 종료 효과는 발생하지 않습니다. 이 상태에서 사용자가 선별적으로 A에 대해서만 근로관계가 종료하는 것으로 처리한 것은 해고에 해당합니다.

보충설명

권고사직과의 차이

권고사직의 경우 사용자의 권고에 의해 근로자가 사직의 의사표시를 함으로써 근로관계가 종료합니다. 사례의 경우는 사용자의 종용으로 근로자가 사직의 의사표시를 하였으나 근로관계는 종료하지 않습니다. 사용자가 먼저 사직을 권유하고 후에 근로자가 사직의 의사표시를 한 점에서 양자는 외형상 구조가 동일합니다. 그러나 권고사직의 경우는 사직의 의사표시가 진의인 반면 사례의 경우는 비진의라는 점에서 상이합니다.

40 사직의사를 묵시적으로 철회한 이후 그만두라고 한 경우

10월 5일에 근로자 A는 근로자 B가 10월 10일까지만 근무하고 그만둔다고 하자 B가 그만두면 자기도 그만두겠다고 사장에게 말하였습니다. B는 말한 대로 10월 11일부터 출근하지 않다가 사장의 설득에 의해 10월 15일부터 다시 출근하여 근무하였습니다. A는 위와 같이 B가 10월 11일 이후 출근하지 않은 기간에도 평소처럼 출근하였고 이에 대하여 사장은 아무 말도 하지 않았습니다.

10월 20일경 B는 근로자 C와 싸운 후 완전히 그만두었습니다. B가 완전히 그만둔 다음 날 출근한 A에게 사장은 왜 출근했냐면서 나가라고 하여 다투는 과정에서 A는 「지금 해고하는 것입니까?」고 물었고 사장은 「그래요. 그냥 나가세요」라고 하여 다음 날부터 A는 출근하지 않았습니다. A는 해고예고수당 요구 진정을 제기하였습니다.

A는 B가 그만두면 본인도 그만두겠다고 한 것은 사장이 B를 붙잡았으면 하는 마음에서 했던 말이고, B가 다시 출근하기로 한 시점에서는 이미 효력이 없는 것이라고 주장합니다. 사장은 A가 B가 그만두면 본인도 그만두겠다고 했으므로 사직이고, 해고라고 말한 것은 다투는 과정에서 우발적으로 나온 것뿐이라고 주장합니다.

이 경우 해고로 볼 수 있나요?

답 변

사직(임의퇴직)은 근로자의 의사에 의해 근로관계가 종료하는 것입니다. 이에 반해 해고는 사용자의 의사에 의해 근로관계가 종료하는 것입니다.

사례에서 A가 사직의 의사표시를 한 것은 사실입니다. 다만, A의 사직은 B의 사직을 조건으로 하였습니다. 정지조건부 의사표시로 볼 수 있습니다. 실제로 10월 10일에 B가 사직함으로써 정지조건 성취로 사직의 효력이 발생하였다고 볼 수 있습니다. 그러나 A는 B의 최초 사직일 이후에도 계속 출근하였고 사용자는 이를 문제삼지 않았습니다. 사용자는 B가 완전히 사직한 이후 출근부터 문제삼았습니다.

A가 10월 11일 이후에도 평소처럼 출근한 것은 사직의 의사를 묵시적으로 철회한 것으로 볼 수 있습니다. 사용자가 이 출근을 문제삼지 않은 것은 사직

의사 철회에 묵시적으로 동의한 것으로 볼 수 있습니다. 이에 따라 사직의 의사표시는 무효로 되어 정상적인 근로관계가 복원되었다고 볼 수 있습니다. 이 상태에서 사용자는 사직으로 근로관계가 종료했다고 주장할 수 없습니다.

사용자가 10월 21일 이후에 출근을 문제삼을 때는 이미 정상적인 근로관계로 복원된 상태이므로 이때 그만두라고 한 것은 해고로 볼 수 있습니다.

사용자는 다투는 과정에서 그만두라는 말이 나왔다고 주장하고 있으나 그만두라는 말 때문에 다툼이 발생한 점에 비추어 인정할 수 없습니다.

41 해고예고기간 일수 계산 방법

근로자 A는 회사측으로부터 9월 22일에 해고통지를 받았습니다. 그 내용은 10월 21일까지만 근무하고 그만두라는 것이었습니다. A가 해고예고수당 지급 요구 진정을 제기했는데 회사측은 30일 전에 예고했다고 주장합니다.

이 경우 해고예고수당 청구권이 발생하는지 궁금합니다.

답 변

30일 전 예고 여부를 판단할 때 해고통지일(해고의 의사표시가 근로자에게 도달한 날)과 해고일(근로관계가 상실되는 날, 마지막 고용관계 유지일의 다음 날)은 30일의 계산에 포함되지 않습니다. 즉, 해고통지일과 해고일의 사이에 있는 일수가 30일 이상이어야 합니다.

사례의 경우 9월 22일이 해고통지일이고, 10월 22일이 해고일입니다. 따라서 9월 23일부터 10월 21일까지의 일수가 30일 이상이면 문제가 없습니다. 그런데 그 일수가 29일이므로 해고예고수당 청구권이 발생합니다.

행정해석 근기 68207-1346, 2003.10.20.

> 해고예고기간 30일은 역일에 의한 30일을 말하며, 민법의 일반 원칙에 의해 예고 당일은 기간 계산에 포함되지 않는다.

42 해고금지기간 중 해고예고 가능 여부

K회사는 출산휴가기간이 만료되어 출근한 근로자 A에 대해 출근한 지 5일이 지난 날에 30일 동안의 기간을 두어 해고예고를 하였습니다.

A가 회사를 상대로 진정을 제기하였습니다. A는 출산휴가기간과 이후 30일간에는 해고가 금지되므로 해고예고도 금지된다고 주장합니다. 회사는 해고금지기간에도 해고예고는 가능하다고 주장합니다.

조사 결과 해고사유는 정당한 것으로 판단되고 진정인도 사유 자체의 정당성 여부는 문제삼지 않는 상태입니다.

어느 쪽 주장이 타당합니까?

답 변

근로기준법 제23조 제2항에 의하면 출산전후휴가기간과 이후 30일간의 해고가 금지됩니다. 사례는 이와 같이 해고가 금지되므로 해고예고도 금지되느냐 여부로 다투고 있는 것입니다. 이에 관하여는 허용설과 금지설이 대립합니다.

허용설은 법은 해고와 해고예고를 명확히 구분하고 있고, 해당 휴업기간(휴가기간)만이 아니라 정상상태가 회복된 휴업기간 이후의 30일 동안도 해고금지기간으로 규정하고 있는 점에 비추어 보면, 이 기간에 금지하는 것은 해당 기간에 효력이 발생하는 해고로 한정되고 해고예고까지 포함하는 것은 아니라고 봅니다.

금지설은 법 제23조 제2항의 해고에는 해고예고까지 포함된다고 해석할 수 있고, 위 규정은 현실적으로 실직시키는 것을 금지하는 것뿐만 아니라 실직의 위협을 주는 것을 금지하는 것이라고 보아야 하며, 그 후 30일 동안 해고를 금지하는 것은 휴업기간 종료 후에 바로 건강상태가 정상적으로 되지 않기 때문에 일종의 회복기간을 둔 것으로 이해될 뿐 이를 허용설과 같이 해고예고와 상응하는 조항이라고 할 수 없고, 해고가 금지되는 이상 그 사전 단계라고 할 수 있는 해고예고도 금지하는 것이 해고금지기간 제도의 취지에도 더욱 부합하는 것이라고 합니다.

고용노동부는 허용설의 입장입니다. 이에 의하면 출산전후휴가기간과 그 후 30일간은 해고를 할 수 없으나 해고예고까지 할 수 없는 것은 아니며, 사용자는 정당한 이유가 있을 경우 동 기간 중에 해고예고를 하여 동 기간 완료 후에 해고를 하는 것은 가능하다고 합니다(근로기준과 5784, 2004.8.18.).

사례의 경우 허용설에 의하면 출산전후휴가 종료 후 30일 내에 30일간 여유기간을 두고 해고예고를 하였으므로 적법합니다.

43 해고예고기간 중 30일에 부족한 만큼만 해고예고수당을 지급하겠다고 주장하는 경우

근로자 A가 K회사를 상대로 해고예고수당 지급 요구 진정을 제기하였는데 해고예고기간이 20일입니다. 근로자는 30일분의 통상임금을 요구하고 있으나 회사는 법정예고기간에서 부족한 10일분만 지급하겠다고 주장하고 있습니다.

어느 쪽 주장이 타당합니까?

답 변

근로기준법 제26조 본문은 「사용자는 근로자를 해고(경영상 이유에 의한 해고를 포함한다)하려면 적어도 30일 전에 예고를 하여야 하고, 30일 전에 예고를 하지 아니하였을 때에는 30일분 이상의 통상임금을 지급하여야 한다」고 규정하고 있습니다. 위 법 문구상 해고예고수당액수는 「30일분 이상의 통상임금」이 명백하므로 해고예고기간에 비례하여 감축할 수 없습니다. 따라서 사례의 경우에도 해고예고수당액수는 30일분 이상의 통상임금으로 보는 것이 타당합니다.

행정해석 근기 68207-1346, 2003.10.20.

해고예고는 반드시 30일 전에 하여야 하므로, 30일에서 일부라도 부족하게 되는 경우에는 30일 전에 예고를 하지 않은 것으로 해석되며, 그 경우에는 30일분 이상의 통상임금을 지급하여야 한다.

44 해고예고수당 산정(약정시간이 8시간 초과하는 월급제)

근로자 A가 K업체(개인기업) 대표 B를 상대로 진정을 제기하였습니다. A는 아래와 같은 조건(2024년)으로 식당에서 근무하였습니다.

「1일 근무시간 11.5시간(09:30~21:30, 휴게시간은 30분)

월 3회 휴무

월급 450만원」

이 경우 해고예고수당을 어떻게 산정해야 하나요?

답 변

「해고예고수당액수=일급 통상임금×30」입니다. 「일급 통상임금=시간급 통상임금×1일 소정근로시간수」입니다. 월급제에서 「시간급 통상임금=월급금액÷월 통상임금 산정기준시간수」입니다. 「월 통상임금 산정기준시간수=연 유급시간수÷12」입니다.

(1) 연 유급시간수

연 유급시간수는 실근로시간수, 가산시간수, 유급휴일시간수를 합산하여 구합니다. 가산시간수는 연장근로와 휴일근로에 대해 가산한 시간수입니다.

① 실근로시간수=11.5×(365−36)=3,783.5

해설 36은 1년간 총휴무일수(3×12)

② 연장근로가산시간수=(365−52.14)×3.5×0.5=547.51

해설 연장근로가산은 휴일근로가산과 별개이므로 연간 주휴일수 52.14를 제외한 일수를 기준으로 산정함. 3.5=11.5−8

③ 휴일근로가산시간수=(52.14−36)×(8×0.5+3.5×1)=121.05

해설 법정주휴일수가 연간 52.14인데 실제로 36일만 휴일을 부여했으므로 잉여일수(52.14−36)는 휴일 근로로 보아야 함. 휴일에 8시간 이내 근로하면 50% 가산(8×0.5), 8시간 초과하면 100% 가산(3.5×1)해야 함

④ 유급 주휴시간수=52.14×8=417.12

해설 유급 주휴시간수는 유급 주휴일을 시간으로 환산한 것, 1년간 평균주수는 52.14이고 1일의 시간수는 8시간

⑤ 합계=①+②+③+④=3,783.5+547.51+121.05+417.12=4,869.18

(2) 월 통상임금 산정기준시간수=4,869.18÷12=406

(3) 시간급 통상임금=4,500,000÷406=11,804

(4) 해고예고수당액수

「해고예고수당액수=일급 통상임금×30」이고, 「일급 통상임금=시간급 통상임금×1일 소정근로시간수」이므로, 해고예고수당액수=11,804×8×30=2,660,160입니다. 여기서 주의할 점은 1일 소정근로시간수는 11.5시간이 아니라는 것입니다. 1일 소정근로시간수는 법정근로시간(8시간) 범위에서 약정한 시간이므로 8시간을 초과할 수 없기 때문입니다.

45 해고예고수당 산정(정상적으로 근로한 경우와 비교)

근로자 A는 예고 없이 해고당했습니다. A의 근무조건(2024년)은 소정근로시간 1일 8시간, 1주 40시간이고, 일급제 8만원입니다.

해고예고수당 산정과 관련하여 아래와 같이 두 가지의 견해가 대립하고 있습니다. 어느 견해가 타당합니까?

[제1설]

근로기준법 제26조에 30일분 이상의 통상임금을 지급하도록 명시하고 있으므로 일급 8만원에 30일을 곱한 금액인 2,400,000원을 지급함이 타당함

[제2설]

일급 통상임금 30일분이 30일 전에 해고예고를 받고 30일간 정상적으로 근로한 근로자들의 임금을 상회하는바, 이는 불합리하므로 시간급 통상임금에 209시간(월 통상임금 산정기준시간수)을 곱한 금액인 2,090,000원을 지급하는 것이 타당함

••답 변••

근로기준법 제26조에서 「30일분 이상의 통상임금」이라고 명시하고 있습니다. 법률의 문언 자체가 명확하므로 해고예고수당액수는 문자 그대로 「30일분 이상의 통상임금」이어야 합니다.

[제2설]은 해고예고수당액수가 정상적으로 근로한 사람의 월수입보다 많은 것은 문제가 있다는 생각을 바탕으로 하고 있습니다. 그래서 해고예고수당액수를 정상적인 월수입 수준에 맞추는 것이 타당하다고 보고 있습니다. 그러나 정상적으로 근로한 사람의 월수입이 반드시 해고예고수당에 미달한다고 말할 수 없습니다. 정상적으로 근로한 사람의 월수입은 각종 수당을 포함하는 것이 보통이므로 해고예고수당액수를 상회할 수 있습니다. 이와 같이 [제2설]은 임금 실태를 정확히 파악하지 못하고 이를 토대로 이론을 전개하고 있습니다.

법문에 충실한 [제1설]이 타당합니다.

> **보충설명**
>
> 주 40시간제에서 해고예고수당액수는 240시간분의 통상임금(=시간급 통상임금×8×30)입니다.
>
> 동일 시간제에서 월 평균 유급시간수는 209시간이므로 연장근로 등 없이 소정근로시간을 근로할 경우 월 평균 임금액수는 209시간분의 통상임금입니다.
>
> 전자의 금액이 후자에 비해 많습니다.
>
> [제2설]은 위와 같은 경우를 염두에 둔 주장이라고 볼 수 있습니다.

46 해고예고수당 산정(포괄연봉제)

K회사 소속 근로자 A의 근무시간은 주 40시간이고, 1일 8시간입니다. 이 회사의 상시근로자수는 100명입니다. 노사 간에 아래와 같은 내용의 연봉계약서(2024년)가 작성되었습니다.

「기본연봉과 시간외수당을 합산한 연봉총액을 31,907,700원으로 하고 이를

12로 나누어 매월 2,658,975원을 지급한다. 시간외수당은 연간 480시간의 시간외근로시간에 대응하는 금액을 의미하는 것으로 본다.」

A가 K회사를 상대로 해고예고수당 지급 요구 진정을 제기하였습니다. 해고예고수당을 어떻게 산정해야 하는지 알려 주시기 바랍니다.

답 변

연봉 31,907,700원에 대응하는 시간은 아래와 같이 구할 수 있습니다.

(40+8)÷7×365+480×1.5=3,223

해설 (40+8)÷7×365는 기본연봉에 대응하는 시간수, 40은 주 소정근로시간수, 8은 주휴시간수, 480×1.5는 시간외수당에 대응하는 시간수, ×1.5는 통상임금의 50% 가산

시간급 통상임금은 아래와 같습니다.

31,907,700÷3,223=9,900

해설 9,900원이 최저시급(2024년 기준, 9,860원)에 미달하지 않으므로 적법함

해고예고수당액수는 아래와 같습니다.

9,900×8×30=2,376,000

해설 9,900×8은 일급 통상임금, 30은 30일

47 해고예고수당 산정(초단시간근로자)(1)

K회사에서 근로자 A는 1주에 2일, 1일 4시간씩 총 8시간 근무를 하다가 해고되었습니다. 시급제이고 시급 10,000원(2024년)을 받았습니다. 이 회사의 대부분의 근로자는 주 40시간 근무하고 있습니다.

이 경우 해고예고수당을 어떻게 산정해야 하나요?

답 변

A는 1주 소정근로시간이 8시간인 단시간근로자에 해당합니다. 이 경우 해

고예고수당은 다음과 같이 구합니다.

① 해고예고수당액수=일급 통상임금×30

② 일급 통상임금=1일 소정근로시간수×시간급 통상임금

③ 1일 소정근로시간수=4주 동안의 단시간근로자의 소정근로시간수÷4주 동안의 통상근로자의 총소정근로일수

해설 근거규정 ① 근로기준법 제26조, ② 및 ③ 근로기준법 시행령 [별표 2] 제2호

①을 구하기 위해 ②를 구하고, ②를 구하기 위해 ③을 구해야 합니다.

1일 소정근로시간수=(4×8)÷(4×5)=1.6

일급 통상임금=1.6×10,000=16,000

해고예고수당액수=16,000×30=480,000

48 해고예고수당 산정(초단시간근로자)(2)

근로자 A의 주 소정근로시간은 4시간이고, 시급은 40,000원(2024년)입니다. A가 해고예고수당 진정을 제기했는데 어떻게 산정해야 합니까?

답 변

시간급 통상임금은 정해져 있지만 해고예고수당을 산정하기 위해서는 일급 통상임금을 구해야 합니다. 사례의 경우에는 소정근로시간이 법정근로시간에 비해 짧은 점을 고려해야 합니다. 즉, 법정근로시간에 비례하여 산출해야 합니다.

일급 통상임금은 「1일 소정근로시간수×시간급 통상임금」입니다. 「1일 소정근로시간수」는 「주 소정근로시간수의 1일 평균시간」입니다. 우선 「주 소정근로시간수의 1일 평균시간」을 a라고 하면 다음과 같은 산출식이 성립합니다(아래 식에서 좌변의 40은 법정 주 근로시간수, 8은 법정 1일 근로시간수이고, 우변의 4는 해당 근로자의 주 소정근로시간수임).

40:8=4:a

40a=32

a=0.8

해설 a:b=c:d에서 a×d=b×c임(외항의 곱과 내항의 곱은 같음)

일급 통상임금=1일 소정근로시간수×시급=0.8×40,000=32,000

해고예고수당액수=일급 통상임금×30=32,000×30=960,000

49 해고예고수당 산정(시급제와 월급제가 혼합된 형태)

근로자 A는 아래와 같은 조건(2024년)으로 근무합니다.

「주 40시간, 5일 근무, 1일 소정근로시간 8시간

월 고정으로 100만원, 시급 6천원 지급」

이 경우에 해고예고수당을 어떻게 산정해야 하나요?

••답 변••

사례의 경우 월 고정으로 100만원을 지급하는 부분은 월급제이고, 시급 6천원 지급하는 부분은 시급제라고 볼 수 있습니다. 이는 월급제와 시급제가 혼합된 형태의 임금체계라고 말할 수 있습니다.

「해고예고수당=일급 통상임금×30」입니다. 우선 시간급 통상임금을 구해야 합니다. 월급 부분에서 구한 것과 시급을 합해서 시간급 통상임금을 산정해야 합니다.

시간급 통상임금=1,000,000원÷209+6,000원=10,785원

일급 통상임금=10,785원×8=86,280원

따라서 해고예고수당=86,280원×30=2,588,400원입니다.

50 해고예고수당 산정(일급제와 월급제가 혼합된 형태)

근로자 A는 아래와 같은 조건(2024년)으로 근무합니다.

「주 40시간, 5일 근무, 1일 소정근로시간 8시간

월 고정으로 30만원, 1일 8만원을 근무일수에 곱한 금액을 지급」

이 경우에 해고예고수당을 어떻게 산정해야 하나요?

••답 변••

사례의 경우 월 고정으로 30만원을 지급하는 부분은 월급제이고, 1일 8만원을 지급하는 부분은 일급제라고 볼 수 있습니다. 이는 월급제와 일급제가 혼합된 형태의 임금체계라고 말할 수 있습니다.

「해고예고수당=일급 통상임금×30」입니다. 월급 부분과 일급 부분에서 각각 구한 것을 합해서 일급 통상임금을 산정해야 합니다.

일급 통상임금

=(300,000원÷209×8)+80,000원=11,480원+80,000원=91,480원

따라서 해고예고수당=91,480원×30=2,744,400원입니다.

51 시급과 주 소정근로시간수가 동일하지만 해고예고수당액수가 상이한 이유

K회사를 상대로 근로자 A, B가 해고예고수당 지급 요구 진정을 제기하였습니다. 두 사람은 시급제이고 두 사람의 시급액이 동일합니다. 그러나 근무형태는 아래와 같이 상이합니다.

「A : 월~금요일, 1일 8시간 근무, 토요일 휴무, 일요일 휴일

B : 월~금요일, 1일 7.5시간 근무, 토요일 2.5시간 근무, 일요일 휴일」

해고예고수당을 A에 대해서는 「시간급 통상임금×8시간×30일」로 산정하였고, B에 대해서는 「시간급 통상임금×7.5시간×30일」로 산정하였습니다. B는 시급

과 매주 근무시간이 A와 동일함에도 불구하고 해고예고수당액수가 A보다 더 적은 것은 형평성에 문제가 있다고 주장합니다.

이 경우에 어떻게 설명해야 하나요?

••답 변••

A와 B의 해고예고수당액수 차이는 일급 통상임금 차이에서 비롯됩니다. 일급 통상임금은 「시간급 통상임금×1일 소정근로시간수」로 산정합니다. A의 경우에는 소정근로일인 5일간의 매일의 소정근로시간수가 8시간으로 일정하므로 1일 소정근로시간수가 8시간이라는 점에 의문이 없습니다. B의 경우에는 소정근로일 중 토요일의 근로시간이 다른 요일들과 차이가 있습니다. 이와 같이 매일의 근로시간이 일률적이지 않을 경우에는 대체적인 소정근로일의 근로시간을 1일 소정근로시간수로 보는 것이 일반적입니다(과거 주 44시간제에서 월~금요일 매일 8시간, 토요일 4시간 근무 체제에서 1일 소정근로시간수를 8시간으로 본 경우의 예). 이에 의하면 B의 경우 1일 소정근로시간수는 7.5시간입니다.

따라서 시간급 통상임금이 동일하더라도 1일 소정근로시간수가 동일하지 않으면 일급 통상임금도 동일하지 않게 됩니다. 사례에서 A와 B의 1일 소정근로시간수가 동일하지 않습니다. 따라서 일급 통상임금도 동일하지 않게 됩니다. A와 B의 주당 소정근로시간수는 동일하지만 주당 소정근로시간수는 일급 통상임금 산정기준이 아닙니다. 따라서 주당 소정근로시간수가 동일하므로 해고예고수당액수도 동일해야 한다는 논리는 성립할 수 없습니다.

보충설명

다른 산정 방법

1일 소정근로시간수 산정 방식에 대해 법에서 규정하고 있지 않으므로 위와 같은 일반적인 방식이 절대적인 것은 아닙니다. 1일 평균시간수(1주 총근로시간수÷1주 총근로일수)를 적용하는 방식도 가능합니다. 이 방식을 적용하면 B의 경우 1일 소정근로시간수는 6시간 40분(40시간÷6일)입니다.

52 해고예고수당 적법 지급일

K회사로부터 2024년 11월 11일에 서면으로 해고통지를 받은 근로자 A가 해고예고수당 지급 요구 진정을 제기하였습니다. 해고통지서에 의하면 해고일이 2024년 11월 20일로 기재되어 있습니다.

법적으로 해고예고수당을 지급해야 할 날이 언제인지 궁금합니다.

답 변

해고일 30일 이전에 해고통지하지 않은 경우 해고예고수당은 해고일에 지급해야 합니다(개별노동관계법령 수사요령 2014.5. 53페이지 참조). 해고일이라 함은 근로관계가 유지되는 마지막 날의 다음 날입니다. 사례의 경우 2024년 11월 20일이 지급일입니다.

해고일 30일 이전에 해고통지하지 않은 경우 해고예고수당을 임금, 퇴직금 등과 함께 해고일부터 14일 이내에 지급하면 족하다는 의견이 있을 수 있으나 해고예고수당은 갑작스러운 해고를 당한 근로자의 경제적 어려움을 방지하고자 하는 것을 목적으로 하는 점에 비추어 이 의견은 타당하지 않습니다.

53 상시근로자수 4명 이하인 경우 해고예고수당 산정 시 일급 통상임금 해당 시간

근로자 A는 상시근로자수 4명 이하인 K업체(개인기업)에서 1일 10시간 근무하기로 약정하고 10개월간 근무하였습니다. A가 해고예고수당 지급 요구 진정을 제기하였습니다. 조사 결과 해고예고수당 지급요건은 충족하는데 그 금액 산정과 관련하여 다툼이 있습니다. 쟁점은 일급 통상임금 산정 시 몇 시간(10시간 또는 8시간)을 적용하느냐는 것입니다.

이 경우 어떻게 처리해야 하나요?

답 변

해고예고수당은 일급 통상임금 30일분인데 일급 통상임금은 1일의 소정근로시간수에 시급을 곱해서 구합니다(근로기준법 시행령 제6조 제3항). 1일의 소정근로시간수는 법정근로시간을 초과할 수 없습니다(근로기준법 제2조 제7호). 즉, 1일의 약정근로시간이 8시간을 초과하더라도 1일의 소정근로시간수는 8시간입니다. 이 경우 일급 통상임금은 8시간분의 시급입니다.

이상은 상시근로자수 5명 이상인 사업장에 적용되는 경우인바, 상시근로자수 4명 이하 사업장의 사용자를 5명 이상 사업장의 사용자에 비해 불리하게 규제할 필요는 없습니다. 따라서 사례의 경우에도 해고예고수당 산정 시 일급 통상임금은 8시간분의 시급이 타당합니다.

54 구두 해고예고의 효력

회사가 근로자 A에게 30일 이상 여유기간을 두고 구두로 해고를 통지하였습니다. 이후 해고일 5일 전에 서면으로 해고통지를 하였습니다.

A가 해고예고수당 지급 요구 진정을 제기하였습니다. A는 서면으로 해고를 통지하지 않으면 무효이므로 해고일 30일 전에 행한 구두 해고통지도 무효이고, 서면 해고통지는 해고일 30일 전 통지에 해당하지 않으므로 해고예고수당을 받을 수 있다고 주장하고 있습니다.

A의 주장이 타당한지 궁금합니다.

답 변

근로기준법 제23조 제1항 및 제2항에 의하면 해고의 사유와 시기를 서면으로 통지해야 해고로서 유효합니다.

그런데 근로기준법 제23조 제3항에서 해고예고를 서면으로 한 경우에 해고의 서면 통지로 인정한다고 규정하고 있는바, 이는 구두 해고예고가 가능하다는 것을 전제하고 있다고 해석할 수 있습니다. 따라서 구두로 해고일 30일 전에 통지했으면 해고예고수당을 지급하지 않아도 됩니다.

다만, 해고예고를 구두로 한 경우에도 다시 해고통지를 서면으로 해야 해고로서 유효하므로 이를 준수하지 않을 경우 부당해고 구제신청 사건이 제기되면 부당해고로 판정될 수 있습니다.

제18장

사업양도 시 근로관계

1 사업양도 시 고용승계 여부

개인업체를 운영하던 A가 B에게 시설, 비품, 거래처 등 사업 전반에 대하여 양도하였고 근로자들도 계속 근로하기로 약정하였습니다. 다만, B가 고용을 승계할 의무는 없는 것으로 하였습니다. 즉, A가 양도 당시까지의 근로기간에 대하여 퇴직금을 정산하여 지급하고, B는 양수일부터 고용을 새로 시작하기로 한 것입니다. 이에 따라 근로자들과 새로 근로계약을 체결하였습니다. 근로자들도 퇴직금을 수령하고 새로 근로관계가 개시되는 것에 대하여 동의하였습니다.

양수 이후 1년 미만 근무하고 퇴직한 근로자 C의 경우 고용승계를 주장하여 퇴직금이 발생했다고 주장할 수 있나요?

답 변

사업양도(영업양도)는 일정한 영업목적에 의하여 조직화된 업체, 즉 인적·물적 조직을 그 동일성을 유지하면서 일체로서 이전하는 것을 의미합니다. 사업양도 시에 특별한 사정이 없는 한 종래의 근로관계는 양수인에게 승계되는 것이 원칙입니다. 고용이 승계되면 종전의 근로기간과 양수 이후의 근로기간을 합하여 퇴직금을 계산해야 합니다.

그런데 사례의 경우 양수인 B와 근로자들 간에 새로 고용관계가 시작되는 내용으로 근로계약이 체결되었다고 합니다. 양도 당시까지의 근로기간에 대한 퇴직금을 정산한 것으로 보아 위 근로계약은 진실하다고 추정할 수 있습니다. 이와 같은 경우에는 양도 시점을 기준으로 종래의 근로관계가 종료하고 B와의 근로관계가 새로 성립했다고 보아야 합니다. 따라서 근로관계가 새로 성립한 이후 1년 미만 근로했으면 퇴직금이 발생하지 않습니다.

사업양도와 영업양도라는 명칭이 혼용되고 있는 실정입니다. 본서에서는 사업양도를 주로 사용하고 경우에 따라 사업양도(영업양도)로 병기합니다.

보충설명

근로자를 보호하기 위해서 사업양도 시 고용승계의 예외 계약을 인정하지 않아야 한다는 반론이 있을 수 있습니다.

사례는 사적자치원칙의 한계와 관계있다고 볼 수 있습니다. 사적자치원칙이라 함은 사인 간의 법률관계는 사인 간에 자율적으로 결정하도록 하고 국가가 개입하지 않는다는 원칙입니다(사적자치는 보통 계약에 의해 실현되기 때문에 사적자치원칙은 계약자유의 원칙이라고도 함).

사례에서는 사업양도 시 종래의 근로관계 승계 여부에 관해 양수인과 근로자들 간에 계약이 성립하였고, 동 계약에서는 근로관계를 승계하지 않는 것으로 정하였습니다. 이와 같은 사인 간의 계약은 당사자들이 자율적으로 결정했으므로 국가가 개입하지 않는 것이 원칙입니다. 만약 계약이 강요나 기망에 의해 체결되거나, 그 내용이 사회질서에 위반되는 경우와 같이 무효나 취소 사유에 해당하면 국가가 개입할 수 있습니다. 그러나 사례에서는 무효나 취소 사유에 해당한다는 정황은 없습니다. 따라서 종래의 근로관계가 승계되지 않는다는 계약은 유효하며, 국가가 개입하여 이를 무효화하여 근로자를 보호할 필요는 없습니다.

물론 근로관계에서 완전한 사적자치가 허용되는 것은 아닙니다. 그러나 이것은 사적자치가 제한된다는 의미이고 원칙은 사적자치입니다. 근로자가 약자라고 해서 근로관계 전부에 대하여 사적자치가 없다고 할 수 없습니다.

사례의 경우 근로자가 양도인으로부터 퇴직금을 받고 양수인과 새로운 근로관계를 형성하는 것이 유리하다고 판단하여 계약을 했다고 볼 수 있습니다. 원하지 않으면 계약을 하지 않고 종래의 근로관계의 승계를 주장할 수 있는 상황이었다고 볼 수 있습니다.

판례 대법원 2011다45217, 2012.5.10.

영업양도가 이루어진 경우에는 원칙적으로 해당 근로자들의 근로관계가 양수하는 기업에 포괄적으로 승계되지만 근로자가 반대 의사를 표시함으로써 양수기업에 승계되는 대신 양도기업에 잔류하거나 양도기업과 양수기업 모두에서 퇴직할 수도 있다. 또한 이와 같은 경우 근로자가 자의에 의하여 계속근로관계를 단절할 의사로 양도기업에서 퇴직하고 양수기업에 새로이 입사할 수도 있다.

2 묵시적 사업양도와 고용승계

K영어학원의 원장 A는 경영난으로 폐업신고를 하였습니다. 강사 중 한 명인 B가 동일 상호로 사업자등록을 하고 사업을 계속하게 되었습니다. 폐업과 개업 사이에 공백은 없었습니다. 당시 학원에서 근로하던 근로자들은 전과 동일한 조건으로 B와 일하기로 하였습니다. B의 사업 개시 후 3개월 정도 지난 때 퇴직한 근로자 C 등 3명이 B를 상대로 퇴직금 지급 요구 진정을 제기하였습니다. 진정인들은 A가 경영하던 기간에 근무한 기간(약 3년)까지 포함하여 퇴직금을 지급하라고 요구하고 있습니다. B는 새로 개업한 것이므로 과거기간에 대하여 책임이 없다고 주장하고 있습니다. 진정인들은 사업주가 바뀌는 것은 알았지만 상호, 수강생, 장소, 강의내용 등 변경이 없었기 때문에 B가 자신들의 고용을 승계했다고 주장합니다.

A와 B는 매매계약으로 물적자원을 양도·양수한 사실은 명백하지만 사업양도계약서를 작성한 한 바는 없었습니다.

이 경우에 B에게 퇴직금 지급 책임이 있다고 보아야 합니까?

답 변

사업양도(영업양도)의 경우에는 특단의 사정이 없는 한 근로자들의 근로관계는 양수인에 의하여 계속적으로 승계됩니다(대법원 2000다18608, 2011.11.13.). 사업양도는 일정한 영업목적에 의하여 조직화된 업체, 즉 인적·물적 조직을 그 동일성을 유지하면서 일체로서 이전하는 것을 의미합니다. 사업양도가 인정되려면 사업양도 당사자 사이의 명시적 또는 묵시적 계약이 있어야 합니다(대법원 96다2644, 1997.6.24. ; 2012다102247, 2013.2.15.).

사례의 경우 사업양도계약이 있었는지를 검토해보겠습니다. 명시적인 사업양도계약이 있지 않은 것은 분명합니다. 따라서 묵시적인 사업양도계약이 있었는지 검토해야 합니다. 묵시적인 사업양도계약이라 함은 당사자 간에 사업양도라는 표현을 하지는 않았지만 실질적으로 일정한 영업목적에 의하여 조직화된 업체, 즉 인적·물적 조직을 그 동일성을 유지하면서 일체로서 이전하는 것을 의미합니다.

사례 설명에 의하면 B가 동일 상호를 계속 사용하였고 동일 장소에서 동일 수강생에 대하여 동일한 내용의 강의를 계속하였다고 합니다. 매매계약을 체결했다고 하는바, 그 내용을 구체적으로 알 수는 없지만 상호 사용에 관한 권리, 건물이나 집기에 관한 권리, 고객(수강생)에 관한 사항, 업무 노하우(강의 내용) 등을 그 내용으로 한다고 추정할 수 있습니다. 따라서 물적 조직을 그 동일성을 유지하면서 일체로서 이전한 것으로 추정할 수 있습니다.

또한 사례 설명에 의하면 사업주 변경 이후에도 기존 근로자들 전부를 근로조건의 변동 없이 계속 사용하였으며, 사업주 변경 전후로 퇴직금을 정산하는 등 종래의 근로관계를 종료시키고 새로 시작하는 특단의 조치를 취한 바도 없습니다(이와 같은 특단의 조치를 취했다고 하여 종래의 근로관계가 반드시 단절된다고는 할 수 없으나, 실제로 그런 조치가 있었고 경우에 따라 그것이 유효하다고 볼 수 있으면 근로관계는 단절된다고 볼 수 있음). 따라서 인적 조직도 그 동일성을 유지하면서 일체로서 이전하였다고 추정할 수 있습니다.

그러므로 사례의 경우 묵시적인 사업양도계약이 있었고, 근로관계의 계속성을 부정할 특단의 사정도 없으므로 고용승계가 이루어졌다고 볼 수 있습니다. 따라서 양수인 B가 전체 근로기간에 대한 퇴직금을 지급해야 한다고 보는 것이 타당합니다.

3 묵시적 사업양도 여부

K식당 사장 A는 운영하던 식당에 관한 사업을 B에게 양도하였습니다. B는 사업을 양수하면서 근로자의 고용도 승계하였습니다. B가 사업을 시작한 지 약 4개월 후에 자금 문제로 잠적하고 말았습니다. 이에 근로자들은 B가 나타날 때까지 A에게 식당을 운영하고 매출금을 관리하면서 매출금으로 자신들의 임금을 지급해 줄 것을 요청했고 A는 그렇게 하기로 약속하였습니다. A가 임시로 식당을 운영한 지 5개월 정도 된 시점에서 퇴직한 근로자 C가 퇴직금 지급 요구 진정을 제기하였습니다.

C의 전체 근무기간은 사업양도 전후 기간을 분리하면 1년 미만이지만 양 기간

을 합하면 1년 이상입니다. A는 B에게 사업을 양도한 이후에는 B가 사업주이며, B가 잠적하여 자신이 임시로 식당을 운영할 때 B로부터 다시 사업을 양수한 사실이 없으므로 자신은 책임이 없다고 주장하고 있습니다.

이 사건을 어떻게 처리해야 할지 알려주시기 바랍니다.

••답 변••

사업양도(영업양도)의 경우에는 특단의 사정이 없는 한 근로자들의 근로관계는 양수인에 의하여 계속적으로 승계됩니다(대법원 2000다18608, 2011.11.13.). 사업양도는 일정한 영업목적에 의하여 조직화된 업체, 즉 인적・물적 조직을 그 동일성을 유지하면서 일체로서 이전하는 것을 의미합니다. 사업양도가 인정되려면 사업양도 당사자 사이의 명시적 또는 묵시적 계약이 있어야 합니다(대법원 96다2644, 1997.6.24. ; 2012다102247, 2013.2.15.).

사례 설명에 의하면 일단 A로부터 B에게 사업양도가 이루어진 점에 대해서는 논란이 없습니다. 문제는 B가 잠적한 시점에 B로부터 A에게 다시 사업양도가 이루어졌냐는 것입니다.

위 판례에서 밝힌 바와 같이 사업양도가 인정되려면 계약이 있어야 하는바, 명시적인 계약이 없었던 점은 명백하므로 묵시적인 계약이라도 있었는지 검토해 볼 필요가 있습니다. 묵시적인 계약이 있었다고 보려면 최소한 A와 B 간에 영업과 관련한 거래가 있어야 합니다. 그러나 B가 잠적하여 부재인 상태에서 A가 경영에 관여한 것이므로 양자 간에 그런 거래는 전혀 없었다고 보아야 합니다. 따라서 묵시적인 사업양도계약은 없었다고 볼 수 있습니다. 결론적으로 B로부터 A에게 사업양도가 이루어지지 않았습니다. 고용승계 여부는 사업양도가 있을 때 문제 되므로 사례와 같이 사업양도가 없는 상태에서는 고용승계는 문제되지 않습니다.

따라서 A는 퇴직금 지급 책임이 없다고 보는 것이 타당합니다.

4 사업양도 시 양도회사가 납입한 퇴직연금 적립금을 퇴직연금사업자가 양수회사에 반환해야 하는지

K회사로부터 L회사로 사업양도가 이루어졌습니다. L회사는 퇴직연금사업자인 M은행에 대하여 K회사가 사업양도 전에 납입한 퇴직연금 적립금을 반환해달라고 요구하고 있습니다.

이 경우 L회사의 요구가 정당한지 의문입니다.

••답 변••

사업양도(영업양도)가 이루어진 경우 기존의 근로관계 권리·의무는 포괄적으로 양수인에게 승계됩니다. 따라서 퇴직연금에 관한 권리·의무도 양수인에게 승계됩니다. 사용자는 근로자대표의 의견을 들어 지방고용노동관서에 명칭 등 퇴직연금규약의 변경사항을 신고함으로써 퇴직연금에 관한 권리·의무가 승계되어 설정되었음을 인정받을 수 있습니다. 이 경우 기존 퇴직연금규약은 효력을 상실하게 됩니다.

위와 같이 사업양도가 이루어진 경우에는 퇴직연금 반환 문제는 발생하지 않습니다.

5 사업양도 시 근로자가 퇴직 의사표시를 한 경우 고용승계 여부

A(개인기업 K업체 대표)와 B 간에 K업체 매매계약을 체결하였습니다. B가 K업체를 일괄 매수하여 사업을 계속한다는 내용이었습니다. 당시 K업체에서 근무하던 C는 두 사람이 있는 자리에서 본인이 퇴직하게 되면 퇴직금을 누가 책임질 것이냐고 물었는데 둘이 상의하여 결정하겠다고 하였습니다.

C는 사업체 매매 시점에 맞추어 퇴직하려고 했는데 B가 당장 일할 사람이 없다며 주말까지만 일해 달라고 부탁하는 바람에 3일간 일을 더 하게 되었습니다. 퇴직한 C는 B를 상대로 퇴직금 지급 요구 진정을 제기하였습니다. 3일간 일한 임금은

받았습니다. B는 사업을 양수한 것이 아니라 매매한 것이고, C를 사용한 기간도 3일에 불과하므로 퇴직금 지급 책임이 없다고 주장합니다. B는 A가 퇴직금을 책임지겠다고 약속했다고 합니다. A는 현재 행방불명입니다.

이 경우 B에게 퇴직금 지급 책임이 있나요?

답 변

사업양도(영업양도)는 사업 일체를 양도하는 것을 말합니다. 사업 일체라 함은 물적 시설, 인적 조직, 고객 관계 등 기존 사업을 그대로 수행할 수 있는 상태를 말합니다. 이에 반해 사업 관련 매매는 사업 구성 요소의 일부 즉 시설 등을 양도하는 것을 말합니다. 사례의 경우 명칭은 매매계약이지만 실질적으로는 사업양도로 보입니다.

사업양도 시에는 고용관계가 승계되는 것이 원칙입니다. 이 원칙은 특별한 사정이 없을 때 적용됩니다. 그런데 사례의 경우 C가 사업양도 시점을 기준으로 퇴직하겠다는 의사표시를 했고, B는 주말까지만 근무를 해달라고 요청하였습니다. C의 의사에 의해 사업양도 시점에 퇴직이 이루어졌다고 보아야 합니다. B와 C 간에는 계속고용에 관한 합의가 없었고, 주말까지 한시적으로 근로하기로 합의했을 뿐입니다. 따라서 고용관계 승계 원칙을 적용할 수 없는 특별한 사유가 있었다고 보아야 합니다.

이를 종합하면 B가 C의 고용을 승계한 것으로 볼 수 없으므로 퇴직금 지급 의무가 없고 A에게 그 의무가 있다고 보아야 합니다.

6 사업 일부 양도로 고용승계된 경우 과거 발생한 임금에 대한 지급 책임자

근로자 A가 K회사와 L회사를 상대로 진정을 제기하였습니다.

A는 K회사에서 근무하던 중 2024년 7월 1일 S부문의 사업이 L회사로 양도되면서 L회사로 고용승계되었습니다. A는 K회사 재직 당시인 2023년도분 연말정산

환급금과 임금인상 소급분을 지급받지 못한 상태입니다. K, L회사 간에는 연말정산 환급금과 임금인상 소급분을 K회사가 책임지기로 합의된 상태입니다.

이 경우에 누구를 사용자로 처리해야 하나요?

답 변

사업양도(영업양도) 시에는 기존의 근로관계에서 발생한 의무가 양수인에게 승계됩니다. 그렇다고 해서 양도인의 의무가 소멸하는 것은 아니므로(중첩적 채무인수) 양도인과 양수인은 연대책임을 지게 됩니다. 설사 양도인과 양수인 간에 한쪽의 책임을 면제하는 합의(면책적 채무인수)를 하더라도 근로자에게는 효력이 없습니다. 따라서 근로자는 양도인이나 양수인에 대하여 의무 이행을 요구할 수 있습니다. 다만, 그 책임의 성격은 상이합니다. 양도인은 금품을 지급해야 할 채무자로서 민사책임을 부담하면서 이를 이행하지 않으면 근로기준법 위반도 되므로 형사책임도 부담합니다. 반면에 양수인은 민사책임은 승계하지만 형사책임은 승계하지 않습니다. 형사책임은 일신전속적인 것으로서 승계될 수 없기 때문입니다.

사례의 연말정산환급금과 임금인상 소급분 지급 의무는 근로관계에서 발생한 의무라고 볼 수 있으므로 위에 설명한 이론을 적용할 수 있습니다. K회사에 대해서 연말정산환급금과 임금인상 소급분을 제때 지급하지 않은 사실을 근거로 근로기준법 제43조 제1항을 적용할 수 있을 것입니다(A는 L회사에 고용승계되어 퇴직한 상태가 아니므로 제36조를 적용할 수 없음). 연말정산환급금이 제43조 제1항에서 규정한 「임금」에 해당될 수 있느냐는 의문이 제기될 수 있습니다. 동 조항의 「임금」을 근로관계에서 사용자에게 지급의무가 있는 금품을 의미하는 것으로 넓게 해석하여, 연말정산환급금도 「임금」에 해당하는 것으로 보는 것이 타당합니다.

7 사업양도 시 퇴직금 지급 책임자

A는 자신이 경영하는 사업장을 B에게 위탁운영하게 하면서 다음과 같이 계약을 체결하였습니다.

「B는 2년간 동 사업장을 운영한다. B는 A에게 보증금 3,000만원을 지급하고 매월 운영료로 500만원을 지급한다.」

당해 사업장에서 퇴직한 근로자 C에 대한 퇴직금 지급 책임자는 누구인지 궁금합니다. C의 근무기간 중 A가 운영한 기간은 11개월이고 B가 운영한 기간은 3개월입니다.

••답 변••

사례의 위탁운영계약은 B가 A로부터 사업에 관한 일체(물적 시설, 인적 조직)를 양도받아 2년간 사업을 운영하고, 그 기간이 경과하면 다시 A에게 그 일체를 양도하는 조건으로 체결한 계약이라고 볼 수 있습니다. 굳이 명명하자면 「재양도 조건부 사업양도계약」이라고 말할 수 있습니다. 이것은 사업양도계약의 일종이므로 이 경우에도 일반적인 사업양도계약관계에서 문제 되는 고용승계 문제가 발생합니다.

사업양도계약관계에서는 특별한 약정이 없는 한 양수인이 고용을 승계합니다. 사례의 경우에 특별한 약정은 없었던 것으로 짐작합니다. 따라서 B가 C의 고용을 승계한 것으로 보아야 합니다.

따라서 B는 사업양수 이후에 퇴직한 C에 대해서 양수 이전(以前)의 근로기간까지 포함하여 전체 근로기간을 기준으로 산정한 퇴직금을 지급할 책임이 있습니다.

8 아파트 관리형태 변경 시 고용승계 관계

신축 아파트에 입주자대표회의가 구성되기 전에 시공업체 K가 건물관리를 하였습니다. 이후 입주자대표회의가 구성되어 자치관리를 하게 되었습니다. 이 경우에 K업체 소속 근로자들의 고용승계 문제는 어떻게 처리하는 것이 타당합니까?

••답 변••

사례의 경우 건물관리 주체가 K업체에서 입주자대표회의로 변경되었을 뿐 사업(건물관리)의 실질적인 내용은 변경이 없습니다. 이는 사업의 양도로 볼 수 있습니다. K업체 소속 근로자들에 대한 고용이 입주자대표회의에 승계된다고 보는 것이 타당합니다(고용노동부, 아파트 종사근로자의 근로조건 보호에 관한 지침, 근로기준팀-8048, 2007.11.29. 참조).

반면에 예를 들어 입주자대표회의가 용역업체 L에게 건물관리를 위탁하였고, L이 독립적으로 사업을 수행하다가 용역업체가 M으로 변경된 경우에는 L과 M 간에 사업양도가 있다고 볼 수 없습니다. 이 경우에는 입주자대표회의와 각 용역업체 간에 각각 위탁계약관계가 성립할 뿐 L과 M 간에는 어떤 계약관계가 성립하지 않기 때문입니다. 따라서 이 경우에는 고용승계가 필수적이지 않습니다.

9 사업양도 · 양수 이후 징계 가능 여부

K회사가 L회사에 양도되었습니다. 그런데 근로자 A가 K회사 근무 당시 비위행위를 한 사실이 발견되었습니다. 이 경우 L회사가 A에 대해 위 비위행위를 이유로 징계할 수 있나요?

••답 변••

사업(영업)의 양도 · 양수가 있을 경우 근로자의 고용이 승계됩니다. 이와 같이 고용승계될 경우 사업양도 이전의 권리·의무가 그대로 승계됩니다. 사업양수회사는 양도회사의 징계권도 승계할 수 있습니다.

따라서 양수회사는 A의 비위행위를 이유로 징계가 가능하다고 볼 수 있습니다.

제19장

기간제 및 단시간근로자

1 퇴직 후 바로 입사한 경우 기간제근로자 해당 여부

근로자 A는 2010년부터 정규직으로 K회사에 입사하여 2023년 12월 31일까지 근무하고 퇴직하였습니다. 퇴직금도 정산하여 수령하였습니다. 퇴직 후 바로 2024년 1월 1일에 이 회사에 계약직으로 입사하였고, 계약기간 1년으로 근로계약서를 작성하였습니다. 고용보험은 연속적으로 가입된 상태입니다.

이 경우 A를 기간제근로자로 볼 수 있나요?

답 변

만약 위 날짜의 퇴직이 유효하다면 이 시점에서 근로관계는 종료하므로 새로운 근로계약에 따라 근로관계가 개시된 것으로 볼 수 있습니다. 따라서 기간제근로자에 해당될 수 있습니다.

다만, 퇴직의 효력이 정상적으로 발생했는지 조사할 필요는 있습니다. 퇴직의 효력이 정상적으로 발생하려면 무효나 취소 사유가 없어야 합니다(민법 제107조 내지 제110조 참조).

2 명예퇴직 후 재고용한 경우 기간제근로자 해당 여부

K회사는 근로자 A를 명예퇴직을 조건으로 남은 정년의 3분의 2에 해당하는 기간(약 1년 10개월)을 정하여 계약직으로 고용하였습니다. 이 경우 A를 기간제근로자로 볼 수 있나요?

답 변

사례는 명예퇴직하고 재고용된 경우로 파악됩니다. 명예퇴직으로 근로관계는 종료하고 재고용 시점부터 근로기간이 새로 시작된 것으로 볼 수 있습니다. 재고용 내용에 의하면 근로계약기간이 정해져 있으므로 기간제근로자로 보는 것이 타당합니다.

3 묵시적으로 근로계약이 갱신된 경우 기간제근로자 해당 여부

근로자 A가 K회사를 상대로 진정을 제기하였습니다. A는 기간제근로자로서 무기계약직에 비해 차별대우를 받았다고 주장하고 있습니다. 회사는 A는 기간제근로자가 아니라 무기계약직이라고 주장합니다.

A는 계약기간 1년의 근로계약서를 작성하였고, 1년이 지나도 다시 근로계약서를 작성하지 않고 5개월을 더 근무한 후 사직하였습니다. 회사 취업규칙에 무기계약직의 정년은 60세로 규정되어 있습니다. 모든 근로자가 채용 시 계약기간 1년의 근로계약서를 작성하고 이후에는 근로계약서를 작성하지 않고 계속 근무해왔습니다.

이 경우에 A를 기간제와 무기계약직 중 어느 쪽으로 보아야 하는지 궁금합니다.

••답 변••

계약기간 만료 후 계속근로에 대하여 사용자가 상당한 기간 이의를 제기하지 않으면 근로계약은 묵시적으로 갱신됩니다(민법 제662조 제1항).

사례의 경우 계약기간 만료 후 상당기간(5개월 정도) 근로했으므로 묵시적으로 갱신된 것으로 볼 수 있고, 「모든 근로자가 채용되면 1년의 근로계약서를 작성하고 이후 근로계약서를 작성하지 않고 계속 근무함」이라는 표현에 비추어 무기계약직으로 보는 관행이 정착되었다고 볼 수 있습니다.

A는 기간제근로자라고 주장하나 계약기간 만료 후에 이의 없이 5개월을 근로한 사실과 모순됩니다.

위의 사실을 종합하면 A를 무기계약직으로 보는 것이 타당합니다. 다만, 기간제근로자 해당 여부와는 별개로 A가 불합리하게 차별 대우를 받았는지 여부에 대해서 조사할 필요는 있습니다.

4 용역업무를 낙찰받아 2년 이상 수행하는 경우 기간제법 적용

K시(市)는 2년 단위로 폐기물처리 업무를 공개입찰에 의해 용역을 주고 있습니다. 공개입찰 결과 용역업체가 변경되는 경우도 있고 그렇지 않은 경우도 있었습니다.

용역업체가 변경되더라도 K시의 방침에 따라 기존 근로자들의 고용은 보장되어왔습니다. 2년간 용역업무를 수행하던 L회사가 최근에 공개입찰 결과 다시 2년간 용역업무를 수행하는 것으로 확정되었습니다. 회사는 기존 근로자들과 계약기간 2년으로 다시 근로계약서를 작성한 후 현재 근무 중입니다.

이 경우 기존 근로자들은 2년을 초과하여 근무하였으므로 기간제법에 의해 기간의 정함이 없는 근로자로 간주할 수 있나요?

답 변

한번 낙찰받은 업체가 다시 낙찰받아 사업을 계속할 수 있다는 보장은 없습니다. 사례에서 L회사가 2회 연속 낙찰받은 것은 우연한 경우에 해당합니다.

이러한 경우 L회사 입장에서 낙찰받은 기간은 사업의 완료에 필요한 기간으로 볼 수 있습니다. 따라서 기간제 및 단시간근로자 보호 등에 관한 법률 제4조 제1항 제1호에 해당하여 2년을 초과하여 기간제근로자를 사용할 수 있다고 보는 것이 타당합니다. 즉, 2년을 초과하여 근무하더라도 무기계약직으로 전환되는 것은 아닙니다.

행정해석 고용차별개선과-404, 2017.2.14.

> 공개경쟁입찰을 통하여 새로운 위수탁계약이 체결되는 경우로 재계약 여부가 불분명한 경우에는 위수탁기간을 기간제법 제4조 제1항 제1호에 따른 '사업의 완료 또는 특정한 업무의 완성에 필요한 기간을 정한 경우'로 본다.

보충설명

사례에서 기존 근로자들과 계약기간 2년으로 다시 근로계약서를 작성한 것과 관련하여 계속근로 여부가 문제 될 수 있습니다. L회사가 동일 사업을 계속 수행하면서 기존 근로자들을 계속 사용하는 것이므로 근로관계는 계속된다고 보는 것이 타당합니다. 즉, 위와 같이 작성한 근로계약서에 따른 근로관계가 새로 시작하는 것이 아닙니다. 따라서 퇴직금 산정이나 연차휴가 산정 시 과거 2년을 계속근로기간으로 합산해야 합니다.

5 단시간근로자에 대해 연장근로 규정을 위반하여 사용한 경우

단시간근로자 A가 K업체(개인기업) 대표 B와 부장 C를 상대로 고소를 제기하였습니다. A는 C의 지시에 의해 1주간에 소정근로시간을 초과하여 12시간 이상을 근무하였다고 주장합니다. 조사 결과 C의 지시에 의해 위법하게 초과 근무를 한 사실이 확인되었습니다.

이 경우에 B와 C에 대해 어떤 조항을 적용하여 처리해야 하는지 알려 주시기 바랍니다.

답 변

기간제 및 단시간근로자보호 등에 관한 법률(이하 「기간제법」으로 칭함) 제6조 제1항은 「사용자는 단시간근로자에 대하여 근로기준법 제2조의 소정근로시간을 초과하여 근로하게 하는 경우에는 당해 근로자의 동의를 얻어야 한다. 이 경우 1주간에 12시간을 초과하여 근로하게 할 수 없다」고 규정하고 있습니다.

기간제법 위반으로 처벌 대상이 될 수 있는 사람은 사용자인바, 동법에서 사용자를 별도로 정의하는 규정을 두고 있지 않으므로 근로기준법을 적용할 수 있습니다. 근로기준법 제2조 제1항 제2호는 「'사용자'란 사업주 또는 사업 경영 담당자, 그 밖에 근로자에 관한 사항에 대하여 사업주를 위하여 행위하는 자를 말한다」고 규정하고 있습니다.

사례의 C부장은 위 근로기준법상 정의 규정에서 「근로자에 관한 사항에 대하여 사업주를 위하여 행위하는 자」로서 사용자에 해당될 수 있고, 고의로 기간제법 제6조를 위반했다면 처벌이 가능합니다(벌칙 규정 제22조).

B에 대해서는 기간제법 제23조 해당 여부를 검토할 수 있습니다. 기간제법 제23조는 「사업주의 대리인 · 사용인 그 밖의 종업원이 사업주의 업무에 관하여 제21조 및 제22조의 규정에 해당하는 위반행위를 한 때에는 행위자를 벌하는 외에 그 사업주에 대하여도 해당 조의 벌금형을 과한다」고 규정하고 있습니다. 이를 양벌규정이라고 합니다. 사업주라 함은 개인기업의 사장, 법인기업의 법인 자체를 의미합니다. 사업주가 제21조 및 제22조를 위반하지는 않았지만 종업원 등이 위반한 경우 제23조를 근거로 사업주를 처벌하는 것입니다. C는 「사업주의 대리인 · 사용인 그 밖의 종업원」에 해당합니다. C에 대해서 위와 같이 제22조에 의해 처벌 가능하므로 B에 대해서는 제23조에 의해 처벌 가능합니다.

정리하면 C에 대해서는 행위자로 처벌하고, B에 대해서는 행위자는 아니지만 양벌규정에 의해 처벌하는 것입니다.

> 보충설명
>
> **사업형태가 법인인 경우**
>
> 사업형태가 법인인 경우에는 사업주인 법인에 대해 양벌규정으로 처벌합니다. 이 경우 대표이사는 사업경영 담당자이고 사업주가 아니므로 대표이사에 대해 양벌규정으로 처벌하지는 않습니다.

6 기간제법 위반으로 과태료 부과 후 근로기준법 위반으로 형사처벌 가능한지

K업체(개인기업) 소속 기간제근로자 A 등이 대표 B를 상대로 근로기준법 제6조 위반을 이유로 신고하였습니다. A 등은 B가 정규직들에게 지급하는 가족수당을 기간제근로자들에게는 지급하지 않았다고 주장합니다.

조사 결과 몇 달 전에 A 등이 동일한 사유로 B를 상대로 기간제 및 단시간근로자보호 등에 관한 법률 제8조 위반을 이유로 신고하여 과태료가 부과된 사실이 확인되었습니다.

위와 같이 과태료가 부과되었는데 이와 별도로 근로기준법 제6조 위반으로 형사처벌(벌금)이 가능한지 궁금합니다.

••답 변••

기간제 및 단시간근로자 보호 등에 관한 법률(이하 「기간제법」으로 약칭함) 제8조 제1항은 「사용자는 기간제근로자임을 이유로 해당 사업 또는 사업장에서 동종 또는 유사한 업무에 종사하는 기간의 정함이 없는 근로계약을 체결한 근로자에 비하여 차별적 처우를 하여서는 아니 된다」라고 규정하고 있습니다. 기간제근로자는 노동위원회나 지방고용노동관서에 차별 시정신고를 할 수 있고(제9조, 제15조의2), 노동위원회의 시정명령이 확정되었으나 동 시정명령을 정당한 이유없이 이행하지 않으면 과태료가 부과됩니다(기간제법 제24조 제1항).

근로기준법 제6조는 「사용자는 근로자에 대하여 남녀의 성(性)을 이유로 차별적 대우를 하지 못하고, 국적·신앙 또는 사회적 신분을 이유로 근로조건에 대한 차별적 처우를 하지 못한다」라고 규정하고 있고, 이를 위반할 경우에는 벌금(근로기준법 제114조 제1호)을 부과할 수 있습니다.

대법원 판례(88도1983, 1989.6.13. ; 87도2265, 1988.1.19. ; 96도158, 1996.4.12.)에 의하면 「행정법상의 질서벌인 과태료의 부과처분과 형사처벌은 그 성질이나 목적을 달리하는 별개의 것이므로 행정법상의 질서벌인 과태료를 납부한 후에 형사처벌을 한다고 하여 이를 일사부재리의 원칙에 반하는 것이라고 할 수는 없다」고 합니다. 따라서 일반적으로 기간제법 위반으로 과태료 부과 후 근로기준법 위반으로 벌금 부과가 가능합니다.

근로기준법 제6조에 의하면 차별 사유는 「성별, 국적, 신앙, 사회적 신분」입니다. 이 중에서 기간제근로자 차별과 관련된 차별 사유는 사회적 신분입니다. 다시 말하면 기간제근로자가 사회적 신분에 해당하는지가 관건입니다.

고용형태가 사회적 신분에 포함되는지 여부에 대해서 견해가 대립합니다. 학설은 포함되지 않는다는 견해가 다수설입니다. 대법원은 기간제근로자에 관한 것은 아니지만 무기계약직(관공서 근무)에 대해 사회적 신분에 포함되지 않는다고 판결하였습니다(2016다255941, 2023.9.21.). 전원합의체 13명 중 포함 부정설 7명, 포함 긍정설 6명입니다. 기간제근로자에 대해서 이 판결을 유추하여 적용할 수 있을 것입니다.

위와 같은 학설과 판례를 종합하면, 기간제근로자 차별대우에 대해 근로기준법 제6조를 적용할 수 없어 형사처벌이 불가능하므로, 사례의 경우 과태료 부과 후 형사처벌 가능 여부는 문제 되지 않는다고 볼 수 있습니다.

정리하면 일반적으로는 기간제법 위반으로 과태료 부과 후 근로기준법 위반으로 벌금 부과가 가능하나, 사례의 경우 해석상 근로기준법 위반에 해당하지 않으므로 벌금 부과는 불가능합니다.

7 단시간근로자 해당 여부

근로자 A는 월요일부터 금요일까지는 1일 7시간 근로하고 토요일은 5시간 근로합니다. 이 경우 A는 단시간근로자에 해당하나요?

답 변

단시간근로자에 해당하려면 상대적으로 소정근로시간이 많은 근로자(통상근로자)가 존재해야 합니다. 즉, 단시간근로자란 1주 동안의 소정근로시간이 그 사업장에서 같은 종류의 업무에 종사하는 통상근로자의 1주 동안의 소정근로시간에 비하여 짧은 근로자를 말합니다.

소정근로시간은 법정근로시간 한도에서 근로하기로 정한 시간이므로 법정근로시간을 초과할 수 없습니다. 따라서 1주 동안의 소정근로시간은 40시간(법정근로시간)을 초과할 수 없습니다.

사례의 경우 A의 1주 동안의 소정근로시간은 40시간입니다. 이 시간은 소정근로시간의 최대 한도이므로 이를 초과하면 연장근로시간으로 봅니다. 따라서 A보다 소정근로시간이 더 많은 근로자는 존재할 수 없습니다. 즉, A와 비교

대상인 통상근로자가 존재할 수 없습니다. 그러므로 A는 단시간근로자에 해당할 수 없습니다.

제20장

근로자파견

1 직업소개업, 인력공급업, 파견업의 차이

A는 K, L, M, N 등 회사를 대상으로 이 회사들이 필요로 하는 단기간 단순노무직의 인력공급을 하는 사업을 구상 중입니다. 인터넷에 구인광고를 하여 모집한 인력을 자신의 직원으로 등록하고 일당을 자신이 지급하고 업무지시는 K, L, M, N 등 회사가 하도록 하는 것입니다.

A는 자신이 구상하는 사업이 파견업, 직업소개업, 인력공급업 중 어디에 속하는지 알려 달라고 합니다.

••답 변••

직업소개업의 경우 소개업자가 구직자를 고용하지 않는데(직업안정법 제2조 제2호) 사례의 경우 A가 근로자를 고용하므로 여기에 해당하지 않습니다.

인력공급사업의 경우에도 공급사업자가 근로자를 고용하지 않고 근로자에 대한 지배력을 행사할 수 있을 뿐이고, 이 사업은 노동조합만 허가받을 수 있는데(직업안정법 제33조 제3항 제1호) A는 노동조합이 아니므로 여기에도 해당하지 않습니다.

파견사업이란 파견사업주가 근로자를 고용한 후 그 고용관계를 유지하면서 근로자파견계약의 내용에 따라 사용사업주의 지휘・명령을 받아 사용사업주를 위한 근로에 종사하게 하는 것을 말하는 것인바(파견근로자보호 등에 관한 법률 제2조 제1호), A는 근로자를 고용하여 타인에게 파견하는 사업을 하겠다는 것이므로 법정요건(파견근로자보호등에 관한 법률 제9조)을 충족할 경우 파견사업이 가능합니다.

2 레미콘차량 운전원 업무의 파견 금지 대상 여부

레미콘차량 운전원의 업무가 파견 금지 대상인지에 대하여 논란이 있습니다. 파견근로자보호 등에 관한 법률 시행령 [별표 1](근로자파견 대상 업무)에 의하면 자동차운전 종사자의 업무는 파견 대상 업무입니다. 그런데 시행령 제2조 제2항 제6호에 의하면 화물자동차운송사업의 운전 업무는 파견금지 업무로 규정되어 있습니다.

레미콘차량 운전 업무는 자동차운전종사자의 업무이면서 화물자동차운송사업의 운전 업무에도 해당됩니다.

이와 같은 경우에 레미콘차량 운전원의 업무에 대하여 어떻게 판단해야 됩니까?

답 변

(1) 1단계 검토

파견근로자보호 등에 관한 법률 시행령 제2조 제1항 관련 [별표 1]에 의하면 자동차운전 종사자의 업무(한국표준직업분류 항목 소분류 842)는 근로자파견 대상 업무입니다. 레미콘차량 운전원의 업무는 한국표준직업분류 항목 세세분류 84245로서 위 자동차운전 종사자의 업무에 속합니다(아래 보충설명 참조). 따라서 레미콘차량 운전원의 업무는 근로자파견 대상 업무에 속한다고 일단 정리할 수 있습니다.

(2) 2단계 검토

파견근로자보호 등에 관한 법률 시행령 제2조 제2항 제6호는 「화물자동차 운수사업법 제2조 제3호에 따른 화물자동차 운송사업의 운전업무」를 근로자파견 금지업무로 규정하고 있습니다. 화물자동차 운수사업법 제2조 제3호는 「화물자동차 운송사업이란 다른 사람의 요구에 응하여 화물자동차를 사용하여 화물을 유상으로 운송하는 사업을 말한다」라고 규정하고 있습니다.

레미콘차량 운전원의 업무는 「화물자동차를 사용하여 레미콘이라는 화물을 운송하는 사업」에 종사하는 운전업무이므로 파견근로자보호 등에 관한 법률 시행령 제2조 제2항 제6호에서 규정한 「화물자동차 운수사업법 제2조 제3호에 따른 화물자동차 운송사업의 운전업무」에 해당한다고 볼 수 있습니다.

따라서 레미콘차량 운전원의 업무는 근로자파견 금지업무에 속하게 된다고 정리할 수 있습니다.

(3) 3단계 검토

레미콘차량 운전업무는 1단계 검토 결과 근로자파견 대상 업무에 속하지만, 2단계 검토 결과 근로자파견 금지 대상입니다. 이것은 모순인데 이를 어떻게 설명할 것인지가 질문의 취지입니다.

결국 파견근로자보호 등에 관한 법률 시행령 제2조 제1항 [별표 1]과 동조 제2항 제6호의 충돌 문제를 어떻게 해결할 것이냐는 문제입니다. 제1항과 제2항의 관계를 파악하는 것이 중요합니다. 제1항은 파견근로자보호 등에 관한 법률 제5조 제1항을 근거로 하고 있으며, 제2항은 동법 제5조 제3항을 근거로 하고 있습니다.

파견근로자보호 등에 관한 법률 제5조 제1항은 근로자파견 대상 업무에 대해서 규정하고 있고, 제3항은 제1항의 업무 중에서 특별히 근로자파견을 금지하는 경우를 규정하고 있습니다. 제1항은 일반규정이고, 제3항은 특별규정이라고 말할 수 있습니다. 일반규정과 특별규정이 충돌할 경우에는 특별규정이 우선합니다(특별법 우선의 원칙). 따라서 제3항이 우선합니다.

파견근로자보호 등에 관한 법률 시행령 제2조 제1항과 제2항의 관계에서는 제2항이 우선합니다. 근거 법률에서의 우열관계가 그대로 적용되기 때문입니다.

그러므로 특별규정인 동법 시행령 제2조 제2항을 근거로 하는 레미콘차량 운전업무는 근로자파견 금지업무라고 최종적으로 정리할 수 있습니다.

보충설명

위 [별표 1]에서 인용한 한국표준직업분류는 통계청 고시 2000-2호(2000. 3.1. 시행)를 근거로 합니다. 이후 통계청 고시가 개정되었으나 동 별표에서 인용한 통계청 고시가 아니기 때문에 개정된 고시를 기준으로 할 수 없습니다.

통계청 고시 2000-2호에 따른 레미콘차량 운전원에 대한 분류 체계는 다음과 같습니다. 즉, 842(소분류) 자동차운전 종사자, 8424(세분류) 중화물 트럭 및 특수화물 운전 종사자, 84245(세세분류) 레미콘차량 운전원입니다.

842(소분류)는 다시 4개 세분류로 구성되어 있습니다. 즉, 8421 택시운전 종사자, 8422 승용차 및 경화물차 운전 종사자, 8423 버스운전 종사자, 8424 중화물 트럭 및 특수차 운전 종사자로 구성되어 있습니다. 레미콘차량 운전원은 8424에 속합니다.

842에 속하는 직업은 19개의 세세분류로 구성되어 있습니다. 쉽게 말하면 레미콘차량 운전원은 이 19개의 직업 중 하나에 속합니다. 842에 속하는 직업 전체가 근로자파견 대상인 것은 아니며 일부 금지대상이 있는 것입니다. 위 [별표 1]에서 근로자파견 대상 업무로 규정한 842는 소분류로서 범위가 상당히 넓으나 제2항 제6호에서 근로자파견 금지 업무로 규정한 8424는 세세분류로서 842의 부분집합이기 때문에 위와 같은 모순이 발생한다고 볼 수 있습니다.

3 근로자파견사업 허가요건 충족 여부 검토 시 4대보험 가입 대상 제외 근로자를 상시근로자수에 포함시킬 수 있는지

K업체가 파견업 허가를 신청하였습니다. 허가를 받으려면 상시 5명 이상의 근로자를 사용해야 하고 4대보험에 가입되어 있어야 합니다(파견근로자보호 등에 관한 법률 시행령 제3조 제1항). 그런데 근로자 A는 1일 소정근로시간이 2시간이기 때문에 건강보험과 국민연금 가입 대상에서 제외되어 가입하지 않은 상태이고, 근로자 B는 60세 이상으로 국민연금 가입 대상에서 제외되어 가입하지 않은 상태입니다.

이와 같이 4대보험 가입 대상 제외 근로자를 근로자파견사업 허가요건 충족 여부 검토 시 상시근로자수에 포함시킬 수 있는지 궁금합니다.

답 변

파견근로자보호 등에 관한 법률 시행령 제3조 제1항에 의하면 상시 5명 이상의 근로자에는 파견근로자가 포함되지 않습니다. 파견업 허가요건으로서 상시근로자수에 포함되는 근로자는 파견업체에서 관리 업무를 담당하는 자들이라는 의미입니다. 즉, 파견업을 행하려면 최소한 관리인원이 5명은 되어야 한다는 것입니다. 그런데 관리가 제대로 되려면 각 근로자별로 상당한 근무시간이 확보되어야 합니다. 사회보험 가입요건을 충족하면 상당한 근무시간은 확보되었다고 볼 수 있습니다.

사례와 같이 단시간근로로 인해 사회보험 적용이 제외되는 자까지 포함해야 상시 5명 이상 요건을 충족하는 경우는 형식적으로 인원수 요건을 충족하지만 실질적으로는 파견사업이 제대로 운영되지 못할 우려가 있습니다. 만약 사례와 같은 경우에 상시근로자수를 충족한 것으로 인정하면 파견업 허가요건을 규정한 취지가 퇴색되고 말 것입니다. 따라서 사례처럼 단시간근로를 이유로 4대보험 적용이 제외되는 경우에는 파견업 허가요건을 충족하지 못한 것으로 보는 것이 타당합니다.

반면에 고령으로 인해 사회보험 적용이 제외되는 경우는 위와 다르게 처리하는 것이 타당하다고 봅니다. 고령이라 하더라도 근로시간이 충분하여 업무수행에 지장이 없으면 파견업 허가요건 충족 여부에서 4대보험 적용제외에 대하여 문제삼지 않는 것이 타당합니다.

4 파견관계에서 연소자를 불법 사용한 경우 처벌 대상(파견사업주가 복수)

K회사와 L업체 간에 인력공급에 관한 계약이 체결되었고, L업체와 M업체 간에 다시 인력공급에 관한 계약이 체결되었습니다. 이 계약에 따라 M업체는 근로자를 모집하여 L업체에 인계하고, L업체는 인계받은 인력들에 대한 출퇴근 여부 등을 확인한 후 K회사로 인계하였으며, K회사는 실제로 작업을 시켰습니다. 임금은 K회사에서 인원수 등으로 L업체에 지급하면 L업체에서 다시 M업체에 지급하고 M업체가 근로자들에게 지급하였습니다.

M업체에서 근로자 모집 시 구직자들이 중학생으로서 18세 미만자(연소자)인 사실을 알고 있었습니다. K회사와 L업체 역시 연소자인 사실을 알고 있었습니다.

이 경우 누구를 처벌해야 되나요?

••답 변••

근로기준법 제64조 제1항은 「15세 미만자(중학교 재학중인 18세 미만자 포함)를 근로자로 사용하지 못한다(다만, 취직인허증을 발급받은 자는 사용가능)」고 규정하고 있고, 제110조는 이를 위반할 경우 처벌하도록 규정하고 있습니다. 사례의 경우 위 규정에 위반한 사실은 있으나 처벌 대상이 누구인지 모르는 상태입니다.

K, L, M 간에는 M이 채용한 근로자가 L을 거쳐 K에게 공급되고, K는 이를 지휘·감독하여 사용하는 관계가 성립합니다. 이와 같은 근로자 공급관계를 법적으로 어떻게 이론 구성할 것인지가 문제입니다.

이 경우 근로자파견관계라고 보는 것이 타당합니다. 이와 관련하여 근로자공급과 근로자파견의 관계를 설명한 대법원 판결(2007두22320, 2008.9.18.)이 참고가 될 수 있습니다. 동 판결에서는 근로자파견은 본래 근로자공급의 한 형태인데 노동시장의 유연성을 제고하는 한 방법으로 파견근로자보호 등에 관한 법률이 제정됨으로써 근로자공급사업의 범위에서 제외되었다고 하고 있습니다.

파견근로자보호 등에 관한 법률 제2조 제1호는 「'근로자 파견'이라 함은 파견사업주가 근로자를 고용한 후 그 고용관계를 유지하면서 근로자파견계약의 내용에 따라 사용사업주의 지휘·명령을 받아 사용사업주를 위한 근로에 종사하게 하는 것을 말한다」고 규정하고 있습니다. 동법상 K가 사용사업주라는 점은 문제가 없으나 파견사업주를 누구로 볼 것인지가 문제입니다.

전형적인 근로자파견관계에서는 사용사업주와 파견사업주가 1:1로 대응하나, 사례의 경우에는 파견사업주가 명확하지 않습니다. 근로자파견관계에서 파견사업주는 자신이 고용한 근로자를 사용사업주에게 공급하는 자입니다. 사례의 경우 근로자를 고용한 자는 M이고, K에게 공급하는 자는 L입니다. L과 M은 독자적으로는 파견사업주로서 완전하지 못합니다. 각자 파견사업주의 역할을 분담하고 있다고 볼 수 있습니다. 결국 L과 M은 공동으로 파견사업주가 된다고 해석하는 것이 타당합니다.

파견근로자보호 등에 관한 법률 제34조 제1항 단서에 의하면 「근로기준법 제64조를 적용할 때에는 파견사업주를 사용자로 본다」고 규정하고 있습니다. L과 M이 파견사업주이므로 이들을 근로기준법 제64조(벌칙조항 제110조) 위반으로 처벌할 수 있습니다.

그런데 L과 M은 근로자파견업 허가를 받지 않은 것으로 판단되는바, 근로자파견업 허가를 받지 않은 경우에도 처벌하는 데 지장이 없습니다. 유허가 사업주에 대해 처벌이 가능한 경우에 더 큰 잘못을 한 무허가 사업주에 대해 당연히 처벌이 가능하다고 보아야 합니다(물론해석). 위 대법원 판결(2007두22320, 2008. 9.18.)에서도 파견근로자보호 등에 관한 법률 제6조 제1항 적용과 관련하여 적법한 근로자파견의 경우에만 동 조항이 적용되는 것은 아니라고 판시하였습니다.

한편 위에 설명한 바와 같이 K는 사용사업주이므로 원칙적으로 처벌 대상이 아니지만 해당 근로자들이 중학교 재학중인 18세 미만자인 사실을 알고 있었으므로 공범으로 처벌이 가능하다고 봅니다(형법 제30조~제32조).

5 불법파견관계에서 임금 지급 책임을 지는 사용자는 누구인가

A는 K인력업체 대표 B와 일당 10만원을 받기로 약정하고 B의 지시로 L건설업체가 시공하는 건설현장에서 일용직으로 근로했습니다. A는 일이 끝나면 B로부터 약정된 임금을 지급받았습니다. 이 경우 만약 임금체불이 발생할 경우 누가 근로기준법상 책임을 부담해야 합니까?

답 변

A와 B 간에 임금에 관해 약정을 했고 실제로도 B가 지급을 했으므로 양자 간에 근로계약이 체결된 것으로 보입니다. 다만, B가 직접 사용하지 않고 L업체에 인력을 공급하였는데 이는 불법파견으로 볼 수 있습니다. 즉, K인력업체가 허가받은 업체인지 여부는 알 수 없으나 허가와 관계없이 불법파견입니다. 파견근로자보호 등에 관한 법률 제5조 제3항 제1호에 의하면 사례처럼 건설현장에 근로자를 파견하는 것 자체가 금지되어 있기 때문입니다.

위의 사실을 종합하면 B가 사용자이므로 근로기준법상 임금 지급 책임을 부담한다고 볼 수 있습니다.

보충설명

인력업체가 파견업 허가를 받지 않고 직업소개업으로 등록한 경우가 많습니다. 만약 인력업체가 단순히 직업소개를 한 것에 불과하다면 임금 지급 책임을 부담하지 않습니다. 이 경우에는 근로자를 소개받아 직접 사용한 사용자가 임금지급 책임을 부담합니다. 누가 임금지급 책임을 부담할 것인지는 사실관계를 조사해서 판단해야 합니다.

직업소개한 경우에는 실제 사용한 사업주가 임금지급 책임을 부담해야 하나, 사용한 사업주로부터 인력업체가 임금을 받아 지급하는 경우도 있습니다. 이 경우에는 근로자에게 임금을 직접 지급해야 한다고 규정한 근로기준법 제43조 제1항 위반 문제가 발생할 수 있습니다.

6 파견근로자가 노사협의회의 사용자위원이 될 수 있는지

K회사와 L회사 간에 경영지원계약이 체결되어 있습니다. 동 계약에 따라 L회사 소속 임직원들이 K회사에 파견되어 상주하면서 경영, 인사, 재무관리 등의 업무를 수행하며, K회사 대표 A의 지휘・감독하에 근무하고 있습니다. 이들은 자기 부서 소속 K회사 소속 직원들에 대해서 소관 업무와 관련하여 지휘・감독을 하고 있습니다.

K회사는 노사협의회 구성 대상인바, L회사에서 파견된 임직원이 동 노사협의회의 사용자위원이 될 수 있는지 궁금합니다.

답 변

고용노동부의 행정해석(노사협력정책과-187, 2010.7.21.)에 의하면 「노사협의회의 주체는 해당 사업 또는 사업장에 소속한 근로자와 사용자」라고 하면서 「공공기관에 파견된 공무원들이 사무총장 등의 직위를 맡아 근로자들에 대해 지휘・감독권이 있는 경우에 해당 공무원들은 노사협의회 위원으로 위촉될 수 없다」고 합니다.

위의 행정해석을 유추하여 적용하면 사례의 경우 해당 임직원들은 K회사 소속이 아니므로 사용자위원이 될 수 없다고 보는 것이 타당합니다.

7 파견직으로 사용, 기간제로 직접고용, 다시 파견직으로 사용할 경우

K회사는 L회사로부터 근로자 A를 파견받아 2년간 사용하고 바로 2년간 계약직으로 사용하였습니다. 2년간의 계약기간이 만료하자 다시 L회사로부터 A를 파견받는 형식으로 사용하고 있습니다.

참고로 L회사는 파견업 허가를 받았고, A의 업무내용은 변경이 없습니다.

이 경우 법적으로 문제가 없는지 궁금합니다.

답 변

파견기간 연장 시 총파견기간이 2년을 초과할 수 없다는 규정(파견근로자 보호 등에 관한 법률 제6조 제2항)을 위반하여 파견근로자를 사용하는 경우에는 2년 초과 시점 이후부터 직접고용의무가 발생합니다(동법 제6조의2 제1항 제3호). K회사가 근로자 A를 직접고용한 것은 동 조항에 따른 것으로 볼 수 있습니다.

파견근로자 보호 등에 관한 법률은 직접고용의 형태에 관해 특별한 제한을 두고 있지 않습니다. 따라서 직접고용 시 기간의 정함이 없는 근로자(무기계약직)로 고용하지 않고 기간제근로자로 고용하는 것도 가능합니다.

한편 기간제근로자를 고용한 경우 계약기간 만료 시 근로관계가 자동으로 종료하며 계약기간을 연장해야 할 의무는 없습니다. 따라서 계약기간 만료를 이유로 더 이상 고용을 계속하지 않겠다고 해도 원칙적으로 불법은 아닙니다.

그런데 사례의 경우 직접고용할 당시 상황과 계약기간 2년 만료 당시 상황에 본질적인 차이가 없습니다. 즉, 직접고용할 의무가 소멸한 상황이 아닙니다. 그럼에도 불구하고 다시 파견직으로 사용하는 것은 법 취지에 저촉된다고 볼 수 있습니다. 따라서 K회사가 A를 계속 사용하려면 직접고용해야 한다고 보는 것이 타당합니다.

행정해석 비정규직대책팀-2424, 2007.6.26.

개정 파견법에서는 사용사업주에게 직접 고용의무만 부과하고 있을 뿐 고용형태에 대해서는 달리 규정하고 있지 아니하므로 노사 당사자간의 합의로 무기계약 또는 기간제근로계약을 맺을 수도 있다고 사료된다.

다만, 기간제근로계약을 체결하면서 계약기간을 단기간으로 설정하는 등 사용사업주가 파견법에 의한 직접고용의무를 단순히 면하기 위한 절차에 지나지 않은 것으로 판단되는 때에는 당해 파견근로자의 사용기간 및 종사했던 업무의 상시성 여부, 그간 동종 근로자의 채용관행 등 구체적 사실관계 등을 종합적으로 고려하여 직접고용의무를 이행하지 않은 것으로 볼 수도 있을 것으로 사료된다.

제21장

남녀고용평등과 일 · 가정양립 지원

1 남녀고용평등과 일 · 가정양립지원에 관한 법률상 근로자 개념과 근로기준법상 근로자 개념의 차이

남녀고용평등과 일 · 가정양립지원에 관한 법률 제2조에서 「근로자」를 규정하고 있습니다. 동법상의 근로자와 근로기준법상의 근로자의 차이점이 정확히 무엇인지 궁금합니다.

답 변

남녀고용평등과 일 · 가정양립지원에 관한 법률(이하 「남녀고용평등법」이라 함) 제2조 제4호에 의하면 「근로자」는 「사업주에게 고용된 사람」과 「취업할 의사를 가진 사람」입니다. 「사업주에게 고용된 사람」은 「임금을 목적으로 사업주에게 고용되어 근로를 제공하는 사람」을 의미합니다. 즉, 근로기준법상의 근로자와 같은 의미입니다. 「취업할 의사를 가진 사람」은 아직 고용되지 않은 상태에 있는 사람입니다. 따라서 남녀고용평등법상 근로자는 근로기준법상 근로자보다 그 범위가 넓다고 말할 수 있습니다.

남녀고용평등법 제2조 제4호의 근로자 개념이 전체 조항에 일률적으로 적용되지는 않으므로 각 조항별로 그 범위를 판단해야 합니다. 예컨대 제13조의 직장 내 성희롱 예방교육 대상에 「취업할 의사를 가진 사람」은 제외된다고 보아야 합니다. 「취업할 의사를 가진 사람」과는 고용관계가 없으므로 이 사람에 대하여 교육 참여를 요구할 수 없기 때문입니다. 이에 반해 제7조(모집과 채용)에서 규정한 「근로자」는 「취업할 의사를 가진 사람」입니다.

2 육아휴직 목적 외 사용 금지가 위법인지

K회사는 육아휴직기간 중 학위 취득 등 육아휴직 목적 외 사용을 금지하고 이를 어겼을 경우 내규로 인사상 불이익(예 : 승급의 일정 기간 제한 등)을 주고 있습니다. 이 경우 위법은 아닌지 궁금합니다.

••답 변••

육아휴직을 부여받기 위해서는 육아목적이 인정되어야 합니다(남녀고용평등과 일·가정 양립지원에 관한 법률 시행령 제13조, 제14조 참조). 같은 취지에서 법정사유 외에도 사용자가 정한 사유에 의해 육아목적 외 육아휴직 사용을 통제하는 것은 가능하다고 볼 수 있습니다.

다만, 육아목적 외 육아휴직 사용 여부는 형식적으로 판단할 것이 아니고 실질적으로 판단해야 합니다. 육아휴직자가 하루 종일 육아에 전념하는 경우에 한해 육아목적 요건을 충족한다고 해석할 필요는 없습니다. 육아휴직자가 일정 부분 육아에 기여하면 육아목적 요건은 충족한다고 볼 수 있습니다. 육아는 배우자도 일정 부분 담당하기 때문입니다. 예컨대 육아휴직자가 주간에 육아에 전념하고 배우자가 육아를 전담하는 야간 시간을 이용하여 대학원에 다닌다면 육아목적 외 사용에 해당하지 않는다고 볼 수 있습니다.

3 육아휴직자에 대한 직장어린이집 입소 시 불리한 처우가 위법인지

K회사의 직장어린이집규정에 의하면 「휴직자는 근무자에 비해 입소 후순위」라고 규정하고 있습니다.

이 경우 육아휴직자에 대한 불리한 처우를 금지한 남녀고용평등과 일·가정양립지원에 관한 법률 제19조 제3항 위반에 해당하는 것은 아닌지 궁금합니다.

••답 변••

근무자는 근무시간대에 자녀를 직접 돌볼 수 없습니다. 반면에 육아휴직자는 자녀를 직접 돌볼 수 있는 시간이 상대적으로 많습니다.

직장어린이집은 근무로 인해 자녀를 직접 돌볼 수 없는 경우에 근무자를 대신하여 어린이를 돌볼 목적으로 설립된 기관이라고 볼 수 있습니다.

위의 사실을 종합하면 근무자에게 직장어린이집 이용 우선권을 주는 것은 합리적입니다. 따라서 사례의 경우는 합리적인 차별이므로 위법으로 볼 수 없습니다.

4 법정기간을 초과하여 육아휴직을 부여하면서 법정기간만 근속기간에 포함시키는 경우

K회사는 남녀고용평등과 일·가정 양립지원에 관한 법률에서 규정한 육아휴직기간(1년)을 초과하여 2년까지 부여하면서 1년만 경력이나 호봉으로 인정하고 있습니다.

이 경우 위법은 아닌지 궁금합니다.

답 변

사례에서 1년만 경력이나 호봉으로 인정한다는 것은 그 기간만 근속기간으로 본다는 의미입니다. 남녀고용평등과 일·가정 양립지원에 관한 법률 제19조 제2항과 제4항에 의하면 육아휴직기간은 1년 이내이며 그 육아휴직기간은 근속기간에 포함됩니다. 여기에서 근속기간에 포함되는 기간을 1년으로 한정할 것이냐는 의문이 제기되었습니다.

일반적으로 근속기간에 포함될 수 있는 기간은 실제 근로기간에 한정되지 않습니다. 근로관계(고용관계)가 유지되는 기간이면 근속기간에 포함될 수 있습니다. 육아휴직기간도 근로관계가 유지되는 기간이므로 이론상 근속기간에 포함될 수 있습니다. 법으로 규정하지 않아도 근속기간에 포함될 수 있습니다. 위 규정은 당연히 근속기간에 포함되지만 법에 명문화하여 확실히 보장하려는 취지라고 봅니다(주의적 규정). 따라서 위 조항으로 인해 근속기간에 포함되는 육아휴직기간이 법정기간에 한정된다고 볼 수는 없고, 법정기간을 초과하더라도 근속기간에 포함된다고 보는 것이 타당합니다.

고용노동부 행정해석(퇴직연금복지과-5359, 2019.12.13.)은「남녀고용평등과 일·가정 양립 지원에 관한 법률」제19조 제2항에서 '육아휴직의 기간은 1년 이내로 한다'고 정하고 있으므로, 이를 초과하여 휴직하는 기간은 사용자의 승인하에 이루어진 개인사유에 의한 휴직기간으로 볼 수 있을 것이다. 사용자의 승인하에 이루어진 개인사유에 의한 휴직기간은 일반적으로 계속근로기간 산정에 포함되며, 다만, 취업규칙이나 단체협약 등 규정을 통해 포함하지 않는 것으로 정한 경우 계속근로기간에서 제외할 수 있다」라고 합니다. 노동법 규정은 최저기준이고 법정기간을 초과한 육아휴직과 법정육아휴직은 그 성질상 차이가 없는 점을 고려하면 행정해석은 논란의 소지가 있다고 봅니다.

5 육아휴직기간 중 근무하도록 한 경우 위법 여부, 조치 방향

K회사 소속 근로자 A는 육아휴직기간 중 회사의 지시에 의해 5일간 근무한 사실이 있습니다. 근로자 B가 교통사고를 당하여 업무공백이 발생하자 A로 하여금 근무하도록 한 것입니다.

이 경우에 회사가 육아휴직을 부여하지 않은 것으로 보아 처벌할 수 있는지, 위 근무기간만큼 육아휴직기간을 연장하도록 시정지시할 수 있는지 궁금합니다.

답 변

육아휴직제도(남녀고용평등과 일·가정 양립 지원에 관한 법률 제19조)는 일정 기간 근로제공을 하지 않고 육아에 전념하게 하는 것입니다. 육아휴직 미부여와 관련하여 보통은 육아휴직을 전혀 부여하지 않은 경우가 문제 되지만, 일단 부여한 육아휴직기간 중 일부 기간을 육아에 전념할 수 없게 하는 경우도 문제 될 수 있습니다. 정도의 차이일 뿐 양자는 모두 육아휴직제도의 목적 달성을 저해한다는 면에서 공통점이 있습니다. 따라서 사례의 경우도 동법 위반에 해당한다고 볼 수 있습니다.

육아에 전념할 수 없었던 기간만큼 육아휴직기간을 연장하는 것은 타당하지 않습니다. 이미 지나간 세월을 되돌릴 수 없을 뿐만 아니라 동법에 그런 규정도 없습니다. 사례에 대해서는 처벌로 처리하는 것이 타당합니다.

6 육아휴직 중 출산한 경우 출산전후휴가 부여

A는 대규모 기업에 다니는 근로자로서 육아휴직 중 1명의 아이를 출산하였습니다. 다음 날 회사에 출산 사실을 알렸습니다. 회사는 통지받은 날부터 출산휴가기간을 인정할 수 있다고 하면서 89일만 출산휴가를 부여하였습니다. 그리고 출산휴가급여는 59일분만 지급하였습니다.

이 경우 법적으로 문제가 없는지, 육아휴직기간 중 출산한 경우에도 일반적인 경우와 동일하게 처리해야 하는지 궁금합니다.

답 변

육아휴직은 출산전후휴가 제한 사유가 아닙니다. 사용자가 부여해야 할 출산전후휴가기간은 출산일을 포함하여 90일입니다(근로기준법 제74조 제1항). 또한 사용자는 출산휴가기간 중 최초 60일분에 대하여 유급으로 처리해야 합니다(근로기준법 제74조 제4항).

7 임신기 근로시간 단축 시 성과급에도 감축금지 규정이 적용되는지

K회사는 임신한 근로자 A에 대하여 1일 소정근로시간 8시간에서 2시간 단축을 허용하였습니다(근로기준법 제74조 제7항). 이와 같이 근로시간을 단축한 경우 임금삭감이 금지되어 있습니다(동조 제8항). 이에 따라 회사는 근로시간 단축 후에도 8시간분의 임금을 지급하기로 하였습니다. 한편 A는 아래 기준에 의해 성과급도 받아왔습니다.

「성과급 지급기준 : 월 콜수 기준하여 매월 10만원에서 50만원 차등지급」

성과급의 경우에도 근로시간 단축 후 임금삭감 금지 규정이 적용되는지 궁금합니다.

••답 변••

임금책정 방식은 시간제와 성과제로 구분할 수 있습니다. 시간제의 경우 시간의 길이에 따라 임금액수가 결정되고, 성과제의 경우 실적에 따라 임금액수가 결정됩니다. 시간제와 성과제를 혼용하는 것이 일반적입니다. 사례의 경우에도 양자를 혼용하고 있습니다.

시간제의 경우 임금액수는 시간에 연동되므로 근로시간이 단축되면 임금액수도 감소하는 것은 당연합니다. 근로기준법 제74조 제8항은 근로자를 보호하기 위해 정책적으로 예외를 규정한 것으로 볼 수 있습니다.

성과급은 근로시간과 비례하지 않으므로 임금삭감 여부를 판단하기 곤란하나, 만약 근로시간 단축으로 인한 성과 저조의 측정이 가능하다면 임금삭감은 금지된다고 봅니다.

8 육아기 근로시간 단축 근무자에 대한 탄력적 근로시간제 및 선택적 근로시간제 적용 가능 여부

육아기 근로시간 단축 근무자에게 탄력적 근로시간제 및 선택적 근로시간제 적용이 가능한가요?

••답 변••

탄력적 근로시간제(근로기준법 제51조)는 규칙적인 근로형태의 예외로서 변칙적인 근로형태입니다. 탄력적 근로시간제에서는 매일 근로시간이 균일하지 않은 특징이 있습니다. 육아기 근로시간 단축제는 육아를 목적으로 도입된 제도인바, 탄력적 근로시간제에서는 위에서 살펴본 바와 같이 불규칙적으로 근로를 하기 때문에 육아를 제대로 할 수 없습니다. 따라서 육아기 근로시간 단축제 적용 근로자에 대해서는 탄력적 근로시간제를 적용하지 않는 것이 타당합니다.

선택적 근로시간제(근로기준법 제52조)는 근로자의 개성과 편의에 따라 자유롭게 출퇴근하도록 허용하는 제도이므로 육아기 근로시간 단축제를 적용하는 근로자에 대해서 적용해도 무방합니다.

9 가족돌봄휴직 신청 시 돌볼 능력 있는 가족의 존재 여부 판단 기준

K회사 소속 근로자 A는 암수술 받은 어머니를 간호하기 위해 가족돌봄휴직을 신청하였습니다. 회사는 A 외에 아버지가 어머니를 돌볼 수 있다는 이유로 휴직을 허용하지 않고 있습니다. 이에 대하여 A가 회사를 상대로 진정을 제기하였습니다.

이 경우 어떤 기준으로 처리해야 하나요?

••답 변••

남녀고용평등과 일·가정양립지원에 관한 법률 제22조의2 제1항 단서 및 동법 시행령 제16조의3에 의하면 가족돌봄휴직 신청 근로자 외에 돌볼 능력 있는 가족이 존재하면 사업주가 가족돌봄휴직을 허용하지 않을 수 있습니다. 허용 여부에 관한 일차적인 판단은 사업주가 할 수 있다고 보아야 하나, 사업주가 정당한 이유 없이 가족돌봄휴직을 허용하지 않은 경우 과태료 부과 대상이므로(제39조 제2항 제7호), 신고사건 제기 등의 경우에 그 정당성 여부를 근로감독관이 조사해서 밝혀야 합니다.

사업주가 동 휴직을 허용하지 않은 것이 정당한지 여부는 제반 사정을 종합하여 객관적으로 판단해야 합니다.

10 성희롱 예방교육을 미실시한 경우 과태료 부과 시 최근 3년간의 의미

K회사를 상대로 2024년 5월 10일에 성희롱 예방교육 미실시 관련 진정이 제기되었습니다. 근로감독관집무규정에 의하면 최근 3년 이내 2회 성희롱 예방교육을

미실시한 경우 즉시 과태료를 부과하는 것으로 되어 있습니다.

이 경우 최근 3년을 언제로 보아야 하나요?

•답 변•

근로감독관집무규정 [별표 3] 「개별근로관계법 위반사항 조치기준」에 의하면 남녀고용평등과 일·가정 양립지원에 관한 법률 제13조 제1항 위반 관련하여 「최근 1년 이내(회계연도 기준)」라는 표현이 있습니다. 즉, 사건접수일을 기준으로 하지 않는다는 의미입니다.

여기에서 최근 1년 이내는 회계연도를 기준으로 하는 과거 1년 이내를 의미한다고 보아야 하므로 접수일이 속하는 연도는 해당하지 않는다고 보아야 합니다. 따라서 사례의 경우 최근 3년 이내는 2021년 1월 1일부터 2023년 12월 31일까지로 보는 것이 타당합니다.

11 연도 중 입·퇴사자에 대한 성희롱 예방교육 미실시 여부 판단

K회사에서 2022년 9월 1일부터 2023년 8월 31일까지 근무하고 퇴직한 근로자 A가 회사로부터 한 번도 직장 내 성희롱 예방교육을 받지 못했다고 2024년 3월에 신고하였습니다. 조사 결과 2021년에는 전원에 대하여 교육을 실시했고, 2022년에는 A를 제외한 전원에 대하여 실시했고, 2023년에도 A를 제외하고 전원 실시하였습니다.

근로감독관집무규정 조치기준에 의하면 최근 3년 이내 2회 이상 교육 미실시한 경우 즉시 과태료를 부과하도록 규정하고 있습니다.

이 경우에 단 한 명이라도 교육을 실시하지 않으면 교육 미실시 1회로 볼 수 있는지, 연도 중 입사한 자와 퇴사한 자에 대해서는 어떻게 처리해야 하는지 알려 주시기 바랍니다.

••답 변••

남녀고용평등과 일·가정 양립지원에 관한 법률 시행령 제3조 제1항에서는 직장 내 성희롱 예방교육 횟수를 「연 1회 이상」으로 규정하고 있으며, 근로감독관집무규정 [별표 3] 「개별근로관계법 위반사항 조치기준」에 의하면 동법 제13조 제1항 위반과 관련하여 「최근 1년 이내(회계연도 기준)」이라는 표현이 있습니다. 동 규정에 의하면 「연 1회 이상」은 회계연도 단위로 1회 이상이라는 의미로 볼 수 있습니다. 여기에서 1회 이상은 사업장당 1회 이상이 아니고 근로자당 1회 이상이라고 볼 수 있습니다. 따라서 근로자당 연말까지 1회 이상 교육을 실시해야 합니다. 또한 한 명의 근로자라도 교육에서 누락하면 교육 미실시로 보는 것이 타당합니다.

연도 중에 퇴직한 근로자에 대해서 당해 연도 교육미실시 책임을 물을 수 없습니다. 연말까지 근무했다면 교육이 가능했을 수 있기 때문입니다. 반면에 연도 중에 입사하여 연말까지 계속 근로한 근로자에 대해서 연말까지 교육을 하지 않았다면 당해 연도 교육 미실시 책임을 물을 수 있습니다.

신고 당시인 2024년 기준으로 최근 3년 이내 2회 이상 교육 미실시 여부를 판단할 경우 최근 3년은 2021년 1월 1일부터 2023년 12월 31일까지입니다. 사례의 경우 A는 2022년 9월 1일에 입사했으므로 2022년 12월 31일까지 교육을 실시했어야 하나 이를 이행하지 않았습니다. 2023년에는 A가 연도 중에 퇴직하였으므로 교육 미실시에 대하여 책임을 물을 수 없습니다. 따라서 이 회사는 최근 3년 이내 2회 미만 교육 미실시로 볼 수 있으므로 과태료 처분 대상이 아니라고 보아야 합니다.

12 성희롱 관련 위반 행위가 복수인 경우 과태료 부과 방법

K회사 소속 근로자 A가 직장 내 성희롱 관련 진정을 제기하였습니다. 조사 결과 이 회사는 ① 성희롱 행위자에 대한 징계 등 조치가 없었고, ② 성희롱 피해를 주장한 근로자에 대하여 불이익 조치를 한 사실이 확인되었습니다.

남녀고용평등과 일·가정양립지원에 관한 법률 위반으로 과태료를 부과하려고 하는바, 일괄하여 500만원 이하의 과태료를 부과해야 하는지, 건별로 각각 500만원 이하의 과태료를 부과해야 하는지 그 방법을 알려 주시기 바랍니다.

••답 변••

성희롱 행위자에 대한 미조치(남녀고용평등과 일·가정양립지원에 관한 법률 제14조 제5항), 성희롱 피해자에 대한 불이익 조치(제14조의2 제2항)는 각각 성격이 다른 행위입니다. 따라서 2건의 질서위반행위가 경합한다고 볼 수 있습니다(실체적 경합). 이와 같이 수개의 질서위반 행위가 경합하는 경우에는 각 질서위반행위에 대하여 정한 과태료를 각각 부과해야 합니다(질서위반행위 규제법 제13조 제2항).

참고로 사례에 해당하지는 않지만 하나의 행위가 2 이상의 질서위반행위에 해당하는 경우(상상적 경합)에는 각 질서위반행위에 대하여 정한 과태료 중 가장 중한 과태료를 부과해야 합니다(질서위반행위 규제법 제13조 제1항).

13 법인의 대표이사에 대하여 직장 내 성희롱을 이유로 과태료를 부과할 수 있는지

법인의 대표이사가 근로자에게 성희롱을 했을 경우 과태료를 부과할 수 있나요?

••답 변••

남녀고용평등과 일·가정 양립지원에 관한 법률 제39조 제1항에서 직장 내 성희롱 행위자로서 과태료 부과 대상은 사업주로 규정하고 있습니다. 동법에서 사업주에 대하여 정의하고 있지 않습니다. 일반적으로 개인기업의 경우 대표를 사업주라 하나, 법인기업의 경우에는 법인 자체가 사업주이며, 대표이사는 사업경영 담당자로 봅니다. 이에 의하면 법인의 대표이사는 사업주가 아니므로 직장 내 성희롱 행위자로서 과태료 부과 대상이 아닙니다.

개인기업의 대표(사장)나 법인기업의 대표이사(사장)는 실질적으로 사업을 총괄 경영한다는 점에서 차이가 없습니다. 그럼에도 불구하고 직장 내 성희롱으로 인한 과태료 부과 대상에서 차이를 두는 것은 형평성에 문제가 있다고 봅니다. 그러나 죄형법정주의로 인해 현행법상 법인의 대표이사에 대하여 과태료를 부과할 수는 없습니다. 다만, 사업주인 법인이 대표이사에 대하여 징계 등 조치를 하지 않은 경우 법인에 대하여 과태료를 부과할 수는 있습니다(동법 제39조 제2항 제1호).

14 강제추행으로 형사처벌 받은 경우 성희롱으로 과태료 부과 가능한지

개인업체 사장 A는 근로자 B를 강제추행한 혐의로 벌금 500만원으로 처벌받았습니다. B는 이를 근거로 근로기준법(폭행의 금지) 및 남녀고용평등과 일·가정양립지원에 관한 법률(직장 내 성희롱) 위반으로 A를 처벌해달라고 고용노동지청에 신고하였습니다.

이 경우 다시 처벌 가능합니까? 또한 근로자에 대한 성추행이 직장 내 성희롱이 될 수 있습니까?

답 변

(1) 근로기준법상 폭행죄로 처벌 가능 여부

동일한 행위에 대하여 이중으로 형사처벌할 수 없습니다(헌법 제13조 제1항). 사례의 사업주는 추행으로 형사처벌을 받았으므로 이에 대하여 근로기준법 제8조 위반으로 다시 처벌할 수 없습니다.

(2) 직장 내 성희롱으로 과태료 부과 가능 여부

「직장 내 성희롱을 판단하기 위한 기준의 예시」(남녀고용평등과 일·가정 양립지원에 관한 법률 시행규칙 [별표 1])에 의하면 사례 사업주의 행위는 직장 내 성희롱에 해당합니다. 남녀고용평등과 일·가정양립지원에 관한 법률 제39조 제2항에 의하면 사업주가 동법 제12조를 위반하여 직장 내 성희롱을 한 경우에는 1천만원 이하의 과태료를 부과할 수 있습니다.

그런데 사례의 사업주는 동일한 행위로 형사처벌을 받았습니다. 이 사업주에 대한 과태료 부과처분 가능성이 문제입니다. 대법원 판례(88도1983, 1989.6.13. ; 87도2265, 1988.1.19. ; 96도158, 1996.4.12.)에 의하면 「행정법상의 질서벌인 과태료의 부과처분과 형사처벌은 그 성질이나 목적을 달리하는 별개의 것이므로 행정법상의 질서벌인 과태료를 납부한 후에 형사처벌을 한다고 하여 이를 일사부재리의 원칙에 반하는 것이라고 할 수는 없다」고 합니다. 판례에 의하면 과태료 부과처분 후에 형사처벌이 가능합니다.

사례는 판례의 경우와 제재 순서가 다릅니다. 즉, 형사처벌 후에 과태료 부과처분이 문제됩니다. 판례에서 일사부재리의 원칙에 반하지 않는다고 보는 이유는 양자의 성질이나 목적이 다르다는 점에 기반하고 있으므로, 제재 순서와 관계없이 형사처벌 후에 과태료 부과처분이 가능하다고 봅니다(아래 보충설명 참고).

(3) 성추행과 성희롱의 차이

일반적으로는 성추행이 성희롱보다 죄질이 중하다고 할 수 있으나, 사례처럼 타법에서 규정한 성추행이 남녀고용평등과 일·가정 양립지원에 관한 법률상 직장 내 성희롱에 해당될 수 있습니다. 이와 같이 동일한 행위가 성추행과 성희롱에 전부 해당할 수 있는 이유는 성희롱이나 성추행이 불확정 개념인 점에 기인한다고 생각합니다.

보충설명

아래 신문기사에 의하면 형사처벌 후에도 과태료 부과가 가능하도록 세법을 개정했다는 것이 요지입니다. 이와 같은 입법례에 비추어 보아도 사례의 경우에 과태료 부과가 가능하다고 볼 수 있습니다.

「정부는 역외탈세에 대해 과태료 인상 등 제재를 강화하는 방향으로 세법을 개정했다. 해외금융계좌, 해외부동산, 해외직접투자 등 역외 금융·자산 거래 전반에 걸쳐 관리를 강화하는 게 골자다. 우선 총 잔액 5억원 이상 해외금융계좌를 신고하지 않을 경우 벌금과 과태료를 함께 부과하도록 법령을 바꾼다. 지금은 벌금형 등 형사처벌을 받게 되면 부과된 과태료는 취소된다. 이렇다 보니 해외금융계좌 100억원을 신고하지 않아 과태료 9억원이 고지됐지만 벌금 100만원이 선고돼 과태료 전액이 취소되는 등 법 취지가 무색해지는 경우가 빈번했다. 이에 정부는 고액 미신고자가 과태료보다 적은 벌금형으로만 처벌될 경우 앞으로는 과태료를 취소하는 대신 벌금액을 차감한 과태료를 부과하기로 했다.」

– 한국일보 2018.7.30. –

15 배우자 출산휴가기간에 휴일 등 포함 여부

K회사는 주 5일근무제(월~금요일, 토요일 무급휴무, 일요일 유급휴일)를 시행하고 있습니다. 근로자 A는 배우자 출산휴가를 분할하여 사용하기로 하고, 1차로 모월(某月)의 첫째 주 월요일부터 7일간 사용하겠다고 신청하였습니다. 이 경우 언제까지 사용 가능합니까?

답 변

남녀고용평등과 일・가정 양립지원에 관한 법률 제18조의2 개정(2025.2.23. 시행)으로 배우자 출산휴가일수가 20일(개정 전 10일)로 증가하였고, 3회(개정 전 2회) 한도로 분할(4차로 구분) 사용이 가능합니다. 배우자 출산일부터 120일(개정 전 90일)이 지나면 사용할 수 없습니다.

고용노동부는 종전에는 휴일 등이 배우자 출산휴가기간에 포함되는 것으로 보았으나, 지침을 개정하여 동 휴가기간 중 근로제공 의무가 없는 날(휴일 등)이 포함된 경우에는 당해 휴가일수에 산입하지 않는 것으로 보고 있습니다(여성고용정책과-843, 2019.6.14.). 연차휴가의 경우에도 동일하게 보고 있습니다(근로조건지도과-2127, 2008.12.17.).

이 지침에 의하면 토・일요일은 배우자 출산휴가일수에 포함되지 않으므로 둘째 주 화요일까지 사용할 수 있습니다.

보충설명

출산전후휴가의 경우에는 위와 달리 해석합니다. 즉, 휴일을 출산전후휴가 기간에 포함합니다. 출산전후휴가의 경우에는 매월의 일수가 일정하지 않음에 따라 출산 시점과 무관하게 90일(한 번에 둘 이상 자녀를 임신한 경우에는 120일)의 휴가를 보장하고자 월력상의 일수로 해석하고 있습니다. 따라서 출산전후휴가는 휴일 등을 무시하고 달력상으로 90일(한 번에 둘 이상 자녀를 임신한 경우에는 120일)을 부여해야 합니다.

16 육아휴직 분할 사용 시 요건 충족 여부

K회사 소속 근로자 A는 7개월간 육아휴직 사용 후 복직하여 2년간 근무 후 나머지 육아휴직을 신청하였습니다. 그런데 육아휴직 신청 당시 대상 아동의 연령이 만 9세이고 초등학교 3학년입니다. K회사는 대상 아동이 육아휴직 요건에 해당하지 않는다는 이유로 육아휴직을 부여할 수 없다고 통보하였습니다.

근로자 A는 최초 육아휴직 개시 당시 요건을 충족하였으므로 나머지 육아휴직도 요건을 충족한 것이라고 주장하고 있습니다.

어느 쪽 주장이 타당한지 궁금합니다.

답 변

육아휴직을 분할 사용할 경우 각각의 육아휴직 개시 당시를 기준으로 요건 충족 여부를 판단합니다. 비록 최초 육아휴직 개시 당시에는 대상 아동이 만 8세 이하이거나 초등학교 2학년 이하(남녀고용평등과 일·가정 양립 지원에 관한 법률 제19조 제1항)로서 요건을 충족했다고 하더라도 분할 육아휴직 개시 당시 이 요건을 충족하지 못하였다면 육아휴직을 부여하지 않아도 불법이 아닙니다.

참고로 육아휴직 개시 당시 요건을 충족하였다면 해당 육아휴직 사용기간 중에 아동의 연령이 8세를 초과하고 초등학교 3학년 이상이 되더라도 해당 육아휴직기간 만료 시까지 계속 사용할 수 있습니다.

17 사업장에서 남녀의 성을 이유로 차별 대우 시 적용 법률

K업체(개인기업) 소속 기간제근로자 A 등이 대표 B를 상대로 남녀고용평등과 일·가정양립지원에 관한 법률 제8조 및 근로기준법 제6조 위반을 이유로 신고하였습니다. A 등은 B가 남성들에게 지급하는 상여금을 A 등 여성들에게는 지급하지 않았다고 주장합니다.

이 경우 어느 법을 적용하여 처벌해야 하는지 궁금합니다.

••답 변••

남녀고용평등과 일·가정양립지원에 관한 법률(이하 「남녀고용평등법」으로 약칭함) 제8조는 동일가치 노동에 대해 동일임금을 지급하라고 규정하고 있으며, 이는 남녀의 성을 이유로 임금 지급에서 차별을 금지하고 있는 것입니다. 근로기준법 제6조는 남녀의 성을 이유로 한 차별을 금지하고 있습니다. 따라서 남녀고용평등법 제8조 위반행위는 근로기준법 제6조 위반행위에도 해당할 수 있습니다. 위와 같이 하나의 행위가 여러 개의 죄에 해당하는 경우를 상상적 경합이라고 하며, 이 경우 중한 죄로 처벌합니다(형법 제40조).

남녀고용평등법 위반에 대한 처벌수준(3년 이하의 징역 또는 3천만원 이하의 벌금, 제37조 제2항 제1호)이 근로기준법 위반에 대한 처벌수준(5백만원 이하의 벌금, 제114조)에 비해 중하므로 전자로 처벌하면 됩니다.

본 사례는 상상적 경합관계에 있는 법률을 동시에 검토하여 중한 죄로 처벌하는 경우인바, 이와 달리 동일 사유로 특정법에 의해 처벌한 후에는 다른 법 위반으로 다시 처벌할 수 없습니다. 비록 경한 죄로 처벌한 후에도 중한 죄로 다시 처벌할 수 없습니다. 예를 들어 동일 사유로 근로기준법 제6조 위반으로 벌금형에 처한 후에 남녀고용평등법 제8조 위반으로 신고되더라도 다시 처벌할 수는 없습니다.

약 력

- 전남대학교 법과대학 법학과 졸업

- 고용노동부 본부, 지방청(지청) 30년 근무
- 근로감독, 산재예방, 고용보험, 산재보험, 기업지원, 취업지원 업무 담당
- 고용노동부 직원 · 외부인 대상 노동법 강의 및 상담

- 근로감독관 공채
- 전(前) 고용노동부 본부 산재보험제도 개선 담당 사무관
- 전(前) 고용노동부 중부청 취업지원과장
- 전(前) 고용노동부 인천북부지청 근로개선지도과장
- 전(前) 고용노동부 의정부지청 취업지원과장 · 기업지원과장 · 근로개선지도과장
- 전(前) 고용노동부 안산지청 시흥고용센터소장 · 취업지원과장 · 지역협력과장
- 전(前) 고용노동부 안양지청 근로개선지도과장

- 현(現) 정안노무법인 수석노무사

- 이메일 laborkhb@naver.com
- 블로그 blog.naver.com/laborkhb